एक कवि को माँगनी होती है क्षमा कभी ना कभी

(कवि का गद्य)

एक कवि को माँगनी होती है क्षमा कभी ना कभी

(कवि का गद्य)

चन्द्रकान्त देवताले

सम्पादक

निशिकान्त ठकार ● कनुप्रिया देवताले

वाणी प्रकाशन

वाणी प्रकाशन

4695, 21-ए, दरियागंज, नयी दिल्ली 110 002

फ़ोन : +91 11 23273167 फ़ैक्स : +91 11 23275710

शाखाएँ

अशोक राजपथ, पटना 800 004, बिहार

कॉफ़ी हाउस कैम्पस, महात्मा गांधी मार्ग, इलाहाबाद 211 001, उत्तर प्रदेश

महात्मा गांधी अन्तरराष्ट्रीय हिन्दी विश्वविद्यालय, वर्धा 442 001, महाराष्ट्र

सुल्तानिया रोड, मोतिया पार्क, भोपाल 462 001, मध्य प्रदेश

www.vaniprakashan.com
marketing@vaniprakashan.in
sales@vaniprakashan.in

Ek kavi Ko Mangani Hoti Hai Kshama, Kabhi Na Kabhi
(Kavi Ka Gadya)
by Chandrakant Devtale
Edited by Nishikant Thakaar & Kanupriya Devtale

ISBN : 978-93-90678-60-0
Non-Fiction

प्रथम संस्करण 2021

मूल्य : ₹ 595

आर. टेक ऑफ़सेट प्रिंटर्स, दिल्ली-110032 में मुद्रित

वाणी प्रकाशन का लोगो मक़बूल फ़िदा हुसेन की कूची से

एक सम्पादक की भूमिका

एक साक्षात्कार के दौरान चन्द्रकान्त से पूछा गया था कि आजकल कवि के गद्य का प्रचलन चल रहा है। बड़े-बड़े कवियों का गद्य छप रहा है और चर्चित भी हो रहा है। इस सन्दर्भ में आपकी भी कोई कृति आ रही है क्या? उत्तर में चन्द्रकान्त ने बताया कि मैं जिस चीज़ से जुड़ा हुआ हूँ, जुड़ा हुआ हूँ। मैं ज्ञान और तर्क को अन्तिम नहीं मानता। ज्ञान और तर्क की एक सीमा होनी चाहिए और कवि को यह जानना चाहिए। बात स्पष्ट है कि अनुभूति, अनुभव और संवेदनशीलता को प्रधानता ही नहीं, केन्द्रीय तत्व मानने वाले चन्द्रकान्त यथाकथित कवि के गद्य की रोमानी और अहं-ग्रस्त अवधारणा से परहेज करते रहे। हालाँकि ऐसा भी नहीं था कि उन्होंने विचार और तर्क को बिल्कुल ही ख़ारिज कर दिया था। यही वजह है कि उनके बिखरे हुए गद्य को संकलित-सम्पादित कर उन पर विचार करना ज़रूरी हो गया है।

चन्द्रकान्त देवताले को हम एक मुकम्मल कवि के रूप में जानते-पहचानते हैं। उन्होंने कहा था, "मेरी इच्छा आज तक जीवित है कि मैं जहाँ भी होऊँ, कवि होने की ख़ुशबू आसपास के लोगों को मुझसे मिले और जिन्हें बुझना चाहिए उन्हें मेरे काँटे चुभें। जिस तरह मनुष्य, उस तरह कवि एक साथ। दोनों के बीच विभाजन नहीं।" चन्द्रकान्त की बोलचाल की भाषा में, सम्भाषण-भाषणों तथा संवादों में हममें से कइयों ने कविता की लय को अनुभव किया है। उनका बोला हुआ गद्य भी कविता बन जाता था। नवीन सागर ने उनकी बातचीत को कविता की तरह लिखा और कविता के रूप में ही प्रकाशित किया था।

कवि को कविता में ही अभिव्यक्त होना चाहिए, इस बात से चन्द्रकान्त पूरी तरह से सहमत हैं। "कविता जो कह दे, कह पाये, वही कवि की बात भी होगी। अलग से कहना सम्भव नहीं—ज़रूरी भी नहीं। पर कई बार ऐसी स्थिति में फँस कर कुछ कहने को विवश हो जाना पड़ता है। कई बार यह कहना काम का भी होता है।" कवि का गद्य एक तरह से विवशता का गद्य होता है। विवशता विचारों की है। कवि का गद्य अनिवार्य स्थितियों की उपज होती है।

कवि का गद्य कविता के वाक्य-विन्यास, शब्द-चयन, शिल्प, शैली आदि संस्कारों से वंचित रहे, यह सम्भव नहीं। इसलिए कभी-कभी गद्य अनायास कविता में ढल जाता है। चन्द्रकान्त ने स्वयं गद्यकाव्य के बारे में लिखते हुए कुछ प्रयोग किये थे। काफ़्का की अन्तिम टिप्पणियों में से एक को पहले लघुकथा के रूप में पढ़ा, फिर उसे कविता की तरह पढ़ा। निराला की एक कविता को गद्य की तरह लिखकर पढ़ा और मुक्तिबोध के गद्यांश को कविता की तरह लिखकर पढ़ा। चन्द्रकान्त का निष्कर्ष था कि फॉर्म से कुछ नहीं होता। वह तो कवि, कविता और श्रोता/पाठक निर्धारित करते हैं। चन्द्रकान्त के गद्य में कभी-कभी कविता शामिल है। 'पत्थरों का राजगढ़' के कुछ गद्यांश को कविता की तरह अनुभव किया जा सकता है :

लोग ठहरे हुए वर्तमान में जी रहे हैं
परिन्दों की उड़ान में अनन्तता का आभास नहीं होता
जहाज़ के पंछी की तरह वे भी राजगढ़ के ही परिन्दे हैं
पहाड़ियों-घाटियों नाले और चढ़ाई-उतराई के बीच
ज़िन्दगी थमी हुई है
महल के मेहराबों में मधुमक्खियों के छत्ते
और नेवज के डाले पर मँडराते पक्षियों
घण्टे-घड़ियालों की आवाज़ों के बावजूद
राजगढ़ बिना दरवाज़ों वाला शहर है
बाशिन्दे अतीत और भविष्य के दुखों से मुक्त हैं
राजगढ़ एक तरह से अवकाश में अवकाश है।

इसके बावजूद चन्द्रकान्त का गद्य कहीं भी काव्यभाषा के कथित लालित्य और चमत्कार का शिकार नहीं होता। वह न छन्दगन्धी (रिझानेवाली) है, न बिम्बों से आतंकित। वह व्याज-काव्यात्मकता (दिखावा, ढोंग, मिथ्या) से मुक्त है। अपने महागुरु मुक्तिबोध की तरह वह कवि के गद्य को कविता का गद्य या काव्यपूर्ण/काव्यात्म गद्य नहीं बना देते। मुक्तिबोध ने कहा था, "यह सबके अनुभव का विषय है कि मानसिक प्रतिक्रिया हमारे अन्तर में गद्यभाषा को लेकर उतरती है, कृत्रिम ललित काव्यभाषा में नहीं।"

आधुनिक और समकालीन कविता की भाषा वैश्वीकरण, बाज़ारवाद, विचारधाराओं-विमर्शों के द्वन्द्व आदि कई कारणों से गद्य के निकट पहुँच गयी है और कई बार गद्य और कविता में फ़र्क़ करना मुश्किल हो जाता है। इस तरह बौद्धिकता के काव्य पर हावी हो जाने को चन्द्रकान्त ने नकारात्मक लक्षण माना है।

जिसमें संवेदनशीलता की आँच और सोच नहीं वह कविता नहीं। कवि चन्द्रकान्त अपने गद्य को गद्यगीत, गीतकाव्य, गद्यकाव्य या गद्यकविता नहीं होने देते।

'गद्यः कवीनाम् निकषं वदन्ति।' वामन के इस बहुचर्चित सूत्र को कई तरह से समझा और समझाया गया है। चन्द्रकान्त ने भी इसके बारे में सोचा है। उनके लिए "सवाल उस आन्तरिक बाध्यता-लालसा का है, जिसकी विकलता गद्य-पद्य की हदों को तोड़ देती है। इसके बाद भी कुछ तय नहीं होता, जिसे एक पद्य नहीं, गद्य कहता है, उसे ही दूसरा कविता। वामन की कसौटी को हमारे समय में गद्य कविता का सौन्दर्यशास्त्र रचकर परिभाषित करने की ज़रूरत ही नहीं बची।" कविता के परिप्रेक्ष्य में यह सही भी है, फिर भी कवि गद्यभाषा में कुछ सोचते, विश्लेषण-विवेचन करते हैं और इन रचनाओं को 'कवि का गद्य' कहकर अधोरेखित करने पर कवि और कविता को समझने का एक और परिप्रेक्ष्य हमें हासिल होता है। चन्द्रकान्त के गद्यपाठ संकलित करने के पीछे यही दृष्टि रही है।

चन्द्रकान्त कवि-मनुष्य हैं। उनकी सोच कविता की सोच है। उनकी दृष्टि कवि-दृष्टि है। उनकी ऊर्जा का केन्द्र कविता है। विषय चाहे जो भी हो, चन्द्रकान्त उसे अपने अन्तस् की रोशनी में ही देखते-परखते हैं। कविता की रोशनी से ही कोई भी विषय, विचार, विधान आलोकित होता है। केन्द्र में कविता है। वह विचारधारा की तरह चश्मा नहीं है। कविता की दृष्टि से देखने पर दृष्टिकोण ही बदल जाता है। जीवन का साक्षात्कार कविता की भाषा से होता है, वैसा आम भाषा से नहीं होता। कवि का गद्य भी इस सही भाषा की तलाश है। वह नया नज़रिया देता है दीन और दुनिया को देखने का। चन्द्रकान्त का गद्य यही करता है इसलिए भी उसे कवि का गद्य कहना वाज़िब लगता है। कवि का गद्य वह होता है जिसमें कवि के व्यक्तित्व की सहज प्रतीति होती है। चन्द्रकान्त के गद्य में ईमानदारी, पारदर्शिता, सह-अनुभव और दोस्ती के अन्दाज़ की गन्ध है। साफ़गोई, संवेदनशीलता, सहजता, विनोदप्रियता, अपनापा आदि गुणों ने उसमें चार चाँद लगाये हैं। वह अपने जीवन में और जीवन के ख़ास क्षणों में पाठक या श्रोता को शामिल कर विश्वास जगाते हैं। यह अन्तरंगता इस गद्य को कवि का गद्य बना देती है। कवि के साथ वह चिन्तक, अध्यापक, श्रोता, वक्ता, पति, पिता, पुत्र, भाई, मित्र, चित्रकार, रसिक, शिष्य, गुरु, नागरिक आदि कई रूपों में हमारे सामने आते हैं और दिमाग़ पर छा जाते हैं। बिना गम्भीरता और सभ्यता को खोये।

चन्द्रकान्त के गद्य में सम्प्रेषण की आँच होती है। भाषा के माध्यम से पहले अपनी बात को पहुँचाना चाहते हैं। भाषा के लिए उन्हें कोशिश या मेहनत नहीं करनी पड़ती। एप्रोच, गारंटी, फ़ैंटेसी, हरूफ़, स्मार्टनेस, कन्फ़्यूज़्ड, नावाक़िफ़, तवज्जोह,

टेक्सचर, विज़न, फ़िज़ूलियत जैसे कई कथित परायी भाषा के लगने वाले शब्दों का चन्द्रकान्त बिना दिक्कत प्रयोग करते हैं और वे शब्द उन्हीं की भाषा के हो जाते हैं। वे चन्द्रकान्त की भाषा को एक ख़ास शैली प्रदान करते हैं।

अपनी बात कहते-कहते कभी चन्द्रकान्त निष्कर्ष रूप में या सारांश रूप में ऐसा विधान कर जाते हैं कि वह अनायास सूत्ररूप या सूक्तिरूप बन जाता है। शायद कुछ उदाहरण देखिए :

– सन्नाटा पहले शब्द से टूटता है, बाद में किसी और चीज़ से।
– सृजन की दुनिया को किसी का एकाधिकार आक्रान्त नहीं कर सकता।
– मुक्ति की कोई सीमा नहीं होती, मर्यादा अवश्य हो सकती है, जो मुक्ति को चरितार्थ कर सकती है।
– रचना का मन्तव्य रचना के भीतर से ही प्रतिफलित होता है। थोपी हुई विचारधारा ही पक्षधरता का निर्णायक तत्व नहीं है।
– हमेशा जनसमुदायों को मिथकों से पराजित किया जाता रहा है।
– न तो कविता कोई पड़ाव होती है, न अन्तिम हासिल।
– विरोध की कविता के दिन ख़त्म नहीं होते।
– उतना कवि तो कोई नहीं, जितनी व्यापक दुनिया।
– कविता बदले हुए समय में अपना नवीनीकरण कराती है।
– सौ जासूस मरते हैं तब एक कवि पैदा होता है और एक कवि हज़ार आँखों से देखता है।

कविता चन्द्रकान्त की पहली प्रतिश्रुति है, तो मुक्तिबोध की निरन्तर प्रेरणा का अजस्र व असमाप्त स्रोत। इन दो बातों का ज़िक्र किये बग़ैर चन्द्रकान्त की कोई बात शायद ही पूरी होती हो। उन्हें क़दम-क़दम पर मुक्तिबोध याद आते रहते हैं। मुक्तिबोध के रंग में रंगे चन्द्रकान्त अपने आपको उनका अदना सहचर कहते हैं। उन्होंने स्वीकार किया है, "मुक्तिबोध से मुझे अपने वक़्त, साहित्य, समाज और व्यवस्था को समझने के लिए निर्देश मिले हैं"ए इसका असर तो उनकी कविता पर और सोच पर होना ही था, यह अनुकरण नहीं, अनुसरण था। उनके मित्रवर विष्णु खरे ने ठीक ही कहा है, "मुक्तिबोध की बहुत सारी इमेजरी, मुक्तिबोध का शिल्प, मुक्तिबोध का पूरा कमिटमेंट चन्द्रकान्त की कविता में बार-बार गूँजता है।" चन्द्रकान्त की गद्य रचनाओं में भी हमें वही प्रतिबद्धता और सोच दिखाई देती है– कुछ विकसित रूप में, और वह भी अपने व्यक्तित्व व कृतित्व की विशिष्टता को बरकरार रखते हुए। मुतिबोध की कविता पर अनुसन्धान करते हुए उन्होंने कविता के जीवन-विवेक का सूत्र प्राप्त किया। अनुसन्धान की सीमाओं से परे जाने की

कोशिश करने वाला उनका मुक्तिबोध पर लिखा प्रबन्ध गद्य का एक नायाब नमूना है। उसका कुछ आभास इस संकलन की गद्य रचनाओं में मिल सकता है। चन्द्रकान्त यह बख़ूबी जानते थे कि "अकादमिक की तरह से मुक्तिबोध की कविता को पढ़ना और किसी अनुशासन में बँधकर उस पर लिखना सम्भव ही नहीं है।" मुक्तिबोध के प्रतिनिधि गद्य का संकलन-सम्पादन भी चन्द्रकान्त ने किया। चन्द्रकान्त के मुक्तिबोध से प्रतिबद्ध रहने से उनकी सोच की बुनियाद पुख़्ता हो गयी। इसीलिए उनका कथन "कब-कहाँ मुक्तिबोध याद नहीं आते, कहना कठिन है।"

चन्द्रकान्त के पत्रकारिता के अनुभव ने उनको ज़मीनी हक़ीक़त से रू-ब-रू होने का मौक़ा दिया और आम आदमी से जुड़ने, संवाद करने का एक माध्यम उपलब्ध करा दिया। इसके लिए जो गद्य उन्हें लिखना पड़ा उसने एक नया अन्दाज़ पा लिया। कविता तो उनमें थी ही। इन्दौर के एक पुस्तक मेले पर टिप्पणी लिखी थी उन्होंने एक अख़बार के पाक्षिक स्तम्भ के लिए। लोगों ने कहा, यह कविता है और वह कविता बन गयी। 'करिश्मे भी दिखा सकती हैं अब किताबें' इन टिप्पणियों में उन्होंने कई बार देश की दुर्दशा, विषमता, भ्रष्टाचार, अन्याय आदि के बारे में तड़प कर लिखा और अपने आपको इन पत्रकारों की कतार से मुक्तिबोध की ही शैली में अलग माना। अपनी निराशावादी और नकारात्मक सोच को स्वीकार करते हुए उन्होंने कहा, "इस या उस विचारधारा के पक्षधर पेशेवर स्तम्भकार या विमर्श-उन्मादी का मनमन्थन नहीं है। एक आम नागरिक की वेदना है, जो अभागों के नसीब के साथ अपने को नत्थी समझता है और ये सभी जिसके लिए केवल दृश्य या ख़बर भर नहीं है।" विषय प्रधानता और वस्तुनिष्ठता के बावजूद उनकी टिप्पणियाँ तात्कालिक नहीं रह जातीं, बल्कि अपनी नवीन दृष्टि, दो-टूक ईमानदारी और व्यक्तित्वपूर्णता के कारण आज भी प्रासंगिक प्रतीत होती हैं।

स्तम्भ-लेखन ने उन्हें स्पेस का भान दिया और सीमित जगह में अपनी बात को पूरी शिद्दत के साथ कहने का अवकाश दिया। बात को फैलाने नहीं दिया। परिणामस्वरूप उनकी अधिकांश गद्य रचनाएँ तीन या चार पन्नों से अधिक विस्तार नहीं पातीं और अपनी बात को एकाग्र प्रभाव से कह पाती हैं। इस काव्यगुण ने शिम्बोर्स्का के इस कथन से जैसे समर्थन पाया कि "उम्र चाहे जितनी लम्बी हो, संक्षिप्त होना चाहिए विवरण।"

साक्षात्कारों को चन्द्रकान्त ने जिस सहजता, आत्मीयता और संवादोन्मुखता से लिया है, उससे इस गद्य का अन्दाज़ भी निराला हो गया है। अन्य गद्य रूपों से हम इसमें चन्द्रकान्त के साथ बातचीत का सजीव अनुभव पाते हैं। साक्षात्कारकर्ताओं को चन्द्रकान्त जिस अपनेपन से सहते हैं, समझ लेते हैं, चिढ़ने की जगह संयम या किंचित

व्यंग से काम लेते हैं, इससे उनके व्यक्तित्व-कविव्यक्तित्व की पहचान बन जाती है। चन्द्रकान्त ने कहा था, "कोई माने या न माने, मैं अपने आपको पूर्णकालिक कवि मानता हूँ।" इस दृष्टि से सारे साक्षात्कार भी एक कवि के साक्षात्कार ही होते हैं। एक साक्षात्कारकर्ता के यह पूछने पर कि आपकी अगली कविता-पुस्तक कैसी होगी, चन्द्रकान्त के कवि ने दो-टूक जवाब दिया, "चन्द्रकान्त देवताले सृजन उत्पादन नहीं करता। वह इस तरह से अपने आने वाले ब्राण्डों के बारे में भविष्यवाणी भी नहीं कर सकता।" चन्द्रकान्त के साक्षात्कारों की एक पुस्तक पहले ही प्रकाशित हो चुकी है। साहित्य अकादेमी पुरस्कार मिलने पर साक्षात्कारों का तो सिलसिला ही जारी रहा। उनमें से कुछ महत्त्वपूर्ण साक्षात्कारों को हमने इस संकलन में शामिल किया है।

मुक्तिबोध को याद करते हुए चन्द्रकान्त के सामने यह प्रश्न था कि "अब मैं स्मृति-स्मरण-संस्मरण को अलग कैसे करूँ? विद्वान बुद्धिजीवी करें शायद, मैं तो नहीं।" प्रस्तुत पुस्तक के सम्पादन में हमारे सामने भी यही प्रश्न आया कि इस बिखरे गद्य का कैसे वर्गीकरण करें? क्योंकि एक बात में आती थीं कई बातें। साक्षात्कार-जैसी विधा में तो कुछ भी आ सकता है, अनायास जो विभाग बने। कवि का अपने बारे में कुछ कहना, अपने बुजुर्गों के बारे में कुछ कहना, कविता के बारे में सोचना-समझना और कवि का अपने वक़्त के बारे में सजग होकर बहुत कुछ कहना तथा साक्षात्कार, इन विभागों में कुछ विशेष सूत्र है—ऐसा नहीं। सभी विभागों में सभी बातें आ जाती हैं। रचनाओं का कोई क्रम नहीं, कालिक भी नहीं। हालाँकि एक बात साफ़ है कि चन्द्रकान्त की कविता और गद्य में चिन्तन, दर्शन, पक्षधरता की कोई फाँक नहीं है, इसीलिए तो यह कवि का गद्य है।

हम कृतज्ञ और आभारी हैं हमारे प्रेरणास्रोत चन्द्रकान्त पाटील के, चन्द्रकान्त देवताले के समग्र साहित्य की गहरी जानकारी देने वाली चन्द्रकान्त की छात्रा डॉ. शशि शर्मा, चन्द्रकान्त के इन लेखों का सम्पादन करने वाले डॉ. आशीष त्रिपाठी, वाणी प्रकाशन के अरुण माहेश्वरी तथा उन सम्पादकों और प्रकाशकों के, जिन्होंने इस कवि-गद्य को पहली बार छापा था।

—निशिकान्त ठकार

अनुक्रम

कुछ अपने ही बारे में

आत्मीयों का सान्निध्य

कविता की पड़ताल और पैरवी

अपने वक़्त की चुनौतियाँ

साक्षात्कार : बातचीत के अपने अन्दाज़

कुछ अपने ही बारे में

आवाज़ गयी तो मैंने पायी हरूफ़ की दुनिया

मेरे हाथ में क़लम है और मैं स्नेह-वचन के कारण कुछ लिखने की कोशिश कर रहा...पर नहीं सूझ रहा मुझे पहला ही वाक्य। फिर औचक लिखता हूँ, 'एक गाँव ने मुझे जन्म दिया और एक धक्के ने शहर में फेंक दिया, फिर शहर ने कविताओं में उछालकर कहीं का नहीं रक्खा।'

तो इस तरह अस्त-व्यस्त बिखरे के बीच हर कहीं का होकर मैं आवाज़ों के बूते और सहारे अपनी धरती और लोगों में फैला हुआ हूँ। आवाज़, हाँ वही आवाज़ मेरी खो गयी थी, दूसरे विश्व युद्ध के दौरान टाइफाइड के कारण। टाइफाइड जो एक बार ठीक होकर फ़िर हो गया था। डॉक्टरी भाषा में कहें तो रिलेप्स! अर्से तक जूझता रहा मैं इससे। मगर साल भर बाद ताज़ा पत्तियों की तरह वाचा फूटी, लेकिन साथी चिढ़ाते...मगर अस्पष्ट उच्चारणों में भी मैं ख़ुद को प्रकट करने के लिए व्यग्र रहता। तभी बड़वाह के माध्यमिक स्कूल के हिन्दी शिक्षक ओझाजी ने मुझे समझाया, 'तुम स्टेशन के क्वार्टर में रहते हो, अकेले में कहीं जाकर ज़ोर-ज़ोर से बोला करो। ज़्यादा अच्छा हो हिन्दी की किताब ले जाकर सिग्नल पर चढ़ चारों तरफ़ सुनाते हुए कहानी-कविता पढ़ो' और यह अभ्यास मैंने बड़े चाव से किया। इस लगन का सुफल यह था कि 1950 के स्वतन्त्रता दिवस वाले स्कूल के कार्यक्रम में मुझे भाषण प्रतियोगिता में पहला पुरस्कार रजत पदक प्राप्त हो गया।

तो इस तरह आवाज़ को पाने और अपनी बात सम्प्रेषित करने की मेरी बेचैनी ने मुझे भी हाँका लगाने वालों में शामिल कर दिया। परिवर्तन का वह हाँका तो दुनिया में लगता ही रहा। महाभारत में भी तो कोई दोनों हाथ ऊपर उठाकर पुकार-पुकारकर आग्रह कर रहा था, उसके बाद बुद्ध-कबीर-नानक से लेकर गाँधी सहित सैकड़ों ज्योति-पुरुषों ने बहुत कुछ कहा, पर सोयों ने नहीं सुना तो नहीं सुना और आज इस मुकाम तक पहुँच गये, जहाँ धरती तेज़ी से अपनी याददाश्त और मनुष्य अपनी संवेदनशीलता खोता जा रहा है! मानो एक विराट प्रदूषित वाशिंग मशीन में बेशक़ीमती सब कुछ तहस-नहस हो रहा है।

मेरे बचपन का वह दौर भी आवाज़ों-पुकारों का था। हिमालय की चोटी से कोई ललकार रहा था। प्रभातफेरियों और स्वतन्त्रता प्राप्ति के लिए आन्दोलनों की आवाज़ों से मेरे शहर का भी कोई हिस्सा ख़ामोश नहीं रहा। अपने बचपन और किशोरावस्था में मैंने जो सबक घटनाओं, प्रसंगों और व्यावहारिक गतिविधियों के बीच आत्मसात किये, उन्हीं के कारण मैं जो आज हूँ, वह हो पाया। यानी सब कुछ ख़ास हुआ, ऐसा नहीं। मगर, कवि कहाने के लिए मैंने अपनी भीतर की इच्छाओं, स्वप्नों, आहों-कराहों को शब्दों में नहीं फूँका, बल्कि अपनी छोटी-छोटी चाहतों के चलते, मामूली आदमी होने का रास्ता अख़्तियार किया। एक बालक के लिए यही क्रान्ति थी। मैंने इन्दौर में खजूरी बाज़ार चौदह नं. प्राथमिक स्कूल की चलते स्कूल में घण्टी बजा दी, यह सोचकर कि इस विद्रोह से देश आज़ाद हो जायेगा।

मैंने आज़ादी की लड़ाई के उन दिनों में राजवाड़े के इर्द-गिर्द और तब के सूखे कुएँ वाले माणिक चौक में सभा को उजाड़ते देशी सिपाहियों को देखा था। फायर ब्रिगेड से पानी फेंकना, घुड़सवार सैनिक और गोली चलने की आवाज़ें सुनी थीं। तब मैं बालक था। इससे 10-12 वर्ष पहले पैदा हुआ होता तो निश्चित ही जेल की हवा खा आया होता। मेरे सबसे बड़े भाई को यह नसीब था, जो 8 माह सेंट्रल जेल में माफ़ी नहीं माँगने की ज़िद पर 7 साथियों सहित रहे। मैं रविवार को या त्योहार के दिन टिफिन लेकर कभी माँ के तो कभी दूसरे नम्बर के भाई के साथ जेल जाता तो मेरा मन होता बड़े भैया के, एवज़ में मैं ही जेल में रह जाऊँ, थोड़े दिन आज़ादी की ख़ातिर। चूँकि द्वितीय विश्व युद्ध का समय था, सो उन्हीं दिनों आकाश में किसी-किसी रात हवाई जहाज़ मँडराते। ख़बरदार पहले ही कर दिया गया होता कि रात घरों में बिजली न जलाएँ। मेरे घर लालटेन, चिमनी जलने के बावजूद खिड़कियाँ बन्द कर दी जातीं। मुठभेड़ के उन दिनों की यादें मेरे भीतर अंकुरित रहती हैं निरन्तर, जिसके बूते मैं धरती को सुन लेता हूँ और इसी कारण मैं अपने जीवन को नष्ट हुआ नहीं मानूँगा, अन्तिम साँस तक बचपन में लाल गेहूँ या जुआर के लिए कंट्रोल की दुकान खुलने के पहले कतार में लगने और आगे-पीछे के लोगों को देखने, आसपास के बड़ी फज़र वाले दृश्यों को भाँपने में मज़ा आता था।

कुछ कविता पंक्तियों का भी मुझ पर प्रारम्भिक दिनों में गहरा असर पड़ा। नसीब से मेरे घर में किताबें थीं, सियारामशरण गुप्त की 'सुखिया की चाह' कविता में चेचक पीड़ित बेटी का देवी के मन्दिर का फूल माँगना और पिता का बड़ी सुबह नहा-धोकर सफ़ेद धोती में अपने को ढँक मन्दिर से फूल ले सीढ़ियों से उतरते वक़्त पहचान लिया जाना और फिर सवर्णों द्वारा जारी धमाधम कुटाई। इसी तरह नवीनजी की कविता में जूठे पत्तल चाटते लोगों को देख दुनिया में आग लगाने और

स्वयं जगपति का टेंटुआ मसकने की बात। एक बार जब मौसी गाँव से मेरे शहर आयीं तो माँ ने बात-बात में बताया—''ये अपना सबसे छोटा, पक्का नास्तिक है। विदेशी सामान की होली में उसने अपना खाकी हैट फेंक दिया था।'' भगतसिंह का नाम गर्व से लेते थे बच्चे, पर भगतसिंह-लेख 'मैं नास्तिक क्यों बना' मैंने नहीं पढ़ा था। सियारामशरण गुप्त और नवीनजी की पंक्तियाँ और माँ की बात, ''नास्तिक है ये'', ने मेरे कच्चे मन की गीली धरती पर जो करिश्मा किया, उससे मैं चकित हूँ। इतने सारे शब्द? मेरी ज़िन्दगी में इतना तो कुछ नहीं। दुबारा पढ़ूँगा हस्ताक्षर करने के पहले तो याद आयेंगे पुरखे, धरती की गन्ध और वक़्त के तमाम ज़ख़्म। मैं भूल चुकूँगा अपना नाम। मेरी पहचान रहेगी तो बस मेरे शब्द!

कविता के कारण माँ ने बचाया

उसकी कोख में बीता मेरा पहला जीवन। यदि मैं याद कर सकता तो शायद जान जाता ताक़त और नज़ाकत उस परवरिश की, जो लपटों की नोक पर भी फूल को मुरझाने नहीं देती। न मेरी 'माँ' अनोखी थीं, न मैं उसका अनोखा बेटा। उसके लिए कुछ भी औपचारिक कहने की जगह कहाँ ममता के इलाके में! फिर माँ को याद करने का कोई अलग दिन कैसे हो सकता है?

'मेरे मस्तिष्क में तो रेंगता रहता है अमर चींटियों का रास्ता, माँ वहाँ रोज़ चुटकी-दो चुटकी आटा डाल देती है।'

माँ लगभग 25 वर्ष पूर्व मरकर यादों में अमर हो गयी। पर उससे कई बार, कई तरह से मुलाक़ात होती रहती है। बचपन में उसने कहा था—'दक्खिन की तरफ़ पाँव करके मत सोना, वह यमराज की दिशा है। मृत्यु के देवता को नाराज़ करना अच्छी बात नहीं।' आज जिधर भी पाँव करके सोओ, वहीं दक्षिण दिशा, सभी तरफ़ यमराज, केवल माँ नहीं। फिर इस क्षण माँ को याद करना मेरे लिए उस फड़फड़ाते थके परिन्दे की तरह है, जो स्मृतियों के थपेड़ों में फँसे जहाज़ पर पंख समेटने की कोशिश कर रहा है।

'माँ ने हर चीज़ के छिलके उतारे मेरे लिए, देह, आत्मा, आग और पानी तक के छिलके उतारे और मुझे कभी भूखा नहीं सोने दिया।'

माँ, गये साठ सालों में कई बार मेरी कविताओं में आयी। दुनिया के बड़े कवियों की कविताओं से भी झाँकती दिखी, पर नहीं लगता कोई माँ पर मुकम्मल कविता लिख पाया हो। धरती और माँ की ख़ुशियों, उम्मीदों, तकलीफ़ों और सिसकियों के बीच रहना फिर-फिर जन्म लेने जैसा लगता है। आज भी मेथी-बथुआ-बेसन की सब्ज़ी खाते खाना परोसती माँ, जैसे कहने लगती है—'तू वैसा ही चटोरा अभी तक'।

सिर्फ़ एक बार मेरे कविता पाठ में उपस्थित थीं अम्माजी। 1974 की शरद पूर्णिमा और सार्वजनिक वाचनालय की छत पर था मेरा एक व्यक्तिगत कविता पाठ। 'माँ जब खाना परोसती थी' कविता सुनाते हुए मैंने छत पर दीवार से सटी बैठी अपनी माँ को देखा तो वह आँखें पोछ रहीं थीं। ये आँसू मेरी कविता में कभी

सूख नहीं सकते। एक छवि 1942 के दिनों की है, जिसमें अभाव, ग़ुस्से और ममता की त्रिवेणी इन सूखे दिनों में भी आँखों से बहने लगती है। मेरी माँ ने जाड़े की भर दोपहर ओटले पर मेरे बड़े भाई को जो उस वक़्त मुझसे बड़ा बच्चा था, कसकर थप्पड़ मारा था। भाई देर तक फफक-फफककर रोया और वह जब चुप हो गया, एकदम शान्त तो मैंने देखा, अब माँ रो रही थी बिन आवाज़, जैसे महीन किसी चीज़ को कोई घट्टी में बड़ी जुगत से पीस रहा हो। मुझसे कहा गया—मैं अपने पिता से इस बारे में कुछ न कहूँ। दूसरे दिन मैंने पैसे चुराने की तरकीब भाई को बताई। भाई ने माँ को बता दिया माँ ने मेरी कुटाई की। मार खाता रहा मैं, नहीं रोया, पुत्र बना रहा और माँ इस पर बहुत हँसी। तीसरे दिन माँ ने हमें दो पैसे के गोलगप्पे खिलाये। हमने खाये। अब याद नहीं हम ख़ुश थे या खाते हुए भी ग़ुस्से में चढ़े थे हमारे थोबड़े।

पिता 1928 में बैतूल ज़िले के एक गाँव से गुड्स क्लर्क बन इन्दौर आ बसे थे। स्वतन्त्रता आन्दोलन के दिनों में मेरी माँ, जिसे हम अम्माजी कहते थे मेरे सबसे बड़े भाई के दोस्तों की भी अम्माजी हो गयी थी, जो सब आज़ादी के लिए छात्र आन्दोलन में सक्रिय थे। भीष्म साहनी की कहानी 'चीफ़ की दावत' की माँ से एकदम भिन्न थी मेरी माँ। पहले बड़े भैया के सभी साथी अम्माजी को ही पुकारते थे। वे ही सभी के चाय-नाश्ते की व्यवस्था ख़ुशी-ख़ुशी करती थीं। नन्दकिशोर भट्ट, बाबा भवरास्कर, प्रभागचन्द्र शर्मा जैसे कुछ नाम याद आ रहे हैं। फिर भाई आठ माह जेल में रहे तो कई बार माँ के साथ तीज-त्योहार खाने का टिफिन लेकर मैं भी सेंट्रल जेल गया। बेड़ियों की खनखनाहट, स्वतन्त्रता की पुकार के बीच माँ के हाथ के बनाये खाने की तारीफ़ होती थी।

प्रसंग 1960 का है। मैं हिन्दी एम.ए. प्रथम श्रेणी हो चुका था और आठ-दस महीनों से बेकार भटक रहा था। और भी वजहें थीं कि आत्महत्या की बात बार-बार मन में आती। इसी इरादे को अंजाम देने से पहले मैंने एक कविता लिखी 'मेरे मरने के बाद'। उसमें यह भी था कि 'रामू पान वाले के दो सौ तीस रुपये चुका देना कैसे भी, बेचारे ने बिन पैसे माँगे बेकारी के ध्वस्त दिनों में/पान खिलाये हैं मुझको।' कविता मेरे बड़े भाई के हाथ लग गयी और उन्होंने माँ को सुना दी। माँ बहुत रोयी-धोयी और चुपचाप पान वाले का हिसाब चुकता करके आ गयी। इस तरह सन्तप्त माँ को देखने के बाद कोई कैसे मर सकता था! तो कविता और माँ के कारण बचा और ऋण-मुक्त भी हुआ। माँ इन्दौर में साठ बरस ऐसे रही जैसे गाँव में ही है। उसके ही कारण मुझमें देहात के होने का बराबर अहसास आज भी जीवित है। और इस अहसास ने मुझे सफलता के भ्रम, बौद्धिक अहंकार और चाटुकारिता के त्रिदोषों से बचाया है।

किताबें और मैं

लिखने के लिए यह विषय कवि-मित्र चन्द्रकान्त पाटील ने दिया है। मैं कोई बड़ा पढ़ाकू नहीं और मेरे मन में किताबों को लेकर कोई उलझन भी नहीं। पर यह तो है कि बचपन में ही किताबें सुनने-देखने-पढ़ने का साधारण परिवेश मिला। कुछ इस तरह कि पिताजी 'मानस', एक भाई 'साकेत' का आठवाँ सर्ग माँ को सुनाते और मैं खेलते-कूदते शरीक रहता। छह-सात वर्ष की उम्र में (सन् 1942-43) स्वतन्त्रता आन्दोलन और दूसरे विश्व युद्ध को अपनी तरह से कुछ-कुछ समझ रहा था। हम कुछ बच्चे 'अंग्रेज़ों, भारत छोड़ो, यह देश हमारा है' का नारा बड़े ज़ोर-शोर से लगाते थे। सबसे बड़े भाई, जो बीकॉम, के छात्र थे, 1942 में छात्र आन्दोलन में गिरफ़्तार हुए और दस माह इन्दौर की केन्द्रीय जेल में रहे। प्रजामण्डल की गतिविधियों पोस्टर, पर्चे का माहौल था हमारे घर में। कई बार रात में ब्लैक आउट और सुबह लाल गेहूँ-जुआर के लिए कंट्रोल की लाइन में खड़े होना, सब कुछ अब किताब की तरह लगता है।

उस वक़्त की मामूली बातें, जिन्हें तब कोई महत्त्व नहीं दिया, आज सोचता हूँ तो लगता है उनकी कितनी गहरी छाप पड़ी है। इसे मैं आज अपने जीवन, सरोकार और अपनी कविता के भीतर महसूस कर रहा हूँ। इसी के साथ बचपन के तीन प्रसंगों को भूल नहीं सकता। एक सात-आठ साल का रहा होऊँगा। मेरे पास एक खाकी टोप था। उसे ले जाकर मैंने 'विदेशी चीज़ों की होली' में फेंक जला दिया तो बड़े भाई के मित्र कवि प्रह्लाद पाण्डेय 'शशि' ने मुझे लाड़ से अपना कविता संग्रह उपहार में दिया—लिखकर—'चन्द्रकान्त तूफ़ान को यह 'तूफ़ान' प्यार के साथ'। मेरी शैतानियों को देखकर ही उन्होंने अपने कविता संग्रह का शीर्षक मुझ पर चस्पा किया होगा। यह मेरी किसी किताब से पहली मुठभेड़ थी। शशिजी क्रान्तिकारी कवि थे। 'अपनी गतिं से लिए युगान्तर लो रोको तूफ़ान चला मैं' पंक्ति और कविता का मैंने पता नहीं कितनी बार पाठ किया होगा। इस किताब का मूल्य सिर्फ़ छह आना था, लेकिन इसी ने मुझे किताबों को छाती से चिपकाना सिखाया। दूसरा प्रसंग एक कविता का है—

सियारामशरण गुप्त की 'एक फूल की चाह'। कविता में एक दलित बच्ची देवी के मन्दिर का एक फूल चाहती है और कोशिश करने पर उसके दलित पिता की सवर्ण लोग धमाधम कुटाई कर देते हैं। बहुत बाद की मेरी दो-तीन कविताओं में मैंने इस अन्याय-असमानता-यन्त्रणा की अनुगूँज सुनी। तीसरी घटना भी किताब नहीं, एक कविता ही है बालकृष्ण शर्मा 'नवीन' की, जिसकी दो पंक्तियों के बूते मैं कई-कई ज़िन्दगी ईश्वर विरोधी प्रचार कर सकता हूँ—'लपक चाटते जूठे पत्ते जिस दिन देखा मैंने नर को, उस दिन सोचा क्यों न लगा दूँ आग आज दुनिया भर को'। इतना ही नहीं, आगे है—'क्यों न टेंटुआ मसका जाये स्वयं जगपति का'। इसके साथ ही प्रेमचन्द की कहानियों की आँच। इन सबने मेरे लड़कपन की रुचियों को आकार दिया और तपाया। शब्द, संस्कृति के साथ-साथ जीवन को देखने-समझने के झरोखे बनाये। बाद का जैसा भी जीवन, लेखन और सोच रहा, उसकी ज़मीन यही है।

फिर सन् 1950-51-52 के दौरान बड़वाह की माध्यमिक कक्षाएँ, जहाँ सप्ताह में एक दिन, एक घण्टे का लाइब्रेरी का पीरियड होता था और हमारे हिन्दी वाले सर कहानी-कविता आदि की किताबें पढ़ने की प्रेरणा देते थे।

इन्दौर में उच्च शिक्षा के दौरान मुझे जैसे किताबों का घर ही मिल गया। 1953 से हमारा अधिकांश समय घर के निकट की श्वेताम्बर जैन लाइब्रेरी में ही बीतने लगा। यहाँ प्रेमचन्द, शरतचन्द्र, रेणु, जैनेन्द्र, यशपाल के कथा-साहित्य को हाईस्कूल छात्र की ग्रहण क्षमता के साथ बाँचा। साथ ही दॉस्तोएवस्की, चेखव, टॉलस्टॉय की किताबें भी हाथ आती रहीं। घर से कुछ दूर नवयुग साहित्य सदन उन दिनों इन्दौर में पुस्तकों की प्राप्ति का एकमात्र स्थान था। मालिक धूतभैया साहब हर 10-15 दिन में आवाज़ लगा देते—चन्द्रकान्त, कुछ नयी किताबें आयी हैं। और यहाँ हम जाकर उधार भी किताब ले सकते थे।

1955 में महाविद्यालयीन वाद-विवाद प्रतियोगिता में महात्मा गाँधी का 'हिन्द स्वराज' और विनोबा की 'गीता प्रवचन' द्वितीय पुरस्कार में प्राप्त हुई। 'हिन्द स्वराज' ने सोचने के लिए स्वतन्त्रता, सम्प्रभुता, देशीयता और अपने समय, समाज, गाँव, जीवन की धड़कन के वे संकेत दिये, जो आज के भूमण्डलीकरण और बाज़ारवाद की चपेट में अभी भी हमें बचा सकते हैं। ऐसा कभी नहीं हुआ कि एक या दो किताबों ने जीवन की दिशा मोड़ दी हो। समग्र प्रभाव पड़ते रहे। जैसे हाशिये के एक दरख़्त पर बारिश होती रहती है। भुवनेश्वर का एकांकी 'ताँबे का सिक्का', अज्ञेय की कहानी 'रोज़' और इसके बाद बिन मिले मुक्तिबोध से हुई मुलाक़ात, उनकी मित्रमण्डली के सदस्यों के माध्यम से। अनिल कुमार ने मुक्तिबोध की कई रचनाएँ न केवल पढ़ने को दीं, उन पर हमने विचार-विमर्श भी किया।

1964 के बाद मुक्तिबोध की डायरी और कविताओं का गहरा प्रभाव मैंने महसूस किया। 'बुद्ध की वाणी' को मैं बार-बार पढ़ता था। कुछ उसी तरह मुक्तिबोध से भी मुझे अपने वक़्त, जीवन, साहित्य, समाज और व्यवस्था को समझने के लिए निर्देश मिले।

फिर एकाएक पत्र-पत्रिकाओं की दुनिया के बीच अपने को पाया। 'ज्ञानोदय' और 'धर्मयुग' से तो रिश्ता अपनी कविताओं के कारण जुड़ ही गया था, किन्तु होल्कर कॉलेज के वाचन कक्ष से मुझे 'कवि', 'कल्पना', 'युगचेतना', 'निकष' मराठी की 'सत्यकथा', बांग्ला की 'देश' और अंग्रेज़ी की 'एनकाउंटर', 'लन्दन-मैगज़ीन', 'पोएट्री' और 'टाइम्स लिटररी सप्लीमेंट' के अंक थोक में मिल गये। इन पत्रिकाओं के साथ-साथ 'कम्युनिस्ट पार्टी का घोषणापत्र' भी बार-बार पढ़ने का मन होता रहा। लोर्का का 'जिप्सी बैलेड्स' तो झोले में लेकर घूमता था—कवि रामविलास शर्मा (डॉक्टर नहीं) गवाह रहे।

फिर मेरी प्रोफ़ेसरी और तबादलों का सिलसिला। इसके साथ ही दोस्तों द्वारा किताबों की रसद मुहैया करायी जाना। सबसे पहले रमेश बक्षी ने सार्त्र की उपन्यास-त्रयी और 'ह्वाट इज़ लिट्रेचर' पढ़ने को दी। विष्णु खरे ने निकोनार पार्रा का कविता संग्रह अपनी पहली विदेश यात्रा के दौरान भेजा। चन्द्रकान्त पाटील ने आज तक किताबें भेजने का सिलसिला जारी रखा है, जिनमें अरुण कोलटकर, नामदेव ढसाल, दिलीप चित्रे, श्याम मनोहर की पुस्तकों से लेकर दलित साहित्य की महत्त्वपूर्ण रचनाएँ शामिल हैं। वी. कुमार ने स्टॉकहोम से शिम्बोर्स्का, नेरुदा, इलियास कॉनेटी, काफ़्का, मेण्डलश्टाम, ब्रेख़्त, गुंटर ग्रास की किताबें बरसों नियमित भेजीं। साथ ही 'इंडैक्स ऑन सेंसरशिप' और 'एमपीटी,' पत्रिकाएँ मुहैया करायीं। क्षमता अनुसार इन बीहड़ इलाकों से गुज़रा हूँ।

आज भी बुद्ध का 'धम्मपद', कॉनेटी का 'ह्यूमन प्रोविंस', ग़ालिब के ख़त और हमज़ातोव का 'मेरा दागिस्तान' (दोनों भाग) से जीने का सहारा और अकेलेपन में आत्मीय-विश्वसनीय मुलाक़ातों का अहसास बना रहता है। हमारे इस विध्वंसक वक़्त में हरिशंकर परसाई और रघुवीर सहाय समग्र रूप में लोकतन्त्र, न्याय और समानता के लिए कुछ-न-कुछ कहते, चेतावनी देते हर मोड़ पर दिखाई देते हैं।

'भूखण्ड...' और मैं

लगभग तीन दशक पूर्व इसी मई के महीने के तपते दिनों में 'भूखण्ड तप रहा है' कविता को मैंने कह दिया था—'बस...अब आगे नहीं...' पिछले पाँच वर्षों से सिलसिला चल रहा था अपनी बेढंगी गति से बस में...ट्रेन में...कभी कहाँ...कभी रात जागने पर एकाएक...। 'मई की विशाल छाती पर अग्नि वृक्ष उड़ते हैं' इसमें झाँकने की कोशिश करूँगा तो निराशा-निस्सहायता के सिवा कुछ नहीं पा सकूँगा। तब जो तप रहा था आज तड़क-दहक रहा है और इसको पहचानने-बताने फिर सावधान करने वाली संस्थाएँ जिसमें इंसाफ़ और मीडिया भी शामिल है, बाज़ार में बैठे नज़र आते हैं। पाखण्डों के भभ्भड़-बवण्डर का ऐसा दौर हमारे समाज में पहली बार गरिमामण्डित हो रहा है। हम जैसे कइयों का चैन हराम हो चुका है और दहशतज़दा सब कुछ को चुनौती देने के बदले कुछ लोग तटस्थ हैं और बाक़ी लूट-खसोट में शामिल हो गये हैं।

इतना कुछ सिर्फ़ इसलिए कि बाहर देख ही नहीं रहा, खड़ा भी हूँ और आँधी चल रही है—अख़बार का पन्ना फड़फड़ा रहा है। सच तो यह है कि अपनी किसी रचना के बारे में चाहे वह आज की हो या तीस साल पहले की, कुछ कहना मेरे लिए न तो सम्भव है और प्रीतिकर तो कतई नहीं। और रचना-प्रक्रिया के बारे में तो एकदम असम्भव।

मेरी किस्मत में यह सबसे अच्छा रहा कि मेरे गाँव जौलखेड़ा और बचपन की यादों का मुझ पर क़ब्ज़ा आज तक है। क़ब्ज़ा बेड़ियों की तरह का नहीं बल्कि दिखती-बोलती-महसूस होती छवियों, परछाइयों, आवाज़ों और हवाओं का। यह मेरे हर रोज़ के जीने में कभी भी साथ हो जाता है, हाथ थाम लेता है और थोड़ी बहुत मदद भी करता है आदमी बने रहने में। सफ़ाई करने वाली, कपड़े धोने वाली बाई और गाँव के अकेले बाल काटने वाले नाई को मौसी, ज़ीजी, भैया, मामा कहना मेरी माँ ने ही सिखाया था, गोंड़ों-कोरकुओं के हाथ और अपने खेत में जामुन खोजने का उत्साह याद कर पा रहा हूँ। कह सकता हूँ उत्तर-आधुनिक चमक के राजमार्ग

पर अँधेरे में कटे पड़े दरख़्त पर चींटियाँ चल रही हैं और दरख़्त को हलकी-सी गुदगुदी हो रही है।

एक बार मौसेरे भाई ने अपने साथी के साथ दो पत्थरों को रगड़कर चिंगारियों से कपास बत्ती चेता, बीड़ी सुलगाई थी तो मैं चकित रह गया था। पत्थर और आग तभी से मेरे सगे हुए।

'भूखण्ड' में मैंने सत्रह स्थानान्तरों को सहज स्वीकार करते पत्थरों के राजगढ़, व्यापारियों के पिपरिया, धर्मप्राण लोगों के उज्जैन, फिर तरह-तरह के विरोधाभासों में उलझे इन्दौर-रतलाम-नागदा-पन्ना-भोपाल आदि में जो जीवन जिया उसी को आवाज़ मिली है। लोगों के बीच रहते-धँसते मैंने उनकी छोटी-छोटी ख़ुशियों, मुश्किलों, सपनों, उम्मीदों और फ़रेब-कपट, झूठ के बीच होते क्षय को भीतर तक महसूस किया है। इसमें मेरे तमाम सरोकार बुने हुए होना चाहिए। अलग से कुछ भी कहना कोई अर्थ नहीं रखता।

जन्म-मरण-अस्तित्व-काल के गूढ़ प्रश्नों और बौद्धिक अवधारणाओं से जूझने की कोई दुविधा या द्वन्द्व कतई नहीं होने से मेरे लिए सब कुछ जीवन और उन परिस्थितियों में ही रहा, जिनमें पिछड़े-कुचले-अपमानित अधिकार और न्याय से बुरी तरह वंचित करोड़ों लोग कुलबुला रहे थे। यह सिलसिला आज भ्रष्टाचार में डूबे इतराते हुए भारत में महीन और मोहक विधियों से जारी है।

इतना तो चलता है, यह दुनिया है, अपने में मस्त रहो, फटे में क्यों पाँव डालना जैसे जुमले मनस्तापी जीव के लिए कदाचित नहीं ही होते।

मुझे कुछ पता नहीं था और तय भी नहीं कि कहाँ पहुँचना है? बस यह एक यात्रा थी, अपनी नंगी आँखों और आत्मा से देखते-महसूस करते लिखता रहा। अन्तराल दिनों नहीं महीनों का भी रहा पर जैसे ही इस ट्रैक पर आता निरन्तरता शुरू हो जाती। अन्तिम प्रारूप जैसा कुछ होता ज़रूर होगा रचनाओं के साथ, पर मैं कभी इस भ्रम का शिकार नहीं हुआ।

गाँव से उखड़ना, खेत-ज़मीन का बिक जाना, आजी और माँ का रोना, उनके साथ मेरा भी उस वक़्त बिन समझे रोने लग जाना मेरे बचपन की ही नहीं जीवन की बड़ी दहशत रही। इन्दौर में आकर बसना, छह वर्ष की उम्र में माँ का समझाना कि कोई जात पूछे तो कहना—'हम ब्राह्मण हैं नर्मदा तट के' और मेरा जवाब—'मैं नहीं कहूँगा, मुझे बामन नहीं होना।'

यह आकस्मिक नहीं है कि मराठी को मैं अपनी मावस बोली मानता हूँ। परभणी, लातूर, नांदेड़, औरंगाबाद, पैठण क्षेत्र में जब-जब गया, घूमा-भटका मैंने हमेशा महसूस किया और कहा, 'मुझे लगता है जैसे मैं अपने इलाके में आ गया हूँ।'

आपसी आत्मीय रिश्ते भी विरल होते जा रहे हैं इन दिनों। उनमें भी ऐसी स्थिति आ जाती है कि तुम जो कह रहे उस पर तुम्हारा दोस्त ही विश्वास नहीं कर रहा। क्यों झूठ बोलता है? बेवकूफ़ मत बना!! जैसी उनकी प्रतिक्रिया होती। रोना आ जाये तो हँसी उड़ाते। सिर्फ़ दिलीप चित्रे ने कहा—"चन्द्रकान्त तुम जैसे हो वैसे ही रहो, भीतर से जो कहते हो कहो—रोना आ जाये तो रोको मत, ज़्यादह से ज़्यादह फ़ेस रख दो।" और प्रभात त्रिपाठी भी ऐसी ही बात कहता।

'भूखण्ड' के निमित्त से बहुत सारा कह दिया। अरसे बाद तो पेन ने चलना शुरू किया। 'भूखण्ड' में भी तो मनुष्य की पृथ्वी पर वास की मुसीबतें, भूख और उसके सम्मान के आस-पास का बवण्डर ही तो है।

मैंने जो कुछ लिखा-बताया अपने और अपनी आवाज़ के बारे में तो इसका यह आशय कदापि नहीं कि मैंने कोई महत्त्वपूर्ण संघर्ष या प्रतिरोध किया। यह भी नहीं कि मैं कोई बड़ा लेखक इत्यादि हूँ। मैं मानता हूँ मनुष्य की भी अपनी दास्तान होती है, जो बेमालूम रह जाती है। पर उसमें भी कहीं-न-कहीं चकमक पत्थर रगड़ते हैं।

आठ बन्दों और लगभग पन्द्रह सौ पंक्तियों वाली इस कविता में मैं हूँ और यह कविता मुझमें है। पिछले तीस वर्षों के दौरान इसके मेरे लिए कतिपय आत्मीय-अविस्मरणीय प्रसंग हैं।

सबसे पहले कविता पूरी होते ही कवि मित्र चन्द्रकान्त पाटील हत्थे चढ़ गया। बराबर याद आता रहा रात में 11 बजे उसे एक साँस में कविता सुनाई थी। और सुनाने के दौरान जहाँ अटक आ रही थी वहाँ निशान लगाते गया। मुझे डर लग रहा था गोया मैं उसका शिकार तो नहीं कर रहा? पर उसने जैसी जीवन्त ताज़गी भरी भीतर से प्रतिक्रिया दी, उससे मैं आश्वस्त हो गया। अब मुझे और किसी की गरज नहीं थी। दरअसल सुदीप, चन्द्रकान्त पाटील और विष्णु खरे ये मेरे निकष रहे।

'पूर्वग्रह' पत्रिका में प्रकाशन के पश्चात् सबसे अधिक रोमांचित और सार्थकता का अहसास जबलपुर में एक शाम हुआ। मित्र ज्ञानरंजन की छत पर जबलपुर के सभी रचनाकार साथियों के बीच भूखण्ड के पाठ ने जैसे सभी को लगातार झंकृत किया और अन्त में सभी ने जैसा थपथपाया वह क्रिकेट मैदान पर ही शतक के बाद खिलाड़ियों में देखा था।

तीसरा पाठ 1982 में। जे.एन.यू. के हिन्दी विभाग के छात्रों के बीच केदारनाथ सिंह जी अध्यक्षता कर रहे थे।

फिर 1982 में ही 'भूखण्ड' प्रकाशित होने के तुरन्त बाद सागर में प्रभात त्रिपाठी को एक साँस में कविता सुनाना और उसकी प्रेरक प्रतिक्रिया का मन में उमच आना।

1987 के लगभग इस लम्बी कविता का मैंने इन्दौर आकाशवाणी के अनुरोध पर नाट्य रूपान्तरण किया जिसे स्वतन्त्र ओझा और कथाकार-चित्रकार प्रभु जोशी ने प्रभावी ढंग से प्रस्तुत-प्रसारित किया।

हिरोशिमा दिवस 2002 इन्दौर की देवलालीकर कला वीथिका में श्रोताओं के बीच युवा रचनाकार साथियों—आशुतोष दुबे, विनीत तिवारी, जया मेहता, उत्पल बनर्जी और रवीन्द्र व्यास ने बेहद प्रभावी-सम्प्रेषित करता पाठ किया था, जिससे श्रोता समूह तप गया था।

मराठवाड़ा विश्वविद्यालय के तुलनात्मक साहित्य अध्ययन विभाग में येब्तुशेंको की 'जिमा जंक्शन', नामदेव ढसाल की 'प्रियदर्शिनी' के साथ 'भूखण्ड तप रहा है' को पाठ्यक्रम में शामिल किया था। 'भूखण्ड' जैसी लम्बी कविता की अकादमिक ज़गत में ऐसी स्वीकृति जिसका अकादमिक-धन्धे के लेन-देन से कोई वास्ता नहीं, विस्मयकारी थी।

'भूखण्ड तप रहा है' जब रच रहा था तब जन-प्रतिरोध और जन-विवेक में मेरा भरोसा था। आज मैं गवाही भी दे रहा हूँ और कठघरे में खड़ा हूँ। न्यायाधीश की कुर्सी पर शोक वस्त्र में लिपटा एक बिजूका बैठा है। कहीं वह मेरा भरोसा तो नहीं? मैं सोच रहा हूँ। अँधरे में अँधेरा जबर्दस्त रोशनी फैला रहा है। इतना ही।

‘नाटक और मैं’ : जितना जो याद आ रहा उतना ही

आकाशभाषित : अशोक और रश्मिजी ने नाटक प्रसंग में तीन ऐसे मामूली प्रश्न पूछे हैं, जिन्हें ‘साहित्य-विमर्श’ में कोई नहीं पूछता, पर इन सवालों ने मुझे एक बेमालूम भूचाल में अपनी यादों-विस्मृतियों के तहखानों में सानन्द भटका दिया है। पर जैसे ही थोड़ा सँभला-बाहर निकला तो समझ में आया यह तो ढूँढा-ढाँढी जैसा उत्खनन का काम है। अफ़सोसजनक भी। पता नहीं क्या निकले? कैसे क्या होगा।

स्वगत कथन (चार माह बाद) : अरे! ये चिट्ठियाँ कहाँ दब गयी थीं। हाथ में नहीं आतीं तो इतना वक़्त दरयाफ़्त करता हूँ क्या अभी भी वक़्त-जगह है?

डायरी (27 मई 09) : दो-तीन महीने पहले रश्मिजी से बात की थी उन्होंने कहा था–‘जल्दी भेज दीजिए।’ फिर दो माह गुडुप हो गया अपने होने के बेगानेपन में। कल रश्मिजी का फ़ोन आया। मैंने पूछा–क्या अभी भी वक़्त है। उन्होंने बताया–“सामग्री प्रेस में है...एक-दो दिन में तुरन्त भेज दीजिए।” छपते-छपते की तरह ऐन आख़िरी क्षण भी पहुँच जाये कुछ गुमशुदा कुछ तबाह पन्नों की दास्तान। मैं उत्साह से भर गया। पर आज का दिन कुछ नहीं कर पाया। खोजबीन कर जो सामग्री इकट्ठी की थी फिर बिखर गयी थी। पूरा दिन इसी में खट गया। दृश्यान्तर की तरह विषयान्तर तो होगा ही। छत्तीस वर्षों तक उच्च शिक्षा विभाग में प्राध्यापक रहते चार-पाँच बार एम.ए., बी.ए. साहित्य के प्रश्नपत्र विश्वविद्यालय हेतु तैयार अवश्य किये थे। दो-तीन बार लोक सेवा आयोग की परीक्षा के भी। हमेशा प्रश्न-पत्र के ऊपर नोट रहता था–‘किन्हीं पाँच प्रश्नों के उत्तर दीजिए।’ यहाँ तो सिर्फ़ तीन प्रश्नों के उत्तर देना है। छात्र तीन घण्टे में जैसा भी हो पाँच प्रश्नों को निपटा देते थे, और एक मैं हूँ सात माह बीत गये और सामने हैं केवल तीन प्रश्न। आज भी कुछ नहीं कर पाया। हाँ सैकड़ों पीले जर्जर हुए बेतरतीब पन्नों को आस-पास सजा लिया है। मेरे लिए इन्हें सिलसिलेवार करना अब असम्भव है। ये सब कारतूसों की गड्डियाँ हैं। कल नक़ल करते परीक्षा देने की तरह कोशिश करूँगा। आज तो नेहरूजी की पुण्यतिथि और तेज़ गर्मी...।

आकाशवाणी : सावधान, कई महत्त्वपूर्ण कार्य स्वीकार करने के बाद भी तुमने पूरे किये। आज भले ही ग़म-गर्मी की आड़ में बच गये हो...पर कल एक घण्टे में तीनों प्रश्नों के जवाब नहीं दिये तो इसके बाद छपते-छपते में भी मौक़ा खो देंगे। और एक बात याद रखो उन छात्रों की तरह मत करो जो प्रेमचन्द पर पूछे गये प्रश्न के उत्तर में पतंगबाज़ी का वर्णन करते पाँच पेज भर देते हैं और हर लाइन में प्रेमचन्द-प्रेमचन्द बड़े अक्षरों में टीप देते है। याद रहे अशोक जी देखेंगे और विषयान्तर तथा नक़ल पट्टी को निगाह डालते ही भाँप लेंगे...(स्तब्धता)...

वही डायरी : (ठहरकर...) अरे बाप आकाश या देववाणी...कहाँ तक...दूर तक बात चली गयी। हँसी आ रही है...(हँस पड़ता है)...अच्छा हुआ हँस लिया। सूमड़े लोग हास्यास्पद होते हैं। नाटक में तो विट-विनोद-विदूषक होना ही चाहिए। कल शाम तक वस्तुनिष्ठ उत्तर लिखकर भेज ही दूँगा। मेरे निकट के कुछ साथी पता नहीं क्यों कहते थे—"सर! आप बहुत नाटकीय हैं।" मैं आज तक इसका राज समझ नहीं पाया। दिल्ली में बरसों पहले विष्णु खरे के घर गया था तो बेटा अप्पु दौड़ते भीतर गया बोला—"मम्मी! मम्मी!! अपने घर उत्पल दत्त आये हैं।" महानुभाव सम्प्रदाय के लोग सोचेंगे यह क्या बच्चों जैसा कर रहा है। सोचते रहें मुझे ख़ुशी है।

28 मई 09

प्रश्न 1 : लेखक क्या होता है समझने के बहुत पहले मेरे बचपन में नाटक ही आया। वैसे तो बचपन ही नाट्य होता है। (देखें—महाकवि सूरदास का बाल वर्णन)। इन्दौर-जूनीकसेरा बाखल...1945—अपने बाल सखाओं में मैं ही अकेला हिन्दी भाषी था। गणेशोत्सव पर हमने बाल नाट्य मण्डली बनाई थी। चन्दा उगाहने से लेकर बाल नाटक 'कंस वध' तक में मेरी भूमिका रही। लघु नाटक में मैं कंस का सेनापति बना था। मंच-प्रवेश पात्र-परिचय के मौक़े पर धामणकर के बाड़े में ओटले पर धड़ाम से गिर पड़ा था। कई मराठी नाटक-लावणी-बुवाओं का कीर्तन सभी कुछ में नाट्य था। बचपन ही में मराठी मेरी मौसी भाषा बन गयी थी, लेखक कब हुआ पता नहीं। पर 1957 में बी.ए. में पढ़ते आकाशवाणी इन्दौर के बच्चों के कार्यक्रम के लिए दीप पर्व पर एक छोटा रूपक तब के ए.एस.डी. विद्याभूषण जी (ममता कालिया के पिताजी) की प्रेरणा से लिख पाया था। सात-आठ वर्ष की उम्र में मैं अरसे तक वाणी वंचित रहा...बाद में अस्पष्ट उच्चारण का शिकार हुआ। यह विवरण इसलिए कि मैं मंच पर सक्रिय नहीं हो सका। जबकि रामगोपाल बजाज और राजेन्द्र गुप्त की नाट्य कार्यशालाओं में मैं भी उनके साथ रहा। 'अन्धा युग' में तो सभी मेरे साथी अभिनय कर रहे थे। 1961 में हमीदिया कॉलेज भोपाल में पढ़ाने के दौरान एक घण्टे के रूपक

'मत्स्यगन्धा' की स्क्रिप्ट तैयार करने में मेरा योग था। 1952 में कविता 53 से 60 के बीच पाँच-छह कहानियाँ लिखने के किशोर प्रयत्नों के दौरान कभी नाटक लिखने की कल्पना ही नहीं उमची।

अभी इस क्षण ब्रेख्त की कहानी 'सुकरात का घाव' का नाट्य रूपान्तरण पीले-छितराये पन्नों और लगभग अपाठ्य फ़ोटो कॉपी के रूप में बाजू में पड़ा है। इसका मंचन भोपाल में हुआ था। आदरणीय नेमिजी ने अपने परिवेश के अनुरूप हुए इम्प्रोवाइज़ेशन को काफ़ी पसन्द किया था। वे 'नटरंग' में प्रकाशनार्थ स्वयं माँग कर ले भर गये थे। किन्तु वह स्क्रिप्ट कहीं इधर-उधर हो गयी। फ़ोटो कॉपी तो इस लेखन का प्रसंग आने पर रतलाम से 74-75 के छात्र (अब हैं पब्लिक प्रॉसिक्यूटर) कैलाश व्यास ने भेजी है। अब भी वह बड़े प्यार से कहता है—"मैं आपका सुकरात बोल रहा हूँ।" स्व. धीरेन्द्र परमार के साथ हुई वर्कशॉप में यह रूपान्तरण किया था।

इससे भयावह दृश्य है आपातकाल के दिनों में लिखे पूरे नाटक का। कई प्रबुद्ध लोग (सुधारक, प्रेमी, प्रेमिका, कवि, पत्रकार) जेल में हैं। जेलर और उसकी पत्नी बासन्ती इनके प्रति बेहद सहृदय हैं। पीले पन्ने पर बासन्ती अपने जेलर पति की निस्सहायता को देख कह रही है :

"यह तुम नहीं बोल रहे
सैन्य तन्त्र के किसी कल-पुरजे की आवाज़ है
राजदण्ड, राज-नियम, राजाज्ञा की भाषा में
मनुष्य की गरिमा-पहचान कितनी बच रहती है?
इसके लिए क्या प्रमाण जुटाने होंगे?"

जेलर : "हम क्या कर सकते हैं? कुछ भी समझ में नहीं आ रहा?"

बासन्ती : "वर्दी, जेल की दीवारें, शहर की सड़कों पर घोड़ों की टाप, सैनिकों के जूते, राजा का मुकुट कौन समझेगा?"

(अन्य पन्ने पर)—**माधवी :** "मनीषजी कविताओं के लिए तो यह जगह अच्छी है न?"

जेलर : मनीष बता रहे थे—कविता के कारण यदि यहाँ होते जेल में तो उन्हें अधिक ख़ुशी होती।

अभिषेकजी : कविता से कोई नहीं डरता इस मुल्क में क्योंकि राजनीति-धर्म और संस्कृति के पीछे संवेदनाओं का अपार उजाड़ है। इसलिए भीतर वह कपास नहीं जो शब्दों की चिंगारियों के छूते ही आग पकड़ ले।

इसके अलावा 'मुण्डनोपरिष' शीर्षक के तहत कई पन्ने हैं—"मुण्डन मात्र खोपड़ी पर उस्तरे की प्रक्रिया नहीं है। यह एक शाश्वत व्यवस्था है। न इसका कोई आदि है न मध्य न कोई अन्त। ताक़त कमज़ोरी का और दौलत ग़रीबी का मुण्डन करती रही है। आदमी ने प्रकृति का मुण्डन किया और प्रकृति आदमी का कर रही है। कोई भी नहीं बचेगा इस महामुण्डन अभियान में...अन्धकार...।" इन्हें क्रम से व्यवस्थित करना भी सम्भव नहीं।

कई पृष्ठ पूरे-अधूरे **बकरी की हँसी** स्क्रिप्ट के हैं। 9 जनवरी 1978 को झाबुआ ज़िले का एक भिलाला अपने बेटे और बकरी के साथ पैदल अपने गाँव लौट रहा था। रास्ते में पुलिस की जीप में सवार सिपाही या ड्राइवर ने झूठा आरोप लगाकर उसे गोली मार दी थी। जीप में आई.पी.एस. आफ़िसर भी थे। इसी घटना पर आधारित...बकरी की हँसी...नहीं अब बकरी के साथ मेरे भी आँसू लग रहे हैं आज...

मैं शायद बिना प्रश्न क्रमांक डाले प्रश्न 2 में प्रवेश कर चुका हूँ। जो हुआ और होकर भी नहीं हुआ और जो नहीं हुआ सब पर थोड़ी रोशनी—ज़्यादह अँधेरा डाल चुका हूँ।

क्षेपक (1) : हाँ! 'ख़त्म होने से पहले' दो स्त्रियों के द्वन्द्व को उकेरते कुछ पन्ने छोटी कॉपी पर दिखाई दे रहे हैं।

क्षेपक (2) : "क्या ख़बर है पापा! माँ ने पूछा है।"

पिता : "बेटे! इस वक़्त सिर्फ़ गोलियों की आवाज़ें हैं।"

बाहर घोषणा : "सुने इस देश की प्रजा/सुनें कान खोलकर सब लोग/बन्द कर लें सभी अपने घरों के खिड़की दरवाज़े/सड़क पर नहीं दिखे चिड़िया का बच्चा तक।"

पिता : यह समय समय नहीं, लपटों का पुल बनाना चाहते हैं कुछ पाखण्डी लोग, राख होकर हम पहुँचेंगे कहाँ? जब अन्धे हो गये हों समाज-सत्ता-धर्म के ठेकेदार। बन्द कर लें हम अपने खिड़की-दरवाज़े।

क्षेपक (3) : औचक याद आया 'पूर्वग्रह में' कविताओं के मंचन पर लिखा अपना लेख। रघुवीरजी-शमशेरजी की कविताओं का मंचन उन्हीं के पास बैठकर देखने के बाद लिखा था और यह भी कि कविताओं में क्या कम नाटक होता है।

तो अपनी लम्बी कविता 'भूखण्ड तप रहा है' का नाट्य रूपान्तरण आकाशवाणी इन्दौर के लिए किया। स्वतन्त्र कुमार ओझा ने इसे प्रस्तुत किया था।

सूत्रधार : मेरी उद्घोषणा के पहले ही तुम आकाशभाषित से शुरू हो गये। ज़रूरत से ज़्यादह वक़्त खींच लिया तुमने। विद्वान की तरह सीधे जवाब तक नहीं दिये।

पर मुझे तो यवनिका पतन करना ही है। महानुभावो—तुलसी बाबा कह गये—भाँति-भाँति के लोग। इनको भी आपने देख लिया।

हलफनामा : प्रश्न तीन का उत्तर अपने बूते का नहीं। क्या सचमुच आपको उत्तर की प्रतीक्षा रही। इतना उकसाने और अपने सपनों की राख का साक्षात्कार कराने के लिए...क्या कहूँ?

इन्दौर ने सौंपा मुझे पुस्तकों का घर

मैं आज इस पड़ाव पर जैसा भी, जो कुछ हूँ वह इन्दौर में मुझे अनायास मिलती गयी भाषा की धूप और किताबों के घर का दिया है। मेरे गाँव, घर-परिवार, वातावरण का भी उतना ही इसमें हाथ है। यदि मेरे दूसरे नम्बर के भाई (मुन्ना भैया) की किताबों और साहित्य में दिलचस्पी नहीं होती और मेरे बड़े भाई जुगल किशोर छात्र-जीवन में स्वतन्त्रता आन्दोलन में सक्रिय नहीं रहते—केन्द्रीय जेल इन्दौर में आठ माह की सज़ा नहीं काटते तो मुझे वह उर्वर ज़मीन नहीं मिलती जिस पर यह घर खड़ा है। यह आज़ादी प्राप्ति से पहले 1945 से 1961 की अवधि तक की पगडण्डी है।

पिताश्री 'मानस' का पाठ करते थे। भाई 'साकेत' माँ को सुनाते थे। आठवाँ सर्ग बार-बार दुहराया जाता। आँखों में आँसू भर आते। आते-जाते सुनता। गीता प्रेस गोरखपुर का 'कल्याण' नियमित घर आता—उसके विशेषांक फ़ोटो देखते पलटता और बाद में 'प्रेमसागर' पढ़ने की कोशिश करता। 9 वर्ष की उम्र में जब मैं खजूरी बाज़ार के प्राथमिक स्कूल में तीसरी में पढ़ रहा था तब स्वतन्त्रता आन्दोलन की तेज़ हलचलें चारों तरफ़ वातावरण को उद्वेलित किये थीं। सुभाषचन्द्र बोस, भगतसिंह, महात्मा गाँधी के नारे हम बच्चों की ज़ुबान पर थे। उसी दौर में उज्जैन से इन्दौर आवाजाही करने वाले कवि प्रह्लाद पाण्डेय 'शशि' ने अपना 'तूफ़ान' नामक कविता-संग्रह मेरा नाम लिख हस्ताक्षर कर मुझे सस्नेह प्रदान किया। मुझे प्राप्त इस पहली कविता-पुस्तक के बाद पुस्तकें प्राप्त करने का सिलसिला निरन्तर जारी है। 1952 तक चार वर्ष मैंने बड़वाह में रह आठवीं पास की। उस माध्यमिक शाला में हर सप्ताह दो कालखण्ड लायब्रेरी के लिए तय थे और हमारे हिन्दी शिक्षक आदरणीय ओझाजी किताबें सुझाते और देते। यहीं छोटे-छोटे एकांकी और कहानियाँ पढ़ने का चाव बढ़ा और 1952 में नर्मदा में तैरते (बड़वाह) एक तुकबन्दी जैसी कुछ सूरज को देखते, पानी-हवा में बहते उमची। इससे भाषा की अपनी ज़ुबान वाली पगडण्डी मिली यानी अपने मन के भीतर की हलचल को आवाज़। और इसे इसी वर्ष इन्दौर में आकर पंख मिलना प्रारम्भ हुआ। इन्दौर में घर के नज़दीक जैन

श्वेताम्बर वाचनालय एक तरह से हमारा प्रेरणा तथा अध्ययन का केन्द्र बन गया। इसे रामावतार शर्मा रहते-पढ़ते और थोड़ी देख-रेख भी करते थे। साहित्य में उनकी दिलचस्पी थी। हमने यहाँ 'साहित्य साधना मण्डल' किशोरों की संस्था बनायी। हर रविवार सुबह गोष्ठी, चर्चा, रचनाओं पर बातचीत करते। मैं रात को यहीं अपनी परीक्षा की तैयारी के साथ पुस्तकालय की पुस्तकें बाँचता। यहाँ किताबों की अलमारी में ताला-चाबी नहीं थे। प्रेमचन्द, जैनेन्द्र, अश्क, यशपाल से लेकर चेखव, टॉलस्टॉय, गोर्की तक के अनुवाद मौजूद थे। गोष्ठी में कोई विशेष पुस्तक पढ़ता तो उस पर अपनी समझ से अपनी बातें करता—कि उसने क्या पाया? शिवाजी राव हाईस्कूल की अर्द्धवार्षिक और वार्षिक पत्रिका निकलती थी। श्यामसुन्दर भैया (व्यासजी, मेरे भाई के मित्र थे) हिन्दी पढ़ाते और सम्पादक थे। मुझे याद है 9वीं, 10वीं की पढ़ाई के दौरान चारों अंकों में मेरी कहानी (परिस्थिति का शिकार), लेख (कवीन्द्र रवीन्द्र), कविता (मज़दूर), और लेख (प्राचीन भारत में प्रजातन्त्र का रूप) प्रकाशित हुए थे और पुरस्कार भी मिले थे। आज जब मैं बार-बार कहता हूँ 'याद नहीं रहता—भूल जाता हूँ' मैं अपनी इस याददाश्त पर चकित हूँ। हाईस्कूल और इंटर में पढ़ने के दौरान सियारामशरण गुप्त की कविता 'एक फूल की चाह' ने मुझे बेहद व्यथित किया। दलित की बेटी सुखिया को बड़ीमाता हो गयी थी और वह अपने पिता से देवी के मन्दिर का एक फूल लाने के लिए ज़िद कर रही थी। पिता ने सुबह मुँह अँधेरे फूल लाने के लिए मन्दिर में प्रवेश किया। सीढ़ियाँ उतरते वक़्त उसे पहचान लिया गया और सवर्णों द्वारा कुटाई की गयी।

दूसरी नवीनजी की पंक्तियाँ 'जिस दिन मैंने देखा नगर को लपक चाटते जूठे पत्ते/उस दिन सोचा क्यों न लगा दूँ आग आज दुनिया भर में'—इनसे मैं इतना विचलित-प्रभावित हुआ कि विचारधारा और सरोकारों के लिए अन्य पुस्तकें उर्वरक ही साबित हुईं। भगतसिंह का लेख 'मैं नास्तिक क्यों हूँ' बहुत बाद में पढ़ा। यदि जीवन-धरती-प्रकृति सबसे बड़ी पाठशाला है विश्व में, तो कुछ लोगों से मिलना और उन्हें सुनना भी एक पुस्तक से मुखातिब होने की तरह है। कामरेड होमी दाजी को सुनना भी ऐसा अनुभव रहता था। पार्टी का घोषणा-पत्र तो बाद में पढ़ा। किताबों के लिए मेरे हिस्से बहुत कुछ आया। मोरसली गली में जैन वाचनालय, सराफ़ा में महेश वाचनालय, बराबर उनमें आवाजाही होती—महेश वाचनालय में गोष्ठियाँ सुनना प्रेरित करता। म.भा. हिन्दी साहित्य समिति और वहाँ के आयोजन भाषा के इलाके को विस्तार देते। खजूरी बाज़ार में दो महत्त्वपूर्ण केन्द्र थे—'नवयुग साहित्य सदन' और 'दीनानाथ बुक डिपो'। 1953-54 से मैंने पुस्तक ख़रीदना शुरू कर दिया था—नवयुग साहित्य सदन से शुभ वर्णी-केश और वेश वाले धूत भैयाजी आवाज़ लगा देते,

'चन्द्रकान्त कविता की नयी किताबें आयी हैं'। उधार भी मिल जाती पुस्तक। क़ीमत ढाई-तीन रुपये के लगभग होती। दीनानाथजी तो बड़े भाई जैसे ही थे—उस ओटले पर शशिजी, श्याम सुन्दर भैया, महेश शरण जौहरी, ललित जी, महेन्द्र भटनागर, उपमनु भैया, मुरारीलाल तिवारी भैया आते-जाते दिख जाते रहे। फिर शरद जोशी भैया ने 54 में 'नयी दुनिया' में मेरी कविता 'मुझे विश्वास तुम दे दो' को जगह दी। रमेश बक्षी एक कक्षा आगे पढ़ते थे। क्रिश्चियन कॉलेज और बाद में होल्कर कॉलेज के वाचन कक्ष-पुस्तकालयों से बहुत कुछ मिला। पत्रिकाएँ ऐसी जो आज ऐतिहासिक महत्त्व की हो गयी हैं। और हाँ, रामपुरावाला बिल्डिंग में अंग्रेज़ी पुस्तकों की दुकान 'रूपायन' में पाँव रखना बहुत बड़ी बात थी मेरे लिए। वहाँ से सार्त्र, कामू की पुस्तकों के अलावा मॉडर्न पोएट्री शृंखला की पुस्तकें ख़रीदता। रूपायन वाले भी बेहद आत्मीयता के साथ पुस्तकें बताते। यह रमेश बक्षी के द्वारा सम्भव हुआ।

1959 में नसिया वाद-विवाद प्रतियोगिता में द्वितीय पुरस्कार स्वरूप 'हिन्द स्वराज' और 'बुद्धवाणी' दो पुस्तिकाएँ प्राप्त हुई थीं जो आज भी मेरे साथ हैं। पुस्तकें बेहद दोस्त, एकान्त का साथी और जीवन की पगडण्डी पर बढ़ाने वाली शक्ति कही जाती हैं। उनके साथ होने से हम सही और ग़लत में तमीज़ करना जान लेते हैं। मैं कोई बड़ा पढ़ाकू नहीं, बौद्धिक अहंकार से परहेज करने वाला और पुस्तकों के ज़िक्र से न तो आतंकित होता, न करता। ऐसा होने करने से अच्छा है आपने कोई किताब ही न पढ़ी हो। 'पोथी पढ़ि-पढ़ि...' कबीर कह ही चुके हैं। पुस्तक-प्रेम को हॉबी या रोमांटिक नहीं बनने दिया मैंने...वह मेरा घर है। सजावट का हिस्सा नहीं। उसमें मुझे जीवित मनुष्य की तरह रहने की राहत मिलती है। जीवित इस अर्थ में कि मौक़ापरस्ती, प्रसिद्धि की भूख और चाटुकारिता को हिकारत से देखने और विचारों की हत्या के इस दौर में धड़कती पुस्तकें बचा सकती हैं। पुस्तकें—यानी उनसे किलकती आवाज़। बन्द पड़ी, धूल-मढ़ी पुस्तक की कोई सत्ता नहीं होती। विचार ही हमें असहमति और प्रतिरोध की ताक़त देते हैं। आज लगभग इसके उजाड़ में पहुँच रहा है हमारा समाज।

उस इन्दौर के वे पुराने अख़बार

नहीं जानता सही हूँ या ग़लत अथवा अपने अज्ञान का शिकार। पुराने दिनों के अख़बारों का चरित्र कुछ ऐसा था कि जहाँ से वे निकलते उसे आज भी घर कहने का मन जस का तस है। कभी दड़बा कह दूँ तो जिसमें से एक के बाद एक कबूतर फड़फड़ाते निकलते थे, किन्तु आज जैसे प्रदूषित बुलडोजर समय में लोकतन्त्र के चौथे खम्भे के बतौर यदि अख़बार को अख़बार कहना ही पड़े तो भी जहाँ से वे छपते-निकलते हैं उसे मैं घर नहीं, कारख़ाना ही कह पाऊँगा। स्वाधीनता संघर्ष के दिनों में अकबर इलाहाबादी की पंक्ति गूँजती थी–'जब तोप हो मुक़ाबिल तो अख़बार निकालो'। आज कैसी-कैसी चुनौतियाँ हैं मुल्क में, अस्सी प्रतिशत जनता और धरती-जंगल के सामने और कैसी अख़बारों की भूमिका? प्रेस परिषद, इने-गिने प्रतिबद्ध पत्रकार और देश के सोचनहार पेड न्यूज़, विज्ञापन-उद्योग के चलते कह रहे हैं कि मीडिया-साम्राज्य तो बन रहा किन्तु पाठकों के साथ न्याय नहीं कर रहा... कहाँ-कहाँ सौदेबाज़ी है, कहाँ सरकारी समाचार एजेंसियों से सन्धि?

मैं टेकरी पर आज की भारत-दुर्दशा के कारण भटक गया हूँ। बचपन से घर में अख़बार आता था। 'नयी दुनिया' ने अख़बार का किशोर पाठक बनाया। खजूरी बाज़ार के माणिकचौक वाले नुक्कड़ पर 'अख़बार घर' था। जहाँ क़ानूनगो सर बैठते थे और इन्दौर के कुछ पत्रकार, कुछ नेता इकट्ठा होते थे। सन् 54 में नयी दुनिया में कविता छपी थी और सत्तावन में जब मैं बी.ए., प्रथम वर्ष का छात्र था, मैंने कड़ावघाट वाले 'नयी दुनिया' के घर में एक शाम पाँव रखा। राहुलजी ने आधा घण्टे से अधिक मेरी खानातलाशी ली और मुझे टटोला बेहद आत्मीयता से। और दूसरे दिन से ही मुझे बतौर प्रशिक्षु शाम को आने की स्वीकृति मिल गयी। मैं बहुत ख़ुश था। राहुलजी लेडी साइकिल पर घूमते थे। उनकी बहुत इज़्ज़त थी जो अन्त तक कायम ही नहीं रही, उसमें इज़ाफ़ा भी होता रहा। उन्होंने मुझे उत्तीर्ण किया था। लगभग पचास दिन में रंगरूट की तरह शाम 6 बजे जाता और रात साढ़े ग्यारह बजे तक रहता। वहाँ मुझे ठाकुर जयसिंह से बहुत राहत मिलती।

वे हिन्दी में समाचार बनाने को प्रेस-विज्ञप्ति दे देते और क्या-कैसे-कितना करना बताते। कभी-कभी अंग्रेज़ी के छोटे समाचार की कतरन हिन्दी में अनुवाद करने को भी देते। हाँ, प्रूफ़ बाँचना सबसे बड़ा और विकट काम था, क्योंकि ख़बर किसी और ने लिखी होती थी। ख़ैर यहाँ बहुत छोटी पारी रही मेरी और परीक्षा तथा अन्य कारण से मैंने राहुलजी को कहकर सेल्फ विकेट आउट हो गया, पर श्वेत वसनों में नीचे आँगन में बाबूजी की उपस्थिति और युवा अभय का अनुशासन याद है।

लम्बे ब्रेक के बाद श्रीकृष्ण टॉकीज की गली में 'इन्दौर समाचार' का घर। पुरुषोत्तम विजय सब कुछ थे और जब देखो तब शाम 8 बजे तक धड़ाधड़ पीटीआई की ख़बरों की हिन्दी करते रहते थे। यहाँ भी प्रूफ़ बाँचना, ख़बरें बनाना होता। यहाँ अजीतप्रसाद जैन, दिनेश अवस्थी, नगेन्द्र आज़ाद थे। अजीत प्रसादजी 9 बजे बाद काफ़ी सारा मिक्स्चर मँगवाते और आवाज़ लगाकर खिलाते। नारायण शुक्ला भी बीच-बीच में दिखाई देते। बाहर बड़े भैया (विजयजी के अग्रज) काग़ज़ की गठानों की व्यवस्था करते रहते।

तीसरा पड़ाव, इस पगडण्डी पर श्रम शिविर में 'जागरण' में रहा और इस दौरान बहुत कुछ जानने को मिला—ख़ास अनुभव भी हुए। यह घर इसलिए भी ज़्यादा यादगार बना, क्योंकि यहाँ लगभग दो वर्ष रहा। प्रभातभाई सिन्हा, अक्षय मुद्गल, श्रीराम आगार और मेरे मित्र विनायक राउत (विहान भारती) के बीच बैठने का अवसर मिला। शुरू में तो प्रूफ़ की गेली मेरे पास भिजवा देते थे आगार जी। फिर प्रतापभाई ने पीटीआई की ख़बरें देना शुरू किया। बाहर उज्जैन-देवास-धार के समाचार डाक से आते, कभी-कभी रात आठ बजे फ़ोन से लेना पड़ता। विहान भारती इसमें विशेषज्ञ थे। प्रधान सम्पादक ईश्वरचन्द्र जैन ऊपर बैठते थे और प्रूफ़ के मामले में सख़्त थे। प्रतापभाई मेरे बड़े भाई के मित्र थे। उन्होंने मुझे कई अवसर दिये। अनुवाद में मुझे कुछ आसानी होने लगी। इसमें अक्षयजी, जिनके पास ही बैठता था, बराबर प्रेम के साथ, मार्गदर्शन करते। विहान भारती को बॉक्स न्यूज़ बनाने में बड़ा मज़ा आता था। कई बार मुझसे भी बॉक्स न्यूज़ बनवाते।

प्रतापभाई ने बर्मा में चल रही तब की उठा-पटक पर मुझसे तीन-चार स्तम्भ लिखवाये। कुछ दिन साप्ताहिक व्यंग्य स्तम्भ आधा कॉलम का लिखा। जो किसी की शिकायत पर बन्द करवा दिया गया। इंटक की राजवाड़ा चौक पर होने वाली दो सभाओं की रिपोर्टिंग के अलावा डॉ. राधाकृष्णन, ईएमएस नम्बूद्रीपाद और लक्ष्मी मेनन के व्याख्यानों का कवरेज़ किया। मंच पर इसके साथ हिन्दी अनुवादक क्रमशः हरिहर 'लहरी' जी, सुमनजी और महेन्द्र त्रिवेदी थे। रामसिंह भाई, गंगाराम तिवारी भी यदा-कदा आते और कुछ सूचना वरिष्ठों को देते रहते।

श्रम शिविर का प्रांगण बेहद सुन्दर और हरा-भरा था। यहाँ पहली बार पूरे समय पचास रुपये माहवार प्राप्त होता रहा। फिर एम.ए. में प्रथम श्रेणी द्वितीय पोजीशन के। यही कहूँगा अहंकार में मैं ऊपर ईश्वरचन्द्रजी के पास गया कहने कि ईश्वर भाईसाहब वेतन कुछ बढ़ा दें, दो वर्ष हो गये हैं। उन्होंने न केवल दो-टूक नकारा किया वरन् हिदायत भी दी कि इसी वेतन में काम करना हो तो करो वरना जाओ। मैं हाथ के काग़ज़ उनकी मेज़ पर पटककर चला गया। नीचे सभी ने समझाया पर मैं समझ न सका।

चौथा पड़ाव उषागंज 'नवभारत' का दफ़्तर। अख़बार 14 नवम्बर से निकलना था। 1 अक्टूबर से ही यहाँ काम शुरू किया। प्रबन्ध सम्पादक सुमन वर्मा के कारण यह दफ़्तर ही लगा। यहाँ नागपुर से आये पंचलोटिया और भोपाल से आये ध्यानसिंह 'राजा' व्यवस्था जमाने हेतु आये थे। राजा दादा से बहुत आत्मीय सम्बन्ध बन गये। उनसे बहुत प्रेरणा मिली और काम करने की आज़ादी भी। यहाँ वेतन 75 रुपये था। पाँच-छह माह बाद पंचायत-समाज-सेवा विभाग की पत्रिका 'समाज-सेवा' में लेखक पद पर अस्थायी कार्य मिला। वेतन इस बार सैकड़ा पार था और माहौल बेहद सृजनात्मक। अनिल कुमार, मनमोहन मदारिया, वामन ठाकरे वरिष्ठ साथी सभी नागपुर से आये थे। यहीं मेरे प्रिय कवि मुक्तिबोध से बिन मिले जुड़ा और आज तक मेरे साथ हैं वे। कुछ माह कार्य करने के बाद पन्ना महाविद्यालय में हिन्दी शिक्षक बन बुन्देलखण्ड चला गया, पर अख़बार घर से नाता बना रहा। भोपाल में जब हमीदिया कॉलेज में व्याख्याता था, तब वहाँ के 'नवभारत' में नियमित बैठता था। राजा दादा वहीं थे। फिर 93 के बाद अपने उसी इन्दौर में भास्कर में छह वर्षों तक नियमित स्तम्भ-लेखन। कुछ माह एडिट-पृष्ठ पर भी कार्य। यहाँ श्रवण गर्ग ने पूरी आज़ादी दी। अन्तिम कॉलम पर भी कविता का स्तम्भ चलता रहा।

सबसे बड़ी बात छात्रावस्था में अख़बार घरों से भी रचने-सोचने और मनुष्य होने के सबक मिले। और अन्त में जब नीचे उतर आया हूँ बेतरह याद आ रहे श्याम व्यास, शरद जोशी, रत्नेश जी, राजेन्द्र माथुर, प्रभाष जोशी। कितनों से मिला है हमें बहुत कुछ। हिसाब करें तो फिर से चढ़ना पड़े यादों की टोकरी पर।

पत्थरों का राजगढ़

राजगढ़ में मैं 2 वर्ष 7 माह 3 दिन रहा। तब मेरी उम्र 33 के आसपास थी। आज दो दशकों के अन्तराल के बाद भी राजगढ़ के बारे में कुछ कहना कठिन नहीं लगता। ग़ालिब के इसी अन्दाज़ में राजगढ़ आया और वहाँ से बेदखल हुआ :

लायी हयात आये, कजा ले चली चले।
न अपनी ख़ुशी आये, न अपनी ख़ुशी चले।

ब्यावरा से कुछ पश्चिम की तरफ़ बस मुड़ी। इन्दौर से ब्यावरा तक हाईवे रहा। बस ब्यावरा से थोड़ी ही चली, तो लगा किसी दूसरी दुनिया में ले जाया जा रहा है। एक दीवार-सी नज़र आती (जो हक़ीक़त में होती नहीं) और उसके एक कटे दर्रे-जैसे हिस्से से बस अन्दर घुसती। मालूम होता गोया हमें किसी शिविर में छोड़ने ले जाया जा रहा है—जैसे कालापानी। पर वे जो दिसम्बर की दोपहर में राजगढ़ में प्रवेश करते अचानक एक अप्रत्याशित मनोहारी परिदृश्य से मुखातिब होते, उन्हें लगता कि यात्रा का अन्तिम टुकड़ा जो ऊसर-उजाड़ में धकियाने वाला लगा था, वह एक भ्रम था। क़स्बा हरा-भरा नेवज के पारदर्शी-जल से लबालब सांत्वना देने वाला प्रतीत होता। उन्हें यह भी अहसास होता कि ऐसी जगह इसके पहले कभी न देखी हो। यानी शहरों में जो एक तरह की समानता होती है वैसा कुछ यहाँ नहीं। इससे मिलती-जुलती जगह कहीं नहीं रहे, फिर भी लगता कि ऐसा कुछ उन्होंने कभी बचपन के धुँधलके में देखा हो या किसी फैंटेसी में पड़ा हो या ऐसी जगह रहने की अवचेतन कामना उनके भीतर रही हो।

राजगढ़ में स्थान और काल अपने में इस तरह सिमटा-थमा लगता है जैसे केवल वही है उसके परे और बाहर कुछ भी नहीं।

किंवदन्तियों और दन्त कथाओं का क़स्बा है, पर यहाँ का अतीत दिखाई नहीं पड़ता—पत्थरों की तरह गड़ा है। लोग ठहरे हुए वर्तमान में जी रहे हैं। परिन्दों की उड़ान में भी अनन्तता का आभास नहीं होता। जहाज़ के पंछी की तरह वे भी राजगढ़ के ही परिन्दे हैं। पहाड़ियों-घाटियों, नाले और चढ़ाई-उतराई

के बीच ज़िन्दगी थमी हुई है। हाट का दिन ज़रूर कुछ देर के लिए रोमांचित करता पर वह भी आदत बन चुका है। महल के मेहराबों में मधुमक्खियों के छत्ते और नेवज के जल पर मँडराते पक्षियों, घण्टे-घड़ियालों की आवाज़ों के बावजूद राजगढ़ बिना दरवाज़ों वाला शहर है। बाहर की यह दीगर दुनिया यहाँ के लिए नहीं-सी है। बाशिन्दे अतीत और भविष्य के दुखों से मुक्त हैं। राजगढ़ एक तरह से अवकाश में अवकाश है। यहाँ रहना और जीना अवकाश में रहने की तरह था। जैसे टुच्चापन और छोटी-मोटी हरकतों का घटनाक्रम स्वर्ग में होता होगा और देवगण परस्पर करते होंगे, वैसा ही कमोबेश राजगढ़ के बाशिन्दे करते हैं। और यही सब कुछ ठहरे हुए समय में जीवन बन जाता है। जो भी राजगढ़ से निष्कासित होते या किये जाते हैं, वे यक्ष की नियति प्राप्त करते हैं। राजगढ़ को भूलना सम्भव नहीं होता। रतलाम को आप भूल सकते हैं, वहाँ की केवल कुछ यादें, प्रसंग, कुछ चेहरे चमकते रह सकते हैं। पिपरिया को भी भूलना मुश्किल नहीं है, पर वही बात यहाँ भी लागू होती है, कुछ घर, कुछ चेहरे, कुछ घटनाएँ फाँस की तरह फँसकर रह गयी हैं, पर राजगढ़ समूचा मँडराता है। बाहर की दुनिया कितनी बेतरतीब, हिंसक और आक्रामक होती जाती है, राजगढ़ अभय अरण्यस्थली की तरह याद आता है।

पत्थरों का राजगढ़ जहाँ ताँगा, ऑटो रिक्शा जैसा कोई वाहन नहीं। चढ़ाव-उतार इतने कि सायकिल रहते भी आधा रास्ता सायकिल को ढोना पड़े। एक गुलाब का पौधा लगाना आठ-दस तगारी पत्थर खोद-निकाल फेंके बिना सम्भव नहीं।

स्टेशन, कारख़ाना, फैक्ट्री, उद्योग और प्रदूषणकारी कुछ भी नहीं। टॉकिज तक नहीं। फुर्सत और वक़्त इतना कि अपने बाद अड़ोसी-पड़ोसी-सहकर्मी के जीवन में ताक-झाँक करते रहो। और इस कवायद में भी असर कुछ नहीं। वही का वही। वहीं के वहीं। फिर भी लोग मगन कि इसके बाहर भी कुछ हो सकता है। इससे इतर के लिए ख़्वाहिश ही नहीं।

राजगढ़ में कुछ गीता के कृष्ण-वाच की तरह हैं—ऐसा लगता कि जैसे राजगढ़ में न कोई पैदा होता है, न कोई मरता है, न कोई बढ़ता है, जो जैसे थे, वैसे ही हैं— हमेशा की तरह हैं।

जो राजगढ़ में नहीं बसे, जिन्होंने बँधी हुई नाव का सुख नहीं जाना, जिन्हें अपने में मगन बस्ती का अन्दाज़ा नहीं, जिन्होंने सिर्फ़ राजगढ़ के बारे में सुनी-सुनाई ख़बरों से अपनी धारणा बनायी, उन्होंने पूछा—"तुम राजगढ़ में 2 वर्ष 7 माह 3 दिन कैसे रहे?" मैं केवल हँसकर रह गया। उन्हें क्या कहता, राजगढ़ में होना कभी जिनकी क़िस्मत में नहीं बदा रहा।

'बारिश हो रही है और मैं 5 नं. क्वार्टर यानी अपने घर से ट्रक में सामान चढ़वा रहा हूँ। मेरी आँखों में आँसू हैं और राजगढ़ से रतलाम हुए अपने ट्रांसफर से बेहद डिस्टर्ब हो रहा हूँ। पठार पर सात क्वार्टरों वाली हमारी कॉलोनी के मेरे कतिपय प्राध्यापक साथी कालापानी से मुक्ति के लिए मुझे बधाई दे रहे हैं। मैं भी ट्रक में सवार होता हूँ और धीरे-धीरे नेवज के साथ राजगढ़ छूट रहा है...' आज चौंतीस वर्षों बाद भी ऊपर का दृश्य मैं जस-का-तस देख महसूस कर रहा हूँ। जब राजगढ़ पहुँचा था जाड़े की धुँधली सिमटी शाम को एक अज्ञात रहस्य लोक में होने जैसी सिहरन हुई थी। बहुत दिनों तक लगता रहा कहाँ फेंक दिया गया है मुझे? ऐसा नहीं, कि महानगर की मेरी पृष्ठभूमि हो। पिपरिया ही से गया था—जो तहसील भी नहीं थाना हैसियत की बस्ती थी। राजगढ़ तो फिर भी ज़िला था। जब छुट्टियों में इन्दौर गया तो राजगढ़ को पत्थरों के साथ ही मैंने बिच्छुओं का क़स्बा बताया। 'पत्थरों का राजगढ़' कविता में मेरे लिए राजगढ़ गर्म हवा में भनभनाता हुआ पठार था जहाँ चापलूसी, शिकायतें, अबौद्धिक गतिविधियाँ और पाखण्ड के अलावा कुछ नहीं था। गर्मियों में बिच्छुओं से बचना और बच्चों को बचाना शाम के बाद सबसे बड़ी सावधानी थी। बस्ती का प्रमुख पठार पारायण चौक रामचरितमानस के पाठ का केन्द्र था। उन दिनों में भी राम-भक्ति वहाँ उन्माद के रूप में थी। मुझे लगता कूप-मण्डुकों के मध्य आ गया हूँ, पर यहाँ हालत जहाज़ पर सवार उन सहयात्रियों की तरह थी, जिन्हें पता था कि इस जहाज़ को किसी बन्दरगाह पर नहीं पहुँचना—बस पानी में तैरते रहना ही उसकी नियति है। इसलिए विरोध-असहमति आदि का असर तात्कालिक होता। एक सभा में 'भारतीय संस्कृति' पर मैंने कुछ कहा तो कुछ लोग विरोध में खड़े हो गये—पर दूसरे दिन जैसे यह प्रसंग किसी को याद ही नहीं रहा।

इतने दूर आकर भी मुझे लगता है कि क्वार्टर नं. पाँच के आँगन में लगाये मेरे गुलाब अभी भी महक रहे होंगे। तीन-चार छात्रों ने नये सोच के साथ कुछ लिखना-पढ़ना शुरू किया था उनमें से एक 'पतंग' बराबर उड़ रहे हैं। और वहाँ का पोस्ट ऑफ़िस जो कॉलेज के सामने ही था मेरे लिए बहुत कुछ था। वहाँ का एक दृश्य मुझे हिन्दी-दिवस जैसे अवसरों पर आज भी भूलता नहीं। केरल की कुछ लड़कियाँ जो ज़िला अस्पताल में नर्स थीं, एक तारीख़ के बाद किसी भी दिन साथ आतीं अपने घर मनीआर्डर भेजने के लिए और वे अच्छी कामकाजी हिन्दी में बातें कर लेतीं। इससे मुझे ख़ुशी होती, अचरज भी। अफ़सर याद आते जो हिन्दी सीखने में कमज़ोर होते।

क्या सच्ची बात यह है कि मैं भी राजगढ़ी होता जा रहा था या हो गया था। अगर 9 वर्षों की नौकरी में मेरी यह पाँचवीं पोस्टिंग सेवानिवृत्ति तक बनी रहती तो पता नहीं मेरा क्या होता? मैंने ट्रांसफर रुकवाने के लिए कोशिश की थी जबकि हर कोई वहाँ जाने ही से बचता था। पता नहीं वह मेरा कैसा वक़्त था। प्रदूषण रहित सब कुछ और बेमतलब की शान्ति। मैं और मेरी पत्नी, दोनों बच्चियों के साथ बता नहीं सकता किस तरह ख़ुश थे।

बम्बई मेरा प्रिय महानगर

ऐसे कई लोगों से साबका जब-जब पड़ा, जो बम्बई में नहीं रहते पर जिन्हें अपने देश के महानगरों में बम्बई ही सबसे प्रिय और आत्मीय लगता है। मैं भी उनमें से एक हूँ। जब-जब महानगरों के बारे में अपनी-अपनी पसन्द को लेकर बात छिड़ती तो बम्बई के पक्ष में तर्क ढूँढ़ना नहीं पड़ता। कलकत्ते से तो डर ही लगता और उसका कारण भले ही ग़लत और मनोवैज्ञानिक ही क्यों न हो, विद्यार्थी जीवन में पढ़ा विष्णु प्रभाकर का 'जहाँ आकाश नहीं दिखाई देता' निबन्ध रहा। मद्रास में एशिया का सबसे बड़ा समुद्रतट ज़रूर है पर शायद इतनी भिन्न भाषा के कारण वहाँ उस तरह मन नहीं रमता और दिल्ली के बारे में कुछ कहने की ज़रूरत नहीं, वहाँ के लिए ख़ूब पैसा हो तब भी उस परिवेश में मालवा के लोगों को चैन नहीं मिल सकता। फिर अपने इन्दौर के जिन्होंने बचपन से ही सुना हो 'इन्दौर बम्बई का बच्चा' तो उन्हें अपना दादा शहर भाएगा ही।

दादा से याद आ रहा है सन् 55 के दिनों कहा जाता था—बम्बई के दादा लोगों को बता दें कि हम इन्दौर के हैं तो वे हमारा कुछ नहीं बिगाड़ेंगे। चालीस बरसों से जिनका बम्बई से रिश्ता रहा वे यह अच्छी तरह समझते हैं कि बम्बई का चेहरा लगातार किस तरह भयावह ढंग से बदलता गया है, जहाँ तालाब थे—चारों तरफ़ पेड़, वहाँ इमारतों के जंगल हैं और लोकल ट्रेन से अब उतनी आसानी से लगातार वैसा समुद्र दिखाई नहीं देता जो बम्बई को प्रकृति का सहचर बन्धु बनाये था।

पर अपने बम्बई का चेहरा इस बरस की शुरुआत में जिस भयावह तरीक़े से ज़ख़्मी हुआ है—और जो ज़ख़्म दशकों में भी भरने वाला नहीं, उनसे सभी का दिल दहल गया है और बम्बई को चाहने वाले उदास और दुखी हैं। किसी भी शहर का चरित्र उसके नक़्शे या वहाँ की जगहों भर से नहीं जाना जा सकता। अतीत की घटनाओं और दिक्काल के पारस्परिक रिश्तों से शहर का चेहरा बनता है फिर बम्बई तो समुद्र का ही शहर है। दूर से आने लगती है बम्बई की गन्ध, बम्बई की भाषा का निराला समावेशी स्वाद केवल फ़िल्मों में ही नहीं साहित्य में भी गूँजता है।

केवल भाषा ही नहीं ख़ुद बम्बई हिन्दी-मराठी ही नहीं विदेशी रचनाकारों के सृजनानुभव का हिस्सा बना है। बम्बई किसी एक का नहीं रहा। संस्कृति, साहित्य, राजनीति, समाज-सुधार, फ़िल्म, गायन, वादन, कला, थियेटर, विज्ञान, आविष्कार हर क्षेत्र में एक से अधिक राष्ट्रीय और अन्तर्राष्ट्रीय प्रतिभाओं का शहर रहा है। जब बम्बई में मौत का हिंसक और हृदय विदारक ताण्डव हो रहा था मेरे दोस्त और प्रिय कवि दिलीप चित्रे की कविता 'ग्रुप फ़ोटो' की याद बराबर सालती रही, जिसका अनुवाद लगभग आठ वर्ष पूर्व मैंने किया था।

पिछली दो सदियों से बम्बई में आने वालों से और बम्बई में बसने जाने वालों के मूल ठिकानों से बम्बई तक पहुँचने का ग्राफ़ या नक़्शा बनाया जाये तो वह बेहद भूलभुलैया वाला होगा। इतालो कालविनों के 'द इनविजिबल सिटीज़' की तर्ज़ पर बम्बई में बसे परत-दर-परत बम्बई शहरों का परीक्षण किया जाये तो वह भी कम दिलचस्प नहीं होगा। और बम्बई का इतिहास? इस सबको जाने दें, अभी तो हमारे सामने ज़ख़्मी-बर्बाद बम्बई है। और हम या आप किसी भी शहर या क़स्बे में रहते हों यहाँ तक कि गाँवों में भी तो किसी-न-किसी रूप में बम्बई से हमें कुछ-न-कुछ मिलता रहता है। प्रश्न यह है कि इस बम्बई की सेहत के लिए (मानसिक सेहत के लिए भी) हम क्या कर सकते हैं?

सरकार तो अपना काम करती है, वह अभिशप्त है। अपराधियों तक के प्रति मानवीय संवेदना का मुखौटा चढ़ा वह उनकी भी मदद करती है। वैसे अपराधी की भी जो पता नहीं कितनी तबाही और जानें ले मारा गया—दो लाख रु. उसे भी मिल ही जावेंगे। मुआवज़े का खेल ख़तरनाक ढंग से चलता है। और इसकी सज़ा निर्दोष और दुर्घटना परिदृश्य के बाहर के लोग अर्से तक भुगतते रहते हैं।

मराठी मेरी मावस बोली

मुझे लगा था यह तो आसान बात है और मराठी भाषा-साहित्य से अपने सम्पर्क और रिश्ते के बारे में चार-छह पृष्ठ लिख ही दूँगा। मेरे मित्र मराठी के कवि-समीक्षक और अनुवादक चन्द्रकान्त पाटील के मन में एकाएक ही यह उपज हुई कि "चन्द्रकान्त तू मराठी से अपने रिश्ते के बारे में क्यों नहीं लिखता? दिलचस्प होगा।" फिर मुझे एकाएक लगा कहीं मराठी मेरी 'मावस बोली' (मातृभाषा की तर्ज़ पर माँ की बहिन 'मावसी' भाषा) तो नहीं है। हम बैठे थे। मैं सोचा, याद करता रहा। मैं जैसे दूर जाकर तापी (ताप्ती) नदी में नहाकर आ गया। तैरना सीखकर भी। मैं बोला—कोशिश करता हूँ। करूँगा। कितने ही चेहरे, जगहें, नाम और रिश्ते मुझे हाँक मारने लगे। चन्द्रकान्त को बिगाड़ की ममता, नेह-मिताई में डूब चन्दू, चन्द्र, चन्दर, चन्द्या जैसे सम्बोधन में सुनने लगा। फिर जैसे कहने लगा—"धीरे-धीरे पुकारो, क्या पता किसी की नींद टूट जाये।" किसी की क्या जैसे मेरी ही नींद टूट रही है।

सिलसिलेवार कुछ याद नहीं है। इसलिए तारीख़ें सन्-संवत् याद करने में भी मुश्किल हो रही है। चन्द्रकान्त को कह तो दिया है कोशिश करूँगा। पर कहीं से रास्ता नहीं मिल रहा। महानुभाव पन्थ के संस्थापक (12वीं सदी) चक्रधर स्वामी की पंक्तियाँ याद आ रही हैं—"यह पूरा पहाड़ पोकल (खोखल) है। इसमें क्या तो आना और इसमें से क्या निकलना कोई नहीं जानता।" तो मेरे लिए मराठी-हिन्दी के बीच लगभग ऐसी ही स्थिति है।

अपनी पहचान के सवाल की तरह सचमुच यह एक चुनौती लग रही है। हिन्दी-मराठी के दो तट और बीच में बहता मेरा आयुष्य। यदि इस तरह देखूँ तो मेरे जैसे अदने व्यक्ति के लिए हास्यास्पद ही लगेगा।

यदि कभी मैं इस किनारे कभी उस ओर सामने हिन्दी-मराठी का प्रवाह, तो यह बात भी जमती नज़र नहीं आती।

दरअसल मैंने इस तरह से कभी अपने को देखा ही नहीं। उस वक़्त भी नहीं बचपन से लेकर आज पैंसठ लग गया, असंख्य बार पूछा गया होगा "नाम से तो

महाराष्ट्रीयन लगते हैं आप" और हमेशा एक ही उत्तर होता था रटारटाया-तयशुदा कि "हम मध्य प्रदेश-महाराष्ट्र की बार्डर के हैं इसलिए वहाँ का प्रभाव है।" आज लगता है यह उत्तर पूरी तरह सही नहीं था। चन्द्रकान्त ने कहा है तू मोकलेपणे (खुले दिल) से सब कुछ लिखना। क्या हिन्दी-मराठी के निमित्त यह मेरी, जैसी भी है ज़िन्दगी के कुछ पेंच तो नहीं? कौन जाने?

कहाँ से शुरू करना? तो अव्वल तो याद आता है इन्दौर का अपना शब्दों-चीज़ों और रिश्तों का पहचानने का प्रारम्भिक दौर। जूनी कसेरा बाखल, जहाँ हम रहते थे एक तरह से तब हमारे लिए मराठीभाषी मोहल्ला ही था। हम मराठीभाषियों से आत्मीयपूर्वक घिरे हुए थे। जब मैंने यह समझा कि साथ में खेलने वाले, बस्ता लटकाये पाठशाला जाने वाले दोस्त होते हैं तो मैं मुले, पाइक, बोरगाँवकर, धामणकर, आचार्य, तारे के साथ हो लिया। इन्हीं के साथ सन् 46 में धामणकर के बाड़े में मैंने शायद पहली और अन्तिम बार किसी नाटक में काम किया था। यह बच्चों का मराठी नाटक 'कंस वध' था जिसमें मैं चाणूर बना था। आज मैं सोच रहा हूँ यह किस तरह हुआ होगा। तब मैं दूसरी कक्षा में पढ़ता था। हाँ, पाठशाला में भी हमारी "हे प्रभो आनन्ददाता ज्ञान हमको दीजिए" के बाद दूसरी प्रार्थना मराठी में होती थी जिसे हम सारे लड़के ज़ोर-ज़ोर से और खींच-खींच कर गाते थे। यह प्रार्थना "आमचे राजांची" कुशलक्षेम के बारे में होती थी। हमारे राजा तुकोजीराव होल्कर थे। अहिल्याबाई का साया किसी-न-किसी रूप में मौजूद था। प्रार्थना की याद आ रही पंक्तियाँ ये हैं :

प्रभो! प्रार्थना परिसा आमुची, द्या सुख पाऊनी राजाला।
देवा! आमुच्या महाराजांच्या राखी विजयी भाल्याल ॥

हमारे रिश्तेदार जब आते या हम गाँव जाते तो हमारे लोग नागपुर, अमरावती, चान्दा से आते। एक बुआ तो मराठी ढंग से साड़ी पहनती। बुआ की बेटी का ब्याह अमरावती में हुआ था। उनके घर में हिन्दी या हिन्दी के निकट की किसी भी तरह की छाया नहीं थी। यह भी अजीब संयोग है (और ऐसे संयोग मात्र एक दो नहीं हैं)— कि मुझे पहले जिस बोलते चित्रपट को देखने की स्मृति है तो वह भी अमरावती में देखा मराठी 'रामराज्य' ही है। यह बाद में समझ में आया कि रिश्तेदारों के सरनेम भी मराठी भाषी होने का संकेत देते हैं। कुंटे और भागवत तो मेरी दो भाभियों के ही मायके के आड़नाव (सरनेम) हैं।

लगभग दस वर्ष की उम्र तक चार वर्ष इन्दौर में पढ़ने के बाद नर्मदा किनारे के क़स्बे बड़वाह में तीसरी कक्षा में भर्ती हुआ। इन्दौर, मालवा और बड़वाह, नेमाड़ में। पर यह दुखद सचाई है कि मालवी या निमाड़ी का उस तरह नहीं हो पाया जैसे अपने अन्य कतिपय साथियों को पाया।

बैतूल ज़िले का मेरा गाँव जौलखेड़ा, गोण्डवाना क्षेत्र में आता। वहाँ की हमारी बोली भी हमारी नहीं रही। भाषा के मामले में ऐसी विडम्बना कम ही लोगों की होती होगी। मेरे कई कवि मित्र जिस रागात्मकता के साथ अपनी बुन्देली, मालवी, निमाड़ी, छत्तीसगढ़ी, भोजपुरी के लोकगीत गाते हैं वैसा भाग्य मेरा नहीं।

शायद यह कहना चाहता हूँ भाषा के मामले में भी विस्थापित और शरणार्थी हो सकते हैं। हिन्दी ने शायद मुझे शरण दी। मराठी मुझ पर अपनी छाया फेंकती रही। 'मराठी' कहने पर यह मेरे लिए केवल भाषा नहीं, मराठी भूमि, लोग और कुछ मायने में संस्कार और जीवन-शैली भी हुई। इसे मैं कई तरह से अपने भीतर और इर्द-गिर्द महसूस कर रहा हूँ। बुआसाहबों के कीर्तन, मराठी नाटक, शारदोत्सव और यहाँ तक कि गुलाबबाई के गीतों सहित बहुत कुछ का बवण्डर मैं देख रहा हूँ। यद्यपि यह आधी सदी दूर है और धुँधला तो है ही।

बबन, नीला, चंगू, सोना और मित्रों की बहिनें भी याद आ रही हैं। पोला अमावस, गुड़ी पड़वा, महालक्ष्मी, मोगला गौर कई सन्-तीज-त्योहार जिनसे किसी-न-किसी रूप में मैं जुड़ा रहा। अनारसा, बाकरवड़ी, पूरनपोली, आमटी, धपाटे, बासोंधी, उक्करपेडी, बटाटभात, कढ़ी, केशरीभात, मोदक–भिन्न प्रसंगों पर और अपनी हैसियत के अनुरूप बनने वाले मेरे प्रिय भोज्य पदार्थों की सूची इतनी ही नहीं है इसमें झुनकाभाखर (बेसन-जुआर की रोटी) भी शामिल है।

तो क्या मैं आधे से अधिक मराठी मानुष हूँ। यदि ऐसा था तो दो-तीन मौक़े आये जब मुझसे अहिन्दी-भाषी हिन्दी-लेखक के पुरस्कार सम्मान की स्वीकृति चाही गयी तो मैंने बेहिचक क्यों उत्तर दिया–मेरी मातृभाषा मराठी नहीं है, इसलिए इस तरह के पुरस्कार का मैं हकदार नहीं। दुर्भाग्य से ऐसे साथी भी रहे जिन्होंने सुझाया 'हाँ' कहने में क्या जाता है? तो क्या मैं पूरी तरह हिन्दी भाषी हूँ। शायद हाँ। शायद नहीं। मुझे नहीं लगता कोई भी व्यक्ति पूरी तरह से एक घर, एक भाषा, एक स्त्री का हो सकता है। आज आश्चर्य होता है याद करके कि अपने दो मित्रों शरद और कृष्णा के साथ मिलकर हमने 53-54 में हस्तलिखित पत्रिका 'अशोक' निकाली थी। हम सम्पादक थे। पत्रिका हिन्दी-मराठी दोनों भाषा में थी। छोटी कहानी, कविता, लघु लेख के अलावा उसमें अनुवाद भी थे। राजा के दरबार में आयी लावण्यमयी भिखारिन वाली अंग्रेज़ी कविता का अनुवाद मैंने हिन्दी में किया था, शरद ने मराठी में। कविता हमारी पाठ्य पुस्तक में थी। प्रख्यात मराठी कवि नामदेव ढसाल ने अपने मराठी साप्ताहिक में पिछले वर्षों मेरी हिन्दी कविताएँ प्रकाशित कीं। तब भी यह याद नहीं आया कि हम बचपने में द्विभाषी पत्रिका निकाल चुके थे। कोई तीर मारा या इतिहास रचा जैसा इसमें कुछ नहीं है। पर इस छोटी-सी बात में वैसा बहुत

कुछ है जो इतिहास रचने जैसे में ज़रा-भी नहीं होता। बहुत सुन्दर बरसात होती थी उन दिनों। उन दिनों की बारिश में बम्बई का बच्चा पुणे-बड़ोदरा का भाई हमारा इन्दौर बेहद कोज़ी भीगा-भीगा और आरामदेह लगता था हमें। झड़ी लग जाती थी, सात-सात दिन सूरज के दर्शन नहीं होते थे। स्वेटर डटाकर घर के कोने में कहीं पाट पर सुन्दर अक्षर में रचनाएँ उतारते तब कैसा लगता होगा अब तो याद नहीं आता। पर पत्रिका पूरी होने पर हम आसपास के परिचित घरों में पढ़ने देते और राय भी नोट कराते थे। हम हमें मिली दुनिया में मगन थे। हिन्दी-मराठी मेरे लिए दूध-पानी जैसी थी, खिचड़ी का भाव नहीं था। मैंने इस मिली दुनिया में अपनी सहज चाहना से यह भाषिक प्रेम उगाया था। ओटले पर दिया बत्ती के बाद बैठे बचपन के दोस्तों को हिन्दी-मराठी में बतियाते सुना। गाली-गलौज और मारपीट के वक़्त मातृभाषा ही सबसे अधिक कारगर हथियार साबित होती है शायद। मराठी की गाली-गलौज मुझे निरापद और मधुर लगती।

1957-58 में हिन्दी पत्रिकाओं के साथ मराठी पत्र-पत्रिकाएँ भी मुझे छप्पर फाड़कर आयी दिखाई दीं होल्कर कॉलेज के वाचन कक्ष में। पढ़ता तो मैं क्रिश्चियन कॉलेज में था किन्तु पत्रिकाओं को देखने वहाँ जाता। तभी मराठी के 'सत्यकथा' 'स्त्री' और अन्य दीपावली विशेषांक हाथ में आये। मध्य प्रदेश बनने के बाद पंचायत एवं समाजसेवा संचालनालय नागपुर से इन्दौर में आ गया। मुक्तिबोध के साथ रहे अनिल कुमार और मनमोहन मदारिया इसी विभाग में कार्यरत थे। वे भी इन्दौर आ गये। अनिल कुमार के कारण परिवेश-संस्कृति-भाषा-खानपान से आगे मराठी साहित्य से जुड़ने की शुरुआत हुई। अनिल कुमार मर्ढेकर के अनुवाद बताते। विंदा करंदीकर, मंगेश पाडगाँवकर की कविताएँ सुनाते। मुक्तिबोध से भावात्मक लगाव भी इन्हीं दिनों हुआ। उनकी कविताएँ पढ़कर और आकाशवाणी से उनकी आवाज़ सुनकर।

देखते के देखते एम.ए. में आ गये। यह 59-60 के वर्ष के दिन हुए।

फाइनल में मैंने एक प्रश्नपत्र के विकल्प में मराठी विषय का चयन किया। 'संगीत शाकुन्तल', आप्टे का उपन्यास 'पण लक्षात कौन घेतो', आगरकर के निबन्ध आदि पाठ्यक्रम में थे। गंगाधर गाडगिल की एक कहानी 'बिन चेहऱ्याची सन्ध्याकाल' का अनुवाद करने की ठानी जो आधा-अधूरा ही हुआ।

फिर 61 में डॉ. प्रभाकर माचवे के निर्देशन में नयी हिन्दी-मराठी कविता पर शोध कार्य का निश्चय किया। रूपरेखा भी बनी जिस पर अज्ञेय और भारतभूषण अग्रवाल ने अपने हाथों से कुछ जोड़ा-घटाया। यह सब साहित्य अकादेमी के रवीन्द्र भवन में माचवे जी के कक्ष में हुआ, किन्तु नन्ददुलारे वाजपेयी के हठपूर्ण नकारात्मक रवैये के कारण शोध-उपाधि-कमेटी में रूपरेखा स्वीकृत नहीं की जा सकी।

डॉ. शिवमंगलसिंह सुमन भी कमेटी में थे। वाजपेयीजी का कुतर्क यह था कि निदेशक बदलना होगा क्योंकि निदेशक भी नव काव्य का होने से निष्पक्ष शोध कार्य नहीं हो सकेगा। यह बेहद त्रासद अनुभव था। मैं शोध उपाधि समिति की बैठक में लगभग चीख़ पड़ा था। मुझे याद है वाजपेयीजी का चेहरा लाल सुर्ख हो गया था और वे सुमनजी से कह रहे थे—यह कौन है इसे हटाओ यहाँ से। यह वाक़या नहीं होता तो शायद मर्ढेकर-अज्ञेय से प्रारम्भ की हिन्दी-मराठी नयी कविता पर ही मैं कार्य करता, जो नहीं हो सका। पर अर्से तक यह घाव भरा नहीं।

माधव कॉलेज उज्जैन में चन्दू भैया कहने वाले मराठी के प्राध्यापक डॉ. दाभाड़े जो उम्र में मुझसे बड़े होकर भी कई बार मित्रवत व्यवहार करते अपनी विशेषता और विनम्रता के कारण, हिन्दी-मराठी को लेकर हमेशा कुछ-न-कुछ पूछते बताते रहते थे। हाँ! यह तो भूल गया कि मैं और मेरी पत्नी विवाह पूर्व साथ ही पढ़ते थे। और कमा को मराठी बहुत अच्छी आती थी। चौंसठ में 'लहर' पत्रिका के भारतीय कवितांक के लिए मराठी कविता पर लेख तैयार करना शायद मेरा दुस्साहस ही था।

केशवसुत के 'तुतारी-नाद' से लेकर दिलीप चित्रे, शंकर रामाणी, आरती प्रभु तक की कविता का सरसरी तौर पर उल्लेख किया था। मुझे याद पड़ता है कि इसके आसपास ही मैंने इन्दौर महाराष्ट्र सभा में नारायण सुर्वे को सुना था। पर दलित कविता का सन्दर्भ तब मेरे लिए शायद अज्ञात ही था। इसी वर्ष मुझे 'ज्ञानोदय' के कथांक के लिए मराठी कहानी पर एक टिप्पणी लिखनी पड़ी। यह एक तरह से नयी मराठी कहानी का परीक्षण था। मेरे हिसाब से यह इतना कुछ सामान्य इसलिए नहीं था कि मैंने परिश्रमपूर्वक ये दो लेख लिख भर दिये। मेरी दिलचस्पी और सामग्री तक पहुँच अधिक अर्थ रखती है यहाँ। शुद्ध हिन्दी भाषी के लिए भी ऐसा लिखना सम्भव हो सकता है। पर मुझे नहीं याद आता कि मैंने मराठी सीखने का कभी प्रयत्न या अभ्यास भी किया। सीख और अभ्यास कर तो विदेशी भाषा में भी पारंगत हुआ जा सकता है।

मुझे लगता है यह सब तो केवल पृष्ठभूमि और आधारशिला है जिस पर नैसर्गिक और सहज ढंग से सम्पर्क और रिश्ते को टोहा जा सकता है।

कई बार तो सिर्फ़ नाम के कारण कुछ लोग मेरे पास आते और जब जानते कि मैं तो हिन्दीभाषी हूँ तो बिदककर दूर चले जाते। नाम ही के कारण मुझसे मराठी कविता-कहानी के बारे में लिखने के लिए कहा गया होगा। सबसे पहले मुझसे रतलाम में चन्द्रकान्त खोत की कविताओं के अनुवाद के लिए आग्रह किया था। और वहाँ की छोटी पत्रिका में वे अनुवाद प्रकाशित हुए थे।

इस तरह की स्थिति का फ़ायदा उठाने का विचार तक मेरे मन में कभी नहीं आया। इसकी वजह मैं ढूँढ़ भी नहीं सकता। 'आपला मानुष' होकर नज़दीक आना किसे बुरा लगेगा। पर मेरा नसीब कि 'आपला मानुष' जैसा ही प्रेम देने वाले लोग मिले। लोग यानी मराठी के रचनाकार-प्राध्यापक-मित्र आदि परिवार सहित।

फिर संयोग कि रमेश बक्षी द्वारा सम्पादित 'आवेश' (68-69) में मेरी कविताएँ और प्रो. चन्द्रकान्त पाटील की लघु पत्रिका आन्दोलन पर टिप्पणी एक साथ प्रकाशित हुई थीं। इसके बाद ही मेरे मराठी जन और वाङ्मय से रिश्ते की असल कहानी शुरू होती है। चन्द्रकान्त के साथ थोड़े से पत्राचार के बाद आत्मीय सम्बन्ध बन गये पारिवारिक जैसे ही। 'प्रतिष्ठान' पत्रिका के 1973 के अंक में चन्द्रकान्त द्वारा अनुवादित मेरी दस कविताएँ पहली मर्तबा मराठी में प्रकाशित हुईं। चन्द्रकान्त पाटील के लिए भी इस तरह सोचने के लिए कुछ होगा क्योंकि बाद के वर्षों से लेकर आज तक वह हिन्दी-मराठी के बीच केवल बतौर अनुवादक नहीं कई रचनात्मक धरातलों पर सेतु की सार्थक भूमिका का निर्वाह कर रहा है।

1973 की एक सर्द रात। क़रीब 9-10 बजे। रतलाम सहयोग भवन की पहली मंज़िल पर जहाँ मैं रहता था—"चन्द्रकान्त" आवाज़ आयी—लोहे का चेनल गेट खींचा तो आवाज़ देने वाला बोला—"मैं चन्द्रकान्त पाटील"। वह दिन है कि आज का दिन हमें बताना नहीं पड़ता कि कौन आवाज़ दे रहा है—कौन सुन रहा है। उसके आने की कोई पूर्व सूचना या जानकारी नहीं थी। पर लगा जैसे हम उसकी बाट जोह रहे थे। हाँ! इसके पहले भोपाल में साहित्य अकादमी के एक अरविन्द विषयक सेमिनार में दिलीप चित्रे से संक्षिप्त किन्तु यादगार मुलाक़ात हो चुकी थी। वह भी बाद में प्रगाढ़ रिश्तों में विकसित हुई।

1976 में नांदेड़ जाना हुआ। मराठवाड़ा हिन्दी प्राध्यापक परिषद् के वार्षिक सम्मेलन में। नांदेड़ के पहले औरंगाबाद पुलिस कोतवाली के सामने वाले चन्द्रकान्त के घर गया था। वहाँ श्याम मनोहर और चित्रा से पहली बार मिलना हुआ। नांदेड़ में नहीं लगा कि किसी अन्य भाषा-संस्कृति इलाके में आया हूँ। संकोच के बावजूद मुझे सब कुछ बहुत परिचित और अपना-सा लगा। रवीन्द्र किम्बहुने इसके साक्षी हैं, जो मेरे दोस्त बने।

इसके बाद तो मराठवाड़ा और वहाँ के मित्र ऐसे इतने अपने हुए कि जैसे पिछले जनम में वहीं का था। अपने देश के हर हिस्से में घूमने-फिरने के मौक़े आये हैं। दक्षिण और हिमाचल कम आकर्षक इलाके नहीं और वहाँ भी आत्मीयता-प्रेम सब कुछ है। पर मुझे मराठवाड़ा की सादगी-समृद्धि-ग़रीबी और खेतीबाड़ी वाले

भूखण्ड के जीवन में कुछ ऐसा लगा जैसे मैं यहीं का हूँ। यहीं से उखड़कर मेरे पूर्वज गोण्डवाना आये। गोण्डवाना के जौलखेड़ा ने धक्का देकर मुझे इन्दौर में फेंक दिया। इन्दौर ने पढ़ाई-लिखाई और कविता में उछालकर जगह-जगह भटकाया। पर मुझे लगा जैसे मेरा पुश्तैनी नाल परभणी-लातूर के बीच ही कहीं गड़ा है। आदमी को कब कैसा क्यों लगता है और कैसा नहीं लगना चाहिए इसके बारे में दूसरे लोग भिन्न-भिन्न तरह से सोच सकते हैं। भावनात्मक यथार्थ को कमतर कर देखने का करिश्मा भी दिखा सकते हैं। पर वह जो हमेशा अपने साथ होता है इस तरह की बातों को तरजीह नहीं देता। मुझे लगता है जीवन और शब्द-संस्कृति के बीच वहाँ ऐसी गहरी-चौड़ी खाई नहीं है जैसी अपने इधर है। दूसरे वहाँ के पढ़े-लिखे प्रबुद्ध और रचनात्मक कार्य से जुड़े लोगों में पाखण्ड-आडम्बर के लिए अमूमन वैसी चाहत नहीं है जिससे वे अद्वितीय और असाधारण की जमात में वन्दनीय हों। इसका अर्थ यह नहीं कि छल-छन्द-राजनीति का उधर कोई वास्ता नहीं होता। हाँ! मनुष्य रहते हैं वहाँ, वह संगठित होता ही है, जो मनुष्यों को शोभा देता है और नहीं भी देता है। पर संस्कृति-परम्परा-भाषा और ज़मीन से रिश्ते वाला पर्यावरण हर जगह कई-कई कारणों से अपना अलग ही होता है। मराठी-जीवन प्रवाह और बोली में यह ताक़त और विशेषता है कि वह तमाम बदलाव और आधुनिकता के बावजूद अपने उत्स और परम्परा से जुड़ी हुई लगती है। यह जुड़ाव जड़-प्रतिक्रियावादी नहीं है। इसी तरह से नवता और प्रगतिशीलता के प्रति रुझान में भी बौद्धिक चतुराई नहीं दिखाई देती इसलिए मुझ जैसे को भी उनके बीच कभी वैसा अटपटा नहीं लगा, जैसा हिन्दी दिग्गजों के साथ अर्से तक लगता रहा।

मराठी मेरी सगी मौसी

खड़ा जहाँ कहने भर की टेकरी नहीं। बोलते चेहरों का धड़कता संग्रहालय, अलबम आँखों में आ जाये ऐसे आकाश का...छोटे तालाब के बराबर काँच का मछलीघर... मेरे प्रिय कवि मुक्तिबोध की पंक्तियाँ याद आ रही हैं—"एक पैर रखता हूँ कि सौ राहें फूटती...व मैं उन सब पर से गुज़रना चाहता हूँ।" इतना और ये मेरे हिस्से की यादें और सच...।

मुझे पिछले वर्षों विस्मयकारी सन्तोष इस बात का रहा कि मुम्बई में 'मुम्बई मराठियों' के हल्ला बोल उपद्रवों के बाद या दौरान अपने इन्दौर के हिन्दी लोगों ने कभी नहीं जताया कि हम भी तो मराठियों को सहेजे हैं और मराठी भाषाइयों को भी मुम्बईकरों पर एतराज़ करते नहीं सुना कि यहाँ भी ऐसा होगा तो हमारी भी तो सोचो।

इसकी वजह साफ़ है कि अपनी इस विशाल हिन्दी पट्टी में दोनों भाषाओं के लोग दूध में पानी की तरह कभी नहीं रहे और यही नहीं सिन्ध-राजस्थान-उ.प्र. और दक्षिण भारत से आये थे वे सब भी दूध के अथाह प्रवाह का अंग बन गये।

बरसों से जब भी मुझसे पूछा जाता "आपकी मातृभाषा क्या है"? तो मैं इस प्रश्न को सुन अचकचा जाता। माँ के दूध जैसी होती होगी मातृभाषा...मैं गोण्डवाने के बैतूल ज़िले के एक गाँव में पैदा हुआ 74 वर्ष पहले...परिवार की हमारी बोली वैसी ही थी जैसे ठेठ गाँव की मालवी या निमाड़ी...इन्दौर में 54 में हाईस्कूल पास होने तक घर में वही हमारी बोली रही। फिर मेरा जवाब होने लगा मेरी दूध-बोली गाँव में छूट गयी हिन्दी ने गोद लिया और जूनी कसेराबाखल वाले इन्दौर के कारण छह-सात वर्ष की उम्र से मराठी परिवेश में पला-बढ़ा। मेरे बाल सखाओं में कृष्णा पाठक, बोरगाँवकर, धामणकर, आचार्य, तारे थे। उत्सवो में **गणेशोत्सव** हमारा प्रिय त्योहार था। 47 में पहली और अन्तिम बार मैंने एक मराठी बाल नाटक में 'चाणूर' की भूमिका निभाई थी। तीन-चार संवाद ही मुझे बोलना था। खजूरी बाज़ार 14 नं. पाठशाला में "हे प्रभो आनन्ददाता" के बाद झूमते हुए...

"प्रभो! प्रार्थना परिसा आमुची, द्या सुख पाऊनी राजाला" हमारी प्रातः प्रार्थनाएँ थीं। रिश्तेदार हमारे नागपुर, अमरावती, यान्दा, शाहदाह और हमारे गाँव जौलखेड़ा से आते। घर के पीछे बुआसाहबों के कीर्तन होते, मराठी नाटक, शारदोत्सव, गुलाबबाई और मल्हारी मार्तण्ड की पिकनिक कभी नहीं भूल सकता।

फिर 52 तक पाँच वर्ष बड़वाह में रहा, वहीं से आठवीं पास कर इन्दौर आया। वहाँ भी मराठी मित्र थे ताम्बे और पँवार। फिर आया तो मेरे पास अपनी ख़ुद की लिखी चार-पाँच कविताएँ हो चुकी थीं। फिर जूकबा के वे ही अपने संगी-साथी...अब दवे, कानूनगो, रामावतार शर्मा भी जुड़ गये थे।

यहाँ पोला अमावस, गुड़ी पड़वा, महालक्ष्मी कई सनू-तीज-त्योहारों के साथ बाकरवड़ी, अनारसा, पूरनपोली, आमटी, धपाटे, बासोंधी, पातालभाजी, उक्करपेंडी, केशरीभात, कढ़ी, झुनकाभाखर उतने ही प्रिय हो गये जितने दाल-बाफले। फिर 53 में हमने शरद मुके के साथ 'अशोक' नामक हस्तलिखित पत्रिका निकाली और ख़ुशी-आश्चर्य की बात यह कि हिन्दी-मराठी दोनों भाषाओं में हम किशोरों की स्वरचित रचनाएँ होती थीं। मुझे अब यक़ीन हो गया है कि कोई भी लेखक एक देश, एक भाषा का नहीं रह सकता। अभी पाँच-छह पूर्व मराठी कवि नामदेव ढसाल ने अपनी मराठी पत्रिका 'नन्तर' में मेरी हिन्दी कविताएँ प्रकाशित कीं तो मुझे याद आया था 53 में ही हमने द्विभाषिक हस्तलिखित पत्रिका निकाली थी।

कृष्णा पाठक सशक्त हास्य अभिनेता था। उसके कारण सोनारवाड़ा, गणेश मण्डल, रामबाग, नन्दलालपुर में कई मराठी नाट्य-प्रदर्शन देखे।

महाराष्ट्र साहित्य सभा में भी जाते—वहीं 55 के आसपास नारायण सुर्वे का प्रभावी काव्य-पाठ सुना। जितना समझ पाता था वह भी कम नहीं लगता था। बाद में तो इस दलित कविता के पुरोधा से पुणे, नागपुर में तीन-चार बार भेंट हुई। 56 में टाउन हॉल में मंगेश पाडगाँवकर की कविताएँ और साथ में अनिल कुमार द्वारा किये हिन्दी अनुवादों को सुनना समृद्ध करने वाला अनुभव रहा। 57 में होल्कर कॉलेज के वाचन कक्ष में भारतीय भाषाओं और अंग्रेज़ी पत्रिकाओं का ऐसा ख़ज़ाना मिला कि बांग्ला की 'देश', मराठी की 'सत्यकथा', अंग्रेज़ी की 'एनकाउंटर' पत्रिकाएँ हाथ लगने लगीं। फिर साठ में जब एम.ए. (हिन्दी) किया, तब एक अतिरिक्त विषय मराठी लिया। वालिम्बे सर से आगरकर के निबन्ध, केशव सुत आदि की कविताएँ, वि.स. खाण्डेकर और ना.सी. फड़के की कहानी पढ़ी।

इन्दौर जनरल लायब्रेरी तथा माणिक चौक (अब सुभाष चौक) लायब्रेरी में पहली मंज़िल पर खड़े-खड़े अख़बार देखना और सुभाष चौक तो स्वतन्त्रता आन्दोलन का केन्द्र ही था। यहाँ अंग्रेज़ों की सत्ता के ख़िलाफ़ आन्दोलन का गवाह बना हमारा बचपन।

हम श्री गीद के घर में किराये से रहते थे। मावसी बाई माणिक चौक में गिरफ़्तार हुई थी और किसनपुरा कोतवाली से उन्हें भीड़ छुड़ा लायी थी। मेरे बड़े भाई जुगलकिशोर भी छह माह जेल में रहे। बाबा भवरास्कर, नानू उनके मित्र थे।

इस बीच मेरा दुस्साहस देखिए 'लहर' पत्रिका के भारतीय कवितांक विशेषांक के लिए मैंने नव मराठी कविता पर, तथा 'ज्ञानोदय' के कहानी विशेषांक के लिए 'परम्परा की चौखट से मुक्त होती मराठी कहानी' जैसे लेख लिखे। इनमें डॉ. माचवे और अनिल कुमार का सहयोग था ही।

अब तक हिन्दी पत्रिकाओं में भी कविता छप रही थीं। सन् 72 के बाद प्रख्यात कवि-अनुवादक औरंगाबाद वासी प्रो. चन्द्रकान्त पाटील के साथ मित्रता कविता के कारण हुई। और मराठी साहित्य के साथ प्रगाढ़ रिश्ता बनता गया। यहाँ यह बता दूँ कि नाम के प्रारम्भ में सब मुझे मराठी भाषी ही समझते—और फिर सचाई जान और अधिक ख़ुश होते। विगत बीस वर्षों में तीन बार 'अहिन्दी भाषी हिन्दी लेखक' के पुरस्कार हेतु मेरा चयन हुआ। मैं दोनों नावों में पाँव रखते उन्हें हड़प सकता था। पर मैंने दो-टूक कहा—मराठी मेरी मातृभाषा नहीं। एक दिन चन्द्रकान्त पाटील ने कहा— "चन्द्रकान्त! तू मराठी से अपने रिश्ते के बारे में लिखकर दे।" इस बीच मैं मराठी से हिन्दी में दिलीप चित्रे की प्रतिनिधि कविताओं का अनुवाद कर चुका था। साथ ही अन्य कई कवियों के भी। और दिलीप चित्रे, चन्द्रकान्त पाटील, सतीश कालसेकर, नामदेव ढसाल, मल्लिका अमर शेख, ना.धों महानोर, निशिकान्त ठकार, बाबा भाण्ड सहित युवा कवि प्रफुल्ल शिलेदार, गणेश विस्पुते, कविता महाजन, अनुराधा पाटील, सुजाता महाजन तथा साक्षात् के रचनाकार सम्पादक रमेश राउत से मेरे सम्बन्ध मज़बूत हुए। दुर्भाग्य कि कवि दिलीप चित्रे अब हमारे बीच नहीं हैं। इसमें ऐसा कुछ नहीं है कि मैं कोई सम्पर्क-निपुण हूँ या मैंने कोई मैदान मार लिया। मुझे इन्दौर के बचपन के परिवेश ने ही यह सौभाग्य दिया कि स्व. अरुण कोल्हटकर व ना.धों. महानोर के सम्मान हेतु मुझे क्रमशः पुणे व औरंगाबाद बुलाया। मैंने परभणी के अ.भा. मराठी साहित्य सम्मेलन सहित कई समारोहों में भाग लिया और मुझे कभी नहीं लगा मैं अपने घर के बाहर हूँ। मराठवाड़ा-परभणी, लातूर, बीड़, नांदेड़, औरंगाबाद मुझे अपनी मातृभूमि ही लगे। मेरे दो कविता संग्रहों के अनुवाद चन्द्रकान्त पाटील ने किये।

मराठी भारतीय जनों की उपरोक्त नामावली का यह अर्थ लगा सकते हैं कुछ लोग कि अपनी लोकप्रियता का बखान कर रहा...मैंने कुछ जो बहुत साधारण है अपने बारे में लिखा है...इसमें आत्माभिनन्दन जैसा किंचित भी नहीं है। मुझे पता है ढेरों परिचितों का होना कमज़ोर व्यक्ति की निशानी है और यह भी कि

लेखक को जो कि एक बेचैन प्राणी होता है, प्रसिद्धि के तथाकथित मँडराते ख़तरे से बचना चाहिए।

यह मेरी आत्मकथा जैसा भी नहीं। बस यह कि चन्द्रकान्त पाटील के कहने पर लिखने के दौरान मेरे भीतर से आठ-नौ बरस के बच्चे की आवाज़ सुनाई दी "मराठी मेरी सगी मौसी।" मुझे मराठी लेखकों के बीच कभी अटपटा नहीं लगा। बौद्धिक अहंकार कदाचित उनके स्वभाव में नहीं और दूसरे मराठी भाषा और साहित्य आधुनिकता-उत्तरआधुनिकता के बहाव में अपनी जड़ों से नहीं कटे। देशभक्ति उसकी पहचान है। इस सबकी पृष्ठभूमि में आज से पचास वर्ष पहले वाला मेरे हिस्से आया इन्दौर ही है। अपने यहाँ भाषा को लेकर अपने-पराये का भेदभाव और फ़ितना-फ़साद नहीं, यह भी अपने आज के अपराधग्रस्त इन्दौर की मूल संस्कृति है।

आपातूकाल के दिन

जब-जब आपातूकाल का स्मरण होता है या उस पर फिर-फिर विचार किया जाता है—आपातूकाल के 10 वर्ष, 25 वर्ष, या 15 वर्ष बाद 50 वर्ष, तो अजीबोग़रीब ढंग से मनमन्थन होता है। मुझे याद हैं कई चेहरे जो विनोबा की धुन पर अनुशासन पर्व कहकर अघाते नहीं थे—उन्होंने बीस वर्ष बाद ऐसी कविताएँ-सामग्री प्रकाशित करवायीं जैसे वे आपातूकाल के विरुद्ध मैदान में खड़े थे।

मैं तो उस वक़्त रतलाम कॉलेज में हिन्दी पढ़ा रहा था और 60 के बाद से 'इंडेक्स सेंसरशिप' पत्रिका जब-तब देखता रहता था। फिर इसी समय यानी सन् सत्तावन में मुक्तिबोध से मेरा जो नाता जुड़ा, उसी की आँच में जीवन-समाज और साहित्य के बारे में मेरी समझ पकती गयी। तब भी और आज भी मैं राजनीतिक दल के व्यक्ति की तरह नहीं सोच सकता हूँ। बुद्धिजीवी कहना अपने को ज्वालामुखी के मुहाने पर खड़ा करना है। बस मुक्तिबोध के विचार-स्तम्भ से जो जितना मिला या ले पाया वही मेरा पाथेय हुआ। 'अँधेरे में' कविता को मुक्तिबोध ने 'अँधेरे में : आशंका के द्वीप' में' शीर्षक दिया था और आग्नेश्का को एक पत्र में लिखा था, ''मुझे आशंका बनी रहती है कि मेरे देश में कहीं कुछ ऐसा-वैसा न हो जाये। उनकी किताब ''इतिहास और संस्कृति'' पर प्रतिबन्ध लगा ही था।

इसलिए मैं नहीं मानता कि आपातूकाल का समर्थन या विरोध उस दौर में प्रतिबद्ध लेखकों की नीयत पर सवाल खड़े करता है। इस तरह फ़ैसलाकुन होना सम्भव नहीं। पर आपातूकाल की पहली सुबह 25 या 26 जून 'नयी दुनिया' (इन्दौर) का रज्जुबाबू (राजेन्द्र माथुर) वाला सम्पादकीय क़ॉलम कोरा पड़ा था। और मेरे जैसे को भी लगा था सतर्क होना ही पड़ेगा। उत्सव '75' भोपाल में हम लोगों ने जो कविता पढ़ी उसमें आपात् विरोधी स्वर थे। उद्घोषणा तो नहीं थी—सरकारी मंच था। मुझे याद है काव्यपाठ के पहले जगूड़ी ने अशोक वाजपेयी से पूछा था—'कविता चयन में सावधानी बरतें क्या?' उनका उत्तर था—'नहीं! आप अब एकदम स्वतन्त्र हैं, मेरे बारे में परवाह न करें।' मेरी एक कविता की पंक्तियाँ थीं—टॉवर की घड़ी ने/

शहर की ओर पीठ कर दी है/अब वक़्त नहीं धुन्ध में/कुछ पुर्जे दिखाई पड़ते हैं।' जहाँ भी चार-पाँच साथी एकत्र होते आपातकाल के बारे में बहस करते। प्रसन्न लोगों के भी अपने तर्क थे। और तानाशाही का वैसा चेहरा भी दिखाई नहीं देता था आम तौर पर। 26 फ़रवरी 76 को उच्च शिक्षा विभाग ने मुझे भोपाल में उपस्थित रहने का तार प्राचार्य को भेजा था। कारण नहीं बताया गया था। जाने पर जहाँ एकत्र होना था वहाँ पहुँचा—प्रभात त्रिपाठी मिल गया, फिर हम शाम तक साथ ही रहे। बताया गया सर्किट हाउस पर संजय गाँधी से दोपहर में लेखकों-प्राध्यापकों की चर्चा होनी है। मेरा और प्रभात का माथा एक साथ ठनका, हमने एक-दूसरे को देखा और हाथ थाम लिए। दोपहर में धनंजय वर्मा के नेतृत्व में हम दोनों वहाँ तक गये तो पर संजय गाँधी के बाहर आने के पहले ही बाजू के ऊबड़-खाबड़ ढलान से नीचे सड़क पर आ गये। मुख्य द्वार पर बहुत भीड़ थी। 'सब चुप, साहित्यिक चुप और कविजन निर्वाक्' की तरह हम भी भगोड़े ही साबित हुए। पर दोनों बहुत ख़ुश थे। 'बच गये! बच गये!!' कहते हुए।

इसी तरह सितम्बर 76 में भोपाल ही में लेखकों का बड़ा सम्मेलन हुआ। मक़सद आपातकाल को लेखकों का समर्थन था। भारतीय कम्युनिस्ट पार्टी की लाइन पर। नामवर जी, परसाई जी, त्रिलोचन जी, रघुवीर सहाय, श्रीकान्त वर्मा, प्रमोद वर्मा, प्रभात त्रिपाठी सहित कई लेखक जुड़े थे। मैं भी था। मेरे वक्तव्य में समर्थन नहीं—इसको लेकर प्रश्न था। "सरकार जो महसूस कर रही—ख़तरा जो भी कुछ—हम क्यों करें जबकि हमारे आस-पास ऐसा कुछ हो नहीं रहा। हम भी तो सूँघ सकते हैं।" बाद में श्रीकान्त वर्मा कुछ भी हो गये हों—बाहर प्रमोद जी और मैं खड़े थे, वे भी सिगरेट पीने आये और बोले—"परसाई जी को यह क्या हो गया है?"

मेरे आत्मीय सुदीप बनर्जी रतलाम में कलेक्टर थे। सुदीप आपातकाल से सन्तप्त थे। उनके परिचित असित चक्रवर्ती दिल्ली से आते थे। असित भूमिगत थे और सुदीप ने मुझसे उनकी भेंट करा दी, तो वे मेरे घर ही शेल्टर लेते थे। इस दौरान वे चार बार आये और दो-दो रात रुके। हम लोग देर रात तक बातें करते। एक बार ताँगेवालों के अड्डे पर जाकर असित ने उन्हें आपातकाल के बारे में बताया। अहमदाबाद से छोटा हाथ से चलने वाला छपाई का प्रेस लाकर मुझे देने को कहा था। वह नहीं हो पाया। मैं और असित एक रात मेरे कॉलेज गये और दीवारों पर कई आपात् विरोधी नारे गेरू से लिखकर आये। रात को वाचमेन 'बा सॉब' को मैंने पव्वे और पिक्चर देखने के पैसे दे दिये थे। इसी बीच 'बाढ़', 'शब्द सम्भव है' कविताएँ भी छपीं। किसकी नज़र नहीं पड़ती, किसके नहीं खड़े होते कान ऐसी हरकतों पर।

हाँ, इसी बीच एक घटना ने मुझे, मेरी पत्नी और कुछ दोस्तों को करंट मार दिया था—उस दिन दोपहर में नगर के एक कवि कह गये पत्नी को—"सर से कहना सावधान रहें।" मैं जब बाज़ार से आया तो पत्नी घबराई हुई थी। मैंने कहा—''जो होगा देखेंगे।'' कुछ अनुमान नहीं था कि किस बात के लिए क्यों, किससे सावधान रहना है?

शाम 6 बजे के आसपास धुन्ध तो छँट गयी पर अँधेरा महसूस होने लगा। पुलिस की बत्तीवाली जीप से एक गार्ड उतरकर ऊपर आया और मेरा पता पूछने लगा। बोला—"आपको एस.पी. साहब ने तलब किया है।" मेरे पूछने पर बताया—''बँगले पर चलना है।'' बच्चियाँ छोटी थीं। मैं और कमा एक-दूसरे का मुँह ताकते रहे और मैं पाँवों में चप्पल डाल नीचे उतर जीप में सवार हो गया। अड़ोसी-पड़ोसी बाहर निकल आये पर किसी ने कुछ बात नहीं की।

अचरज हुआ जब एस.पी. ए.एन. सिंह ने मुझे आत्मीयतापूर्वक अन्दर ले जाकर बरामदे में बिठलाया और ख़ुद सामने बैठ गये। अन्दर पास के बैठकखाने में चहल-पहल थी। मेरी उत्सुकता शान्त करते उन्होंने बताया—आज उनकी बेटी की सालगिरह है। फिर उन्होंने एक पुलिन्दा खोलकर चार पेज की एक कविता मेरे सामने रखी और पूछा—''ये हैंडराइटिंग और कविता आपकी ही है न।'' मैंने कहा, ''हाँ मेरी ही है।'' फिर उन्होंने पूछा ''बाद में आप मना तो नहीं कर देंगे?'' मुझे यह सन्देह बचकाना लगा। मेरा उत्तर था—''सवाल ही नहीं उठता।'' फिर उन्होंने नाश्ता कराया और बताया—किसी की शिकायत पर एक प्रेस से पत्रिका का मेटर ज़ब्त हुआ है। 'वाममित्र' पत्रिका में कविता छपी थी—'विध्वंस के उजाले में' यह उसकी सामग्री के साथ थी। उन्होंने कहा वैसे चिन्ता की कोई बात नहीं है। मामला आगे नहीं बढ़ेगा। वे बिहार कैडर के युवा आई.पी.एस. थे। जीप मुझे घर छोड़ने गयी। सहयोग भवन की गली में मुड़ते ही जैसे जाते वक़्त देखा था, कमा (पत्नी) वैसी ही बालकनी की दीवार पर झुकी खड़ी थी। मुझे निश्चिन्त देख उसका तनाव भी कम हुआ। फिर भी हमने कुछ पैम्फलेट, पुस्तिकाएँ और लाल किताब का छोटा-सा पैकेट बना गेहूँ की कोठी में डाल दिया।

असित फिर नहीं आये। वर्षों बाद दिल्ली में भेंट हुई। 21 मार्च 77 तक यही सब चलता रहा। यह यथास्थितिवाद और सत्ता बचाने का भोंडा प्रहसन साबित हुआ—जिसने 75 तक वाले प्रजातन्त्र का चेहरा विकृत कर दिया। कुछ लोग जिन्हें उन दिनों की ट्रेन-दफ़्तरों की पाबन्दी और दृश्यमान अनुशासन अच्छा लगता रहा वे प्रशंसक रहे। आज भी हैं जो कहते हैं—"इससे तो अंग्रेज़ों का राज अच्छा था"—"आपातकाल क्या बुरा था आज के हालात से।"

सूचना के अधिकार की चाबी के बावजूद हम किस्म-किस्म के अघोषित आपात्काल से त्रस्त नहीं हैं क्या? लोकतन्त्र पाखण्ड-भ्रष्टाचार, धर्मान्धता, आवारा पूँजी के दलदल में कितना धँस चुका है—इससे हम बेख़बर तो नहीं।

यह वक़्त वक़्त नहीं, एक मुक़दमा है

मंच पर आसीन मेरे सभी समानधर्मा हमसफ़र साथी! सभा भवन में उपस्थित आत्मीय सुधीजनो,!

यह प्रतिष्ठित प्रसंग मेरे लिए आत्ममुग्धता का नहीं, आप सबके बीच होने और अपनी आवाज़ की सार्थकता के अहसास का है। इस बुलडोज़र सुनामी समय में जो हर तरह से विस्थापित कर रहा, एक कवि क्या कह और कर सकता है?

फिर भी बहुत कुछ जो उमड़-घुमड़ रहा मेरे भीतर, अव्यवस्थित ही सही। संक्षेप में कहने की कोशिश करूँगा। मैं अपनी ही बात कहूँगा—क्योंकि मैं अच्छी तरह जानता हूँ कि कविता या कवियों का कोई प्रवक्ता नहीं हो सकता।

मेरे भीतर से आवाज़ आ रही कि मैं आपको बता दूँ कि भाषा की धरती मुझे कहाँ और कैसे मिली और मेरे नसीब में कविता का घर कैसे आया। घर न दान में, न उधार में, न किराये का। पुरखों और मेरे बचपन, किशोरावस्था, परिवार, क़स्बे, शहर के वातावरण ने दिया विरासत में। आदिवासी इलाके में जन्म, ताप्ती-नर्मदा किनारे बचपन, गाँव के नाते-रिश्ते आज तक मेरे साथ हैं। इन्दौर में द्वितीय विश्व युद्ध और स्वतन्त्रता आन्दोलन की बहस के साथ कविता सुनने का अवसर मिलता था अपने घर में। 1942 में मेरे बड़े भाई स्वतन्त्रता आन्दोलन में सक्रिय थे और स्वतन्त्रता संग्राम सेनानी हुए। दूसरा भाई साहित्य प्रेमी था।

आज से लगभग 62 वर्ष पूर्व नर्मदा नदी में छपाक-छपाक करते जो मैं बुदबुदा रहा था, घर आकर मैंने नोट किया तो एक सहपाठी ने कहा—यह तो कविता हो गयी। 1952 में हाईस्कूल पत्रिका में मेरी 'मज़दूर' शीर्षक से पहली कविता छपी। तब मैं 9वीं का छात्र था। सन्त कबीर, सियारामशरण गुप्त, बालकृष्ण शर्मा 'नवीन' आदि पुरखों की कविता पंक्तियों ने मुझे वे संस्कार, सोच व जीवन-दृष्टि प्रदान की, जिनसे मेरी पक्षधरता-प्रतिबद्धता तभी तय हो गयी। बाद में बुद्ध, भगतसिंह, निराला, मुक्तिबोध, परसाई आदि के कारण यह परिपुष्ट हुई।

यह भी बताना चाहूँगा कि मुझे नकाबपोश कवि होना कभी नहीं सुहाया। मेरी इच्छा आज तक जीवित है कि मैं जहाँ भी होऊँ कवि होने की ख़ुशबू आसपास के लोगों को मुझसे मिले और जिन्हें चुभना चाहिए मेरे काँटे चुभें। जिस तरह मनुष्य उसी तरह कवि एक साथ। दोनों के बीच विभाजन नहीं। यह भी कि जैसे मनुष्यता पेशा नहीं हो सकता कविताई भी धन्धा नहीं। चौवन में 'नयी दुनिया' इन्दौर फिर सत्तावन में 'ज्ञानोदय', 'धर्मयुग' में कविता प्रकाशित हुई।

यहाँ मुझे अपनी माँ एकाएक याद आ रही। कविता के कारण मुझे बचाती हुई। वाक़या 1960 का, मैं हिन्दी साहित्य में एम.ए. प्रथम श्रेणी। आठ-दस महीनों से बेकार भटक रहा था। आत्महत्या की बात बार-बार मन में आती। इस इरादे को अंजाम देने के पहले मैंने एक कविता लिखी—'मेरे मरने के बाद'। उसमें यह भी था कि "रामू पान वाले के दो सौ तीस रुपये चुका देना—कैसे भी, बेचारे ने बिन पैसे माँगे बेकारी के ध्वस्त दिनों में पान खिलाये हैं मुझको।" यह कविता मेरे बड़े भाई के हाथ लग गयी और उन्होंने माँ को सुना दी। माँ बहुत रोयी-धोयी और चुपचाप पानवाले का हिसाब चुकता करके आ गयी। इस तरह सन्तप्त माँ को देखने के बाद कोई कैसे मर सकता था, तो कविता के कारण बचा और ऋणमुक्त भी हुआ।

हाँ! कविता बचाती तो है, पर सौगात होते हुए भी कवि होना एक नैतिक सज़ा है। सतत् जासूसी ज़माने और ख़ुद की भी। कवि वैसे भी अन्याय विरोधी और विद्रोही होता है। मुक्तिबोध ने कहा भी है कि "सच्चा लेखक अपने ख़ुद का दुश्मन होता है। वह अपनी आत्म-शान्ति को भंग करके ही लेखक बना रहता है।" शायद ऐसी ही पीड़ा के साथ आधुनिक हिन्दी साहित्य के प्रणेता भारतेन्दु हरिश्चन्द्र ने एक सौ तीस वर्ष पूर्व अपने 'भारत-दुर्दशा' नाटक में आह्वान किया था कि, ''आओ भाई इकट्ठे होकर आँसू बहाओ अब भारत की दयनीय अवस्था देखी नहीं जाती।'' बीसवीं सदी के प्रारम्भ में राष्ट्रकवि मैथिलीशरण गुप्त ने कहा था—"हम कौन थे? क्या हो गये? है और क्या होंगे अभी।" आज एक सदी बाद निरन्तर डेंजरस होते जा रहे शाइनिंग इंडिया में हम भाषा-विचार-सृजन संस्कृति के एक तरह से पहरेदार क्या कहेंगे?

मैं भी प्रश्नों-सन्देहों और संकोच के बाणों से बिंधा इस महादुर्दशा के बारे में क्या कहूँ? आप सब मुझसे ज़्यादा ही जानते हैं। हमसे कोई पूछनेवाला भी नहीं कि—"क्यों ख़ामोश हो कविगण"..."सब चुप, साहित्यिक चुप और कविजन निर्वाक्" ध्वस्त होते समय में साहित्यकार-बौद्धिक वर्ग कहाँ हैं? जैसा हेमिंग्वे ने कहा था, ''बिना घायल हुए कोई कवि नहीं हो सकता।'' हाँ हमारे पास ज़ख़्म हैं धरती-पर्यावरण-जन संस्कृति-हमारी अस्मिता-देशीयता, भाषा और बहुजनपदीय विविधता के तहस-नहस होने के ज़ख़्म ही ज़ख़्म।

अस्सी प्रतिशत आबादी तक स्वराज का सम्मान, आधुनिकता की सुविधाओं के साथ शिक्षा-स्वास्थ्य, वैज्ञानिक सोच-समझ हम आज तक क्यों नहीं पहुँच पाये? समृद्धि-सम्पन्नता के जगमगाते द्वीप और विपन्नता का महासमुद्र।

वैश्विक पूँजी, बहुराष्ट्रीय कम्पनियाँ और ताक़तवरों के सामने सब कुछ बिकाऊ है। कई-कई जमातों-तबकों में बँटा संकीर्णतावादी सोच समाज में भेदभाव-नफ़रत फैलाते अराजकता जैसा वातावरण बना रहा है। और यह सब आभासी तरक़्क़ी की घोषणाओं के बीच। टेलीविज़न भी दिन-रात कूड़ा-करकट फेंकते, बाज़ारवादी क्रान्ति का शंखनाद कर रहा और विचार की जगह नष्ट कर असहिष्णुता को बढ़ावा दे रहा है।

साहित्य-विचार और वाणी को नारेबाज़ी के भभ्भड़ में हमने एक विराट वाशिंग मशीन के हवाले कर दिया है। यदि बुद्ध, चण्डीदास, नानक, कबीर, तुकाराम और रहीम जैसों के वचनों को मन-आचरण में थोड़ी भी जगह दी होती तो हमारी आज जैसी नियति नहीं होती। फिर भी बहकाने वाले आशावाद और आत्मघाती निराशा से बचते साहस के साथ अभिव्यक्ति के ख़तरे उठाते हमें कोशिश तो करते ही रहना है। और याद रखना है मार्केज़ का कहा–"प्रसिद्धि आसमान में ख़तरे की तरह मँडराती है।"

अन्त में थोड़ा कुछ कविता ही की जुबानी–

- *मेरी किस्मत में यही रहा/कि आग और ग़ुस्से ने मेरा साथ कभी नहीं छोड़ा/ मेरी यही कोशिश रही/पत्थरों की तरह हवा में टकराएँ मेरे शब्द/और बीमार की डूबती नब्ज़ को थामकर/ताज़ा पत्तियों की साँस बन जायें...*
- *ऐसे ज़िन्दा रहने से नफ़रत है मुझे/जिसमें हर कोई आये और मुझे अच्छा कहे/मैं हर किसी की तारीफ़ करते भटकता रहूँ/मेरे दुश्मन न हों/और इसे मैं अपने हक में बड़ी बात मानूँ...*
- *सच बोलकर सम्भव नहीं था/सच को बताना/इसीलिए मैंने चुना झूठ का रास्ता/कविताओं का...*
- *यह वक़्त नहीं/एक मुक़दमा है या तो गवाही दो/या हो जाओ गूँगे/हमेशा-हमेशा के वास्ते...*
- *होगा जो कवि/वही तो कहेगा/खटाक् से खुलते चाकू की तरह...*

मैं समझ नहीं पा रहा किन शब्दों में आप सबको धन्यवाद दूँ। शायद हमारे बीच यह आवश्यक भी नहीं।...

साहित्य अकादेमी सम्मान के अवसर पर 19 फ़रवरी 2013 को दिया गया वक्तव्य।

रोमांचित कर रहा सम्मानित होना अपने ही शहर में

आदरणीय राजेन्द्र यादव जी, मेरे बड़े भाई के मित्र—श्रद्धेय अक्षय कुमारजी, कमला प्रसाद जी, मेरे दोस्त चन्द्रकान्त पाटील, मेरी पत्नी कमा, यहाँ उपस्थित सभी आदरणीय श्रद्धेय और आत्मीय साथियो!

प्रारम्भ में जब मुझे यह बताया गया कि इन्दौर में यह आयोजन होगा, तो मैं समझता था कि बहुत ख़ुशी की, मेरे लिए बहुत आसान बात होगी और मैं इससे बहुत उत्तेजित था कि यह सब इन्दौर में अपने साथियों के बीच हो रहा है। किन्तु आज जब यह दिन आ ही गया तो यह महसूस हुआ कि मेरे वास्ते एक बहुत ही कठिन क्षण है कि मैं किस तरह से अपने आपको प्रकट करूँ? मैं सोचता था कि मैं कुछ नोट करूँगा, लिखित वक्तव्य दूँगा। वो भी मुझसे सम्भव नहीं हुआ। यहाँ पर मेरे जो बड़े भाई थे जिनकी वजह से मैं कविता-साहित्य की दुनिया में आया, जो अब नहीं हैं, लेकिन उनके कई अनन्य मित्र उपस्थित हैं—ऋषिकेश जी, दुर्गाप्रसाद जी, श्यामसुन्दर व्यास जी इन सबने मुझे छुआ, छाती से लगाया तो मेरे भीतर एक भाप का फ़व्वारा जैसा फूटा और यह सब बताते मुझे कोई दिक़्क़त नहीं है, क्यों एक कवि ही सच कह सकता है। क्योंकि वो इस बात की परवाह नहीं करता कि उसे क्या कहा जायेगा। अगर ज़िन्दगी में कमज़ोरी के क्षण आते हैं तो वो भी एक कवि ही बतायेगा कि वे कमज़ोरी के क्षण हैं, मैं अपने आपको बहुत असमर्थ महसूस कर रहा हूँ और मैं आपके सामने साहित्य और कविता के बारे में कुछ कहना नहीं चाहता। मैं इसी इन्दौर शहर के बारे में अपनी कुछ यादें, जो मुझे हॉण्ट कर रही हैं, जिनसे मैं बचना चाहता था, किन्तु वे मँडरा रही हैं और झपट्टा मार रही हैं, उन यादों के बारे में ही कुछ अटपटे ढंग से कह सकूँगा।

मुझे नहीं पता कि वो कौन-सी दुर्घटना थी कि 1952 में मुझसे कविता लिखी गयी। दुर्घटना से मेरा मतलब यह है कि वो कौन-सी, किस बात की सज़ा मिली मुझे कविता लिखने की। हो सकता है कि बहुत सारे लोग यह समझते हों कि उनको साहित्य सृजन करने का सौभाग्य प्राप्त हुआ है पर मैं इसको एक सज़ा मानता हूँ

क्योंकि बहुत बेचैन ढंग से, तड़पते हुए अपनी बात की गवाही देना पड़ती है, अपने आपको खोदना पड़ता है और ये जो बेचैनी है, यह आदमी को चैन से जीने नहीं देती। कॉडवेल ने कहा था—'बेचैन होकर ही कोई आर्टिस्ट हो सकता है।' मुक्तिबोध ने भी कहा था—'अपनी आत्मशान्ति को भंग किये बिना कोई कवि, कलाकार, रचनाकार नहीं हो सकता।' मराठी के कहानीकार मधुकर गंगाधर ने कहा था— 'लेखक सतत् जासूसी करता रहता है।' और एक आदमी का ताज़िन्दगी जासूसी करते रहना, उसके वास्ते कितनी बड़ी सज़ा है। अपनी भी जासूसी करो और दुनिया की भी। और कई बार कुछ न कर पाने की बेचैनी कि, कुछ नहीं हुआ। 50 साल से जासूसी कर रहे हैं और जो नक़्शा था, वो टूट गया, बिगड़ गया। ये तमाम चीज़ें—तो इन सब चीज़ों से मैं तो हमेशा आतंकित होता हूँ और कभी-कभी कविता के बारे में और साहित्य के बारे में जो हम बड़ी-बड़ी बातें कहते हैं तो मुझे लगता है कि—ऐसा तो नहीं कि हम भी दीगर उत्पादकों की तरह, चूँकि कविता के उत्पादक हैं और इसी नाते साहित्य के बारे में बड़ी-बड़ी बातें और बड़े-बड़े दावे करते हैं।

मुझे याद है 1942 से 46 का इन्दौर जब मैं 6-7 वर्ष का था, उस समय मैं अगर 20-21 वर्ष का होता तो या तो मैं गोली से मार दिया जाता या स्वतन्त्रता संग्राम सेनानी होता, पर अच्छा हुआ कि मैं उस समय बच्चा था, नहीं तो एक भ्रष्ट स्वतन्त्रता संग्राम सेनानी की मेरी दुर्भाग्यपूर्ण नियति होती। मैं छोटा था। मैंने प्रजामण्डल के पोस्टर चिपकाये। खजूरी बाज़ार के नं. 14 स्कूल के अन्दर घण्टी बजाकर—कुछ जुलूस आ रहा था उधर से—अपने स्कूल के लड़कों को बाहर भगा दिया। राजवाड़े के सामने मैंने गर्म पानी फेंकते सिपाही और घुड़सवारों को देखा और वो सब चीज़ें मुझे बनाती रहीं। वो सब शहर के संघर्षमय समय का जो ऋण है, उससे मैं कभी मुक्त नहीं हो सकता। 47 से पहले कवि प्रह्लाद पाण्डे 'शशि' जी ने मुझे अपना 'तूफ़ान' नाम का कविता संग्रह दिया था, जिसकी क़ीमत चार आने थी। जिन्होंने विद्रोही तेवर के साथ 'तूफ़ान' लिखा, अपनी गति में वो युगान्तर तूफ़ान जगा रहे थे, उन्हें गिरफ़्तार किया गया था और बचपन में वे मेरे प्रिय कवि थे।

मेरे भाई जो बी.ए. हो चुके थे। हिन्दी में एम.ए. करना चाहते थे, उनके पास कविता की किताबें थीं, उस सबसे मेरे भीतर मनमन्थन हुआ और यह सब पढ़ता रहा। फिर मैं बड़वाह में पढ़ने गया। वहाँ मैंने 52 में पहली कविता लिखी और छिपाकर रखीं बहुत सारी अपनी कविताएँ। वहाँ हाईस्कूल न होने के कारण यहाँ 53 में इन्दौर में पढ़ने आया। और 53-54 दो वर्षों में एम.एस.एच.एस. की पत्रिका में मेरी रचनाएँ प्रकाशित हुईं—एक कविता, एक कहानी, एक प्रजातन्त्र और एक रवीन्द्रनाथ के बारे में आर्टिकल—और श्यामसुन्दर व्यास भैया, जो अभी आये थे और

मुझे छूकर गये उन्होंने वो छापीं। उसी 54 में आदरणीय शरद जोशी ने 'नयी दुनिया' में मेरी कविता प्रकाशित की। और उसके बाद 56-57 तक नवीन जी, माखनलाल जी, दिनकर जी को देखने-सुनने का मौक़ा मिला।

आज अगर कोई बड़ा साहित्यकार आ जाये तो उन्हें देखकर कोई बेचैन नहीं होगा, किसी को काँटे शायद नहीं उमचेंगे। तब उनको देखकर हम रोमांचित हो जाते थे और हमारा क़स्बाई, छोटे-छोटे होने का जो भावुकपन था, वो सब उसमें आ जाता था। इसी तरह से क्रिश्चियन कॉलेज में प्रोफ़ेसर ताराशंकर जी पाठक, डेविड साहब ने हमें पढ़ाया और इन्दौर की सीमाओं में एक एक्सपोज़र हमें मिलता रहा साहित्य जीवन और जगत का। किन्तु सबसे बड़ा वाक़या हुआ सन् 56 में सूचना संचालनालय नागपुर से जब यहाँ आ गया मध्य प्रदेश बनने के बाद और अनिल कुमार, मनमोहन मदारिया और वामन ठाकरे का ग्रुप यहाँ आया। उनकी वजह से मुक्तिबोध को मैंने जाना और मुक्तिबोध को जानना मेरे वास्ते जीवन की बड़ी घटना थी। जादू की छड़ी, सृजनात्मक और एक बेचैनी देने वाला पत्थर, एक घाव, एक छाया, ये तमाम चीज़ें एक साथ मुक्तिबोध से मुझे प्राप्त हुईं और सन् 57 में उनकी कविता सुनी। तब रेडियो घरों में तो थे नहीं। राजवाड़े से रेडियो का प्रसारण होता था। नागपुर केन्द्र से कवि-सम्मेलन आ रहा था। हमने दिमाग़ी गुहान्धकार का ओरांगउटांग कविता सुनी। मुक्तिबोध को सुनना एक अनुभव था।

मुझे जिनसे बहुत कुछ एकलव्य की तरह प्रेरणा मिली, वो दाजी साहब सौभाग्य से यहाँ हैं। 56 में क्रिश्चियन कॉलेज में पढ़ने के दौरान दाजी साहब के चुनाव में मैंने काम किया और होस्टल के कुछ युवा साथियों के साथ 20-30 छात्रों की टोली में हम प्रचार हेतु जाते थे। दाजी साहब विधानसभा का चुनाव लड़ रहे थे, तो हम सबने उसमें हिस्सा लिया। दाजी साहब की सभा होती थी छावनी में तो हम छावनी में भागकर आते और जब जनता चौक में होती थी तो एक सभा सुनने के बाद फिर जनता चौक में जाते। आवाज़ का जादू था। जिन दाजी साहब को हमने 42, 43, 44 में इन्दौर में देखा 8-10 आदमियों के साथ साइकिल पर झण्डा लिए हुए जा रहे थे। उन दाजी साहब के चुनाव जीतने के बाद जेल रोड पर यहाँ से वहाँ तक जनता पटी हुई थी और खिड़कियों-दरवाज़ों-छतों और बालकनियों से फूल बरस रहे थे।

यह वह आवाज़ थी, जिसने मुझे दृष्टि दी, विज़न दिया कि धरती की गन्ध को पहचानो, आदमी के पसीने और भूख के वास्ते बेचैन हो जाओ। इसको समझने के वास्ते वैदिक विचारों को पढ़ना आवश्यक नहीं था। आदमी को आदमी का चेहरा प्राप्त हो, उसकी गरिमा प्राप्त हो। इसको जानने के वास्ते उस पाखण्ड में, उस आडम्बर में जाने की ज़रूरत नहीं है, जिसका आज घटाटोप हमारे समाज में चारों

तरफ़ छा गया है। ये सभी हम उसी समय में सीख गये थे और बहुत अच्छा लगता था मेरे घर में जब मेरी माँ मुझे नास्तिक कहती थी कि–'मेरा ये बेटा नास्तिक है।' मुझे बहुत अच्छा लगता था।

1956 में 'मल्हार आश्रम' स्कूल में कवि-सम्मेलन में कविता पाठ करने के लिए 'मल्हार' बुलाया गया तो धन्य हो गये। 5 रुपये लिफ़ाफ़े में, जो प्रिंसिपल साहब थे उन्होंने दिये थे और उनकी बेटी हमारे साथ पढ़ती थी, क्रिश्चियन कॉलेज में फिलॉसफ़ी की कक्षा में साथ थी। उसकी वजह से नम गया। 57 में मेरी कविता 'ज्ञानोदय' और 'धर्मयुग' में छपी। सात रुपये का मनीऑर्डर आया। तभी समझ में आया कि कविता से पैसे भी मिलते हैं। वह भी एक बात थी, बहुत से लोग कहते कि तुम्हारी कविता पढ़ी, और तुम्हारा नाम छपा इससे ख़ुशी होती थी। लगता था कि अपन भी कुछ हैं। तब यह अहसास बड़ी बात थी। 60 के समय में एम.ए. फ़र्स्ट डिवीजन में आ जाने के बाद जब ये विक्रम यूनिवर्सिटी वग़ैरह बनी-बनी थी और एक्जाम आगरा यूनिवर्सिटी से होते थे। मैं क़रीब 10 महीने तक नौकरी में नहीं रहा। उसके पहले मैंने 'नयी दुनिया' में काम किया, 'जागरण' में काम किया, 'नवभारत' और 'इन्दौर समाचार' अख़बारों में काम किया और नौकरी छूटने के बाद मैं बहुत सन्तप्त था और ऐसा लगता था कि अपने को सुसाइड कर लेना चाहिए।

सुसाइड तो मैंने नहीं किया, पर सुसाइड करने के बारे में 'मेरे मरने के बाद' शीर्षक से एक कविता लिखी थी और उस कविता में बीच में दो पंक्तियाँ थीं कि–मेरे मरने के बाद बेचारे रामू पान वाले को दो सौ तीस रुपये दे देना, कष्टप्रद, कड़की के दिनों में बिन पैसे माँगे पान खिलाये हैं उसने मुझको–और ये भी था कि 'उसकी' तस्वीर मेरी कॉपी में है, उसके घर कोई चुपके से पहुँचा देना–यह पंक्तियाँ भी थीं। ये कविता मेरे बड़े भाई के हाथ में लग गयी। वो देखते रहते थे, उन्होंने यह कविता जाकर मेरी माँ को सुनायी और माँ ने जब सुनी यह मर जायेगा, पान वाले को पैसे नहीं देने से तो वो किस तरह रोयी, किस तरह से बेचैन हुई, वो मेरे वास्ते एक रोमांचक दृश्य था। मैंने मरने का इरादा तो उसी समय छोड़ दिया और मैं जान गया कविता बचाती है। यह मैं जान गया, किन्तु इससे बड़ी बात यह हुई कि माँ ने चुपके से दो सौ तीस रुपये जाकर रामू पान वाले के चुका दिये। अब बताइये! आप और क्या चाहते हैं एक कविता से? क्या-क्या चाहते हैं? यह मुझे कविता ने दिया।

और इसी इन्दौर में मैंने मराठी भाषी दोस्तों के साथ 1953 में 'अशोक' नाम की हस्तलिखित पत्रिका निकाली और साहित्य साधना मण्डल की स्थापना की। हम भागते फिरते थे इस कोने से उस कोने तक। उसके बारे में मेरा अनुभव है,

मैं आपको एक छोटी-सी कविता में सुनाऊँगा। इसके बाद यह बात समझ में आ गयी कि शब्दों का इस्तेमाल एक जवाबदेही, एक ज़िम्मेदारी का काम है और बिना उस ज़िम्मेदारी को महसूस किये हुए आप इस तरह से कुछ नहीं कर सकते। मतलब, मैंने एक कविता पढ़ी 55 में 'कृषक चाँद जवान है' तो मुझे कुछ चिट्ठियाँ आयी थीं—'वाह! क्या ख़ूब कृषक चाँद को जवान कह दिया और चाँद को किसान कह दिया।' प्रशंसाएँ भटका सकती हैं और बाज़ वक़्त आलोचना से अधिक नुकसानदेह हो सकती हैं, यह शुरुआती दिनों में समझ में आ जाना, आज तक मदद कर रहा है।

फिर मेरे 17 ट्रांसफर हुए, जिनमें से 3 कैन्सिल हुए और 14 जगहों पर मैं गया। इस इन्दौर में खम्बे की तरह गड़े होने के दृढ़ निश्चय को फिर मैंने छोड़ दिया कि जहाँ-जहाँ ऑर्डर होंगे वहाँ-वहाँ जाऊँगा और फिर जहाँ ट्रांसफर होते अपना सामान, बीवी-बच्चों को लेकर चल देता और पहुँच जाता। पन्ना गया, राजगढ़ गया, पिपरिया गया, नागदा गया, सब जगह गया। उज्जैन में 4 बार पोस्टिंग हुई मेरी। जब उज्जैन में गया तो वहाँ मैडमें कहतीं इन्दौर से कहाँ से आ गया। यहाँ 93 में रिटायर्ड होने के 3 वर्ष पहले जब मैंने होल्कर कॉलेज में ज्वाइन किया तो एक मैडम बोलीं—'ये उज्जैन वाला यहाँ क्यों आ गया।' एक प्रिंसिपल थीं उज्जैन में, उन्होंने तो यहाँ तक कहा कि 'यहाँ ये मरने के लिए क्यों आ गया।' तो ये सब था, जिसने मुझे अनुभव दिया था पूरे जनपद को देखने का। पत्थरों का राजगढ़, पहाड़ों का पिपरिया, मन्दिरों का निचाट मैदान पन्ना, बुन्देलखण्ड। ये सब चीज़ें और मुझे कई बार अभद्र विद्यार्थियों ने तंग किया। यहाँ तक कि आर्ट्स एंड कॉमर्स कॉलेज में मुझे पत्थर मारा गया। वो पत्थर आज भी मेरे पास सुरक्षित है। 35 साल पढ़ाने के बाद मिला पुरस्कार। यह भी एक स्मृति है।

जबकि एक अध्यापक के रूप में छात्र-छात्राओं का जो आत्मीय-प्रेम मिला वह किसी भी शिक्षक की तरह मेरी भी उपलब्धि है। शिक्षक जीवन प्रारम्भ करने से ही सुदीप बनर्जी जैसे विद्यार्थी प्रथम वर्ष की कक्षा में मिले। जिन्हें आज यहाँ होना था और इतने अच्छे विद्यार्थी की वजह से मैं अच्छा अध्यापक हुआ। वो 61 से 65 तक मेरे विद्यार्थी थे। ये चन्द्रकान्त पाटील जो यहाँ बैठे हुए हैं 72 से मेरे साथ हैं और मराठी के प्रसिद्ध कवि हैं, 72 से इनसे मेरा सम्बन्ध है। इनकी वजह से मराठी और हिन्दी में मेरी आवाजाही हुई और मराठी कविता और संस्कृति से मैं अत्यन्त समृद्ध हुआ। और इस सबके बाद भी मैं जानता हूँ कि हम अँधेरे में थे। वो जो अँधेरा था, वो भी अब हमारे पास नहीं है। जिसमें हम जुगनू की तरह चमक सकते। आज तो इतनी चकाचौंध है कि इसमें से जब आज हम अँधेरा ढूँढ़ते हैं और चमकने की कोशिश करते हैं तब भी हमारी चमक को कोई देखना, पढ़ना नहीं चाहता।

यह मैं अच्छी तरह से जानता हूँ 50 करोड़ हिन्दी भाषी लोगों के बीच एक लेखक की 500 किताबें छपती हैं और उनको भी कोई पढ़ता नहीं है और इसके पीछे जो सांस्कृतिक, सामाजिक, शोषण और व्यवस्था का, पूँजीवाद का, बाज़ार का, मीडिया का, राजनीति का वर्चस्व है, उसके बारे में कोई नहीं सोचता। बस, ये कहते हैं 75 प्रतिशत निरक्षर हैं। आँकड़े बताये जाते हैं। ये निरक्षर क्यों हैं, ये कोई नहीं बताता। ये बताया जाता है कि इस वर्ष में इतने बलात्कार हुए, इतनी हत्याएँ हुईं, इतनी स्त्रियों ने आत्मदाह किया, पर ये कोई नहीं बताता कि क्यों हुए और क्यों नहीं होना चाहिए और इसके पीछे किसका षड्यन्त्र है? कविता इन्हीं षड्यन्त्रों पर अपनी छोटी मोमबत्ती से रोशनी डालती है और लालटेन का काम करती है। जैसा कि मुक्तिबोध ने कहा था—ठीक लालटेन का काम।

इस तरह से कविता के घर में देखते-देखते 50-52 साल हो गये और अभी भी कविता लिखना बहुत कठिन लगता है, मौजूदा परिस्थितियों में कविता लिखना बहुत कठिन काम हो गया है। कुछ-न-कुछ कारण इसमें रहते हैं, वो कारण हैं और एक बेचैनी, एक असन्तोष—यह कि कविताएँ काम नहीं आ रही हैं। अपने प्रदेश के अन्दर हमारी प्रगतिशील संस्थाओं की गतिविधियों के तूफ़ान के बावजूद प्रगतिशील चेतना का ध्वज फहराता नहीं है। ये तमाम बातें इस तरह की हैं, जो आप सोचेंगे तो आप बेचैन हुए बिना रह नहीं सकते। यह एक निस्सहायता का समय है और यह सोचने की बात है कि कवि, साहित्यकार, बुद्धिजीवी, पत्रकार क्या कर सकते हैं? फिर जहाँ से आपको जितनी जगह मिलती है उतनी-सी जगह में आप क्या कर सकते हैं? यहाँ निर्मला भुराड़िया बैठी हुई हैं और वो 'नायिका' के एक पन्ने में हर सप्ताह 'नयी दुनिया' में एक छोटा-सा सम्पादकीय लिखती हैं। कभी-कभी और हर महीने में एक-दो बार अपनी पत्नी को देता हूँ कि ये निर्मला ने जो लिखा है, कमा इसको पढ़ो और इसे बहुत से लोगों को पढ़ना चाहिए। वो एक छोटे-से अख़बार में बैठी हुई हैं, एक छोटा-सा स्पेस है। उस स्पेस के अन्दर वो मोमबत्ती जलाने का काम कर रही हैं। यह काम हम सबके हैं और हम सब यह काम कर रहे हैं। जितना भी हमसे बनता है, हम कर रहे हैं।

आज इन्दौर में यह सब कहते हुए और इस तरह से सम्मानित होते हुए मुझे बहुत अपनापन लग रहा है। मैं आपके सामने इसके सिवा और क्या कह सकता हूँ। और रही दोहराने की बात तो हर आदमी 4-5 बात, उसकी ज़िन्दगी में ऐसी होती हैं जो 50 बार दोहराता है और 8-10 बात ऐसी होती हैं, जिन्हें वह पहले कह चुका होता है, किन्तु फिर उनको नये तरीक़े से कहकर अपने श्रोताओं को प्रभावित करता है और काम की 2-4 बात नहीं कह सकता है और वो ही 2-4 बातें मैं कह रहा हूँ।

हम देख रहे हैं भजन-कीर्तन सन्तों का, हम देख रहे हैं तहलका एक-दो, हम देख रहे हैं गवाहों के बयान और उनके हथकण्डे, हम देख रहे हैं शंकराचार्य आदि सच कहूँ इसमें भी नया कुछ नहीं है। यह सदियों से चलते हुए पाखण्ड का एक तेजस्वी और चकाचौंध में जगमगाता हुआ हिस्सा है। पाखण्ड नया नहीं है और इन्हीं चीज़ों के बीच हम नगाड़े के शोर में तूती की तरह बजते रहते हैं। हाशिये पर फेंके हुए लोग, जिनके वक्तव्यों के वास्ते अख़बार में चार लाइन की जगह नहीं होती।

राजेन्द्र यादव जी जिस तरह से संघर्ष कर रहे हैं और तथाकथित नैतिकता और पाखण्ड, शोषण, अन्याय और प्रतिक्रियावादी ताक़तों से दलितों का पक्ष, स्त्री का पक्ष वो जिस तरह से ले रहे हैं, वो एक बहुत बड़ा उदाहरण हमारे सामने हैं। वो आज यहाँ बैठे हैं और मुझे ख़ुशी है कि जो कुछ भी हुआ आपके सामने, उनके हाथों से। क्योंकि यह बात मैं अच्छी तरह से जानता हूँ कि सम्मान के छाते के नीचे एक तमतमाता हुआ बिच्छू बहुत ही शान्त और दयनीय हो जाता है, किन्तु यह सम्मान का छाता मेरे दोस्तों का और आत्मीयता का छाता है। केदारनाथ जी, अरुण कमल और स्वयं प्रकाश ने जब मुझे फ़ोन किया, जिस दिन तय हुआ तो मेरी छाती थोड़ी चौड़ी हुई। यह किसी वर्चस्व का छाता नहीं है, यह प्रेम और आत्मीयता का वितान है, जो आकाश हो गया, जिसके नीचे बैठकर बहुत ही विनम्रता के साथ, मैं अपने आपको प्रसन्न महसूस करता हूँ और मैं इसके लिए किसी को आभार नहीं दूँगा। यह मेरा हक दिया है। और सब जानते हैं कि मैंने कभी भी समीक्षकों का अतिरिक्त सम्मान नहीं किया। कमला प्रसाद जी को मैं जानता हूँ और मानता हूँ तो मेरे एक दोस्त और एक कार्यकर्ता और एक सोचने वाला आदमी और एक काम करने वाले कमाण्डर की तरह से।

तो मैं सोचता हूँ कि इस तरह से हम अपनी ज़िन्दगी के इस मुकाम तक आ गये हैं और इस इन्दौर का मुझ पर बहुत क़र्ज़ है। मैं अपनी एक कविता सुनाऊँगा, जिसमें मैं चाहता हूँ कि—मेरे होने का पेड़ किसी बरसात में, इसी की छाया में टूटे—यह मेरी तमन्ना है। आप सबने इतने प्रेम से सुना और इतना प्रतिसाद दिया। आप सबका बहुत-बहुत धन्यवाद।

एक कवि को कभी-न-कभी क्षमा माँगनी होती है

'सम्मान के छाते के नीचे एक तमतमाने वाला बिच्छू कितना शान्त और दयनीय दिखाई देता है।' यह मेरी ही कविता की प्रथम पंक्ति है। जो किसी अन्य नहीं ख़ुद के सन्दर्भ में है। किन्तु आज शाम अपने ही परिवार में सम्मान के इस आकाश के नीचे मुझे किसी भी तरह की असुविधा महसूस नहीं हो रही है। मुझे लगता है, आधी सदी पहले बचपन में मेरा जो शब्दों से रिश्ता बना था, साथियों द्वारा उसकी यह स्वीकृति है कि ठीक-ठाक रहा तुम्हारा काम और ऐसा सृजनात्मक और होने का सन्तोष अपने एक ही जीवन में बहुत कम बार मिल पाता है। मेरे जीवन के ऐसे दो-तीन मौक़ों में यह एक है।

फिर भी आप सबकी मौजूदगी में मुझे वक्तव्यनुमा कुछ कहना होगा, वह भी लिखित रूप में इस कारण मैं काफ़ी परेशान रहा हूँ। सोचकर कि मेरे पास क्या है ऐसा ख़ास कुछ कहने को जिसे मुझसे बेहतर ढंग से आप सब नहीं जानते।

भाई ज्ञानरंजन ने पहल सम्मान की सूचना के प्रथम बधाई पत्र में लिखा था जैसा कि परीक्षा के प्रश्न-पत्रों में होता है—प्रश्न एक अनिवार्य है, शेष कोई भी चार कीजिए—तो ज्ञान ने लिखा था, पत्नी 'श्रीमती देवताले को साथ लाना अनिवार्य है।' और कहने की आवश्यकता नहीं कि यह नानाविध बहुत कठिन प्रश्न था। अब पत्नी को भी पता था कि मुझे एक नोट तैयार करना है तो जैसे ही पाँच-सात दिन बचे, वह टोकने लगी। 'हो गया तैयार! नहीं तो मेरी भी हँसी उड़ेगी।' इससे मैं और अधिक दिक्कत में आ गया। 'नीबू माँग कर' शीर्षक वाली अपनी कविता में मैंने बताया है कि इन्दौर में एक सुबह अड़ोस-पड़ोस में नीबू माँगने गया—सब जगह से 'नहीं है' का टके-सा जवाब मिला और जब यह वाक़या उज्जैन फ़ोन कर कमा को बताया तो उसने कहा, 'तुम्हें पहले ही समझा दिया था कि वहाँ माँगा-टुँगी का रिवाज नहीं है। अब तुमने इन्दौर में नीबू माँगकर यहाँ उज्जैन में मेरी नाक कटवा दी।' तो अब वह यहाँ उपस्थित है। पता नहीं आज कैसे क्या हो?

बेहद अव्यवस्थित और अस्त-व्यस्त होते भी कोई व्यक्ति कुछ-न-कुछ करता रहता है। मैं भी ऐसा ही एक—रचनाकार के पास हमेशा कहने को कुछ होता ही है। यह ख़ुद के बारे में भी हो सकता है जैसा कि तुकाराम ने कहा—"अपने ही से बातचीत होती है। अपने से ही अपनी बहस।" और यह वैसा भी है जैसा आक्तोवियो पाज़ ने कहा था कि, ''एक सच्चा कवि अपने आपसे बात करते हुए दूसरों से भी संवाद कर रहा होता है।'' कुछ इसी तरह टुकड़ों-टुकड़ों में मैं अपनी बात कह पाऊँ शायद। और बात से तादयूश रोज़ेविच याद आये—उनकी कविता 'कवि एक ही भाषा में बात करता है' चाहे बच्चा हो, घुसपैठिया, राजनीतिक या धर्माचार्य। बच्चा मुस्कराता है, धर्माचार्य ख़ौफ़ खाता है। और मैं इसमें यह जोड़ता हूँ कि कवि हमेशा एक ही भाषा में बात करता है चाहे वह कविता के बाहर ही बात क्यूँ न कर रहा हो। यहाँ मुझे यह बताने की इच्छा हो रही है जो मेरे साथ हमेशा घटता, जब मैं अपने साहित्य-समाज के उत्सव-आयोजन में वक्तव्य इत्यादि देता, अपनी बात कहता, तो सभा विसर्जित होने के बाद दोस्त मुझसे कहते 'चन्द्रकान्त, तुमने ठीक एक कवि की तरह अपनी बात कही—मज़ा आ गया।' मुझे भीतर ही भीतर यह सोच कर हँसी आती कि शायद ये ऐसा तो नहीं कह रहे हैं, विद्वत्तापूर्ण नहीं था तुम्हारा वक्तव्य। कोई कहता—'अच्छे आवेश में थे।' सोचता आवेश कैसे अच्छा हुआ—तभी भीतर मुक्तिबोध बुदबुदाते, 'आवेश को क्यों काटना चाहते हैं?'

पचास वर्ष हो गये कविता के घर में रहते हुए, जिसमें कई बार भाषा के साथ जन्म लेना और मरना हुआ। स्थितियों-घटना प्रवाहों का दर्शक भर नहीं रहने दिया कविता ने, खींच कर उनके बीच पहुँचाया। चाहे वह पानी की सीढ़ियों पर प्रतीक्षा हो या फ़ितना-फ़साद में चीख़ों का बवण्डर। कविता में कवि क्या कह या दे पाया इसे मैंने इस तरह उलट भी महसूस किया कि अपनी कविता के कारण कवि कितना समृद्ध और तहस-नहस हुआ। इस तरह सोचते हुए मुझे मुक्तिबोध बार-बार याद आते।

'खटाक से खुलते चाकू' की तरह मेरे साथ कुछ होता मैं भाषा में जगह ढूँढ़ने लगता। कविता ख़ुद अपना पता बता देती है कि वह कहाँ से आयी है। पर मैं वह कैसे रची गयी शायद एक ही कविता के बारे में बता पाया। यद्यपि उसमें भी पश्चात् बुद्धि और पश्चात्खोज कम नहीं है। कुछ कविता मैं नहीं लिख पाया। एक कविता मैं विगत बीस वर्षों से लिखने के लिए छटपटाता रहा हूँ। कुछ नहीं, बीसियों बार पढ़ी वही छोटी-सी ख़बर—एक अधेड़ उम्र औरत ने अपने तीन बच्चों को ज़हर देकर आत्महत्या कर ली। मैं अपने ढंग से सोचता रहता हूँ। शायद यूँ अंजाम दिया होगा माँ ने। पर कविता नहीं पा सका।

जो सच लगता है वह कहने से कवि को कोई नहीं रोक सकता है। वह सृजन के क्षणों में नितान्त अकेला होता है। अपने कहे के लिए बहुत कुछ को दाँव पर लगाने के लिए तैयार। रघुवीर जी की पंक्ति याद आती है—''कविता न होगी साहस न होगा।'' कई बार तो कविता ख़ुद चुनौती देती है और कवि को उसकी जगह बता देती है। यदि उसके भीतर का कायर नहीं टूटता। ख़ून-पसीना बहाकर रोटी हासिल होती है, यह समझना जितना आसान है उतना ही कठिन है यह जानना कि कविता क्या देकर हासिल होती है। कोई भी कवि इसके ब्यौरों में न जाकर चुप रह जायेगा। उसकी चुप्पी वाज़िब होगी क्योंकि कविता ही को सब कुछ कहना है। वही गवाही देती है, भेद उगलती है और बताती है किस धातु से बना है कवि। मुक्तिबोध, रघुवीर सहाय और परसाई जी इस माने में मेरे लिए बहुत अर्थ रखते हैं कि मुझे उनसे हिदायतें मिलती रहती हैं। मुझे पता है, मैं उनके पासंग में भी नहीं। पर इससे कोई फ़र्क़ नहीं पड़ता।

यहाँ एकाएक मुझे अपनी माँ याद आ रही हैं बीचोबीच मुझे बचाती हुई। कविता के कारण माँ ने बचाया। प्रसंग 1960 का है। मैं हिन्दी एम.ए. प्रथम श्रेणी (प्रावीण्य सूची में स्थान) इत्यादि हो चुका था और आठ-दस महीनों से बेकार भटक रहा था। और भी वजहें थीं कि आत्महत्या की बात बार-बार मन में आती। इसी इरादे को अंजाम देने के पहले मैंने एक कविता लिखी 'मेरे मरने के बाद'। उसमें यह भी था कि 'रामू पान वाले के दो सौ तीस रुपये चुका देना कैसे भी/बेचारे ने बिन पैसे माँगे बेकारी के ध्वस्त दिनों में/पान खिलाये हैं मुझको।' कविता मेरे बड़े भाई के हाथ लग गयी और उन्होंने माँ को सुना दी। माँ बहुत रोयी-धोयी और चुपचाप पान वाले का हिसाब चुकता करके आ गयी। इस तरह सन्तप्त माँ को देखने के बाद कोई कैसे मर सकता था। तो कविता के कारण बचा और ऋण-मुक्त भी हुआ। इसी तरह 81 की घटना है। एक छात्रा ने कहा, आपने जो इतने कवियों के कविता संग्रह पढ़ने को दिये—बार-बार पढ़ती रही और अब जीना चाहती हूँ।

ऐसे प्रसंगों ने कविता के प्रति इस विश्वास को पुख़्ता किया कि कविता हमें बचाती है। मुझे ऐसे भी महापुरुष मिले जिन्होंने कहा—'चन्द्रकान्त गद्य पर हाथ साफ़ करो। कविता-वविता से कोई नहीं पूछेगा। उपन्यास से मान्यता मिलेगी' इत्यादि, पर तभी मैंने उनसे कहा था पूछने-पुछवाने के लिए नहीं चुना है मैंने यह कठिन रास्ता कविता का। लिखने के, अपने जीने के तरीक़े को मैंने कभी काम या प्रोजेक्ट की तरह ग्रहण नहीं किया। इसलिए मुझे अपने महत्त्वपूर्ण समकालीन लेखकों के बीच कभी दुविधा नहीं हुई। परस्पर तुलना करना दिलचस्प होता होगा,

पर मुझे कभी यह आवश्यक प्रतीत नहीं हुआ। मैं जीवन और अपने आस-पास की दुनिया से जिस तरह प्रेम करता हूँ और उसे रहने योग्य सुन्दर बनाये रखने की जो बेचैनी महसूस करता हूँ, मेरी कविताएँ यदि उसे ठीक से प्रकट करती हैं तो मेरा काम हो गया। जब मैं पाँच वर्ष का था, टाइफाइड के कारण गूँगा हो गया था। करीब छह महीने मेरी आवाज़ नहीं फूटी और फिर आहिस्ता-आहिस्ता मुझे आवाज़ मिली। दस वर्षों तक तो मेरे उच्चारण अत्यन्त अस्पष्ट थे। अभी भी हैं। पर इससे मुझे आवाज़ का महत्त्व समझ में आया। कविता भी मेरे लिए भीतर की आवाज़ है, अपनी ही नहीं, दूसरों की भी जो मैं अपने भीतर से सुनता हूँ। मैं, जैसा जो कुछ हूँ इसी आवाज़ के कारण हूँ। जहाँ कुछ भी कहना असम्भव हो जाता है वहाँ भी कविता ही कहती है और कभी झूठ नहीं कहती। और इस तरह ज़िन्दगी की जद्दोजहद में जीवित रखती है। धमनभट्ठी की तरह जो आग को बुझने नहीं देती। और 'नहीं' कहने की हिम्मत देती है।

कई बार होता है, महीनों कुछ नहीं सुनाई देता, एक शब्द तक नहीं उमचता। प्रतीक्षा करके थक जाते हैं।

मेरे भीतर नदी में डुबकियाँ लगाता—रेत-कंकड़-मिट्टी से खेलता एक बच्चा हमेशा रहता आया है—वह मुझे विशिष्ट-वरिष्ठ, बुज़ुर्ग इत्यादि होने का मौक़ा ही नहीं देता। औरंगाबाद विश्वविद्यालय के अंग्रेज़ी के प्रोफ़ेसर और मराठी के समीक्षक रवीन्द्र किम्बहुने ने मेरी कविताओं को पढ़ने के दौरान मुझसे कहा था—तुम्हारे भीतर स्त्री का भी वास है। सुनकर मैं चौंक गया था। और इस बात ने मुझे इस तरह से कुछ कवियों के बारे में सोचने का अवसर दिया, जिनमें मैं अपने रघुवीर सहाय को चिह्नित कर पाया।

अपने बारे में कुछ ज़्यादा कह गया हूँ। पर यह सिर्फ़ मेरे बारे में ही नहीं है। यह मौक़ा साथियों ने ही दिया है और इसके पहले ऐसा कोई अवसर मुझे ज़िन्दगी में नहीं मिला, जिसमें कोई विषय न दिया गया हो। इतनी आज़ादी हो। कई चीज़ें याद आ रही हैं। '52 में लिखी मेरी पहली कविता जो नर्मदा में नहाते भीग गयी थी। '53 में हाईस्कूल पत्रिका में मेरी पहली छपी कविता 'मज़दूर', जिसकी प्रेरणा निराला जी की 'भिखारी' कविता से मिली थी। '54 में 'नयी दुनिया' में प्रकाशित कविता। और सियारामशरण गुप्त रचित 'एक फूल की चाह' मेरी प्रिय कविता जिसे बार-बार पढ़ता था। '57 में 'ज्ञानोदय' और 'धर्मयुग' में कविता छपने पर बम्बई से आया आशीष पठाता वीरेन्द्र कुमार जैन का पोस्टकार्ड। 'ज्ञानोदय' से आया सात रुपये का मनीऑर्डर। विष्णु खरे का 1962 में आया ख़त 'तुममें मेजर कवि की सम्भावना दिखाई दे रही है।'

दूसरे विश्व युद्ध के मन्दी के दिन मैं कभी नहीं भूल पाता। बड़ी फ़ज़र माँ जगा देती और राशन की क़तार में खड़ा होना पड़ता। सात-आठ वर्ष की उम्र में एक तरह से स्वतन्त्रता संग्राम में भी शामिल रहा। प्रजामण्डल के पोस्टर चिपकाना, पाठशाला में बन्द के लिए घण्टी बजा भाग जाना और सेंट्रल जेल इन्दौर में अपने गिरफ़्तार सबसे बड़े भाई और उसके 5 साथियों के लिए तीज-त्योहार पर माँ या दूसरे बड़े भाई के साथ खाना लेकर जाना। फिर क्रिश्चियन कॉलेज में पढ़ने के दौरान कॉमरेड होमी दाजी के विधानसभा और संसद चुनावों में दोस्तों सहित प्रचार के काम में जुट जाना। इसी बीच '57 के आसपास मुक्तिबोध को आकाशवाणी से सुनने और उनके बारे में जानने का अवसर मिला। शायद यही वह सब कुछ था जिसके कारण विचारधारा और प्रतिबद्धता मेरे सोच का अटूट हिस्सा हुई। किन्तु बेहद दिलचस्प है कि अर्से तक मेरी कविता का पैदाइशी चिह्न 'अकविता' ही बताया गया। और हाँ, मध्य प्रदेश में छोटी पत्रिकाओं का आन्दोलन। मेरे पन्द्रह स्थानान्तरण छोटी-छोटी जगहों पर और वहाँ से भी पत्रिकाएँ। वसुधा, पहल, इसलिए, तनाव, आवेग, त्रिज्या, अन्ततः, वयम, आकण्ठ, ज़मीन, ओरांगउटांग इत्यादि और इनमें कइयों से जुड़ा रहा। पटना का 1970 वाला युवा लेखक सम्मेलन। और दो दशकों तक संस्कृति विभाग और भारत भवन की गतिविधियाँ, जिनके चलते देश और दुनिया भर के कवियों-रचनाकारों के संवाद में शरीक होते प्रसंग आते रहे। जब प्रथम बार शमशेर, त्रिलोचन सहित अपने कुछ बड़े लेखकों को देखा तो रोमांच हो आया। पास बैठे लेखक मित्र ने कहा, ऐसा क़स्बाई मानसिकता के कारण हो रहा है। शायद सच ही कहा होगा। यही कारण रहा होगा कि मैंने सपने देखे—पाइंटमैन, फिर जासूस और फिर पत्रकार बनने की ख़्वाहिश रही। नहीं बन सका। पर शायद कविता में कहीं-न-कहीं इन तीनों की भूमिका सध जाती है।

अब मुझे ट्रैक पर आ ही जाना चाहिए। अपने समय के ख़ास मुद्दों पर संक्षेप में अन्तिम दो-तीन बातें। संक्षेप में इसलिए कि ये प्रश्न दिन-रात हमें मथ रहे हैं। बेचैन किये हैं। नागरिक, मनुष्य और कवि तीनों के नाते हम जवाबदेह हैं। एक लेखक को कठघरे में खड़ा होना ही पड़ता है, वह हम अच्छी तरह समझ चुके हैं। और हमारा समय नये साम्राज्यवाद के बाज़ार और हिन्दुत्ववादी फ़ासिज़्म के दो कठिन पाटों के बीच का है।

दस बरस पहले हुए अयोध्या काण्ड के बाद पिछले बरस जो कुछ गुजरात में हुआ उसने 'संस्कृति के मुख पर मनुष्यों की अस्थियों की राख' पोत दी है। यह 'चाँद का मुँह टेढ़ा है' कविता में मुक्तिबोध की पंक्ति है। यह वक़्त समूचे देश के रचनाकारों की एकजुट आवाज़ की दरकार का है जो फ़ासिज़्म के विरुद्ध है।

सिर्फ़ देश ही क्यों, दीगर देशों के लेखकों को भी इस चिन्ता में शरीक किया जाना चाहिए। क्योंकि अपना चौथा खम्बा उद्योग बन चुका है। भयानक ख़बर कभी की पहुँच चुकी है। राजनेताओं, उनके विचार-शून्य सहायक संगठनों और धार्मिक पण्डों ने भाषा को तहस-नहस करते हुए भारतीय जनता विशेषकर मध्यमवर्ग को अपने मोहपाश में जकड़ लिया है। ख़बरें धमकियाँ देते हुए छप रही हैं। ख़बरों और विज्ञापनों में फ़र्क़ करना आसान नहीं बचा है। रचनाकारों और साझा-संस्कृति के ताने-बाने में यक़ीन रखने वालों को सार्वजनिक प्रतिरोध के लिए तैयार होना पड़ेगा। हम इस समय के, जो एक बड़े मुक़दमे की तरह है, गवाह हैं और यह चुनौती है कि हम घटनाक्रम में सम्मिलित होकर अपना पक्ष प्रकट करें। फटे में पाँव डालने और मौजूदा स्थितियों से सिर फोड़ने के लिए हम अभिशप्त हैं।

विपन्नता और निरक्षरता की विकट युद्ध जैसी स्थिति पर धर्म, बाज़ार और प्रसार-माध्यम जिस चमक-दमक के साथ परदा डालने का अपराध कर रहे हैं, वह भी कम ख़तरनाक नहीं है। इमर्जेन्सी से भयानक इस अघोषित इमर्जेन्सी में यह और भी दुखद है कि लेखक संगठनों से सहयोग करने की जगह कई लेखक उन पर लगभग तोगड़िया की भाषा में प्रहार कर रहे हैं।

यह प्रश्न जो बड़ी मासूमियत से पूछा जाता है कि 'क्या कोई साहित्यकार मनुष्य विरोधी हो सकता है' अब बेमानी हो चुका है। मैं कहता हूँ 'हाँ, हो सकता है' मनुष्य समर्थक दिखना एक बात है, और हत्यारों के ख़िलाफ़ होना दूसरी। यदि कोई दूसरा पक्ष नहीं लेता तो पहला पक्ष पाखण्ड है। संकीर्णतावादी शक्तियों से जुड़ने पर मनुष्यता की मातृभाषा किस तरह सन्दिग्ध और घातक हो सकती है, उसके प्रमाण हमारे सामने हैं। किन्तु इन स्याह दिनों में भी जितना प्रखर और एकजुट प्रतिरोध और हस्तक्षेप हमने किया है, उसे कमतर नहीं कहा जा सकता। ऐसे वरिष्ठों और युवा तथा युवतर रचनाकारों की उपस्थिति परस्पर राहत और साहस देती है।

यहाँ यह प्रश्न सभी को कचोटता होगा कि करोड़ों के हिन्दी समाज के बावजूद हमारी रचनाओं के पाठकों-श्रोताओं का कोई चेहरा हमारे सामने नहीं आता। तो क्या हम जीवन को बचाने वाली रचना के स्रष्टा समझने की एकतरफ़ा ख़ुशफ़हमी में क़ैद हैं और आपस में इकट्ठे होकर इसी ख़ुशफ़हमी को आत्ममुग्धता का तिहाड़ बना देते हैं? और यदि ऐसा नहीं है तो जहाँ जितना जैसे सम्भव हो सके, हमें प्रतिरोध और हस्तक्षेप करने वाली शक्तियों के साथ होना चाहिए।

शायद मैंने कुछ अधिक ही कह दिया है। मैं और मेरी पत्नी अपने आत्मीय जनों के बीच आज की शाम के बारे में कई दिनों से सोचते रहे हैं, जो भाई ज्ञान और अपने पहल परिवार के कारण सम्भव हुई। मैं हृदय से आभारी हूँ, उस हृदय से

जिसकी मरम्मत होनी है, और जिसे सबके साथ अपने क़ीमती असबाबों को बचाने के काम में जुटे रहना है। यह सम्मान जीवन और शब्दों से मेरे रिश्ते के कारण मुझे मिला है। मैं अमूर्तन करते हुए उसे भाषा, सृजन आदि का सम्मान नहीं कहूँगा।

अन्त में यह बताने से रोक नहीं पा रहा कि "मैं सब कुछ नहीं जानता/और यह जानना मुझमें अनन्त स्फूर्ति भर देता है" और यह कि आग और ग़ुस्से ने मेरा साथ अभी तक भी नहीं छोड़ा। सम्भव है मेरी बातें जो मेरे लिए बेहद महत्त्वपूर्ण थीं और हैं, आपको अत्यन्त साधारण प्रतीत हुई हों तो उसके लिए माफ़ी माँगता हूँ। एक कवि को कभी-न-कभी क्षमा माँगनी ही होती है।

आत्मीयों का सान्निध्य

साहित्यधरा के दिग्गजों को इस धरा पर देखा-सुना

अपने अंकुरित होने की वय में अपने शहर इन्दौर ने यह सौभाग्य दिया कि मूर्धन्य बड़े साहित्य स्रष्टाओं को देख और सुन पाया। बड़े साहित्यकार तो आज भी आते-जाते हैं, किन्तु जिनका ज़िक्र कर रहा उनके बड़प्पन का मिज़ाज कुछ और ही था। फिर चाहे वे मंच के कवि हों या अन्य। देखने के बजाय अधिक उपयुक्त होगा कहना दर्शन का सौभाग्य। यह हमारी उस समय की भावदशा थी। सुनते भी थे बड़े ध्यान से इसकी परवाह नहीं रहती कि कितना समझ में आ रहा है। एक झाँकी जैसी ही है स्मृतियों के संग्रहालय में धड़कती-बोलती झाँकी। साहित्यिक हलचलों का केन्द्र तो कैसे कह पाऊँ, पर धर्मशाला तो था ही। बड़े-बड़े साहित्यकार आते कुछ समय या कुछ दिन रहते और यादें-प्रभाव छोड़ चले जाते। छूँछा तुतुम्बा नहीं थीं ये हलचलें क्योंकि होने के पहले और बाद में, अख़बार में जगह पाने की उत्सव-आयोजन-प्रचारधर्मी बेकली का आज जैसा समय नहीं था तब।

तारीख़-वर्ष-माह तो याद नहीं, यह भी कि बेसिलसिलेवार हो सकता है, पर मैं कोई इतिहास-लेखन या डाक्यूमेंटेशन भी तो नहीं कर रहा।

तो ये लोड के सहारे बैठे हैं दद्दा यानी राष्ट्रकवि मैथिलीशरण गुप्त। जहाँ तक याद आ रहा वे सावित्री कला मन्दिर के किसी कार्यक्रम में आये थे। सीतामऊ के रघुवीर सिंह भी उपस्थित थे। गाँधीजी का 'हिन्द-स्वराज' और दद्दा की 'भारत-भारती' लगभग एक ही कालखण्ड की छोटी किन्तु बेहद महत्त्वपूर्ण पुस्तकें प्रमाणित हुईं। बहुत धीरे-धीरे दद्दा ने अपने विचार प्रकट किये। उनके आटोग्राफ भी लिए। भारतेन्दु की 'भारत-दुर्दशा देखी न जाई' और गुप्तजी की 'हम क्या थे, क्या हो गये और क्या होंगे अभी' पंक्तियाँ आज के हालत में कचोट रही हैं।

गाँधी भवन (यशवन्त रोड) के किसी आयोजन में 'एक भारतीय आत्मा' माखनलाल चतुर्वेदी को न सिर्फ़ देखा वरन् उनके प्रखर प्रेरक भाषण को सुनना एक यादगार अनुभव रहा। आवाज़ और भावों-विचारों का मिलाजुला जादू। आज अव्वल तो किशोरों-छात्रों में ऐसी बातें सुनने की दिलचस्पी ही नहीं,

फिर घेरघार कर निगरानी रखते बैठा दिये जाते हैं तो उनका मन कहीं और दौड़ता। अपवाद अवश्य हो सकते हैं।

साहित्य सम्मेलन की विशारद-साहित्यरत्न की परीक्षा के लिए गाँधी और मालव विद्यापीठ में सान्ध्यकालीन कक्षाओं में युवा और वयस्कों तक की बड़ी संख्या रहती। हाईस्कूल तक विशारद कर लेने के कारण यह तो थोड़ा-बोध हो जाता था कि जिसे देख-सुन रहे उसका क़द क्या है साहित्य-समाज में। वहीं दिसम्बर में व्याख्यानमाला में प्रख्यात समीक्षक रामविलास शर्मा को देखा-सुना और उन्होंने हम छात्रों को सुबोध-शैली में निराला के व्यक्तित्व और उनकी कविता के बारे में जो बताया निराला के हम जैसे भक्त हो गये।

ऐसे ही खजूरी बाज़ार में मैंने तीन-चार बार प्रख्यात उपन्यासकार इलाचन्द्र जोशी को देखा। देख पा रहा उनका लम्बा हरा कुर्ता-पाजामा, ऊँचा क़द और पीछे झूलती चोटी। वे मोरसली गली से निकलते और राजवाड़े की तरफ़ पैदल जाते। तब वे इन्दौर आकाशवाणी में पदस्थ थे। किसी ने बताया था वे भाँग पीने-रबड़ी खाने इधर आते हैं। मैं राजवाड़े तक उनके पीछे-पीछे जाता और फिर लौट आता। आकाशवाणी में आये कर्तारसिंह दुग्गल (प्रख्यात पंजाबी कथाकार), सर्वेश्वर दयाल सक्सेना से भी भेंट हुई थी।

एक और विगलित और मुग्ध करने वाला प्रसंग रहा बालकृष्ण शर्मा 'नवीन' जी का। महात्मा गाँधी मार्ग के इन्द्र भवन में वे सुमन जी के साथ एक गोष्ठी हेतु आये थे। उनको सुनना भी अभूतपूर्व अनुभव था। किन्तु इससे अधिक मार्मिक प्रसंग यह घट गया कि अपने महबूब से सुमन जी ने कविता पढ़वायी। भारतीय पद्धति की बैठक व्यवस्था थी। महबूब की कविता जब समाप्त हुई और दो पैसे न होने से माँ का कफ़न न आया...जैसी पंक्तियों से द्रवित नवीन जी की आँखों में आँसू भर आये और आगे खिसककर उन्होंने महबूब के पैरों पर अपना सिर रख दिया। ऐसे सहज भाव-प्रवण थे हमारे बड़े कवि।

गुप्त जी, भारतीय आत्मा, नवीन जी के साथ ही आज़ादी की लड़ाई के दौरान संघर्ष से आये कवि रामधारी सिंह 'दिनकर' के दर्शन 1957 में हुए। इन सबके अपने-अपने व्यक्तित्व तो हैं ही, इनकी आवाज़ें मनुष्य की गरिमा और स्वतन्त्रता के हथियार की तरह मौजूद हैं। हाँ! सुनने वाले दिल और कान गिनती के बचे हैं।

मुझे दिनकर जी के प्रेरक स्पर्श का अनुभव उस गोष्ठी में हुआ जो स्व. नगेन्द्र आज़ाद ने मोती तबेला ज़िला कार्यालय परिसर में हरिजन सेवक संघ के कक्ष में आयोजित की थी। तब के शिक्षामन्त्री मनोहरसिंह मेहता, मन्त्री सज्जनसिंह विश्नार और हमारे प्रेरक शिखरचन्द जैन भी उपस्थित थे। नगेन्द्र जी ने मुझे कविता सुनाने

को कहा तो बेहद संकोच के साथ मैंने अपनी जगह से कविता 'स्नेह का दीप' सुनाना प्रारम्भ किया। चार पंक्तियाँ सुनने पर उन्होंने साधुवाद दिया और मुझे अपनी जगह से मिट्टी के गणेश की तरह उठाकर लोड पर बैठा दिया, फिर बाजू खिसक पूरे ध्यान से कविता सुनी और अन्त में मेरी पीठ पर हाथ रखा। मुझे तो जैसे आकाश मिल गया। भूल नहीं पाता जब भी उनका स्मरण-प्रसंग या नाम याद आता। यह आत्मप्रशंसा नहीं, केवल मेरी भाव-दशा की स्मृति है।

साहित्य-समिति कक्ष में बड़े कथाकार जैनेन्द्र के दर्शन और उन्हें सुनना भी दुर्लभ अनुभव था। भारतीय आत्मा से एकदम अलग जैसे गाँधी को सुन रहे हों। पर जैनेन्द्र के वाक्यों का तेवर दार्शनिक और तार्किक था। उनके विचारों को ग्रहण करना भी आसान नहीं था।

बहुत कुछ छूट गया हो शायद। पर आख़िर में यह बताने का लोभ संवरण नहीं कर पा रहा कि गरिमाशाली कवि-सम्मेलनों की परम्परा में हमें 1961 तक वाले समय में मंच पर बड़े-बड़े यशस्वी कवियों को सुनने का मौक़ा मिला। इनमें सर्वश्री नरेश मेहता, गिरिजाकुमार माथुर, वीरेन्द्रकुमार जैन, भवानीप्रसाद मिश्र, वीरेन्द्र मिश्र, नीरज, मुकुटबिहारी सरोज तथा अन्य हैं। अन्तिम प्रसंग आकाशवाणी की एक कवि गोष्ठी (आमन्त्रित श्रोताओं के मध्य) का, जिसकी अध्यक्षता तब के शिक्षामन्त्री शंकरदयाल शर्मा कर रहे थे। उसमें मैं भी शरीक था और जब युवा कवि कैलाश वाजपेयी ने 'स्वतन्त्रता' कविता पढ़ना प्रारम्भ किया और एक पंक्ति आयी 'चट्टान की तरह गिरी स्वतन्त्रता' तो मन्त्री जी बीच ही में तपाक से मंच से उतर चले गये थे। अभी इतना ही। तेज़ बारिश के कारण यादों की टोकरी से उतरते यहीं रुककर अपने को भीगने से बचा रहा।

अज्ञेय के साथ अन्तिम दिन

28, 29 और 30 मार्च को भारत भवन, भोपाल में अज्ञेय की उपस्थिति कई कारणों से ध्यान आकर्षित कर रही थी। वे भारतीय आधुनिक कविता के प्रथम कवि और विचारक होने को ही नहीं बल्कि सृजन और चिन्तन में जुटे जीवन्त रचनाकार होने को निरन्तर प्रमाणित कर रहे थे। यह इसलिए कि उम्र के इस मोड़ पर और विपुल सृजन के बाद भी थकान का कोई चिह्न न उनकी देह पर था न उनके विचारों में। प्रायः इस अवस्था में सम्मानोन्मुखी विश्रान्ति का भाव आ जाता है। इसके विपरीत वे ऐसे कवि लग रहे थे जो कविता को अपना युवा रक्त देता है और बदले में कविता जिसे युवा बनाये रखती है। देश की लगभग सभी भाषाओं के क़रीब 50 कवियों के बीच वे एकदम अलग और अप्रतिम लग रहे थे। बहुत सरल-सहज और बीच-बीच में जिज्ञासा भरे भी। पर विचार प्रकट करते वक़्त बेहद नपे-तुले और दृढ़। यह मैं इसलिए नहीं लिख रहा कि मैं यहाँ उनका शब्द-चित्र प्रस्तुत करने की असफल कोशिश कर रहा हूँ बल्कि इसलिए कि उपस्थित अज्ञेय अनुपस्थित अज्ञेय सम्बन्धी अनेक भ्रान्त धारणाओं का निरन्तर खण्डन कर रहे थे।

भोपाल से लौटकर 31 मार्च की हुई स्कूटर दुर्घटना के कारण मैं कई दिन बिस्तर पर रहा और इस बीच अनेक मित्रों से, जिन्होंने भारतीय कवियों की पहली त्रैवार्षिकी के बारे में कुछ जानना चाहा, मैंने जो कुछ कहा उसमें यह बात अवश्य शामिल थी कि सभी भारतीय कवियों के बीच अज्ञेय को देखना-सुनना एक अलग अनुभव था। वे पूरी सहजता और उतनी ही गरिमा के साथ वाग्देवी के सच्चे उपासक और राष्ट्रभाषा के ज्येष्ठ प्रतिनिधि कवि लग रहे थे।

और चार तारीख़ को देर रात मैंने जाना अज्ञेय नहीं रहे। यह लगभग अविश्वसनीय लगा। पर आख़िर इस क्षुब्ध कर देने वाली ख़बर पर यक़ीन करना ही पड़ा। बाद में उस दिन के उनके नीम के पेड़ पर बने कक्ष का कविता-पाठ द्वारा उद्घाटन आदि का सुनकर मन बहुत डूबता रहा। और पिछले तीन दिनों की स्मृतियाँ-छबियाँ कौंधती रहीं लगातार। रिल्के की इस बात को अज्ञेय अच्छी तरह जानते होंगे—'एवरीवन कैरीज़

हिज़ डेथ विदिन हिमसेल्फ़' और यह भी कि एक रचनाकार के लिए मृत्यु का अर्थ अन्य जनों से सदैव भिन्न रहता है क्योंकि मृत्यु-बोध से वह निरन्तर जीवन के सत्य और अपनी सृष्टि के रूपाकारों को प्राप्त करता रहता है। फिर भी अज्ञेय के प्रसंग में मुझे अपनी उस कविता की ये अन्तिम पंक्तियाँ बार-बार याद आती रहीं जिसे मैंने 30 मार्च को 'कवि-भारती' में सुनाया था—'जल्दी की गयी और थोड़ी ज़्यादती भी/सात नवम्बर को तो मुझे मरना ही था। और तीन को ही यह हादसा हो गया'।

अज्ञेय को मैं दूसरी बार देख रहा था। पहली बार तेरह-चौदह वर्ष पूर्व रतलाम स्टेशन के प्लेटफ़ॉर्म पर मैं सम्मोहित-सा लगभग दो घण्टे उनके साथ रहा था। वे उज्जैन से कार द्वारा आये थे और उन्हें डी-लक्स से दिल्ली जाना था जो सौभाग्य से उस रात लेट थी। मुझे गाड़ी रवाना होने तक उनके पास रहना था। उन्होंने थोड़ा-सा कुछ खाया था। हमने चाय-कॉफ़ी साथ ली थी और देर तक प्लेटफ़ॉर्म पर टहले थे। उन्होंने कुछ प्रश्न किये थे, कुछ कहा भी था। पर मेरे पास सुरक्षित स्मृति केवल इतनी भर है कि मैंने अज्ञेय को देखा है और यह केवल शब्द-स्मृति नहीं बल्कि चाक्षुष बिम्ब-स्मृति—अज्ञेय चुस्त पैंट की जेब में हाथ डाले सीधे खड़े बोल रहे थे। वाणी गम्भीर है पर देह स्थिर नहीं है। मुझे लगा जैसे उनके जूतों में स्प्रिंग है। फिर यह भी कि जैसे उनका आकर्षण आक्रामक है। उनका संयम सहज नहीं होने दे सकता।

28 मार्च की दोपहर थोड़ी देर मैंने उनसे बात की तो उनकी याददाश्त से चकित रह गया। मैंने अपना परिचय देते हुए नमस्कार के साथ कहा—'वर्षों बाद आपको देखने का अवसर जुट पाया।' वे बोले—'हाँ रतलाम स्टेशन के प्लेटफ़ॉर्म पर मिले थे।' मैंने कहा—'आज भी आपसे बातें करते हुए संकोच, डर-सा लगता है।' हँसकर उन्होंने कहा—'दूर से ही पहाड़ पहाड़ लगता है, उस पर पहुँच जाओ तो पहाड़ नहीं रह जाता।' मेरे कविता-संग्रहों के बारे में भी उन्होंने पूछा। फिर मैंने उन्हें बताया मैं आजकल उज्जैन में हूँ और कहा—'आप वर्षों से उज्जैन नहीं आये' तो उन्होंने 'वीणा' पत्रिका के आयोजन के अवसर पर इन्दौर आने के साथ ही एक दिन अवश्य ही उज्जैन भी आने का वादा किया। पर अब ये सब बातें कपूर हो गयी हैं। महाकाल के खाते में इस यायावर का भ्रमण-चक्र इस तरह एकाएक पूरा हो जायेगा तब कौन जानता था, सिर्फ़ सात दिन पहले!

5 तारीख़ को मैंने लिखा—'भीतर ही भीतर/मौत से खेलते रहने का खेल/अपने आप से अलग होने का सुख/तो फूटता रहा कोपलें बन सतत्/मौन की दरारों से/...रात सिराहने सूरज/और सूर्योदय के ठीक सामने रात से आलिंगन/नीम के पेड़ पर चढ़कर कविता पढ़ने के पहले/चन्दन की लपटों के साथ सफ़र का चमत्कार।'

30 मार्च को दोपहर में कविता पाठ का सत्र समाप्त होने पर सहज उत्सुकतावश मैंने पूछ लिया—'मेरी कविताएँ कैसी लगीं आपको?' वे मुस्कराकर बोले—'बच्चों जैसा पूछ रहे हो, अच्छी थीं!' फिर मैंने नये संग्रह के सम्बन्ध में पूछा! मैंने उन्हें अगस्त में स्वयं संग्रह देने की बात कही। उन्होंने कहा—'यह तो बहुत अच्छी बात होगी।' अगस्त आते-जाते रहेंगे। पर इस सुख से मैं तो सदा के लिए वंचित हो गया।

यह छोटी-सी टिप्पणी इस बात के बिना अधूरी ही रहेगी कि अज्ञेय अपनी कविताओं और विचाराभिव्यक्तियों के दौरान न तो कभी 'नदी के द्वीप' लगे न 'गर्व भरे मदमाते अकेले दीपक'। इसके विपरीत हिन्दी, भारतीयता, अपनी ज़मीन और परिवेश के प्रति उनकी गहरी चिन्ता भारतीय लेखक की अस्मिता को तलाशती-कुरेदती-सी ही लगती रही। मैंने तय किया था अपनी कविताओं के अंग्रेज़ी-अनुवाद भी प्रस्तुत करूँगा। पर अज्ञेय ने जब केवल हिन्दी ही में पाठ किया और विचार भी हिन्दी में ही प्रकट किये तो अपने को पहले ही सुधारने की प्रेरणा मिल गयी।

भारतीय कवियों की इस पहली त्रैवार्षिकी का उद्‌घाटन करते हुए अज्ञेय ने भारत भवन में भारतीय कविताओं के अनुवाद केन्द्र की स्थापना पर ज़ोर दिया था। एशियाई लेखकों के सम्मेलन की बात भी कही थी। कोई प्रस्ताव तैयार करे, यह भी उनका सुझाव था। 'वागर्थ' के अन्तर्गत अनुवाद हुए हैं और होते रहते हैं, यह तो उन्हें भी पता था। पर उनका आग्रह 'वागर्थ' के अन्तर्गत निरन्तर सक्रिय स्थायी अनुवाद प्रकोष्ठ से था। प्रस्ताव तो आ नहीं पाया। पर अज्ञेय के इस सुझाव को क्रियान्वित कर निश्चय ही भारतीय कवियों के लिए एक व्यापकतर क्षितिज खोला जा सकता है। अनुवाद केन्द्र होने पर 'मॉडर्न पोएट्री इन ट्रांसलेशन' के ढंग पर 'समकालीन भारतीय कविता' जैसी पत्रिका भी प्रकाशित की जा सकती है।

कविता के रूप (फॉर्म) के प्रसंग में अज्ञेय ने एक बहुत सहज किन्तु सटीक बात कही थी, जिसने कइयों को सोचने के लिए विवश किया होगा। उन्होंने कहा था—हम भारतीय कविता के रूप की चर्चा पश्चिम की कविता के फॉर्म को आधार बनाकर कर रहे हैं, जिससे हमें कुछ भी प्राप्त नहीं होगा। हमारी ज़मीन और संस्कार से ही हमें अपनी कविता का रूप प्राप्त होता है। इसी प्रसंग में उन्होंने वाचिक परम्परा का भी उल्लेख किया था।

आज लगता है जैसे वे अपनी बिरादरी के लोगों से मिलने और विदा लेने ही आये थे। 'कवि-भारती' में शामिल सभी रचनाकारों के लिए ये तीन दिन और अधिक स्मरणीय हो गये, विशेषकर उनके लिए जो पहली बार अज्ञेय को देख-सुन रहे थे।

एक शाम वे निर्विकार भाव से तालाब की दिशा में देखते अकेले दिखाई पड़े। मैं उन्हें देखते हुए देख रहा था। एकाएक एक शब्द मेरे भीतर चमका–'अवधूत'। इससे मुझे कुछ भी नहीं कहना है और न इसके लिए मेरे पास कोई तर्क है। बस यह उस एक क्षण की अनुभूति भर है।

अज्ञेय के पास मौन की विस्मयकारी शक्ति थी जिसके आगे उनके विरुद्ध बापरे जाने वाले सारे शस्त्र पालतू पक्षी हो जाते थे। ऐसे अज्ञेय नहीं रहे। फिर वही पंक्ति उमच आती है–'जल्दी की गयी और थोड़ी ज़्यादती भी।'

छह दशक से अदना सहचर मुक्तिबोध का

सेहत और याददाश्त के इस पड़ाव पर मुक्तिबोध के लिए आज कुछ लिखते विकलता और दुविधाग्रस्त मैं। 1956 में नागपुर से इन्दौर आये पंचायत एवं समाज सेवा संचालनालय से मुझे कवि अनिल कुमार, मनमोहन मदारिया एवं कलाकार भाऊ समर्थ सौगात के रूप में मिले। तब इंटर का छात्र था पर मेरी कविताएँ 'धर्मयुग', 'कर्मवीर', 'ज्ञानोदय' और इन्दौर के समाचारपत्रों में प्रकाशित हो चुकी थीं। इस कारण कनिष्ठ होते भी इनका आत्मीय स्नेह-साथ मुझे मिला। प्रतिदिन इनके कार्यालय जाता और ये मुक्तिबोध की बातें बताते, पत्रिकाएँ पढ़ने को देते। 1957 की सुबह 10 बजे दफ़्तर जाते अनिल कुमार मेरे घर आये। मुझे आवाज़ दी और बताया कि आज शाम 7 बजे के पहले हमें राजवाड़े पर मिलना है। राजवाड़े के सार्वजनिक रेडियो से हम नागपुर आकाशवाणी से प्रसारित होने वाली कविता सुनेंगे। हम तीन साथियों ने मुक्तिबोध की कविता 'ब्रह्मराक्षस का शिष्य' सुनी। फिर देर तक अनिल कुमार और मदारिया कविता पर चर्चा करते रहे। ये दोनों तो मुक्तिबोध मण्डल के थे, मेरे लिए उन्हें सुनने का यह पहला और अन्तिम अवसर था।

अब मैं स्मृति-स्मरण-संस्मरण को अलग कैसे करूँ? कोई विद्वान-बुद्धिजीवी करे शायद। मैं तो नहीं।

यहाँ याद आ रही कवयित्री शिम्बोर्स्का की बात "उम्र चाहे जितनी लम्बी हो, संक्षिप्त होने चाहिए विवरण" मुझे स्वीकार...पर कवयित्री ख़फ़ा न होना, तुम्हारी हिदायत के बावजूद स्पष्ट तारीख़ों की जगह धुँधली स्मृतियाँ ही मेरे पास।

फिर इसी मण्डली के साथ एक वर्ष 'समाज सेवा' पत्रिका में काम भी किया। अनिल कुमार मुक्तिबोध की रचनाएँ पढ़ने को देते।

1962 में मैं माधव कॉलेज उज्जैन के हिन्दी विभाग में आया। यहाँ एक बुजुर्ग ने मुक्तिबोध की किशोरावस्था के क़िस्से सुनाये। 1935-36 में मुक्तिबोध माधव कॉलेज में छात्र थे। अपने हिन्दी प्राध्यापक रमाशंकर शुक्ल 'हृदय' से वे प्रभावित थे

और उनके प्रशंसक भी। हृदय जी तपेदिक से त्रस्त थे और 1940 में बनारस चले गये। नेमिजी भी 41 से 42 तक शुजालपुर रहे फिर कोलकाता चले गये।

मुक्तिबोध के पिताजी जिस सिटी कोतवाली में पुलिस अधिकारी थे वह देखने गया। थाने के ऊपर ही आवास था। घुमावदार चक्कारदार सीढ़ियों वाला। और उस क्षेत्र में गया जहाँ मुक्तिबोध अपने मित्र के साथ बहुत रुचि के साथ घूमते थे। इसमें बरगद और भैरो की जिरह, नदी, आश्रम, अन्ध गुहा, बावड़ी, तान्त्रिक की आँखों में गंजी यमक, तिरछा रहस्य इतना ही नहीं चमगादड़ों, भूत-प्रेत पिशाचों के सन्दर्भ हैं।

किशोरावस्था की ये स्मृतियाँ यादों का यह समूचा परिवेश केवल बहिरंग ही नहीं, मुक्तिबोध की कविता की धड़कन भी बना, जिसने उनकी फ़ैंटेसी को भी चक्करदार बनाया। 1938 में इन्दौर होलकर कॉलेज से बी.ए. और 1939 में विवाह के पश्चात् मुक्तिबोध उज्जैन शायद नहीं ही आये। 1946 के बाद दो-तीन वर्ष वे बनारस-जबलपुर में नौकरी के लिए भटके 48 में नागपुर और फिर राजनांदगाँव चल गये। यहीं 1959 में अस्वस्थ रहने लगे।

उज्जैन में हम कुछ साथी मुक्तिबोध पर चर्चा-गोष्ठी आदि करते रहते। मुक्तिबोध चिकित्सा हेतु भोपाल फिर वहाँ से 26 जून 64 को दिल्ली के अखिल भारतीय चिकित्सा विज्ञान संस्थान में पहुँचाये गये। यह व्यवस्था दिल्ली के साहित्यकारों और प्रधानमन्त्री शास्त्री जी ने सम्भव की। अपनी प्रबल चाहना के चलते मुक्तिबोध को देखने मैं अकेला जुलाई की एक रात दिल्ली गया। दूसरी सुबह 120, रवीन्द्र नगर, श्री प्रभाकर माचवे के आवास पहुँचा। 62 से मैं माचवे जी के सम्पर्क में था। वे स्नेहपूर्वक मुझे एक बड़े कक्ष में ले गये, वहाँ शीशे की खिड़की की तरफ़ मुँह किये एक सज्जन कुछ लिख रहे थे। माचवे जी ने कहा—वे शमशेर जी हैं और मुक्तिबोध के कविता संग्रह की भूमिका लिख रहे हैं। मैंने उनके चरण स्पर्श किये। फिर माचवे ने उन्हीं के साथ मेरे चिकित्सा संस्थान जाने की व्यवस्था की। नाश्ता आदि करने के बाद माचवे अपने ऑफ़िस जाने निकले तो उसी कार में शमशेर जी और मुझे चिकित्सा संस्थान उतार दिया और कहा ड्राइवर मुझे छोड़कर यहाँ आ जायेगा। शमशेर जी के साथ ही भोजन करना। जब हम उस कक्ष में पहुँचे तो अपने प्रिय कवि को इस तरह देख आँखें छलछला आयीं। वहाँ कमलेश और श्रीकान्त जी थे। मुक्तिबोध की नाक में एक नली लगी थी और वे अचेत पड़े थे। पास बैठी शान्ता भाभी को प्रणाम किया। शमशेर जी ने मेरा नाम बताया, ये सिर्फ़ मुक्तिबोध को देखने आपसे मिलने उज्जैन से आये हैं। पन्द्रह-बीस मिनिट वहाँ बैठे। शान्ता भाभी से दो-चार वाक्य बोले। फिर शमशेर जी के साथ आ गया। दूसरे दिन सुबह उज्जैन। रास्ते में उमड़ती-घुमड़ती भावनाएँ दो छोटी कविताओं में व्यक्त हो गयीं,

जो दिसम्बर 64 की कल्पना में छपीं। आने पर फिर प्राचार्य सुमन जी सहित साहित्य प्रेमी साथियों और छात्रों को जो बता सकता था बताया।

12 सितम्बर 64 को सुबह 8 बजे एम.ए. की कक्षा में मुक्तिबोध पर कुछ चर्चा कर रहा था...तभी डॉ. उपाध्याय आये और धीरे-से मुझे कह गये...मुक्तिबोध नहीं रहे। छात्रों सहित हम खड़े थे...मौन...एक जलती हुई परिधि अदृश्य हो गयी। दोपहर में कॉलेज के सभा-भवन में शोक-सभा...! 'फॉल्स प्रेस्टिज की ऐसी की तैसी' कहने वाले कवि को श्रद्धांजलि दी।...

खाये–पिये अघाये लोगों का सृजन-जगत में क्या काम? मुक्तिबोध ने कहा भी है–"सच्चा लेखक अपने ख़ुद का दुश्मन होता है। वह अपनी आत्म-शान्ति को भंग करके ही लेखक बना रह सकता है।"

65 के बाद मेरे स्थानान्तरण हुए पिपरिया, राजगढ़ फिर रतलाम। छोटे क़स्बों में मुक्तिबोध पर चर्चाएँ कीं। रतलाम तो बड़ी जगह थी जहाँ 70 से 14 वर्ष रहा।

जब-तब मुक्तिबोध के बारे में कुछ पंक्तियाँ एक रजिस्टर में दर्ज कर लेता? जैसे 'आत्मशान्ति को भंग' की बात पर हेमिंग्वे–जिनके पास एक युवा आया, और निवेदन करने लगा–मुझे भी लेखक बनना है...कृपया क्या-कैसे करूँ बताइएगा। हेमिंग्वे ने कहा–"पहले तुम अपने भीतर के घाव बताओ–कितने हैं–कहाँ-कहाँ के? बोला–"घाव की क्या ज़रूरत?" हेमिंग्वे ने कहा "तब–तुम कोई और धन्धा करो।"

इस तरह चलता रहा गिरते-पड़ते तभी सागर वि.वि. से पत्र आया कि आपको यहाँ तीन वर्षों के लिए कर्तव्य अवकाश पर शोध कार्य हेतु आमन्त्रित किया जाता है। फिर 81 से 83 तक वहाँ मुक्तिबोध पर ही सोचना–चर्चा करना और लिखना प्रारम्भ किया। प्रभात त्रिपाठी और सौ. गीता भी आये। प्रभात ने भी मुक्तिबोध पर कार्य प्रारम्भ किया। वहाँ भाई साहब (प्रो. कान्तिकुमार जी जैन), प्रेमशंकर जी और गाईड हमारे डॉ. झा साहब थे। 84 में हम लोगों को उपाधि प्राप्त हो गयी।

अब शिम्बोर्स्का संक्षेप में बिन्दुवार–मुक्तिबोध के निधन के एक माह बाद ही हमने उज्जैन में प्रेमचन्द-मुक्तिबोध स्मृति प्रसंग में श्रीकान्त वर्मा और कमलेश जी को बुलाया। प्राचार्य सुमन जी के साथ मैं संयोजक,...छात्र सुदीप बनर्जी, भारी मन से चर्चा हुई। श्रीकान्त जी को मैंने मुक्तिबोध के किशोरावस्था के भ्रमण क्षेत्र के बारे में कहा–तो उन्होंने उत्सुकता जताई। फिर श्रीकान्त और कमलेश को लेकर भैरो-बरगद-बावड़ी-तन्त्र-मन्त्र वाले क्षेत्र में ले गया। बाद में रघुवीर सहाय, शमशेर जी, प्रेमलता वर्मा (मलयज की बहन), प्रमोद वर्मा, सोमदत्त और सौ. रमा सहित हरिराम मीणा आदि के साथ हम बावड़ी में पैर लटका कर बैठे।

भोपाल में अशोक वाजपेयी थे, वहाँ आयोजित मुक्तिबोध समारोह में मैंने कहा मुक्तिबोध जैसे अपने प्रिय कवि के अन्तर्विरोधों को समझना भी आवश्यक है बनिस्बत अति सरलीकरण कर उन्हें एक फ्रेम में कस दिया जाये। मेरी इस बात को लेकर दो-तीन मित्रों ने कहा–तुम्हारा वक्तव्य बड़े cause को डैमेज कर गया। श्रीकान्त वर्मा को यह बताया तो उन्होंने कहा–"मुँह देखकर सोचा नहीं जाता और मुँह देखी कहना व्यभिचार है।"

ऐसे कई प्रसंग...एक साक्षात्कार में श्रीमती शान्ता मुक्तिबोध ने बताया कि वे पूजा के साथ लघु रुद्र की पोथी का पाठ, शिवरात्रि व्रत आदि करते थे। अनिल कुमार बताते थे कि मुक्तिबोध अपनी कविताएँ उन्हें देखने, ठीक-ठाक करने देते थे। एक बार मुक्तिबोध के आयोजन में श्रीकान्त वर्मा ने कहा था–"किसी भी कवि को मसीहा बनाने में उसके नष्ट होने का ख़तरा रहता है।" 'महागुरु मुक्तिबोध जुम्मा टैंक की सीढ़ियों पर' लेखक सागर के प्रो. कान्तिकुमार जी (जिन्हें मैं भाई साहब कहता हूँ) से जब-तब मैं अपनी जिज्ञासा-प्रश्न का समाधान पाता रहता हूँ। हम दोनों सहमत होते, ये सब अवान्तर बातें हैं, इससे कोई फ़र्क़ नहीं पड़ता। स्वयं मुक्तिबोध ने बहुत कुछ कहा है।

यहाँ एकाएक सन्त तुकाराम याद आ रहे...400 वर्ष पूर्व सिर्फ़ बयालीस वर्ष रहा उनका आयुष्य। मुक्तिबोध और तुका में कई समानताएँ। तुका की पंक्तियाँ दिन-रात हम शामिल एक युद्ध में, भीतर अपने ही मन और बाहर दुनिया से। प्राणों पर हो रहे हमले निरन्तर बाहर-भीतर के, उनसे निपटना ही पड़ता हर रोज़ हमें।" कबीर और तुकाराम के बारे में मुक्तिबोध के शब्दों में–"दोनों ही सदाचारवादी भावनाओं को क्रान्तिकारी सन्देश की तरह वाणी देते हैं।" तुका और मुक्तिबोध के निजी जीवन के संघर्ष में कुछ एक जैसा मिलता। यहाँ मैं तुका के लगभग सभी अभंगों को पढ़ने और 107 अभंगों के हिन्दी अनुवाद के बाद कह रहा हूँ।

चयन कर 'डबरे पर सूरज का बिम्ब' 'मुक्तिबोध का प्रतिनिधि गद्य' राष्ट्रीय पुस्तक न्यास, दिल्ली के लिए मनोयोगपूर्वक तैयार किया?

कब कहाँ, कब कहाँ, मुक्तिबोध याद नहीं आते कहना कठिन।

मार्च 2000 के अन्तिम सप्ताह में प्रमोद वर्मा ने भिलाई में (जो उस समय प.पु.बक्षी सृजन पीठ के निदेशक थे) त्रिधारा कार्यक्रम आयोजित किया था। वे निजीकारणों से बेहद त्रस्त और नर्वस लग रहे थे। मुक्तिबोध पर बीज वक्तव्य देकर जब मैं उनके निकट चेयर पर बैठा और दूसरे-वक्ता वक्तव्य के लिए खड़े हुए, प्रमोद कुर्सी से मंच पर ही गिर गये। कार्यक्रम रोक अस्पताल ले गये फिर दो दिन बाद नहीं रहे।

फ़रवरी (2012)। उज्जैन में एक सुबह 28 वर्षीय अमेरिकन युवा ग्रेग गुल्डिंग ने एक साथ चकित और प्रसन्न कर दिया कि वह अपने देश और अपनी भाषा में मुक्तिबोध पर शोध-कार्य कर रहा है। वह भोपाल से दिवंगत कवि मित्र जितेन्द्र कुमार की पत्नी निर्मला के साथ कार से आया था। शोध-कार्य में मेरी कोई दिलचस्पी नहीं रही पर ग्रेग के कारण मैंने उसके कई प्रश्नों के उत्तर दिये जिन्हें वह टेप करता रहा। मैंने उसे मुक्तिबोध पर अपनी किताबें और अन्य सामग्री भी भेंट कर दी। फिर मराठी और तुकाराम के बारे में उसकी जानकारी और रुचि देख मेरे द्वारा अनुवादित 'तुकाराम के अभंग' पुस्तक देकर भी मुझे ख़ुशी हुई।

कलाकार एम.एफ. हुसैन से इन्दौर में जब मुलाक़ात हुई तो उन्हें नंगे पैर चलते देख पूछने पर बताया—मुक्तिबोध को कन्धा देने के बाद जूते फेंक दिये थे, जिसका ज़िक्र मेरी कविता में है।

मुक्तिबोध की पंक्तियाँ याद करते हुए—''जो हमको कमज़ोर बनावे ऐसे सुख को गोली मारो।''

और अन्त में यह भी कि निराला के बाद सिर्फ़ मुक्तिबोध ही नहीं, शमशेर, त्रिलोचन, नागार्जुन, केदारनाथ अग्रवाल जैसे बड़े कवियों का भी मुझे आत्मीय सान्निध्य मिला, जिन्हें मैं भूल नहीं पाता।

शमशेर जी : कुछ यादें संक्षिप्त और बिखरी हुईं

वह जून या जुलाई 64 की बारिश नहाई सुबह थी। जैसा पहले से तय था मैं सुबह 9 बजे के लगभग माचवे जी के घर पहुँचा। मैं उज्जैन से सिर्फ़ मुक्तिबोध जी को देखने दिल्ली आया था। बैठक में औपचारिक बातचीत के बाद माचवे जी मुझे दूसरे कमरे में ले गये। वहाँ एक सज्जन छोटी डेस्क पर झुके कुछ लिख रहे थे। माचवे जी ने कहा—शमशेर जी से मिलो। शमशेर जी ने मुड़कर देखा फिर खड़े हो गये। मैंने झुककर प्रणाम किया और उत्सुक दृष्टि से उन्हें निहारा। माचवे जी ने मेरा नाम बताया और कहा—“हम लोग साथ-साथ नाश्ते के बाद जावेंगे। गांड़ी आपके पास रहेगी। ये मुक्तिबोध को देखने आये हैं। दोपहर का खाना आप लोग साथ-साथ खाना।” शमशेर जी मुझे अत्यन्त सहज लगे। थोड़ी ही देर बाद आत्मीय भी। बड़े कवि होने का कोई प्रभामण्डल नहीं था उनके आसपास।

एम्स रूम नं. 208 मुक्तिबोध को इस तरह अचेतावस्था में देखना बेहद कष्टप्रद था। शान्ता भाभी से मेरा पूर्व संवाद हो चुका था। उनसे क्या बोल पाता। वहाँ उस वक़्त श्रीकान्त जी और कमलेश थे। पता नहीं क्या-क्या सोचकर उज्जैन से आया था? और कैसा बोझ साथ लेकर जाऊँगा।

लौटते वक़्त शमशेर जी बुदबुदा रहे थे—“ठोस और खुरदरे यथार्थ में धँसने वाले मुक्तिबोध को इस हाल में देखना कितना त्रासद है। और अभी उम्र भी क्या?” फिर मौन पसर गया। वे ‘चाँद का मुँह टेढ़ा है’ की भूमिका लिख रहे थे।

शमशेर जी और मुक्तिबोध के परस्पर आकर्षण का विलोम बहुत दिलचस्प लगता है मुझे। शमशेर ने स्वयं मुक्तिबोध से अपनी तुलना करते कहा है—“मुक्तिबोध मुझे ख़ास तौर से इसलिए ज़्यादह अपील करते हैं कि वह मुझसे इतने भिन्न हैं। एब्स्ट्रेक्ट नहीं ठोस।” जबकि मुक्तिबोध ने लिखा है कि शमशेर का प्रभाववादी चित्रकार-सा मन, शिल्प आकर्षित करता है।

इसके बीस वर्ष बाद की स्मृति कौंध रही, शमशेर जी से मैंने कुछ प्रश्न किये थे। दो प्रश्नों के उनके उत्तर का ज़िक्र कर रहा हूँ। शमशेर जी ने जो त्वरित उत्तर दिये

(मेरे पास दर्ज़ हैं) उनसे ज्ञात होता है कि वे कितने सजग कविता के पारखी और एक प्रखर सृजनात्मक आलोचक भी थे। चमकदार बिम्बों-सौन्दर्य सृष्टि के झिलमिलाते प्रसार के साथ ही 'बैल' में उस 'गुट्ठल काली कूड़वाला बैलों' को भी अपने काव्य देश में रखते हैं। "एक कमल सहस्रदली होठों से लगा। जब तूने आँख-भर मुझे देखा'' के साथ ही उन्हें याद रहता है "ज़िन्दगी में–ऑक्सीजन, मार्क्सवाद और अपने उस चेहरे बाबत्, जो हम अवाम में देखना चाहते हैं।"

हाँ मेरा पहला सवाल था मुक्तिबोध की 'अंडर रिपेयर' वाली प्रक्रिया के बारे में। देखिए, शमशेर जी का इस बारे में निरीक्षण। हमें कहाँ से कहाँ ले जाता है और मुक्तिबोध की विकलता को कितने बड़े परिप्रेक्ष्य में देखता है।

शमशेर जी ने बताया–"मुक्तिबोध बहुत भावुक व्यक्ति थे। उनकी समस्याओं में हम एक भावविह्वल कवि को पाते हैं। उनके भोलेपन के पीछे कोई-न-कोई विशिष्ट अनुभूति होती है। अनुभूति के पीछे जटिल व्यक्तिगत परिस्थितियाँ (परिवार और परिवेश) इसके पीछे सामाजिक परिवेश और उनमें घटित होने वाले राजनीतिक, बौद्धिक और सांस्कृतिक आन्दोलनों की शुरुआत और उनका तीव्रतर होते जाना; फिर उनके भी पीछे, अन्तर्राष्ट्रीय स्थितियों के बीच अपने देश की स्थिति। ये सारे समायोजन लगभग एक साथ मुक्तिबोध की चेतना में उभरे हुए रहते थे। मुक्तिबोध अपनी भावनाओं और प्रतीकात्मक कल्पना-दृश्यों को सजीव भाषा में प्रस्तुत करते हुए किसी भी सक्रम-नियोजित पृष्ठभूमि को छोड़ नहीं सकते। बराबर उन सबके सूत्र हाथ में रखते हैं। इसीलिए वह अपनी तस्वीर की तहों को गहराइयों तक उघारते हुए इस काम में एक श्रमशील, उत्खनन और साथ-साथ समाजशास्त्री दार्शनिक के तौर पर अपनी उद्देश्य-निबद्ध प्रयोगशाला में जुटे रहते हैं। उनके आदर्श भी ह्विटमैन, मायकोवस्की, नेरूदा या निराला, प्रसाद जैसे महाकवि थे।"

दूसरा प्रश्न मैंने किया था कि "कविता क्या स्वेटर बुनने की तरह लिखी जा सकती है?" उनके सटीक उत्तर से मैं चकित रह गया। जो आज छब्बीस वर्ष बाद भी प्रासंगिक और विचारणीय लग रहा है। उन्होंने कहा था–

"बहुत से कवि हैं जो स्वेटर बुनने की तरह ही 'कविता' लिखते हैं उनमें कोई-कोई तो ऐसे भी होते हैं जिन्हें अच्छा अभ्यास हो जाता है बल्कि उनमें दो-चार तो छन्द, मात्रा आदि का काम लायक अच्छा ज्ञान भी रखते हैं। मुक्त छन्द में लिखने वालों को इसकी भी ज़रूरत नहीं। दोनों ही प्रकार के बहुत से कवि हैं जो मंच पर रचना सुनाने, पत्र-पत्रिकाओं में बराबर छपने के अभ्यासी हो जाते हैं और उनकी आरम्भिक ताज़गी, कल्पनाशक्ति की स्फूर्ति, भावनाओं का निजीपन, अनुभूतियों की बुनियादी सच्चाई आदि धीरे-धीरे क्षीण हो जाती है। मानदेय, पुरस्कार, ख्याति, प्रचार आदि का

तेज़ी से घिरता जाल उनकी 'प्रतिभा' को संकुचित करते-करते उसे मात्र अभिव्यक्ति कौशल, चतुराई से सीखे हुए फार्मूले, अर्द्धशिक्षित श्रोताओं को मुग्ध कर देने वाले नाटकीय तेवर आदि का (मेरी दृष्टि में दयनीय) पुंज बना देते हैं। रही सही शक्तियाँ मदिरापान और अन्य व्यसनों के हवाले हो जाती हैं। मगर इन हालात के बीच भी जिनकी दृष्टि साफ़ और तटस्थ रहती और सामयिक समस्याओं और गहरे मानवीय सरोकारों पर निरन्तर चिन्तन करते रहते और मंच और मित्र मण्डली के बाहर जो मध्यवर्गीय आम जनता है, उसको ही सम्मुख रखते और उनके लिए उद्वेलित होते और लिखते हैं, उनकी प्रतिभा अन्त तक कुण्ठित नहीं होती। उन्हें मिथ्याभिमान भी कभी नहीं होता, वे किसी-न-किसी महाकवि को निरन्तर उलटते-पलटते रहते हैं। आप उनसे हज़ार बातों में असहमत हो सकते हैं। सर्वेश्वर दयाल सक्सेना ऐसे ही एक कवि थे, रघुवीर सहाय ऐसे ही दूसरे गम्भीर और चिन्तनशील कवि हैं। ऐसे ही मर्मी कवि भवानीप्रसाद मिश्र हैं। और भी कुछ थोड़े नाम हैं जिनको लेने की ज़रूरत नहीं। पुरानों में निराला और मुक्तिबोध सबसे बड़ी मिसालें हैं। बाबा नागार्जुन उसी पथ के पथिक हैं।"

शमशेर, मुक्तिबोध और परसाई जी जैसों को निमित्त या कर्तव्यवश स्मरण करने में मुझे अटपटा ही लगता है। स्मृतियों-बिम्बों-आवाज़ों-छवियों की बौछार होती रहती है। क्या सहेजें-क्या नहीं? और तब दिक़्क़त अधिक बढ़ जाती है जब आसमान के सामने आईने जैसी हो याददाश्त। शमशेर जी सच्चे अर्थों में दोआब के कवि हैं। तुलसी-ग़ालिब-निराला की पंक्ति में...आँखों से लटके आँसू को गिरने से बचाते हुए पास्तरनाक पढ़ते और 'अमन-रोग' में समझो पाब्लो नेरूदा, मुक्तिबोध, गार्सिया, लोकि के साथ गाते हुए..."मैं जोश की वह मस्ती हूँ जो नेरूदा की भवों से जाम की तरह टकराती है। वह मेरा नेरूदा जो दुनिया के शान्ति पोस्ट ऑफ़िस का प्यारा और सच्चा क़ासिद।"

शमशेर जैसे कवि और मनुष्य को किसी फ्रेम में समेटा नहीं जा सकता। कवियों का कवि, प्रेम-सौन्दर्य का कवि, प्रतिबद्ध रचनाकार जैसे विशेषण उनकी समग्रता के समक्ष अपर्याप्त सिद्ध होते हैं। 'काल तुझसे होड़ मेरी' की पंक्तियाँ—"जो मैं हूँ/ मैं कि जिसमें सब कुछ है...क्रान्तियाँ, कम्यून, कम्युनिस्ट समाज के/नाना कला-विज्ञान और दर्शन के जीवन्त वैभव से समन्वित व्यक्ति मैं/मैं वह हरेक हूँ जो तुझसे और काल से परे है" सब कुछ बयान करती हैं।

शमशेर की शमशेरियत, शमशेर फ़रिश्ते जैसे कई पद हैं जो देखने वाले की भावना का ही प्रतिरूप हैं। मुझे वे शिशु हृदय, बेहद विनम्र, बाहर से भीतर तक कवि ही लगे। दन्द-फन्द-छल-प्रपंच से परे वे जितने अकेले लगते थे उतने ही प्रामाणिक और आत्मीय भी।

वे अपने असह्य अकेलेपन को कहीं से भी प्रकट नहीं होने देते थे। इसके उलट वे अपनी जीवन्त आत्मीयता-मज़ेदार फ़ब्तियों और बातचीत से भरे पूरेपन को जिला रखते थे। जब वे उज्जैन में प्रेमचन्द सृजनपीठ पर थे, तब मुझे भी डेढ़ वर्ष तक उनके साथ होने का सौभाग्य मिला था। इसके पहले की भी कई बातें हैं। छोटी-छोटी बातें पर जिनकी यादें हैं बड़ी, उमच-उमच आती हैं। सन् 60 में एम.ए. करने तक मुक्तिबोध, शमशेर और भवानी दा मेरे प्रिय कवि बन गये थे। इन्दौर होल्कर कॉलेज के समृद्ध वाचन कक्षा में पत्रिकाएँ आती थीं। कवि, माध्यम, कल्पना, ज्ञानोदय, वसुधा की साथ ही ''कृति'' का इन्तज़ार रहता था। शमशेर का लेख (मेरे प्रिय कवि) कृति में ही पढ़ा था। उनकी समावेशी दृष्टि का कायल हो चुका था।

1975 में दो प्रसंग हुए। एक राधाकृष्ण प्रकाशन के 25 वर्ष होने पर तीन कविता संग्रह और अन्य पुस्तकें प्रकाशित हुईं। 'चुका भी हूँ नहीं मैं' शमशेर जी के कविता संग्रह के ही साथ दुष्यन्त कुमार का ग़ज़ल संग्रह और मेरा पहला संग्रह 'दीवारों पर ख़ून से' हाथों में आया। इसी वर्ष भारत भवन में शमशेर जी के साथ रहने-कविता पढ़ने का अवसर और उनका स्नेह-स्पर्श मिला।

अपने बड़े कवियों को देख-सुन, उनके बीच रह मैं अपनी आदिवासी और क़स्बाई मानसिकता के चलते रोमांचित हो जाता था। 1982 में शमशेर जी की अध्यक्षता में मेरा एकल काव्यपाठ हुआ। बहुत बड़ी बात थी मेरे लिए। उन दिनों मैं रतलाम कॉलेज में था। वहीं 83 के दिसम्बर में शमशेर जी मेरे घर दो दिन-रात रहे। रंजना अरगड़े भी साथ थीं। उन्हें कन्या महाविद्यालय के स्नेह सम्मेलन में मुख्य अतिथि के रूप में आमन्त्रित किया था। मेरी पत्नी कमा, दोनों बेटियाँ कनु-अनु हम सब उनकी उपस्थिति से बेहद प्रसन्न थे। उत्सव जैसा था घर में भी। मेरी छोटी बेटी अनु को कॉलेज में वर्ष का श्रेष्ठ छात्रा का पुरस्कार शमशेर जी के हाथों ही मिला। उसके वायलिन वादन को शमशेर जी ने बहुत सराहा।

ठण्ड तो थी ही...सुबह वे धूप में कुर्सी पर बैठे थे और हम आसपास ही मँडरा रहे थे तभी मेरी पत्नी कमा ने कहा आपको हाथ-पैर और पीठ में तेल मालिश कर देती हूँ फिर गरम पानी से नहाना। बड़े संकोच के साथ हामी भरी और कमा ने बड़े जुगत के साथ उनके पैर-कन्धे-हाथ और उँगलियों की देर तक मालिश की। गुनगुनी धूप भी आ गयी थी। दरख़्तों पर परिन्दे चहक रहे थे। शमशेर जी कहने लगे—"सुबह और सुबह के वक़्त उड़ते परिन्दे मुझे बहुत सुहाते हैं। मैं चाहता हूँ कि सुबह के वक़्त ही उड़ जाऊँ—परिन्दे की तरह।" थोड़ी देर को थरथराहट जैसे थम गयी और फिर वे ज़ोर से हँस पड़े। पर आठ वर्ष बाद सुबह के वक़्त ही उनकी मनोकामना पूरी हुई।

जनवरी 85 में मैं रतलाम से उज्जैन कॉलेज में आ गया। यहाँ लगभग डेढ़ वर्ष उनसे नियमित मिलना-जुलना, उनके पास बैठना और उन्हें इधर-उधर ले जाना होता रहा। इसी बीच प्रेमा जी (प्रेमलता वर्मा) दो बार आयीं और शमशेर जी सहित मैं उन्हें उज्जैन के महत्त्वपूर्ण स्थलों—यहाँ की टोपोग्राफ़ी-प्राक्तन बावड़ी वग़ैरह दिखाने ले गया। और मुक्तिबोध बराबर याद आते रहे। हमने दो-तीन प्रसिद्ध स्थानों पर खाना भी खाया, जिसमें भोला गुरु की सब्ज़ी-पूरी और रबड़ी खाते वक़्त शमशेर जी को निहारना बहुत मज़ेदार था। वे मुझे कुछ हद तक चटोरे लगे। इसे मैं हर अच्छे कवि का गुण मानता हूँ। वैसे शमशेर जी हर आगन्तुक का चाहे वह नये से नया अज्ञात रचनाकार हो, बहुत ध्यान रखते थे। बाहर से आये व्यक्ति के स्नान-भोजन आदि की उन्हें परवाह रहती थी। किताबें ले जाने-वापस नहीं करने वालों का उन्हें पता रहता। अपने पेड़ के अमरूद वे बराबर खिलाते। आकर कविता सुनाने लगने वालों को भी धैर्य से सुनते। अकेले में कभी-कभी टिप्पणी कर देते, कैसी-कैसी कविता लिख लेते हैं और सुनाने में भी नहीं झिझकते।

उज्जैन की यादों की बौछारों का कोई ओर-छोर नहीं है। अब छाता तानना ही पड़ेगा। बस दो प्रसंग...एक बार मैं माचवे जी की दूसरों पर टिप्पणी करने की आदत के बारे में बता रहा था, उन्होंने बीच में ही टोक दिया "चन्द्रकान्त इसमें अपने को रस नहीं लेना।" प्रेमचन्द सृजनपीठ के निदेशक के रूप में उन्होंने कभी अपना दबदबा नहीं दिखाया। कोई माँग नहीं की।

एक प्रसंग भारत भवन में शमशेर जी के सम्मान के अवसर का—कमलेश दत्त त्रिपाठी जी, शमशेर जी और मैं पास के कमरों में ठहरे थे। सुबह नाश्ते के वक़्त आमलेट सैंडविच का ऑर्डर दे दिया था। कमलेश जी तैयार होकर आये—हम दोनों उनकी प्रतीक्षा कर रहे थे। उन्होंने एक सैंडविच उठाया और मुँह में तोड़ते हुए बोले, इसमें क्या है? क्या है?...मैंने कहा यह आमलेट का है—वे "हे भगवान" कहकर पास के वॉश बेसिन में मुँह में उँगली डाल ओकने लगे। इस पर शमशेर जी का खड़े होकर "अरे! ब्राह्मण को भ्रष्ट कर दिया" कहना और ठहाका लगाते हुए हँसना मुझे कभी भी याद आ जाता है।

और यह प्रसंग...परिवार के बुजुर्ग के नाते किये शमशेर जी के व्यवहार ने द्रवित और चकित ही कर दिया। यह चार या छह जून 86 का दिन...आज रात रंजना के साथ शमशेर जी उज्जैन से जा रहे थे। दोपहर का भोजन साथ लेकर मैं और कमा सृजनपीठ गये। वहीं रंजना-शमशेर जी के साथ हमने खाना खाया। लौटते वक़्त कमा ने उन्हें प्रणाम किया तो शमशेर जी ने रंजना से कहा—"वह ले आओ जो बहू के लिए लायी हो।" रंजना ने एक पैकेट शमशेर जी के हाथों में दे दिया।

शमशेर जी बोले–"बहू! यह साड़ी तुम्हारे लिए...तुमने उज्जैन में कितने स्नेह से तेल मालिश की थी। कभी नहीं भूल सकता।" हम तो हतप्रभ रह गये। कमा की आँखें डबडबा आयीं।

रात स्टेशन पर विदा करने गये तो हम चार-छह लोग ही थे। रंजना यहाँ भी शमशेर जी का बहुत ही ख़याल रखती थीं और वहाँ भी जतन से रखा...गाड़ी रवाना हो गयी...बूँदाबाँदी होने लगी।

छह वर्ष बाद अपने इस बुज़ुर्ग दोस्त के अस्थि-कलश को शिप्रा में प्रवाहित करने गये। रंजना ही लेकर आयी थीं। कितनी बार देते हैं विदा, फिर भी कोई एक साथ ही रहता है। इतना ही...।

भवानीप्रसाद मिश्र : वाचिक परम्परा का कवि

दिसम्बर की धूप खिली थी। घर के आसपास का वनस्पतियों से भरा वातावरण बहुत शान्त और सुखद था। हाल ही में साहित्य अकादेमी पुरस्कार के लिए चयनित हिन्दी के अग्रणी कवि चन्द्रकान्त देवताले से यह एक जीवन्त मुलाक़ात थी। वजह बने शताब्दी कवि भवानीप्रसाद मिश्र। देवताले जी मेरे पहुँचते ही मुझे लॉन के एक कोने में ले गये। जहाँ अशोक के पेड़ के तने पर एक फ्रेम लगी थी। उसमें भवानी दा की कविता—'ना निरापद कोई नहीं, ठीक आदमक़द कोई नहीं...' अंकित थी। देवताले जी ने बताया कि यह कविता यहाँ आते-जाते सभी ध्यानपूर्वक पढ़ते हैं और प्रसन्न होते हैं।

स्मृतियों के दरवाज़े खुलते ही संस्मरणों का रास्ता फूट निकलता है। देवताले जी ने अपनी स्मृतियों के झरोखों को खोला—मेरा भाषा और कविता के घर में जन्म हुआ। किशोरावस्था में सियारामशरण गुप्त, नवीन जी, दिनकर और भवानी दा आदि की कविताएँ पढ़ता रहता था।

भवानी दा को छात्र जीवन में ही सुनने का मौक़ा मिला था। 'सतपुड़ा के घने जंगल' और अन्य कविताओं का पाठ आज तक मेरी स्मृतियों में है। सन् 1978 में भवानी दा के साथ आकाशवाणी, इन्दौर की काव्यगोष्ठी में कविता पढ़ने का मौक़ा मिलना बहुत बड़े गौरव की बात थी। वे शुद्ध देशी और वाचिक परम्परा के कवि थे। उनकी कविता बोलती थी। वो किताबों में बिना किसी आवाज़ के क़ैद होकर रह जाने वाली थी ही नहीं। भवानी दा का कविता पाठ का अन्दाज़ बहुत निराला और प्रभावी था। उनकी आवाज़ में उन्हें सुनना अपने समय की आवाज़ को सुनना था। आज जब चारों तरफ़ वैश्वीकरण, बाज़ारवाद और उदार पूँजीवाद का खेल चल रहा है और 'ई-बुक' की बात की जा रही है और वह भी अपने देश में जहाँ पुस्तकवाचन संस्कृति ही नष्ट हो रही है। ये समझा था कि यन्त्र, आविष्कार मनुष्य के सहायक होंगे, पर विडम्बना वे मनुष्य को विस्थापित कर रहे हैं।

टेक्नोलॉजी, यन्त्र स्वयं उसकी जगह पर काबिज़ होने लगे हैं। ऐसे समय में भवानी दा, दिनकर जी, मुक्तिबोध, सुमन जी, रघुवीर सहाय, शमशेर, नागार्जुन की आवाज़ें गूँजती हैं। वो हमारी नींद पर आत्मीयता से हाथ फेरते हुए हमें जगाती हैं। बाद की पीढ़ी में भी कई रचनाकार हैं, जिनकी कविता में वाचिक परम्परा के तत्त्व हैं। ख़ासकर जनपद, ग्रामीण इलाकों के रचनाकारों में। जब मैं सन् 1966-67 में पिपरिया में था, तब भवानी दा के अधिक निकट सम्पर्क में आने के अवसर मिले। वहाँ कोई भी साहित्यिक कार्यक्रम होता तो उसकी ज़िम्मेदारी मुझ पर होती। होशंगाबाद के कवि-सम्मेलन में उनके साथ कविताएँ पढ़ने का भी यादगार अनुभव है। वे बहुत सरल, सहज, आत्मीय और देशी मनुष्य के रूप में सब पर स्नेह बरसाते थे।

देवताले जी ने इस बीच एक बहुत मज़ेदार प्रसंग सुनाया। भवानी दा किसी कार्यक्रम में रतलाम आये थे। मैं उन दिनों रतलाम में ही पदस्थ था। संयोग ऐसा था कि उन्हें दिल्ली जाना था और मुझे भी। हम दोनों का रिज़र्वेशन एक साथ ही था। वह एक अविस्मरणीय यात्रा थी रतलाम से दिल्ली तक। अपने प्रिय कवि भवानी दा के साथ एक बेतकल्लुफ़ी भरा आत्मीय सफ़र। मुझे याद है मैं अपने साथ दूध की बनी रोटियाँ ले गया था जिनमें अज़वाइन और हल्दी डली थी। मूँग की सूखी दाल और हरी मिर्च भी थीं। भवानी दा ने उसमें से बहुत प्रेम से खाया। वे अपनी बातों से बौद्धिक आतंक या ज्ञान का प्रदर्शन करने के पाखण्ड से बरी थे। यात्रा की सबसे स्मरणीय बात (अगर मेरे पास कैमरा होता तो फ़ोटो ले लेता) चलती ट्रेन में उनका दाढ़ी बनाना। बैग में से छोटा-सा काँच निकालकर मेरे हाथ में दिया और कहा 'दिखाओ'। एक छोटी-सी शीशी में से खोपरे के तेल जैसा कुछ द्रव निकाला और हल्के से चेहरे पर फेरा। उसके बाद ब्लेड निकाली और कहा—काँच ठीक से दिखाना। फिर उन्होंने बिना रेज़र के दो उँगलियों में ब्लेड थामी और दाढ़ी बनाने लगे। दो-एक बार टोका—'चन्द्रकान्त, काँच ठीक से दिखा!' मैं चकित, विस्मित। फटी आँखों से यह देखता ही रह गया।

...लेकिन एक ख़ुशकिस्मती से मैं वंचित रह गया। वह यह कि रतलाम में बालकवि बैरागी ने मेरी कविताओं को छाँटकर पाण्डुलिपि बनायी थी। बोले—'सर बहुत हो चुका। अब पहला संग्रह छपना ही चाहिए। वह सामग्री ले जाकर उन्होंने भवानी दा को दे दी। तब भवानी दा का स्वयं का 'सरल प्रकाशन' था। किन्तु किन्हीं कारणों से वहाँ प्रकाशन सम्भव नहीं हो पाया, तो उन्होंने पाण्डुलिपि विष्णु खरे को दी और पोस्टकार्ड से मुझे सूचित कर दिया। 'दीवारों पर ख़ून से' मेरा पहला

कविता संग्रह राधाकृष्ण से छपकर आया, शमशेर जी व दुष्यन्त कुमार के संग्रहों के साथ। भवानी दा बहुत ख़ुश हुए। उन्हें स्वयं न छाप सकने का अफ़सोस तो था पर राधाकृष्ण से शीघ्र छपकर आया इसकी हार्दिक प्रसन्नता भी थी।'

आज भी बिना कीटनाशक छिड़की हुई सब्ज़ियाँ उगती हैं, बिना छलकपट वाले लोग मिल जाते हैं, ऐसे में भवानी दा जैसे सरल और आत्मीय पुरखे बहुत याद आते हैं।

हेमन्त देवलेकर से संवाद

विनोद कुमार शुक्ल : औपचारिक फिर भी आत्मीय

मुक्त छन्द की तरह विनोद जी से अवश्य कई भाग्यशालियों के सम्बन्ध होंगे, पर मैंने जिगरी ढंग से उन्हें ट्रीट करते किसी को नहीं देखा, यह मेरी सीमा भी रही होगी।

सच या अफ़वाह पर, सत्तर के बहुत पहले से यह बात भोपाल की फ़िजाँ में रही आयी कि विनोद कुमार शुक्ल बेहद गम्भीर और संकोची हैं। विनोद और शुक्ल एक साथ होने पर कभी लगता परसाई जी आचार्य शुक्ल को उनकी मूँछों पर हँसा रहे हैं। पर शायद यह नाम के संयोग या दुर्योग के ही कारण। पर मैं इस अफ़वाह का शिकार रहा। मेरे जैसे कई हैं हिन्दी साहित्य के बाड़े में जो उन्हें विनोद कहकर सम्बोधित करने का साहस नहीं जुटा पाये। ताली एक हाथ से तो बजती नहीं न।

मेरे उनसे औपचारिक फिर भी आत्मीय लगते सम्बन्ध हैं। यह भी विरुद्धों का साहचर्य है। पर 'कुछ भी सम्भव है' के तर्क से इसे समझने में आसानी होगी।

ऐसा नहीं कि उनमें कोई कमी नहीं, सबसे बड़ी कमी तो यही कि उनमें कोई ऐब नहीं है। एक अदृश्य साधारण लगते प्रभामण्डल के बीच अपनी भद्रता, गम्भीरता और संकोच के बावजूद वे सचमुच बड़े विज़न, कलात्मक, विस्मयकारी शिल्प के कवि और दीवार में खिड़की रखने वाले मेजर कथाकार भी हैं, वरना ग़ालिब, निराला, नागार्जुन, त्रिलोचन, मुक्तिबोध, रघुवीर सहाय, निर्मल वर्मा, केदारनाथ सिंह, विष्णु खरे, अशोक वाजपेयी, प्रभात त्रिपाठी से लेकर मंगलेश डबराल, लीलाधर मण्डलोई, राजेश जोशी, विष्णु नागर आदि तक में ऐसा कौन है जिसमें ऐब न हो। यह सूची बहुत लम्बी हो सकती है। कुछ बड़े ऐबवानों के नाम इस डर से छोड़ रहा कि कहीं वे सूचना के अधिकार के ज़रिये पूछने न लग जायें—"बताओ ऐब हमारा, नहीं तो तैयार रहो, मानहानि के दावे के लिए।"

अभी तो बरसों हो गये कहीं भी उनसे मुलाक़ात ही नहीं हो पायी। फ़ोन-ख़तो-किताबत का तो सिलसिला शुरू ही नहीं हुआ हमारे बीच। मैं तो इसमें अपने ही प्रमाद-आलस्य को दोष दूँगा। पता नहीं उनकी फ़ोन-संवाद-सूची में किन ख़ुशनसीबों के नाम हों। उनका असावधानपूर्वक चौकन्ना रहना, संयत मौन,

जतन-जुगत से सहेजा अपनापन मेरे जैसे गोण्डवाना-मालवा-निमाड़ के संस्कारों वाले व्यक्ति को बेहद आकर्षक लगता रहा हमेशा। पर उनके होने के अपने मुहावरे में ढालना मुझे कभी नहीं भाया।

कुछ दिलचस्प प्रसंग : पहला विनोद जी की नुकीली नजाकत भरी तुनकमिज़ाजी का ग़ैर-दोस्ताना टल्ला। बात 9 जून से 18 जून 1987 की है। म.प्र. के हम बारह रचनाकार सोमदत्त (तब के सचिव साहित्य परिषद) के नेतृत्व में 10 दिन की हिमाचल प्रदेश की यात्रा पर थे। यात्रा बेहद नैसर्गिक और सृजनात्मक परिवेश-संवादों से भरपूर रही। हम हिमाचल प्रदेश के अतिथि माने गये और वहाँ के तुलसी रमण निरन्तर हमारे साथ रहे। चार कारें हमें सौंपी गयी थीं। जिनसे हम एक केन्द्र से दूसरे सुरम्य स्थल पहुँच रहे थे। एक गाड़ी में पीछे हम चार साथी थे। खिड़की वाली सीट पर विनोद जी, उनके पास मैं फिर जैसा याद आ रहा रामेश जोशी और शशांक। मैं बहुत ख़ुश कि विनोद जी के साथ...पर होता कुछ ऐसा कि हम बीच-बीच में गाड़ी रुकवाते। कुछ पान, गुटके या सिगरेट आदि के लिए। एक जगह बियर के लिए भी रुकवाई। अब विनोद जी के सब्र ने साथ छोड़ दिया। वे लगभग बिफर पड़े—"अजीब लोग हैं आप! बार-बार जहाँ-तहाँ गाड़ी रुकवा रहे..." और भी थोड़ा कुछ। मैंने कहा—''विनोद जी आप गाड़ी बदल लें अगले पड़ाव पर।'' गाड़ी पहाड़ी रास्ते पर थी। थोड़ी देर बाद उन्होंने कहा—"देवताले जी, आप सीधे क्यों नहीं बैठते?" इसी के साथ कन्धे का टल्ल मारा। जिससे मैं रोमांचित हो सिकुड़कर बैठ गया। फिर सचमुच अगले पड़ाव पर उन्होंने गाड़ी बदल ली। याद आया रायपुर में विभु कुमार ने कहा था—"विनोद कुमार शुक्ल विचित्र प्राणी हैं।" इस टिप्पणी को मैंने व्याज स्तुति की तरह ही ग्रहण किया था।

कभी-कभार आपने गम्भीरता और संकोच के पापड़ को टूटते-बिखरते देखा होगा। एक शाम विनोद जी और मैं नवीन सागर के घर पीने-खाने पहुँचे थे, भोपाल में उन दिनों दो-तीन ऐसे युवा थे जो ऐसे पापड़ को चूर-चूर कर सकते थे। नवीन में भी यह महारत थी। अच्छी तरह तो क्या बुरी तरह ही याद आ रहा, विनोद जी ने चम्मच दो चम्मच भी बियर पी या नहीं, पर हँसी-मज़ाक़ों का दौर चल रहा था। मैंने बताया, विनोद जी एक शाम मैंने सत्ताईस पतासे बियर भर कर पिये। तो उनकी आँखें फटी की फटी तो नहीं रह गयीं पर उनने पीठ पर हाथ रख कहा था—"वाह! देवताले जी आप भी ख़ूब हैं।" एक बार रतलाम आये थे। तब भी बेहद पारिवारिक साथ रहा।

अशोक वाजपेयी : सतत सक्रिय

प्रिय भाई पुरुषोत्तम, अर्से पहले आया तुम्हारा ख़त कहीं रखा गया और विस्मृति का शिकार हुआ, आज बीस दिसम्बर को एकाएक हाथ में आ गया और फड़फड़ाने लगा पुराने दिनों में अख़बार के दफ़्तर से देर रात जब कोई ज़रूरी ख़बर आती तो उसका सार 'छपते-छपते' के नीचे दे दिया जाता था। वैसा ही इस पत्र के साथ करोगे तो मुझे ख़ुशी होगी। कुछ बातें जो भले ही 'ज़रूरी' न लगें पर मेरे लिए ज़रूरी हैं अनौपचारिक लिख रहा हूँ।

धूप में बैठे-बैठे स्मृत्यालोक में कितना कुछ देख रहा हूँ। अविस्मरणीय, प्रिय और अप्रिय प्रसंगों में घिरे अशोक जी आधी सदी अपना रथ जिस तरह जोतते रहे, वह चमत्कृत करता है। यह केवल साधन-सुविधा-पद के हुआ करिश्मा नहीं है। इसकी पृष्ठभूमि में उनका कवि, कल्पनाशीलता, काव्य-संस्कृति और कलाओं के प्रति गहरा नैसर्गिक लगाव है। इस अभियान में उन्होंने क्या खोया क्या पाया और बृहत्तर साहित्य-संस्कृति-कला को क्या दिया इसका लेखा-जोखा एक दिलचस्प, विकट जोख़िम और उत्साह भरा कार्य होगा और एक उम्दा पौधा दस्तावेज़ की तरह तैयार हो जायेगा। शायद तुम जो कर रहे इसी तरह की कोशिश।

देखने-परखने के अनेकान्त होते ही हैं, फिर अपनी-अपनी दृष्टि भी होती है। ख़ुद अशोक जी की पसन्दगी-नापसन्दगी की सूची भी छोटी नहीं होगी। और यह भी कि वे ग़लती नहीं कर सकते, ऐसे महापुरुष नहीं। उनने भी कभी ऐसा दावा नहीं किया।

'शहर अब भी सम्भावना है' और 'फिलहाल' में उनके कवि-आलोचक की जुड़वाँ छवि के साथ उनके आगमन का स्नेह के साथ स्वागत हुआ था। एक अच्छे कवि और कला-पारखी के रूप में उन्हें हिन्दी ही नहीं भारतीय वाङ्मय में सहज प्रतिष्ठा प्राप्त है। वे किसी भी अर्थ में प्रतिगामी कवि नहीं, न अकादेमिक आलोचक। पर याद आ रहा 'फिलहाल' की 'आवेग' पत्रिका में समीक्षा करते हुए मैंने 'युवा आचार्यत्व की पहली मुद्रा' शीर्षक दिया था। तब अशोक जी अम्बिकापुर में कलेक्टर थे।

विनोद और व्याज-निन्दा में निष्णात अशोक जी का यह तार आया था—"शीर्षक शरारतपूर्ण है।" अब कहाँ उनके जैसा महाशरारती और मैं लघु शरारती। फिर भी मज़ा रहा।

ऐसा नहीं कि अशोक के पास अलादीन का दिया या जादू का चिराग है, जो हमेशा सही जगह ही रोशनी फेंकता रहा। उनसे चूक भी हुई—मेरे ही मामले में। अभी चार वर्ष पूर्व इसी उज्जैन के एक आयोजन में अकविता का ज़िक्र करते कहा कि मैं अकविता के विरुद्ध हथियारबन्द रहा...यहाँ भी सामने चन्द्रकान्त देवताले बैठे हैं, मेरा वश चलता तो कॉफ़ी में ज़हर मिला कर देता। इसके उलट यह देखें 1973 में अपनी गाँठ के पैसों से जब पहचान-शृंखला में पन्द्रह नये कवियों के संग्रह छापे तो उस दृश्य की आवाज़ होने के कारण सौमित्र और मैं भी शामिल, यह भी अशोक जी का खेल था।

अशोक जी साथी लेखकों की कई तरह से मदद करते रहे। मुझे याद आ रहा कि 1980 में मुझे 'मुक्तिबोध फैलोशिप, मिली थी एक वर्ष के सृजनात्मक कार्य के लिए। उसी दौरान मेरा अशोक जी के उपसचिव पद पर रहते रतलाम से गंजबासोदा ट्रांसफर कर दिया गया। सूची जब अन्तिम रूप में अशोक जी के पास आयी तो उन्होंने मुख्यमन्त्री के पास जाकर तर्क किये और इसे निरस्त करवा दिया। इसका उन्हें तोहफ़ा मिला, वे कृषि-विभाग में भेज दिये गये। यह उन्होंने हँसते हुए बहुत बाद में बताया। यहाँ यह सूझ 'हँसते हुए उनका सार्वजनिक जीवन और उत्तेजित होते हुए और प्रेम' उन पर चस्पाँ किया जा सकता है। 'अफ़सरी रौब गाँठना यदाकदा' उनके बारे में प्रचलित है। मैंने भी देखा है। शानी जी, सोमदत्त, अक्षय उपाध्याय ही नहीं और भी कई...प्रायः अन्तरंग गोष्ठियों में। पर मेरा विचार अलग है इससे (ग़लत हो सकता है सौ प्रतिशत) मैं सागर में हूँ तीन वर्ष। अशोक जी के काका गरजने-दहकने के बारे में जाने जाते थे। अशोक जी की यह ठसक, यह आभिजात्य उनमें ख़ूब है। वाजपेयी जी (हालाँकि "वाजपेयी होने पर शर्मिन्दा हूँ" उनका बयान पढ़ा है मैंने राजनीतिक सन्दर्भ में) अगर पटवारी या प्रधानाध्यापक भी उनका यह पक्ष अँधेरे में खद्योत-सम चमकता है।

अभी पाँच वर्ष पूर्व उज्जैन कालिदास अकादेमी के समारोह में हुई एक घटना। समारोह के अतिरिक्त प्रख्यात माधव कॉलेज में उनका व्याख्यान सुबह 9 बजे हुआ, अध्यक्षता मुझसे करवाई गयी। भाषण के पश्चात् हाल से निकलते हुए एक युवा पत्रकार ने कुछ प्रश्न किये। एक प्रश्न यह भी कि "मन्दिर बन जायेगा तो क्या होगा?" अशोक जी ने दो टूक जवाब दिया, "देश टूट जायेगा।" और मुझे कार में बिठा मेरे घर के लिए रवाना हो गये। उसी शाम अशोक जी दिल्ली आने

के लिए इन्दौर चले गये। अगले दिन सुबह के सत्र में परिचर्चा चल रही थी तब अचानक हो-हल्ला सुनाई दिया—"वाजपेयी को बाहर निकालो...कहाँ है वाजपेयी?" दस-पन्द्रह युवा हाथों में लाठियाँ लिए चिल्ला रहे थे। कमलेशदत्त त्रिपाठी जी ने उन्हें समझा-बुझा के विदा किया कि वे चले गये हैं। उनका साहसिक प्रतिरोध हमेशा दिख़ता रहा। भोपाल गैस-त्रासदी और आपातूकाल के दौरान उनके वक्तव्यों ने उन्हें विवादों के घेरे में भी रखा है।

आपातूकाल की एक बात याद आ रही...भारत भवन में हम लोगों का कविता-पाठ था। जगूड़ी ने उनसे पूछ लिया क्या कविताओं के चयन के बारे में कुछ सावधानी बरतनी है। उनका दो टूक जवाब था—'कतई नहीं', कोई सेंसरशिप नहीं।

म.प्र. में पुस्तक-संस्कृति को बढ़ावा देने के लिए उनके काम याद आ रहे हैं। शासकीय-पुस्तक-खरीदी की (पढ़ी भी या नहीं, पता नहीं) उन्होंने नयी सार्थक पहल की। पुस्तक क्रय समिति, हर ज़िले में पुस्तकालय हेतु पुस्तकें प्रेषित कर और हर महत्त्वपूर्ण बड़े शहर-छोटे क़स्बे में पाठक मंच। इन मंचों को भी हर माह चर्चा हेतु दो-दो प्रतियाँ भेजी जातीं। ऐसा नहीं कि सिर्फ़ राजधानी भोपाल ही आयोजन-उत्सव होते थे। हर सम्भाग में भी कविता मंच रखा जाता, जिसमें देश और प्रदेश के चार या पाँच कवि होते। फ़ैलोशिप, सम्मान आदि के भी सिलसिले का असर यह हुआ कि लेखक की पहचान और उसका महत्त्व समाज को ही नहीं, ख़ुद लेखक को भी आत्मभान की तरह से हुआ।

'परिसर में लेखक' की उपस्थिति का लाभ विश्वविद्यालय छात्रों को सहज सुलभ हो सके इस हेतु सृजन-पीठ स्थापित हुए। निराला, मुक्तिबोध, प्रेमचन्द जैसे बड़े रचनाकारों के नाम पर स्थापित सृजन पीठ में शमशेर, त्रिलोचन, नरेश मेहता, निर्मल वर्मा, मन्नू भण्डारी, कृष्ण बलदेव वैद्य जैसे लेखकों को अपने सृजनात्मक कार्य के लिए अवकाश मिला और नगर की सृजनात्मकता को भी उनकी प्रेरणा-मार्गदर्शन प्राप्त होता रहा।

'भारत भवन' की कल्पना और फिर साकार होने पर वहाँ आयोजित कार्यक्रमों की सार्थक गरिमामयी चकित करती आवृत्तियाँ अशोक जी का ऐसा योगदान है, जिसकी सराहना वे भी अब करेंगे जो इसको सत्ता-सुविधा का ही चमत्कार समझते थे। पर सत्ता के बजट को सृजनात्मक त्रिवेणी के सार्थक आह्लाद रूप में प्रवाहित करना।

रचनाकारों-कलाकारों के वृन्द मिलन का आनन्द और धन्य होने की भावदशा कैसे प्रत्यक्ष होती यदि भारत भवन नहीं होता। सिर्फ़ आभिजात्य और आधुनिक ही नहीं आदिवासी और पारम्परिक कलाओं का वास, संग्रह और भारतीय साहित्य की

हज़ारों पुस्तकों का घर भारत भवन एक मॉडल ही प्रमाणित हुआ। कोशिश करने के बाद भी दूसरे किसी राज्य में वैसा संगम नहीं हो पाया। गंगूबाई हंगल, मल्लिकार्जुन मंसूर, कुमार गन्धर्व, रज़ा, स्वामीनाथन, कारन्त के साथ ही विश्व और भारतीय भाषाओं के साहित्यकारों के बीच होना मेरे जैसों के लिए अद्भुत अनुभव होता।

'मुक्तिबोध रचनावली' के लोकार्पण दिवस से लेकर भारतीय कविता की त्रैवार्षिकी, विश्व-कविता, कविताओं के अनुवाद की कार्यशाला और निरन्तर प्रासंगिक-ज़रूरी विषय पर विचारोत्तेजक बहस-बातचीत और इस सबके लिए भरपूर स्वतन्त्रता का अवसर। सब मामूली नहीं था।

(लम्बे ब्रेक के बाद : 6 जनवरी : 2011)

इस अप्रत्याशित ब्रेक के बावजूद संक्षेप में इतना ही...कि वे सतत् सक्रिय रहे हैं और उनके कारण भारतीय लेखकों-कलाकारों के बीच सम्पर्क सेतु निर्मित हुआ। विश्व के कई बड़े कवियों-लेखकों के बीच होना इतना सहज हो ही नहीं सकता था—ख़ास कर क़स्बों-दूरस्थ लेखकों के लिए। आज भी वे लगातार टोही सर्जक के रूप में दुनिया भर के किताब घरों में घूमते-घामते अपने नियमित कभी-कभार में नयी कृतियों-लेखकों की परिचयात्मक छवि प्रस्तुत कर ही रहे हैं। वर्चस्व-सुविधा का इसमें अवश्य योगदान है। पर जो उन्होंने किया, कर रहे, वे ही कर सकते हैं।

वे सत्तर वर्ष के हो रहे हैं—उनके आयुष्य खाते में मैं चालीस वसन्त समस्त मंगल कामनाओं सहित जमा कर रहा हूँ।

सुदीप : कुछ प्रसंग

जैसे गोधूलि में बैठा हूँ और धड़कती-खतियाती यादों के झुटपुटे में सुदीप के साथ हूँ। यह कोई स्मृत्यालोक प्रवाह नहीं बल्कि सब कुछ बिखरा-उड़ता हुआ...जैसे रुई धुनकी जा रही हो। किसी अपने के बारे में लिखना जिसमें अपने को शामिल नहीं ही होने दें...बेहद मुश्किल है। फिर ऐसे अज़ीज के बारे में जो बेवक़्त न रहा हो और भी जज़्बाती संकट है। अन्तिम बार सुदीप से एम्स के रूम नं. 204 में मुलाक़ात हुई थी। वह बहुत ख़ुश हुआ था 'अच्छा होकर उज्जैन आऊँगा' कहा था उसने। और तीन महीने बाद वादा पूरा करने के पहले "वह चला गया/लगभग कभी नहीं आने की तरह/चला गया।"

अगले माह एक वर्ष हो जायेगा उसके जाने को, उसे जिस तरह याद किया गया भिन्न-भिन्न क्षेत्रों, सक्रिय संगठनों और अनुशासनों के द्वारा, सुदीप को समझने के लिए पर्याप्त है। जीवन-समाज और अपने समय की गहरी ज़मीनी समझ उसके विचार और कार्यकलापों को उत्प्रेरित करती रहीं। इसीलिए अवसर और दबाव के बावजूद उसने साहित्य के खूँटे से बँधे रहना मंज़ूर नहीं किया।

अपने विद्यार्थी जीवन में ही सुदीप संस्कृत, अंग्रेज़ी, हिन्दी, बांग्ला, उर्दू भाषाओं के साथ ही अर्थशास्त्र, समाजशास्त्र, विज्ञान और लोक-जीवन में रुचि लेने लगा था। तर्क के लिए तर्क करते उसे कभी नहीं देखा। जुलाई 62 में सुदीप प्रथम वर्ष की कक्षा में मिला...परिचय-कुछ प्रश्न आदि के दौरान समझ गया, मुझे अच्छे आत्मीय युवाओं के साथ रहने का मौक़ा मिला है। जैसे बाद में वैसे ही तब सुदीप की दिलचस्पी किताबी दुनिया में जितनी उससे कहीं अधिक डिबेट, परिसंवाद, अभिनय, कविता, अनुवाद, पाठ और भटकने के अलावा आत्मीय संलाप में थी। वह छात्रों में प्रिय था पर नेता नहीं। मैं मुख्य परामर्शदाता था तब सुदीप पत्रिका के लिए हिन्दी विभाग का छात्र सम्पादक था। अति सामान्य लगते सुदीप में सादगी और प्रतिभा के रहते न तो बंगाली होने का कोई आभिजात्य था न अहंकार। वह अपनी ख़ूबियों के प्रति लगभग बेभान था। अपने साथियों को यथासम्भव मदद करने के प्रसंग भी मुझे याद हैं।

लगभग चार वर्षों तक हम साथ रहे साथी की तरह। मेरे अच्छे अध्यापक बनने में उसकी असन्दिग्ध भूमिका भी रही। हमारी निकटता के कारण कुछ प्राध्यापकों से मेरी अनबन भी हुई।

पाँच वर्ष बाद सुदीप जावरा-रतलाम प्रशासनिक अधिकारी बन कर आया तो हम ऐसे मिले जैसे दूर हुए ही न हों। वैसे सम्पर्क बना रहता था।

अब सुदीप के पास किताबों का भण्डार था। सार्त्र, काफ़्का, कामू, हेमिंग्वे के बाद मार्क्स और उत्तर-मार्क्सवाद के लेखक थे। धीरे-धीरे सुदीप जनपद के जीवन और उनकी समस्याओं से जुड़ता गया।

वैसे रौब ग़ालिब करना या बर्दाश्त सुदीप के स्वभाव में नहीं था। फिर भी एक बार उसने जावरा के पास देहात के एक सवर्ण-दबंग पर हाथ उठा दिया था। उस वक़्त पिछड़े-छोटे किसान भी खड़े थे जिनके खेतों में इस बड़े किसान ने ढोर चरने के लिए छुड़वा दिये थे। वैसे सुदीप पुलिस अमले के साथ गया था। मेरे पूछने पर उसने बताया—कभी-कभी ऐसे लोगों का पानी उतारना उत्पीड़ितों का हौसला बढ़ाता है। इन्दौर में जब सुदीप नगर निगम आयुक्त था तब एक मन्त्री ने सर्किट हाउस में साबुन-तौलिया ठीक-ठाक न होने की शिकायत करते सुदीप पर रौब जमाने की कोशिश की तो सुदीप ने तत्काल जवाब दिया सामान्य लोग भी अपना साबुन-तौलिया साथ लाते हैं। फिर यह मेरी ज़िम्मेदारी में नहीं आता। तब के अंग्रेज़ी के पहले पूरे पन्ने पर शीर्षक था 'बड़ा बाबू वर्सेज मिनिस्टर।' एक युवा नौकरशाह का यह तेवर अर्से तक चर्चा में रहा। पत्रकारों से सहज सम्बन्ध रखते भी न तो उनका इस्तेमाल किया न उन्हें करने दिया। रतलाम में एक पत्रकार को उसकी जगह बता देने पर सुदीप का ट्रांसफर शुजालपुर हो गया था। तब और आपात्काल के दौरान भी सुदीप ने त्यागपत्र देने का मन बनाया था। दोस्तों के समझाने पर बमुश्किल सुदीप को मानना पड़ा।

जावरा में एक भृत्य जिन की बोतल में से थोड़ी पी जाता और उतना ही पानी मिला देता। मैं भी दो-तीन दिनों के लिए साथ था। हमें स्वाद में फ़र्क़ आता लगता फिर एक दूसरे भृत्य से जासूसी करवाई तो रहस्य उजागर हुआ, पर सुदीप ने वह आधी बोतल उसे दे दी और भविष्य के लिए अच्छे से समझा दिया।

शुजालपुर में मैं भोपाल एक गोष्ठी में जाते रुका था, हम आपस में चर्चा किया करते थे। भोपाल का विषय था 'अराजकता के विरुद्ध कविता' मुझे भी बोलना ही था। बहुत ही हँसी-मज़ाक़ के बीच हमने नया विषय बनाया 'राजकता के पक्ष कविता' और इसके समर्थन के बिन्दुओं पर हँसते रहे।

सैलाना तहसील के बाजना आदिवास गाँव में फादर शेलप्पा (आस्ट्रिया के) कोढ़ियों की देख-रेख-सेवा चिकित्सा करते अकेले रहते थे। सुदीप का उनसे आत्मीय सम्बन्ध हो गया था। सुदीप उनको आवश्यक सुविधाएँ उपलब्ध कराते रहते थे। वे वायलिन बहुत सुरीला बंजाते थे। मैं भी दो-तीन बार वहाँ गया।

ऑफ़िस से छूटने के बाद सुदीप प्रायः मेरे घर आते, हम कुछ न कुछ खाते, चाय पीते-बतियाते। फिर सुदीप का विवाह...रूबीना को भी परिवार का हिस्सा बनना ही था। जन्माष्टमी, शिवरात्रि को कमा फलाहार के स्वादिष्ट व्यंजन बनाती—जो दोनों को पसन्द थे। उपवास बहाना होता। दीपावली के दो दिन बाद सुदीप के आवास पर सुबह 9 बजे के लगभग गया। सुदीप अकेला था। जगह-जगह से प्रसाद के रूप में फल-मिठाई आये थे। एक टोकरी जिसमें रखे सूखे मेवे दिखाई दे रहे थे। सुदीप ने गाड़ी में रखवा लिए और हम दोनों घर आये। कमा, कनु-अनु सबके बीच मेवे की ऊपरी परत उठाई तो नीचे दूसरे खाने में फल और मिठाई थे। उसे उठाने पर तीसरे खाने में एक साड़ी थी चमचमाती-क़ीमती। उस पर क़ीमत का टेग भी लगा था। वह एक हज़ार और कुछ रुपयों की थी। सुदीप ऐसे उठकर खड़ा हो गया जैसे काला नाग देख लिया। उसने तुरन्त फ़ोन करके अपने एक सहायक को बुलवाया और फिर लगभग दस मिनट में विटामिन दवाई निर्माता का मैनेजर आ गया। सुदीप ने उसे बहुत फटकारा और साड़ी उठाकर आँगन में फेंक दी।

सुदीप के रतलाम में कलेक्टर रहने के दौरान उसके आवास के परिसर में गेहूँ बो दिया करते थे। लगभग एक-दो क्विंटल गेहूँ निकल आता था। सुदीप यह भृत्यों, चौकीदार, ड्राइवर में वितरित कर देता था।

आपातकाल के दिनों सुदीप बेहद व्यग्र रहा। दिल्ली के असित चक्रवर्ती जो उन दिनों भूमिगत थे, सुदीप के पास आते थे। सुदीप ने असित को मेरे यहाँ शेल्टर दिया। मैं, असित और सुदीप रात को घण्टों बातें करते। असित तीन बार रतलाम आये, मेरे साथ रहे। एक रात मैंने और असित ने जाकर, जहाँ मैं प्राध्यापक था उस कॉलेज की दीवारों पर आपातकाल के विरुद्ध कई स्लोगन गेरू से लिखे, कॉलेज में रात को तैनात बा'साब को हमने अंग्रेज़ी पिक्चर देखने और पव्वे के लिए रुपये दे दिये थे। दूसरी सुबह मामूली हड़कम्प मचा और सफ़ेदी पोत दी गयी। सुदीप की इसमें दिलचस्पी और असित के झाबुआ इलाके में जाने की व्यवस्था करवाना अहम की बात थी। अजीब दुखद संयोग यह कि 8 सितम्बर 2005 को दिल्ली में 'सुदीप बनर्जी की प्रतिनिधि कविताएँ' के लोकार्पण के अवसर पर मैंने आपातकाल का यह प्रसंग सुनाया था। कार्यक्रम के बाद चाय-पान के बीच 'मेधा' के प्रकाशक श्री ने मुझे बताया कि पिछले दिनों असित जी का कलकत्ते में निधन हो गया।

रतलाम में रहते सुदीप ने अपने को क़स्बे में कवि और सोचने वाले महत्त्वपूर्ण प्रतिष्ठित व्यक्ति या अधिकारी होने की छवि से बचाया। जैसा इन दिनों उच्च प्रशासनिक और पुलिस अधिकारी जैसी सरकार वैसी भेष बनाकर पहले सार्वजनिक-धार्मिक मंचों पर फिर दूसरे दिन अख़बार के पन्ने पर शोभा बढ़ा रहे हैं। 'आवेग' को सहायता दिलाने और रचनात्मक सहयोग में भी मर्यादा का ध्यान रखा। सुदीप के बूते 'आवेग' के बैनर तले दो नाटकों के लिए वर्कशाप हुई और काव्य पाठ भी आयोजित हुए—जिनमें केदारनाथ सिंह, विष्णु खरे, अशोक वाजपेयी, विनोद कुमार शुक्ल, सोमदत्त आदि ने शिरकत की। सुदीप का नाटक-कविताएँ लिखने का क्रम जारी रहा किन्तु उसने कभी तुतुम्बा नहीं मचाया, कभी-कभार मुझे कविताएँ सुनाना और उन पर बातचीत इतना ही। मैं अपनी हर कविता सुनाता ही था। 'थोड़े-से बच्चे और बाक़ी बच्चे' कविता तब उज्जैन से प्रकाशित हो रही 'ज़मीन' पत्रिका के लिए सहयोगी सम्पादक ले गये थे, फिर उनका पत्र आया इस कविता में कुछ और काम करने की ज़रूरत है। मैंने तुरन्त वापस मँगवा ली। वाक़या शाम सुदीप को बताया तो उसने तुरन्त यह कविता 'दिनमान' के लिए भेजने को कहा और रघुवीर जी को मैंने यह कविता चार पंक्तियों के ख़त के साथ भेज दी। कविता का अंश मुखपृष्ठ पर और अन्दर पूरे पेज पर कविता प्रकाशित हुई। सुदीप का संग्रह तैयार करने के लिए बहुत बार कहने पर सुदीप ने कविताएँ उपलब्ध करायीं, पहले संग्रह 'शब-गश्त' की पाण्डुलिपि मैंने सुदीप के साथ तैयार की और फिर प्रसन्न ओझा और मैंने ब्लर्ब लिखा। सुदीप आई.पी.एस. होकर ग्वालियर में शहर पुलिस अधीक्षक रहा था कुछ अर्से। उसके पहले वह इन्दौर के कन्या महाविद्यालय में अंग्रेज़ी का प्राध्यापक भी रहा। 1993 में जब मैं उसी कन्या महाविद्यालय में था, अंग्रेज़ी की एक प्राध्यापिका ने, जो सुदीप की वहीं छात्रा रह चुकी थी, एक दिन मुझसे कहा—"सर! सुदीप जी इतने बेहतरीन ढंग से पढ़ाते थे...वो सरकारी अफ़सर क्यों बन गये?" मैडम को कैसे समझाता कि वह पाठ्यक्रम-कक्षा की सीमा में सुरक्षित रहने वाला इन्सान नहीं था।

दरअसल सुदीप सिद्धान्तों-अवधारणाओं के मकड़जाल में उलझने वालों से—जिनका काम विमर्श और बौद्धिक एरीना तक सिमटा रहता—अलग इरादों का व्यक्ति था। और जहाँ-जहाँ जिन-जिन महकमों-इलाकों में रहा, उसने कुछ करके दिखाया। श्रेय लेने वालों में वह नहीं था। प्रशासन, शिक्षा, प्रौढ़ शिक्षा-साक्षरता, सूचना-तन्त्र-प्रशासन विभाग, वन, जंगल, आदिवासी-अंचल हर जगह सुदीप ने जनहित के लिए कारगर पहल की और ख़ास बात यह कि अपने धर्म-निरपेक्ष-प्रगतिशील विचारों को न तो छिपाया न कोई समझौता किया। सुदीप का बस्तर स्थानान्तरण एक तरह से हाशिए पर डालना था, किन्तु इसे उसने अपनी महत्त्वपूर्ण कर्मभूमि बनाया और ज़मीन,

वनोपज, तेंदु पत्ता, आदिवासियों के कुदरती हक़ों के लिए एक तरह से आन्दोलननुमा कार्य किये। केन्द्र सरकार को वनवासियों के कल्याण के लिए पुराने अधिनियम में संशोधन के प्रस्ताव भेजे। कई अधिकारी अचरज से देखते रहते थे। सुदीप के निकट के लोगों को भी वह रहस्यमय लगता, कभी उसकी ख़ामोशी, कभी थोड़ी झुकी मुस्कान, कभी एकटक देखते भी रहना। पर यह सब उसकी तहक़ीक़ात वाली कार्यवाही का अंग होता था। मेरे जैसे के लिए सुदीप का कुछ भी उस तरह गूढ़ नहीं था। कई साथी जो समझते थे हम उसके अन्तरंग हैं—सुदीप उनके हलकेपन को ठीक-ठीक पहचानता और बताता भी था।

सुदीप अपने उज्जैन के सरकारी मिडिल स्कूल, परिवेश और जड़ों से विस्थापित हो जाता तो वह जैसा हुआ वैसा धरती के घावों और भेदभाव-अन्याय से सताये लोगों का सच्चा हमदर्द दोस्त नहीं हो पाता। सरकार में रहते उसने एक पत्रकार को कहा था—"देश में दोहरी शिक्षा व्यवस्था ख़तरनाक है।" बाबरी-विध्वंस को वह शताब्दी में हुई कतिपय भयानक प्राकृतिक आपदाओं और साम्राज्यवादियों द्वारा किये कतिपय क्रूरतम कारनामों जैसा मानता था। 'गाँधी की हत्या फिर हो गयी' उसने कहा था।

इन सब प्रसंगों का धुनका जाना जारी है। ज़िन्दगी-दुनिया के तमाम मसले उसे व्यग्र रखते थे और उसका कवि होना इसी का परिणाम भी रहा। और वह जानता था ख़ूब अच्छी तरह साहित्य संसार का खेल और उसे पता था "उतना कवि तो कोई नहीं/जितनी व्यापक दुनिया।" चाहे वह अपने कवि होने के प्रति बेभान हो किन्तु वह अपने और अन्यों के रचना कर्म के प्रति गम्भीर था और कविता कुछ काम कर सकती है इसके प्रति भी प्रतिकूल समय में कुछ उम्मीद रखता था और कविता उसमें ऊर्जा पैदा करती रहती थी।

21, 22, 23 जनवरी 2009 में मैं दिल्ली में था। सुदीप आई.सी.यू. में। बिन मिले लौट आना पड़ा।

सुदीप के कारण मुझे साक्षरता, पुस्तकालय न्यास और कई क्षेत्रों में कार्य करने के मौक़े मिले। उसका जीवन सफल से कहीं अधिक सार्थक रहा...बस यह कि वह उम्मीद के धागे को बेवक़्त तोड़कर चला गया...

उसकी ही पंक्तियाँ—

"कितनों ने उपकृत किया
कितनों ने अनदेखा
फिर भी जीवन रहा वैसा ही अकारथ"

उस पर तो नहीं मुझ पर लागू हो रही हैं। इतना ही।

बेहतर समाज के लिए बेचैन सुदीप

'विमर्श' शब्द मुझे और सुदीप को बहुत खटकता है। जैसा कहा गया है, मैं अपने वक्तव्य में विमर्श का सूत्रपात तो नहीं करूँगा, पर कुछ निजी बातें कहना चाहूँगा। जिस कवि की कविताओं से प्रतिनिधि कविताओं का संग्रह हमारे साथियों ने तैयार किया है, जिनकी कविताएँ अभी आपने सुनी हैं, उनकी बात यदि मुझे माननी चाहिए, तो यहाँ मेरे आते ही सुदीप ने कहा था कि "आप कुछ मत बोलना, मौन में ही कुछ भी कह देना।" पर वह भी सम्भव नहीं है। कभी-कभी चुप रहना भी असम्भव हो जाता है और कहना भी।

मेरे वास्ते मेरे जीवन का दूसरा-तीसरा अध्याय सुदीप के साथ ही शुरू होता है। वे 1962 की जुलाई के बरसाती दिन थे। मैं उज्जैन में पढ़ाने आया था। प्रथम वर्ष की कक्षा में जब मैं पढ़ाने गया, तो उसमें इतने विद्यार्थी थे कि मैं देखकर चकित रह गया। शायद इसलिए कि मैं छोटी जगह से आया था। सुदीप उन्हीं विद्यार्थियों में थे। कमीज़-पाजामे में। धीरे-धीरे निकटता बढ़ती गयी और हम लोग साथ-साथ घूमने जाने लगे। पहले ही सुदीप ने साहित्य और ख़ासकर कहानी के बारे में मुझसे प्रश्न किये। इसका नतीजा यह हुआ कि सभी तरह के सवालों के जवाब देने के लिए मैंने पढ़ना शुरू किया।

मैं यह कहना चाहता हूँ कि अपने सैंतीस-अड़तीस वर्षों के अध्यापकीय जीवन में मेरा अनुभव यह रहा कि कुछ विद्यार्थी भी अध्यापक को अच्छा अध्यापक बनाते हैं। इसके दृष्टान्त और प्रमाण सुदीप हैं। मैं जितना अच्छा अध्यापक हुआ, उसमें सुदीप जैसे विद्यार्थियों का उतना ही योगदान है। यह कहते हुए मुझे सन्तोष हो रहा है।

सुदीप शुरू से ही बेहद विनम्र और संकोची, किन्तु उतने ही प्रखर रहे हैं। वे अक्सर बातचीत में भी कहते हैं—"मेरा कवि और प्रोग्रेसिव होना और इस तरह की राजनीतिक बातें करना, मैं जिस तरह का काम करता हूँ, उसे करते हुए शोभा नहीं देता है। मुझे इसका संकोच होता है।" मैं बता दूँ कि सुदीप को कभी अपने कवि

होने का दम्भ या अभिमान नहीं रहा है, पर वे बहुत बेहतर कवि हैं। अभी उनकी जो कविताएँ हमने सुनी हैं, उनसे इसका अन्दाज़ा लगाया जा सकता है।

लोगों ने—विद्वानों और काव्य प्रेमियों ने—एक कैटेगरी बना रखी है आई.ए.एस., आई.पी.एस. अधिकारी कवि की। सुदीप आई.पी.एस. भी रहे हैं और अब आई.ए.एस. हैं, लेकिन वे सिर्फ़ एक आई.ए.एस. अधिकारी नहीं हैं। उन्होंने क़ानून की परीक्षा भी दी है, अंग्रेज़ी साहित्य का अध्यापन भी किया है। साथ ही वे एक अच्छे कवि हैं। क्या एक आई.ए.एस. या आई.पी.एस. अधिकारी अच्छा कवि नहीं हो सकता? क्या अच्छा कवि और अच्छा अधिकारी और अच्छा इन्सान एक साथ नहीं हुआ जा सकता? मेरा जवाब है—हाँ, हुआ जा सकता है। सुदीप इसके प्रमाण हैं। सुदीप की साहित्यिक पृष्ठभूमि बहुत समृद्ध रही है। इतनी समृद्ध कि उस समय के हम अध्यापक लोग नये ही नहीं, सीनियर अध्यापक भी चकित हो जाते थे। बाँग्ला तो इनकी मातृभाषा है ही, स्नातक स्तर पर संस्कृत, हिन्दी और अंग्रेज़ी तीनों साहित्य इनके विषय थे। तीनों को साधना बहुत कठिन काम था, पर इन्होंने साधा। प्रथम वर्ष के विद्यार्थी होने के समय ही ये रवीन्द्रनाथ को गाते थे, कालिदास और भर्तृहरि का अनुवाद करते थे। उर्दू शायद इन्होंने मुस्तफा और सादिक जैसे दोस्तों से सीखी। वही सादिक, जो अब दिल्ली विश्वविद्यालय में उर्दू के प्रोफ़ेसर हैं। इनकी दोस्तियों में साझा संस्कृति का माहौल छाया रहा था। हिन्दी, संस्कृत, अंग्रेज़ी और उर्दू—इतनी भाषाओं में सहज आवाजाही आसान नहीं होती, पर सुदीप के लिए आसान थी। उनकी कविता में भी यह आवाजाही बड़े सहज रूप में होती है।

सुदीप को आई.ए.एस. अधिकारी कवि कहने से ऐसा लगता है, जैसे सुदीप ने अधिकारी बनकर कविता लिखना शुरू किया हो। ऐसा कहने वाले लोग सुदीप की साहित्यिक पृष्ठभूमि को नहीं जानते। कुछ लोग कहते हैं कि जो हिन्दी पढ़ाता है, कविता लिखने लगता है। वे रोना रोते हैं कि हिन्दी के सभी अध्यापक कविता लिखने लगे। लेकिन जो कवि जीवन के दूसरे क्षेत्रों में काम करते हैं, उनसे भी कुछ लोगों को दिक़्क़त होती है—कि देखो, यह तो आई.ए.एस., आई.पी.एस. आदि होकर भी कविता लिखते हैं। सुदीप इन बातों का जवाब अपनी कविता से, अपनी ख़ामोशी से और अपने व्यवहार से देते हैं। कोई सफ़ाई नहीं देते, पर जवाब निरन्तर देते हैं। इनके साथ जिन्होंने काम किया है, जो इनको जानते हैं, वे सब इस बात के गवाह हैं।

अभी जो कविता इन्होंने सुनायी, 'इस साल जांबूखांदन में भी' उसमें प्रसाद की पंक्ति थी ('शिलाखण्ड की छाँव में')। सुदीप में ग़ालिब, प्रसाद, शेक्सपियर, रवीन्द्र—ये सब छात्रावस्था में ही पनप चुके थे। इनकी पहली कविता 1965 में 'माध्यम' में छपी थी। लेकिन ऐसा नहीं था कि सुदीप सिर्फ़ कविता लिखते हों या शब्दों से

इनका कौतुकी रिश्ता हो। सुदीप नाटक से जुड़े हुए थे। कवि-गोष्ठी में भाग लेते थे। हमारी यूनिवर्सिटी के सबसे अच्छे डिबेटर थे। कविता लिखने के साथ अनुवाद भी करते थे। मैं 1964 में अपने कॉलेज की पत्रिका का परामर्शदाता था और सुदीप उसके हिन्दी खण्ड के छात्र सम्पादक थे। इन्होंने ह्विटमैन की कविता 'मैं अपना स्वत्व गाता हूँ' के अलावा और भी कविताओं के अनुवाद किये थे। मध्यवर्गीय उज्जैन की एक छोटी-सी बस्ती। उसके जीवन को देखना। उसमें झाँकना। वे तमाम अनुभव हैं, जो इनकी कविताओं को निरन्तर समृद्ध करते गये हैं।

सुदीप दूसरों की कविता का पाठ करते थे। गाकर भी सुनाते थे। रवीन्द्र को गा रहे हैं, ग़ालिब को गा रहे हैं, गिरिजाकुमार माथुर को गा रहे हैं। हिन्दी के वे कवि भी, जिनको हम हाशिये पर छोड़ चुके हैं, हम लोगों के प्रिय कवि थे। हम उनको पढ़ाते थे। सुदीप ने क़ानून की परीक्षा दी। अंग्रेज़ी के अध्यापक हो गये। इन्दौर में पढ़ाया, उज्जैन में भी कई/कुछ दिनों तक पढ़ाया—उसी गर्ल्स कॉलेज में, जहाँ मैं 1993 में पढ़ाता था। वहाँ की अध्यापिकाएँ उन दिनों पढ़ती थीं। उन्होंने बताया कि सुदीप हमारे बहुत प्रिय अध्यापक थे। आई.पी.एस. होने के बाद सुदीप का कविता संग्रह 'शब-गश्त' आया। अभी उन्होंने अयोध्या के बारे में जो कविता पढ़ी, वह साम्प्रदायिकता-विरोधी कविता है। 'शब-गश्त' करने वाला आदमी साम्प्रदायिकता की नब्ज़ पर हाथ रखने वाला आदमी ही इस तरह के सवाल कर सकता है।

सुदीप के आई.ए.एस. होने के बाद की एक घटना है। एक गाँव में हरिजनों की खेती एक सवर्ण सरपंच के पशुओं ने उजाड़ दी थी। सुदीप ने उस गाँव में जाकर सबको इकट्ठा किया और दलितों के बीच सवर्ण सरपंच को एक थप्पड़ मारा। आई.ए.एस. होने के बावजूद। यह प्रतीकात्मक प्रतिरोध था। मैंने पूछा—"तुमने ऐसा क्यों किया?" बोले—"मैं उन दलितों को बताना चाहता था कि यह आदमी, जो इस तरह पिटता है, इसकी कोई औकात नहीं है।" यानी एक आई.ए.एस. अफ़सर अपनी सीमाओं में किस तरह से एक्टिविस्ट हो सकता है, यह उसका प्रमाण है। जन-साक्षरता मिशन में जब ये यहाँ आये, तो इन्होंने साक्षरता अभियान में देश के बड़े-बड़े साहित्यकारों को जोड़ा। गाँव-गाँव में पूरी प्रतिबद्धता से काम किया।

सुदीप ने जहाँ-जहाँ काम किया है, एक प्रतिबद्ध और सोचने वाले व्यक्ति के तौर पर काम किया है। 1965 के बाद के दो-तीन सालों में सुदीप के सोचने की दिशा निरन्तर बदलती गयी। अर्थशास्त्र, समाजशास्त्र, सामाजिक ढाँचा, वर्ग-विभाजन, असमानता, मार्क्सवाद—ये सब उनकी चर्चा के प्रिय विषय थे। जब वे भोपाल में सूचना विभाग में थे, एक दिन मैं दिलीप चित्रे के घर बैठा था। अपने कवि श्रीकान्त वर्मा, जो उस समय राज्यसभा के सदस्य थे, वहाँ आये और बातचीत करने के बाद

उन्होंने धीरे-से पूछा—"सुदीप बनर्जी नाम का अफ़सर यहाँ कौन है?" उनको शिकायत थी कि सुदीप बनर्जी मार्क्सवादी विचारों का नौकरशाह है।

नामवर जी यहाँ बैठे हैं। उन्हें भी याद होगा कि एक कविता-पाठ में उन्होंने सुदीप से पूछा था कि यह विचारधारा किसने दी है। मेरा वहाँ से 1965 में ट्रांसफर हो चुका था, इसलिए मैं नहीं बता सकता। लेकिन यह नहीं था कि हमने कोई विचारधारा किताब से उधार ले ली और पॉकेट में रख ली। जीवनानुभवों से होने वाला क्रमिक विकास सबसे बड़ी पूँजी है, जो सुदीप के पास है। यह पूँजी इनकी कविताओं में और जीवन में भी देखी जा सकती है।

इन्दौर में सुदीप के रहते भारत के कुछ अख़बारों में एक बहुत बड़ा हेडिंग छपा—'बड़ा बाबू वर्सेज मिनिस्टर'। एक मिनिस्टर ने एक दिन सुदीप से कहा कि सर्किट हाउस में तौलिया और साबुन नहीं है। सुदीप ने कहा कि एक साधारण आदमी भी दूसरे का साबुन-तौलिया नहीं वापरता है। उस पर बहुत बड़ा विवाद हुआ। हम सोचते थे कि इतने जनवादी तेवर वाला सुदीप जैसा व्यक्ति नौकरशाही के पिंजड़े में कैसे आ सकता है। पर हमने महसूस किया कि वह नौकरशाही के पिंजड़े में रहते हुए भी अपना काम कर सकता है।

यह सब मैं इसलिए कह रहा हूँ कि इन सब बातों की आहट सुदीप की कविताओं में सुनायी देती है। आप कविताओं को पढ़कर देख लीजिए। सुदीप जब बस्तर में कमिश्नर थे, मध्य प्रदेश के मुख्यमन्त्री बीजेपी के थे और सुदीप ने वहाँ वनवासियों के अधिकारों के लिए संघर्षपूर्ण पहल की थी। ये सब बातें राजनीतिक-सामाजिक हैं। मैं उनमें अन्तर नहीं करता हूँ। मैं तो इनको जीवन की बातें समझता हूँ, जो एक व्यक्ति और उसकी कविताओं को समझने में मदद करती हैं। सुदीप की कविताओं में आदिवासी, गाँव, किसान, नदी, जंगल, पेड़—सब मौजूद हैं। ऊपर से देखने पर इन कविताओं के विन्यास से लग सकता है कि एक अमूर्त जगत है, पर जैसे-जैसे हम उसमें प्रवेश करते हैं, भीतर धँसते जाते हैं, अमूर्तन टूटता जाता है। स्वतः टूटता जाता है। यों चाहते तो सुदीप भी और कवियों की तरह अपनी काव्य-भाषा में सॉफेस्टिकेशन क्रिएट कर सकते थे, जो इनके लिए बहुत आसान था।

कुछ मौक़े थे, जब सुदीप जो चाहे बन सकते थे। मेरे यह पूछने पर कि "सुदीप, तुम संस्कृति-सचिव क्यों नहीं बन जाते?" इन्होंने कहा—"वहाँ काम करने की कोई गुंजाइश नहीं है।" मैंने कहा—"क्यों?" बोले—"आपको याद है कि एक बार आप भोपाल के एक सिंपोजियम में गये थे?" मैंने कहा—"हाँ, और उसका विषय था 'अराजकता के विरुद्ध कविता'।" सुदीप ने कहा—"जब कविता अराजकता के विरुद्ध होगी, तो इसका मतलब है कि वह राजकता के समर्थन में खड़ी हो जायेगी।

वहाँ साहित्य और संस्कृति के नाम पर मुट्ठी भर लोगों की जो ऐसी बातचीत होती है,उसमें मेरी दिलचस्पी नहीं है। इसके बजाय जहाँ मैं काम कर रहा हूँ—स्कूल शिक्षा में, पंचायत में, प्रसारण विभाग में—वहाँ मैं समाज के लिए ज़्यादा महत्त्वपूर्ण काम कर सकता हूँ।" और हमने देखा कि बजट ओरिएंटेड सांस्कृतिक आयोजन करने के बजाय सुदीप ने शैक्षिक और सामाजिक क्षेत्र में महत्त्वपूर्ण काम किया। उसके प्रमाण 'इस साल जांबूखांदन में भी' जैसी कविताओं में दिखायी देते हैं, जहाँ खेतों के बीच सिर्फ़ अठारह टापरे हैं और वहाँ गिनती—बारहखड़ी के साथ आज़ादी के चौंतीसवें साल में स्कूल यानी हिन्दुस्तान पहुँचता है।

अभी सुदीप की कविताओं को सुनते हुए मुझे एक-दो बातों ने बहुत चकित किया। जैसे यह कि सुदीप ने कोई प्रेम कविता नहीं सुनायी, जबकि सुदीप ने अद्‌भुत प्रेम कविताएँ लिखी हैं। रूबीना जी यहाँ बैठी हैं। श्रीमती सुदीप बनर्जी। रूबीना जी को देखने के पहले ही सुदीप ने अद्‌भुत प्रेम कविताएँ लिखी थीं। वह जो हाथी दाँत वाली कविता है, अद्‌भुत है। उसमें एक बहुत व्यापक विज़न है।

आपात्‌काल के समय सुदीप बहुत खिन्न, आक्रामक और बेचैन थे। एक-दो बार तो नौकरी छोड़ने का मन भी बनाया था। उन दिनों सुदीप रतलाम में कलेक्टर थे और मैं एक कॉलेज में सहायक प्राध्यापक। मैं रात में जाकर अपने महाविद्यालय की दीवारों पर चुपचाप छिपकर आपात्‌काल विरोधी नारे लिख आता था। असित चक्रवर्ती, जो उन दिनों भूमिगत थे, मेरे यहाँ शेल्टर लेते थे।

सुदीप कविता के बारे में हमेशा कहते थे कि कविता का प्रश्न कोई अलग प्रश्न नहीं है। अगर आप खेती की बात करते हैं, तो कविता की बात आयेगी। मज़दूरों की बात करते हैं, तो भी कविता की बात आयेगी। इस तरह कविता का प्रश्न जीवन, समाज—सब जगह से जुड़ा हुआ प्रश्न है। यही बात मुक्तिबोध के यहाँ मिलती है कि जीवन विवेक ही काव्य विवेक है। सुदीप की जो मुठभेड़ कविताओं में है, उसका बहुत व्यापक क्षेत्र है। नौकरशाही, व्यवस्था, सत्ता और सत्ता की राजनीति से मुठभेड़ करने के वास्ते सुदीप ने हिन्दी-उर्दू का जो एक साझा मुहावरा ईजाद किया, वह भी एक बहुत करिश्मे की चीज़ है। इसे बहुत ध्यान से पढ़कर महसूस किया जा सकता है।

सुदीप की कई कविताएँ बहुत सीधे-सीधे अर्थों में राजनीतिक कविताएँ हैं। अपने अनुभवों को सुदीप ने विलक्षण काव्य भाषा में प्रस्तुत किया है। नदी वाली कविता तो अभी आपने सुनी है। सुदीप की कविताओं में जो उर्दू के तमाम शब्द हैं, वे सायास नहीं लाये गये हैं। यह सुदीप की ज़ुबान है। मुझे इनकी एक कविता याद आ रही है। 'पैदल-पैदल चलकर', जिसमें नदी पाँव-पाँव चलकर एक क़स्बे में आती है,

वहाँ की गन्दगी साफ़ करती है, वहाँ की औरतों से, धोबिनों से, बात करती है, हाट जाती है, मछली बेचती है और उसके बाद ट्रेन में सवार होकर आगे चली जाती है। नदी को सुदीप ने अनेक तरह से व्यक्त किया है और जीवन-मर्म के बहुत बड़े क्षेत्र में उसे ले गये हैं।

अन्त में मैं यह कहना चाहूँगा कि अभी सुदीप के पास दो अपूर्ण उपन्यास हैं। एक उपन्यास ये 1975 में सुनाया करते थे। एक प्रकाशित नाटक 'किशनलाल' (1981) के बाद दो नाटक और कई कविताएँ पड़ी हैं। अब सवाल है कि 2006 के नवम्बर में सुदीप सेवामुक्त हो रहे हैं। ठीक है, इस बीच थोड़ा और संकोच करो और अपनी चीज़ों को अधूरा रहने दो। उसके बाद क्या करना चाहते हो? आज मैं सबके सामने इनसे यह कहना चाहूँगा कि उन अधूरी चीज़ों को भी देखो और उनको पूरा करो। ज़्यादा मुखर एक्टिविस्ट के रूप में सामने आओ। प्रश्न उन कविताओं, नाटकों और उपन्यासों का नहीं है। प्रश्न सुदीप के अन्दर समाज और जीवन के वास्ते जो बेचैनी है, उसमें निहित इरादों को सार्थक करने का है।

डोरिस लेसिंग के साथ

यह अवान्तर प्रसंग नहीं...सहज याद आया, सिर्फ़ इसलिए और उतना ही। 1987, सितम्बर में तीन दिन हम पलेर्मो (इटली) अन्तर्राष्ट्रीय साहित्य समारोह में शरीक हुए थे। शहरयार, गिरधर राठी और निदा फ़ाज़ली भी साथ थे। वहाँ इस वर्ष की नोबेल विजेता (साहित्य) डोरिस लेसिंग से मेरी बहुत दिलचस्प बातें हुईं, जिनके केन्द्र में पुस्तक प्रेम, साहित्य अध्यापन और बचपन के कुछ प्रसंग थे। वे वहाँ सम्मानित हुई थीं। उनसे दो बार इत्मिनान से बातें हुईं। एक बार जब हम बस में साथ बैठे थे, दूसरी बार बोट में दूसरे पास के टापू जाते वक़्त। क़िस्मत से कई दिनों की खोजबीन के दौरान उनका फ़ोटो और उनसे हुई बातचीत के कुछ अंश का पन्ना हाथ में आ गया। यह जानकर कि मैं 26 वर्षों से भिन्न-भिन्न शहरों-क़स्बों में साहित्य पढ़ा रहा हूँ, उनकी दिलचस्पी बढ़ी। मैंने बता दिया कि मैं टूटी-फूटी अंग्रेज़ी में ही बात कर सकता हूँ। इससे उन्हें अच्छा ही लगा। उन्होंने मेरे हाथ आयी पहली पुस्तक के पाठकों के बारे में सवाल किये। मेरे बचपन के संघर्ष, सात वर्ष की उम्र में कवि द्वारा कविता संग्रह भेंट किया जाना, स्वतन्त्रता आन्दोलन सम्बन्धी मेरी बाल-भूमिका आदि जानकर उन्होंने कहा—ठीक इसी उम्र में मेरे हाथ भी पहली पुस्तक आयी थी। मेरे कहने पर कि मेरा बौद्धिक परिवेश अति साधारण था, पर आप तो...उन्होंने टोककर बताया—वे आभिजात्य अंग्रेज़ी परिवेश की नहीं...अफ़्रीकी ग़ुलामों की बस्ती के अनुभव, रंगभेद के कारण अन्याय-अत्याचार, स्त्रियों के उत्पीड़न के बीच बड़ी हुई हैं।

फिर एकाएक उन्होंने कहा—तो तुम साहित्य पढ़ाते हो तो युवाओं को अन्त में किताबों से अरुचि हो ही जाती होगी। मैंने ऐसी ही बात बहुत पहले श्रीकान्त वर्मा के मुँह से भी सुनी थी। मैंने कहा—मैं उस तरह नहीं पढ़ाता। मैंने कई छोटे क़स्बों में साहित्य प्रेमी युवाओं को ही प्रेरित नहीं किया, बल्कि वहाँ से छोटी पत्रिकाएँ भी निकलना शुरू हो गयीं, जो आज तक निकल रही हैं। उन्होंने पूछा—तुम्हारे यहाँ कितने प्रतिशत लोग साहित्यिक किताबें पढ़ते होंगे। मैंने कहा—आपके जैसा विकसित देश नहीं है भारत और ऐसा अनुमान मेरे लिए कठिन है, पर मुझे नहीं लगता कि

एक प्रतिशत भी पुस्तकों से प्रेम करते, उन्हें अपने जीने के लिए ज़रूरी समझते होंगे। आपके यहाँ तो आधी आबादी पुस्तक-प्रेमी होगी। उन्होंने बताया—मुश्किल से दस प्रतिशत और कहा मैं नहीं कहती कि शत-प्रतिशत हो जाये पर चाहती हूँ तीस प्रतिशत लोग तो पुस्तक पढ़ें। उनका कहना था इतने विशाल सृजनात्मक उद्यम को, जिसमें प्रकाशक, पुस्तकों के प्रचारक, दुकानें, साहित्यिक पत्रिकाएँ, शिक्षण संस्थाएँ और लेखक समुदाय भी शामिल है, अल्पसंख्यक पाठकों-क्रेताओं का ही समर्थन मिल पाता है। ऐसा होना दुखद है और हम आन्दोलन करें तो दृश्य बदल सकता है।

उन साहित्य के मसीहाओं से उनकी चिढ़ भी प्रकट हुई थी, जो पुस्तकों के बारे में श्रेष्ठ ज्ञान के बूते साहित्यिक संगठन या मशीन के हिस्से-पुरजे बन गये हैं, किन्तु वे संकीर्ण सीमाओं में ही श्रेष्ठ हैं। मैं समझ गया था अकादेमिक वर्चस्व कायम करने वाले अतिविद्वान उनकी बारीक़ नज़र में ज्ञान और मर्म के कीटाणु ही थे।

डोरिस लेसिंग ने भारतीय स्थापत्य के प्रति अपना आकर्षण जताया और भोज के दौरान मुझे क्या खाना चाहिए, क्या नहीं, का भी मार्गदर्शन दिया। उन्हें पता था—मैं शाकाहारी हूँ। उन दिनों मैं इनटेक (कला एवं सांस्कृतिक धरोहर हेतु भारतीय राष्ट्रीय न्यास) का सदस्य था और मेरे परिचय से यह सूचना एक अंग्रेज़ सज्जन ने उन्हें दी थी। उन्होंने लन्दन आने का निमन्त्रण दिया। तीन वर्षों तक नये साल पर उनका शुभकामना कार्ड आया। मैं अपनी काहिली के चलते उत्तर नहीं दे पाया, न सम्पर्क जारी रख सका। इसका अफ़सोस नहीं, ख़ुशी इतनी कि इतनी जीवटवाली धरती पर जिसके पैर, ऐसी बड़ी लेखिका के साथ होने ही नहीं, चर्चा करने का सौभाग्य मिला था।

साहित्य के अध्ययन के बारे में हमारे यहाँ भी विमर्श हुआ है और निराशाजनक दृश्य सामने हैं। पुस्तक अपने आप में कोई सत्ता नहीं है, यदि वह सामूहिक चित्त को प्रबोधित कर दुनिया को मनुष्यों के रहने योग्य बनाने में योगदान नहीं देती।

मेरा पुस्तकों से पढ़ने के अलावा भी रिश्ता बना। साक्षरता आन्दोलन, राजा राममोहन लाइब्रेरी फ़ाउण्डेशन, राज्य संसाधन केन्द्र तथा शैक्षणिक संस्थाओं से जुड़े होने के कारण कुछ कोशिशें कीं—जैसे मध्य प्रदेश में लायब्रेरी संचालनालय हो, पुस्तकालय अधिनियम लागू हो, शैक्षणिक संस्थाओं में प्रतियोगिताओं-उत्सवों के समस्त पुरस्कार किताबों के रूप में दिये जायें, हर शिक्षण संस्था में वाचन कक्ष हो इत्यादि-इत्यादि। इसके लिए शासन को सुझाव, अख़बारों में लेखन, पुस्तक मेलों के समय शिक्षा मन्त्रियों से आग्रह, बहुत कुछ किया, किन्तु कोई फल नहीं निकला।

हाँ, जहाँ मैं विभागाध्यक्ष या प्राचार्य रहा, वहाँ जैसी भी परिस्थितियाँ रहीं वाचन कक्ष और श्रेष्ठ पुस्तकों से पुस्तकालय को समृद्ध बनाने की कोशिश की।

मेरी ख़ुद की किताबों को मैं इस तरह देख रहा हूँ—मेरे न रहने पर पता नहीं, इनका क्या होगा। युवा-समूह तेज़ी से अमीर बनने के लिए तेज़ गति के वाहनों पर दौड़ने से अधिक कुछ नहीं कर रहा है—समाज का दिशा-निर्देश करने वाले भ्रष्टाचार-पाखण्ड के चमकते विशाल तम्बू बना रहे हैं।

फिर भी आवारा पूँजी के पतझर में किताबों की छाँह ही बची-खुची ज़िन्दगी का सहारा है। कभी भी कबीर, तुकाराम, मुक्तिबोध, काफ़्का, हमज़ातोव, निराला, प्रेमचन्द मिल जाते हैं। और कुछ नहीं चाहिए मुझे।

पुस्तक-प्रेम और साहित्य पर डोरिस लेसिंग बातचीत

लगभग चार दशक पूर्व भोपाल में शमशेर, नागार्जुन और त्रिलोचन जैसे हमारी भाषा-साहित्य के बड़े कवियों को एक मंच पर एक साथ देख एक नामालूम क़िस्म का आह्लाद हो रहा था। पास ही बैठे एक अग्रज कथाकार से मैंने कहा—"पहली बार तीनों को एक साथ देख मुझे रोमांच हो रहा है।" उन्होंने कन्धे उचकाकर कहा—"चन्द्रकान्त! यह तुम्हारी क़स्बाई मानसिकता है।" उनकी इस टिप्पणी से मैं ख़ुश ही हुआ था—यह सोचकर कि मैं जहाँ भी हूँ अपनी जड़ों के साथ हूँ।

अब से दो वर्ष पूर्व मेरी यह क़स्बाई पतंग बन गयी थी, जब मैंने 11 अक्टूबर 2007 को सुना-परदे पर देखा कि ब्रिटेन की साहित्यकार डोरिस लेसिंग को नोबेल पुरस्कार से नवाज़ा गया है। वजह रही, बीस वर्ष पूर्व (9 से 11 सितम्बर 1987) हम चार भारतीय कवि शहरयार, निदा फ़ाज़ली, गिरधर राठी और मैं इटली के दक्षिणी द्वीप सिसिली की राजधानी पलेर्मो के एक अन्तर्राष्ट्रीय साहित्य-समारोह में काव्य-पाठ हेतु आमन्त्रित थे। इस समारोह में डोरिस लेसिंग को सम्मानित किया गया था। अत्यन्त सहज, सौम्य, विनम्र और आत्मीय डोरिस जी को देखा भर ही होता तो भी बहुत था, किन्तु अनायास ही उनका स्नेहपात्र बन गया और उनसे पुस्तक-प्रेम और साहित्य-अध्यापन को लेकर लम्बी बातचीत हुई। एक बार बस में दर्शनीय स्थलों के भ्रमण और दूसरी बार बोट से अन्य उप द्वीप मोत्सिया की यात्रा के दौरान। पिछले दिनों पुरानी डायरियों को खँगालने के दौरान उनसे हुई बातचीत के नोट्स, कुछ फ़ोटो और उनके द्वारा भेजे गये शुभकामना कार्ड हाथ आ गये। बोट में हम पास-पास बैठे थे। उन्होंने एकाएक पूछ लिया—मैं क्या करता हूँ। अव्वल मैंने यह बताना ही उचित समझा कि मैं टूटी-फूटी अंग्रेज़ी में ही बात कर सकता हूँ—फिर बताया—चाहता तो था पत्रकार बनना, जो न हो सका और पिछले 30 वर्षों से मध्य भारत के भिन्न-भिन्न शहरों-क़स्बों में हिन्दी साहित्य पढ़ा रहा हूँ और कविताएँ वग़ैरह गम्भीरता से लिखता हूँ। यह सुन वे उत्साहित हो चहक पड़ीं और बताने लगीं, वे भी आभिजात्य अंग्रेज़ी परिवार-परिवेश की नहीं हैं। बचपन की संघर्षपूर्ण परिस्थितियाँ, अफ्रीका के युवावस्था

के अनुभव और यह भी कि वे धरती से जुड़ी हैं। इससे मुझे भी राहत मिली और मैं सहज हो आया—समझ गया कि मैं किसी अद्वितीय-प्रतिष्ठा बोझ से लदे साहित्यकार से मुख़ातिब नहीं हूँ। फिर एकाएक उन्होंने "अच्छा तो तुम साहित्य पढ़ाते हो (कुछ ऐसे अन्दाज़ में कहा—जैसे कह रही हों जेब काटते हो), तो ज़रूर विद्यार्थी उपाधि पाने के बाद पुस्तकों से विमुख हो जाते होंगे।" मैंने विनम्रतापूर्ण प्रतिवाद करते कहा—''नहीं मैं वैसा अध्यापक नहीं रहा। मेरे सम्पर्क में आये कई छात्रों की न केवल पुस्तकों-पत्रिकाओं में रुचि बढ़ी बल्कि वे सृजनात्मक लेखन में सक्रिय भी हैं। कुछ क़स्बों से छोटी पत्रिकाएँ भी प्रारम्भ हुईं जो आज भी निकल रही हैं।'' फिर उन्होंने विकट प्रश्न दागा—"तुम्हारे यहाँ कितने प्रतिशत लोग साहित्यिक किताबें पढ़ते होंगे?" लगा जैसे मुझे करोड़ों की निरक्षरता के काले समुद्र में फेंक दिया है। जैसे-तैसे, सोचते-सँभलते-बचते हुए मैंने कहा—''आपके यहाँ जैसा इस मामले में समृद्ध नहीं है मेरा देश और फिर मेरे लिए अनुमान लगाना भी बेहद कठिन। पर मुझे नहीं लगता कि एक प्रतिशत भी ताउम्र पुस्तकों से जुड़े रहते होंगे। जिन्हें हम पुस्तक-प्रेमी कहते हैं, आपके यहाँ तो पचास प्रतिशत के लगभग होंगे ही।'' उन्होंने बताया—"मुश्किल से दस प्रतिशत, मैं नहीं कहती कि सभी हो जायें, पर तीस प्रतिशत तो हों।"

उनका कहना था इतने विशाल सृजनात्मक अभियान को जिसमें प्रकाशक, पुस्तक-प्रचारक-विक्रेता, शिक्षण संस्थाएँ, ग्रन्थालय, साहित्यिक पत्रिकाएँ और लेखक समुदाय भी शामिल है, यह कितना दुखद है कि इसे अल्पसंख्यक पाठकों-क्रेताओं का समर्थन मिल पाता है। अब तो राजनेताओं-धनिकों और विशेषज्ञों में भी अज्ञान की महामारी फैली हुई है। वे साहित्य को ग़ैरज़रूरी उत्पाद मानते हैं। मैंने कहा—हमारे देश में तो सरकारें बहुत कुछ करती हैं। उनका उत्तर था—यह पाखण्ड उनके लिए ज़रूरी है। पुस्तकों का जन-आन्दोलन दृश्य ही को नहीं, समाज को भी रचनात्मक संस्कार दे सकता है।

उन्होंने बताया—थोड़े दिन पहले वे ऑस्ट्रेलिया के विभिन्न शहरों में 'साहित्य कैसे पढ़ा जाये' विषय पर व्याख्यान देने गयी थीं और नॉर्वे के ठेठ उत्तरी क़स्बे में युवा छात्राओं के साथ रहीं, जहाँ साहित्य और पुस्तक-प्रेम के बारे में ही चर्चा हुई थी। लड़कियाँ साहित्य में रुचि रखती थीं, पर पढ़ाने के बेढब तरीक़ों के कारण अब उनकी पुस्तकों में दिलचस्पी ख़त्म होती जा रही है। उन्होंने कहा—कविता, कहानी, उपन्यास आदि का अकादेमिक ढंग से विश्लेषण-विच्छेदन, तत्त्वों के टुकड़ों में बाँटकर किये जाने वाले अध्यापन से उन्हें उपाधि के सिवा क्या मिलता होगा? यह दुर्भाग्यपूर्ण है कि मुट्ठीभर लोग ही किताबों के प्रेम में पड़ते हैं और ताज़िन्दगी जुड़े रहते हैं।

उन्होंने बताया कि अफ़्रीकी ग़ुलामों की बस्ती के अनुभव, रंगभेद के चलते अत्याचार, स्त्रियों के उत्पीड़न के बीच वे बड़ी हुई हैं। और हिंसा की सन्तानों के बढ़ते उत्पात के प्रति वे चौकन्नी हैं। साहित्य के उन मसीहाओं के प्रति उनकी चिढ़ भी प्रकट हुई जो शास्त्र-पुस्तकों के श्रेष्ठ ज्ञान के बूते साहित्यिक-संगठनों, शिक्षा-संस्थानों की मशीन के पुरजे बन गये हैं। किन्तु वे संकीर्ण सीमाओं में ही श्रेष्ठ हैं। मुझे बेहद ख़ुशी हुई कि वे ज्ञान और भाषा पर वर्चस्व के कारण जीवन-संघर्ष-विमुख बौद्धिक अहंकार को निरर्थक कह रही हैं। पहली पुस्तक कब पढ़ी, दूसरा विश्व युद्ध और भारत का स्वतन्त्रता संग्राम जैसे विषयों पर भी उन्होंने बातें कीं। सादगी और आत्मीयता की ऐसी पराकाष्ठा के साथ बड़े-बड़े शब्दों से बचते छोटे सवालों पर उनकी चिन्ता और प्रश्नाकुलता की अमिट छाप मेरे चित्त पर अंकित है। उन्होंने अपने लेखन पर किसी तरह का ठप्पा स्वीकार नहीं किया।

उस दिन वे बाज़ार से ख़रीदी कर लौटीं तो दरवाज़े पर एकत्र पत्रकारों ने उन्हें नोबेल के लिए बधाइयाँ दीं तो वहीं ओटले पर बैठ उन्होंने अपनी चिर-परिचित प्रतिक्रिया दी—"हर तरह के युद्ध के ख़िलाफ़।" अब तक प्रदत्त 102 साहित्य के नोबेल पुरस्कारों में वे अपने अवदान और महत्त्व के प्रति इतनी बेभान छवि वाली 11वीं महिला हैं।

कविता की पड़ताल और पैरवी

कवि-दृष्टि

अपनी कविता को लेकर कुछ कहने की स्थिति सदैव असमंजस में डालती है। कुछ कवियों के लिए भले ही यह सुखकर हो कि वे अपनी कविता के इर्द-गिर्द भारी-भरकम व्याख्या खड़ी कर दें और पश्चात्-बुद्धि के सहारे दर्शन-राजनीति खोजने लगें।

दरअसल जब कविता पूरी हो जाती है, रचनाकार खंख-सा उस रचनात्मक-कालावधि का स्वप्न कविता में छोड़कर बाहर खड़ा रह जाता है। बाद में कम्प्यूटर-मस्तिष्क के, कविता की रचना-प्रक्रिया को कोई भी परिकल्पनीय यन्त्र की पद्धति से स्पष्ट नहीं कर सकता। कविता से निष्कर्ष निकालना और गणितीय ढंग से उसे खोलना मुझे बड़ा अटपटा काम लगता है। कविता के सम्भव अर्थों का बखान भी कवि-कर्म नहीं है।

फिर भी कविता की उत्पत्ति-सम्बन्धी पड़ताल अपने रचनात्मक क्षणों के साथ पुनःसाक्षात्कार की दृष्टि से दिलचस्प अनुभव है। यदि यह अनुभव कविता बनने की प्रक्रिया को उकेरकर तुरन्त प्रेरणा, रचनात्मक क्षणों के दबाव और उसके पीछे के अनुभवों के ज़रिये कविता को समझने में सहायक बने तो यह सार्थक भी है।

प्रेरणा चमत्कार नहीं है। कविता अक्सर चेतावनी देकर ही आती है। कई बार दिनों तक परछाइयों-सी मँडराती रहती है। मस्तिष्क में आकार पाने लगती है, तब काग़ज़-पेन के साथ जुड़ती है।

पर यह कविता चेतावनी देकर प्राप्त होने वाली कविताओं की तरह नहीं मिली। अनेक विसरित (डिफ्यूज़्ड़) अनुभवों और शैशव से लेकर अब तक की स्मृतियों का किसी आकस्मिक रचनात्मक कालावधि में हठात् एकत्र हो जाना औसत कविता का कलात्मक अनुभव रहा है।

वह नवम्बर 75 का कोई दिन था। मैं सुबह साढ़े दस के लगभग कॉलेज से पढ़ाकर घर लौट रहा था। रास्ते में झाबुआ ज़िले से आयी कई आदिवासी महिलाएँ माथे पर लकड़ी के गट्ठर रखे तेज़ी से लगभग दौड़ती लकड़ी बेचने जा रही थीं। घर आया तो पत्नी कपड़े धो रही थी। मैंने उसे आने के कुछ देर बाद आवाज़ दी।

उसने जवाब दिया—बस कपड़े सुखा कर आयी। अब तक कुछ नहीं था। किन्तु अब सब कुछ था। 'वह औरत/आकाश और पृथ्वी के बीच/कबसे कपड़े पछीट रही है?' के साथ लिखना प्रारम्भ हो गया। मैंने उसे खाना खाने के लिहाज से पुकारा था। पर वह जब कपड़े सुखा कर आयी, तब मैं 'औरत' कविता लिख चुका था और हमेशा की तरह पहली श्रोता को सुनाने के लिए तैयार था।

जैसा कि मेरी हर कविता के साथ होता है कि आसपास का कोई अनुभव या दृश्य (कुछेक बार कोई ख़बर) कविता लिखने के लिए विवश करता है, इस कविता के साथ भी हुआ। यदि पत्नी कपड़े नहीं धो रही होती तो आदिवासी महिलाओं का लकड़ी का गट्ठर लादे दौड़ना (जिसने मुझे वहीं उसी क्षण परेशान किया भी था) फिलवक़्त मेरे भीतर सुरक्षित रह जाता, किन्तु इस दूसरे दृश्यानुभव ने उससे जुड़कर तत्काल रचनात्मक उत्तेजना प्रदान की।

औरत पर कविता-पेंटिंग कितनी बार हुई। मेरी भी कविताओं जैसे—'घर में अकेली औरत के लिए' या 'खंख होते हुए' में औरत की पहचान और उसके अस्तित्व-लोप की विडम्बना के सन्दर्भ में आये हैं। 'घर में अकेली औरत के लिए' कविता में यह एक खेल की तरह था। यद्यपि यह ऊपरी तौर पर खेल लगने जैसा ही था। भीतर उनके नाम, चेहरे और दिनचर्या के गुम जाने की दहशत भी थी। मेरे एक कवि-मित्र के अनुसार वह बीवियों को भड़काने वाली कविता है, जबकि मेरा वैसा इरादा तनिक भी नहीं था। 'खंख होते हुए' में भी वह पति-पत्नी के बीच कुछ ख़त्म होने की त्रासदी का ऊपरी खेल था। पर 'औरत' कविता में यह खेल न होकर मेरे जाने-पहचाने और स्मृतियों में सुरक्षित सब कुछ का नहीं तो भी बहुत कुछ प्रतिफल है।

ताप्ती-तट पर गोदने-गुदी गोंड औरतों को दोपहर में देर तक नहाने देखने की शैशव-स्मृतियाँ। खेतों में उड़ावनी करती स्त्रियाँ घास के गट्ठर माथे पर शाम घर लौटतीं। माँ घट्टी पीसती और मुझे नींद आने लगती। दिन भर चौके में रबती-खटती औरतें। शहरों में दूसरी तरह से पहचान खोजती स्त्रियाँ। पत्नीत्व, मातृत्व, यौन-श्रम-संगीत के ऐतिहासिक प्रदाय के बीच उसका पत्थर चेहरा उज्जैन में महाकाल मन्दिर के पीछे भग्न-खण्डित प्रतिमाओं में एक प्रतिमा-खण्ड देखा था—स्त्री-मस्तक पर पुरुष चरण। यह प्रतिमा-खण्ड तो हमेशा परेशान करता रहा, आज भी करता है जब-तब; और शेष सब चीज़ें सोच और स्मृति में थी कहीं किसी-न-किसी रूप में। यह सब 'औरत' कविता में संगुम्फित रूप में इस तरह एक के बाद दूसरे बिम्ब में आता गया, यद्यपि इस बिम्ब का शब्द इस्तेमाल मुझे रुच नहीं रहा है।

माँ का घट्टी पीसना कविता में नहीं आ पाया। कविता को दुबारा पढ़ने पर लगा कि यह छूट गया है। पर उसका धूप में धान फटकना मौजूद था, इसी से सन्तोष करना पड़ा।

संशोधन के नाम पर एकाध शब्द की हेर-फेर के सिवा कुछ भी नहीं किया। इच्छा भी नहीं हुई। ऐसा करने पर, जैसा कि पेंटिंग में कई बार हो जाता है, रचना ही बदल जाने का भय था। कुछ रचनाएँ अवश्य यह माँग करती हैं कि उनके साथ अतिरिक्त-अनावश्यक रचनात्मक छेड़खानी नहीं की जाये। 'औरत' कविता के साथ भी मुझे ऐसा ही लगा।

'औरत' कविता में निहित किसी चीज़ को अलग से बताने की कोशिश बेकार होगी। क्योंकि मैं समझता हूँ यह एक बहुत ही सीधी-सच्ची कविता है जो सबकी जानी-पहचानी चीज़ों के बीच हर तरह से निकट रहती है और औरत की स्थिति-नियति को प्रकट करती है।

समग्र कविता भिन्न-भिन्न बिम्ब-अंशों के ज़रिये औरत की अलग-अलग स्थितियों से जुड़ी हुई हैं। प्रारम्भिक दो बिम्बों में जैसी प्रश्नोत्तर-शैली है वह एकदम झटके से तीसरे बिम्ब में आकर टूट जाती है। यह लिखे जाते समय तत्क्षण ही तय हुआ कि टूटने से एकरसता ख़त्म होगी। चूँकि कविता कालबद्ध खण्डों की स्थितियों तक सीमित नहीं है, इसलिए औरत की स्थिति की निरन्तरता के लिए अतिकल्पना ज़रूरी हो गयी थी। इसलिए अनेक बिम्ब में बदलकर अनेक औरतों की नहीं, औरत की संगीतात्मकता, सम्पन्नता, विपन्नता और उसकी त्रासदी को उजागर करते हैं।

इन सब बातों और चीज़ों के सहारे यदि 'औरत' कविता खुलती है और उसके सोच जुड़े स्रोतों तक पहुँचना सम्भव होता है तब भी स्मरण आवश्यक है कि और भी कई बेख़बर चीज़ें कविता की रचना में सक्रिय रहती हैं, जिन्हें स्वयं रचनाकार के लिए भी प्रत्यक्ष-चेतन स्तर पर सदैव पूरी तरह जान सकना सम्भव नहीं होता।

हमारा समय और कविता

भाषा जो भी बोलना चाहता हूँ
मेरी जिह्वा पर नहीं
बल्कि दाँतों के बीच की जगह में
सटी हुई है
मैं बहस शुरू तो करूँ
पर चीज़ें एक ऐसे दौर में होकर
गुज़र रही हैं
कि सामने की मेज़ को
सीधे मेज़ कहना
उसे वहाँ से उठाकर अज्ञात अपराधियों के बीच में रख देना है।

केदारनाथ सिंह की ये पंक्तियाँ जहाँ हमारे समय की पेचीदगी की ओर संकेत करती हैं वहीं कवि-कर्म की जटिलता और मुश्किल को भी छिपी नहीं रहने देतीं। कविता लिखने का निर्णय कवि का अपना होता है। वह चीज़ों को अपनी आँखों से पहचानते हुए यथार्थ की पुनःसृष्टि करता है। कवि की निजता, उसका संवेगात्मक इतिहास और समय के भीतर उसकी स्थिति उसकी कविताओं से जानी जा सकती है। भाषा कवि की प्राथमिक प्रतिज्ञा है। चीज़ों, अनुभवों और घटनाओं को सही संज्ञा देना उसकी रचनात्मक चिन्ता है। कवि-कर्म के प्रति अपने दायित्व को समझते हुए वह अपने को पहचानता है, पहचानते रहने का निरन्तर प्रयत्न करता है। किन्तु कविता महज़ व्यक्ति को नहीं समय और सामाजिक ताने-बाने से जुड़े मनुष्य को पहचानती है। जीवन के अर्थ को ढूँढ़ती हुई—जीवन की गुत्थियों—सामाजिक ढाँचे की आन्तरिक विसंगतियों के बीच—मनुष्य की ट्रेजेडी को उजागर करती है। कविता की रचनात्मक दुनिया रचते हुए कवि भाषान्ध होकर अपने समय और इतिहास की समस्यात्मक जटिलता से कट नहीं जाता है। अभिव्यक्ति को निजी अस्तित्व और उसी क्षण मानवीय नियति से गूँथते हुए रचनात्मक तनाव की स्थिति निर्मित हो जाती है।

यहीं कविता की सार्थकता और उसके सामाजिक तथा मानवीय अर्थ प्रकट होने लगते हैं।

किन्तु हक़ीक़त को पेचीदगी के बीच से पा लेना आसान नहीं होता। ग़ायब हक़ीक़त को ढूँढ़ने की कोशिश भी मुश्किल होती है। कविता की दुनिया में वह खोज स्थूल और सतही निष्कर्षों तक नहीं पहुँचाती। वर्गीकृत समस्याओं और प्रश्नों से आमना-सामना कर सकने की जैसी सुविधा कथा-साहित्य में है वैसी स्थिति कविता में नहीं होती। साम्प्रदायिकता ही की प्रमुख समस्या को लें। हमें इस समस्या का मानवीय समाधान देने वाली अनेको कहानियाँ यहाँ तक कि उपन्यास भी मिल जाते हैं, पर वर्षों की कविताओं की छानबीन के बाद एक भी ऐसी अच्छी कविता नहीं बता सकते, जिसे कहें कि यह साम्प्रदायिकता-विरोध ही की कविता है। किन्तु कविता के भीतर कवि की नीयत ज़ाहिर रहती है। इस पृथक् दुनिया में भी उसका दृष्टिकोण ग़ायब नहीं रहता। कविता के भीतर से यह जानना कतई मुश्किल नहीं होता कि कवि सामाजिक रिश्तों-घटनाओं के सम्बन्ध में किस तरह सोच रहा है। इस तरह किसी ख़ास कोण से हज़ारों समस्याओं को पृथक्-पृथक् नहीं बताते हुए भी कविता अन्याय की पहचान देते हुए सचाई और समझ के बीच के अँधेरे में रोशनी पैदा करती है। इसकी सीधी-सी वजह यही है कि आज कविता में अनुभव और अभिव्यक्ति के बीच सुनियोजन की फाँक नहीं रह पायी है। द्विवेदी जी के समय में यह फाँक थी। तब समाज और सामाजिक प्रतिमानों के मध्य सगति थी। ईश्वर की मौजूदगी में स्थूल प्रतिक्रियाओं की कविताएँ सहज सम्भावना बन गयी थीं। किन्तु आज कवि की भौगोलिक और ऐतिहासिक परिधि ईश्वर की अनुपस्थिति में न केवल विस्तृत हो गयी है बल्कि नैतिक अराजकताओं और मानवीय विपन्नताओं के फाँस में गड्डमड्ड भी हो गयी है। औद्योगिक और तकनीकी आपाधापी के बीच निर्वैयक्तिक शक्तियों के महत्त्वपूर्ण हो जाने के कारण ज़िन्दगी और मानवीयता के अर्थों का यान्त्रिक हरक़तों में रूपान्तरित होते जाने का ख़तरा बढ़ गया है। कविता इस निर्मम और भयावह अनुभव के बीच भी संवेदनशीलता को जीवित रखती है।

कविता रचते हुए कवि पैगम्बर नहीं है। असमंजस उसे भी दबोचता है। पर इस असमंजस के भीतर भी व्यंग्य और तनाव के ज़रिये वह व्यक्तित्वहीन उदासीनता की चमड़ी उधेड़कर रख देता है :

हैरत में सब पूछ रहे हैं
यह कैसे हुआ?
जिस तरह सब पूछ रहे हैं

उसी तरह मैं भी
यह कैसे हुआ?

(श्रीकान्त वर्मा)

कविता असमंजस के बावजूद अपने अनुभव और अपनी संरचना के बाहर भी संकेत करती है। सामाजिक ढाँचे की उन स्थितियों के उस यथास्थितिवाद भी तोड़ती है जो मनुष्य की नियति और उसकी सम्भावनाओं को अन्धी दिशा में ढकेलती है। संकट उत्पन्न करने वाली स्थितियों और असीमित शक्तियों के ख़तरे से सजग और ज़िम्मेदार कवि बेख़बर नहीं रहता। मानवीय स्वतन्त्रता और अधिकारों का प्रश्न उसे निरन्तर परेशान किये रहता है। मुक्तिबोध इस सजगता के सबसे बड़े उदाहरण हैं। निर्णायक स्थिति में निर्णय स्वयं कवि करता है। वह फ़ासिस्ट ताक़तों के विरुद्ध इतिहास में अपनी भूमिका तय करते हुए गढ़ और मठ तोड़ने का जोख़िम उठाने के लिए तैयार रहता है :

अब अभिव्यक्ति के सारे .ख़तरे
उठाने ही होंगे
तोड़ने होंगे ही गढ़ और मठ सब।
तब कहीं देखने को मिलेंगी बाँहें
जिनमें प्रतिपल काँपता रहता।
अरुण एक कमल।

(गजानन माधव मुक्तिबोध)

व्यक्ति की स्वतन्त्रता और उसका सम्मान नष्ट करने वाली ताक़तों के विरुद्ध 'अँधेरे' में हो रही साज़िश को कवि देखता है और हमारे पहचाने हुए संसार को ध्वस्त करते हुए नये से सिरजता है। यह हम सब जानते हैं कि हमारे समय की इस सहृदयवादिता की रचना मुक्तिबोध ने किस त्रासद मनःस्थिति से की थी। मुक्तिबोध कविता को आत्मपरक प्रयास मानते हुए जिस तरह पहुँचा सके हैं उससे हम समझ सकते हैं कि यह सार्वजनीन हो जाता है और यथास्थितिवाद के विरुद्ध कविता किस तरह 'रिएक्ट' करती है।

सामाजिक दायित्व कविता के भीतर कवि की रचना-दृष्टि में होता है। कवि घटनाओं पर तात्कालिक की तरह टिप्पणी, निर्णय या रायजनी नहीं हो सकती। सम्पादकीय और कविता के अन्तर को यहाँ बताने की आवश्यकता नहीं है। ऐतिहासिक चेतना, दायित्व और समझ-पूर्ण रचना-दृष्टि ही सोच को झटका देते हुए मानवीय ऊष्मा के लिए उत्तेजित करती है :

एक महान राष्ट्रीय दायित्व ने मुझे जगा दिया
उठ बैठा मैं
डकारता अपनी पतली टाँगें निहारता
अपने को झाड़ता कविता लिखने के लिए

(रघुवीर सहाय)

भटकते बच्चों, बस का इन्तज़ार करते बुड्ढे, ऊब, भय और चिड़चिड़ी ज़िन्दगी के बीच ट्रक दुर्घटना से गिरीश की मृत्यु तक पहुँचने वाली कविता उक्त पंक्तियों से प्रारम्भ होकर किस बुनियादी चिन्ता की ओर इशारा करती है। ज़ाहिर है मानवीय ट्रेजेडी ही कविता की केन्द्रीय स्थिति है।

कविता के संसार में तात्कालिक ज़रूरत और सुधारवाद ख़तरनाक साबित होते हैं। अव्वल तो अनुपयुक्त भी। क्योंकि इस सबके लिए रचनात्मक दुनिया की आवश्यकता क्यों होनी चाहिए। कविता का संसार इस दृष्टि से विलम्ब का टेढ़ा-मेढ़ा रास्ता ही सिद्ध होगा।

कविता मानव-विरोधी स्थितियों का विरोध करती है। किन्तु स्थूल और राजनीतिक प्रश्न एक रचनात्मक दुनिया में रूपान्तरित हो जाते हैं। तब कविता के भीतरी तनावों के बीच जो संकेत उभरते हैं, उनमें मानवीय आकांक्षा, मुक्ति और भूख की सार्थक अभिव्यक्ति होती है। अमूर्त मानवतावाद कपटपूर्ण ढंग से हाड़-मांस के आदमी के विरुद्ध हो जाता है। इसीलिए मौजूदा परिस्थितियों में जब कवि की रचना-दृष्टि सामाजिक-रिश्तों की विसंगतियों का उत्खनन करती है तब आभिजात्य सौन्दर्य दृष्टि का सज्जात्मक ढाँचा उसकी कविता के लिए अनुपयुक्त ठहरता है। वह हिडिम्बा कविताओं के लिए नयी रचनात्मक ज़मीन का निर्माण भी करता है। इसके बिना कविता समकालीन सन्दर्भों में प्रासंगिक नहीं हो सकती।

इस प्रासंगिकता के लिए कविता अपने आसन्न संसार को भी क्षमा नहीं करती। उसके प्रति कवि की रचना-दृष्टि और उसका रवैया प्रकट होता ही है। पर आवश्यक है कि कविता में आभिजात्य-स्थापत्य को तोड़कर फूहड़ता का सौन्दर्यशास्त्र रचते हुए भी कवि विवेक और रचनात्मक संयम से काम ले। इसके अभाव में जहाँ कविता अप्रत्यक्ष रूप से मनुष्य की स्वतन्त्रता के लिए ख़तरा पैदा कर सकती है, वहीं उसका रचनात्मक ढाँचा अराजकता और नाटकीयता का शिकार बन सकता है। इस सन्दर्भ में विरोध की कविता की भूमिका को नज़रअन्दाज़ नहीं किया जा सकता। असंगतियों और अन्तर्विरोधों से ग्रस्त दक्षिणपन्थी, प्रतिक्रियावादी और बुर्जुआ विचारधारा का विरोध कविता में साफ़ दिखाई देता है। किन्तु अति उत्साह और भावुकता से ग्रस्त कविताएँ भी हैं, जो विरोध की सही सार्थक और रचनात्मक दृष्टि के अभाव में केवल

शाब्दिक अराजकता की सृष्टि कर पाती हैं। ऐसी अराजकता शाब्दिक ही नहीं रह पाती है और वे अर्थ-संसार की अराजकता का भी कारण बनती हैं। विचारधारा के तर्क का खूँखार इस्तेमाल भी कम घातक नहीं सिद्ध हो रहा है, क्योंकि इसके ज़रिये धूमिल जैसे कवि को भी प्रतिक्रियावादी सिद्ध कर देने की दुर्भाग्यपूर्ण दुर्घटना हुई है। रोमांटिसिज़्म हमेशा मानव विरोधी नहीं होता पर क्रान्ति का रोमांटिसिज़्म सही समझ के परिदृश्य को अवश्य धूमिल बना देता है। यह नहीं कि उन्मादग्रस्त लेखन से मुक्त प्रयत्न नहीं हो रहे हैं। अनेक युवा कवियों के संसार में भाषा की सामर्थ्य को नये सिरे से पहचानते हुए जीवन की अन्तर्धाराओं से जुड़ने की छटपटाहट दिखाई दे रही है।

भारतीय मनुष्य आज दोहरी विपन्नता में खट रहा है—आर्थिक और सांस्कृतिक विपन्नता। जो मानवीय प्रयत्न इस विपन्नता को ख़त्म करने की दिशा में होंगे, कविता में उनकी प्रतिगूँजें अवश्य सुनाई देंगी। किन्तु घटना-प्रेरित होकर ही कविता में आकांक्षा और प्रयत्नों के बीच का विश्वसनीय संसार आकृति पा सकता है।

हमें स्मरण रखना चाहिए कि चाटुकार मित्र नुकसानदेह और चुनौती देनेवाला ख़तरनाक दोस्त, ज़्यादह फ़ायदेमन्द होता है। यदि हमारे सामाजिक जीवन में वांछित परिवर्तन होते हैं, तब भी मानवीय-आकांक्षा के हित में हम कविता को एक ख़तरनाक दोस्त बने रहने देकर ही बचा सकेंगे। कविता को नष्ट करके मानवीय स्वत्व की रक्षा महज़ दम्भ होगा :

यह कैसा ज़माना है
कि पेड़ों के बारे में बातचीत भी लगभग जुर्म है
क्योंकि इसमें बहुत सारे कुकर्मों के बारे में
चुप्पी भी शामिल है

(ब्रेख्त)

हमें उम्मीद है कि हम पेड़ों के बारे में बातचीत कर सकेंगे और कुकर्मों के बारे में भी ख़ामोश नहीं रहेंगे।

अन्धा युग और कविता की पुकार

दिन-रात हम शामिल हैं इस युद्ध में
जो दुनिया और मन में बाहर-भीतर हो रहा

(तुकाराम)

जितना ही तीव्र है द्वन्द्व क्रियाओं-घटनाओं का
बाहरी दुनिया में
उतनी ही तेज़ी से भीतरी दुनिया में
चलता है द्वन्द्व कि
फ़िक्र से फ़िक्र लगी हुई है

(मुक्तिबोध)

कला बदल सकती है क्या समाज?
नहीं, जहाँ बहुत कला होगी, परिवर्तन नहीं होगा

(रघुवीर सहाय)

तुकाराम के युद्ध और मुक्तिबोध के द्वन्द्व के बीच साढ़े तीन सौ वर्षों का अन्तराल है। रघुवीर सहाय की समाज-चिन्ता मुक्तिबोध के लगभग तीस वर्ष के बाद के समय की है। इस बीच रचनाकारों से कई अपेक्षाएँ की गयीं। मुक्तिबोध-रघुवीर सहाय-ब्रेख्त आदि बड़े कवियों ने 'कविगण चुप' (मुक्तिबोध), 'हत्यारों के क्या लेखक साझीदार हुए' (रघुवीर सहाय), 'ज़माना स्याह था, पर तब क्यों ख़ामोश रहे कविगण' (ब्रेष्ट) जैसी चिन्ताएँ व्यक्त कीं।

उक्त दोनों स्थितियों में हमारे आज के परिवेश की चुनौतियों और रचनाकारों की भूमिका के संकेत मिलते हैं।

अव्वल तो यही कि मुद्दत से जागरूक रचनाकारों के लिए सृजन एक संघर्ष-भूमि रहा है। जेक्स ने ठीक कहा था—"हम जन्मजात विद्रोही हैं क्योंकि हम जन्मजात स्रष्टा हैं।" 'अपशकुनों से भरा मानव लोक' (शमशेर) आज जिस तरह मुँह बाये है उसका सामना भाषा कैसे करे, यह अनुभव नया नहीं है।

जिन ख़तरों की ओर गणेश शंकर विद्यार्थी, प्रेमचन्द, नागार्जुन आदि ने चेताया और मुक्तिबोध ने 'अँधेरे में' और अपने महाकाव्यात्मक फड़फड़ाते पन्नों में जिनकी आमद दर्ज़ की, आज वे भयावह रूप धारण किये इतरा रहे हैं। लोकतन्त्र और आज़ादी की जो चिन्ता रघुवीर जी करते रहे अपने समस्त लेखन में, वह आज उनके न रहने के तेरह वर्षों बाद ख़तरनाक मोड़ ले चुकी है। पर आज मुक्तिबोध या रघुवीर जी होते तो राहत महसूस करते कि उनके उत्तराधिकारी ख़ामोश नहीं रहे। पिछला दशक गवाह है कि केदारनाथ सिंह, कुँवर नारायण, विष्णु खरे, अशोक वाजपेयी, भगवत रावत से लेकर अरुण कमल, कात्यायनी, राजेश जोशी, कुमार अम्बुज, लीलाधर मण्डलोई, विष्णु नागर, नरेश सक्सेना, असद जैदी, सुदीप बनर्जी, नरेन्द्र जैन, हेमन्त कुकरेती, पवन करण, एकान्त श्रीवास्तव आदि कवियों की लम्बी फ़ेहरिस्त है, जिन्होंने भारतीय समाज और लोकतन्त्र को छिन्न-भिन्न करने की कोशिशों का प्रतिकार किया है। यह प्रतिरोध न केवल कविता, बल्कि प्रदर्शन-प्रतिवेदनों के स्तरों पर भी हुआ है। इसे इस महादेश के बवण्डर में चाहे प्रतीकात्मक समझा—कहा जाये, पर इसकी अनदेखी करना न केवल अन्याय, बल्कि अपराध होगा। रघुवीर जी की बात याद आ रही है। उन्होंने लिखा है—'रचनात्मकता और आज़ादी तथा समता की लड़ाई और कविता एक ही मानवीय आकांक्षा और उत्कर्ष के पर्याय हैं।' यह चेतना युवा और युवतर कवियों में और अधिक उत्कटता से अनुभव में आ रही है।

अनेक त्रासद और दुर्भाग्यपूर्ण चुनौतियों के बीच यह याद आना भी उम्मीद को सहारा देता है कि पिछले वर्षों में युवा रचनाकारों को प्रकाशन के सम्मानजनक अवसर मिलने लगे हैं। ऐसे में मुक्तिबोध याद आते हैं, जिनके सिरहाने 'चाँद का मुँह टेढ़ा है' रखा ही रहा और जो इसके लिए होश में नहीं आये। दूर-दराज के इलाकों, आदिवासी जनपदों में सृजनरत् हमारे युवा रचनाकारों को पहचाना ही नहीं जा रहा, बल्कि रेखांकित भी किया जा रहा है।

इस बात का उल्लेख भी ज़रूरी है कि भूमण्डलीकरण-बाज़ारवाद-सूचना क्रान्ति के प्रभावों के चलते जीवन और रचना के बीच का रिश्ता विच्छिन्न हो रहा है या हो सकता है। पुरस्कार, सम्मान, यशलिप्सा, स्पर्धा जैसी लाभ-लोभ की स्थितियाँ ललचा रही हैं। पिछले वर्षों में बड़े-बड़े पुरस्कारों को लेकर जैसी थुक्का-फ़जीहत हुई है यह शर्मनाक है। इसमें लेखकों से अधिक संस्थाओं और संस्थापतियों की भूमिका हो सकती है। 'साहित्य में माफिया' जैसे मुहावरों का प्रचलन भी एक आन्तरिक चेतावनी है। हम 'दूध धोए' दूसरे 'धूल धोए' जैसे विवाद और आरोप-प्रत्यारोपों की व्याख्या किस बाज़ारू तर्क से की जाये, समझना होगा। और उस हाल में जब समझा जाता है कि समाज को साहित्य-कविता की परवाह नहीं है। और रचनाकार समझते हैं

कि वे बदलाव के वाहक हैं—दिशा निर्देशक-नक़्शा बनाने वाले। जबकि इतनी प्रसार क्रान्ति के बावजूद कविता तो दूर, हम विचार को भी जनता तक नहीं पहुँचा सके हैं। कवि लोग कविता के बारे में बढ़-चढ़ कर बोलते हैं—'बेहतर मनुष्य बनायेगी कविता'—तब क्या वे दीगर विधाओं के गुरुओं और कुशल सेल्समैन की तरह नहीं लगते हैं जैसा इन दिनों रोज़ कहा जा रहा है—'संस्कृत को बिना पढ़े संस्कृति को नहीं समझा जा सकता।' कुछ धूर्त्त-लम्पट-खुर्राट-धाँसू लेखकों-कवियों को जानते होंगे हम लोग। दूसरी तरफ़ निश्छाल-आत्मीय-संवेदनशील-समझदार गाँव-आदिवासी जनपद के लोग हैं जो कविता के दर्पण में नहीं निहारते। यह कविता की ताक़त नहीं, उसके बारे में प्रलाप के कारण उत्पन्न असमंजस है।

एक छोटी-सी तकलीफ़देह सचाई। जैसे विश्व ग्राम हो गया है। वैसे ही ग्राम-क़स्बा-छोटे शहर भी विश्व हो गये हैं। जहाँ छोटे पाँच-छह अख़बार हैं। तीन-चार चैनल हैं। तीस-चालीस साहित्यिक संस्थाएँ हैं। सौ एक लेखक हैं। वे अपनी दुनिया में मगन होते जा रहे हैं। दो-तीन हज़ार में कविता पुस्तक छप ही नहीं जाती, उसका लोकार्पण भी हो जाता है, सम्मान-चर्चा सहित। स्थानीय चैनल और अख़बार में वे छा जाते हैं। फिर उनके लिए कौन अरुण कमल, कैसे रघुवीर सहाय? 'हमें इनसे क्या', जैसी मानसिकता के क़ैदी हो रहे हैं। इससे रचना संसार की समग्रता तो खण्डित हो ही रही है, यह भी कि साहित्य के मूल्यांकन की स्थानीय कसौटियाँ बनती जा रही हैं। जैसे होता था—निमाड़ का गाँधी कौन?

और आज जो भयावह चुनौती रचनात्मकता के विरुद्ध या मनुष्य-प्रेम और सत्य के ख़िलाफ़ है वह अधिनायकतन्त्र की बुलन्दी के साथ दिन-रात गश्त कर रही है। भारत उत्कर्ष-उदय के नाम पर अन्धविश्वासों, झूठ और पाखण्ड की इंजीनियरिंग की जा रही है। धर्म, संस्कृति और विश्वास की दुहाई देती संगठित सत्ता-भीड़ भयोत्पादन कर रही है। धर्मों का सुनियोजित व्यवस्थापन और भय का शिकार बनाने का कार्य सुरुचिपूर्ण ढंग से निष्पादित किया जा रहा है। जब एक सीमित जनादेश को संविधान से ऊपर दर्शाते हुए उसकी मनचीती व्याख्या की जाये और विष उगलने वालों पर कोई कार्रवाई न हो तब भाषा, स्वतन्त्र निजता और मनुष्य की गरिमा को कुचलना कितना सात्विक लगेगा, समझा जा सकता है। यह कुचली जाने वाली भाषा-स्वतन्त्रता ही तो रचनाकार की प्रतिज्ञा है और इसी के लिए ख़तरे उठाने होते हैं। हम अब अन्धे युग में प्रवेश कर रहे हैं। अत्यन्त समृद्ध-रोशन और पवित्र प्रतीकों से सुशोभित बजाता-गाता, झाँझ-मजीरे, ढोल-ढाक से गूँजता अन्धा युग। यह उत्तर-पूँजीवादी साम्राज्यवाद का तोहफ़ा। दुर्दिनों और काली ताक़तों का दिया उपहार।

ऐसी चुनौती और परीक्षा की घड़ी हमारे सामने इसके पहले नहीं थी। अभिव्यक्ति के ख़तरे उठाने की चरितार्थता हमारे समक्ष है। इतना धोखा, सत्तापीठों के झूठ-उवाच, भ्रष्टाचार और दलित-पिछड़ी-ग़रीब जनता का शोषण। बढ़ते अपराध-हिंसा। यही चौकस होकर देखते-लिखते और बोलते रहने की प्रतिज्ञा के लिए सबसे ज़रूरी ज़मीन है। लोगों को समझाया जा रहा है कि झूठ ही सच है। ऐसे में रचनाकर्ता में नये साथी-भाव की ज़रूरत है। 'हम गिनती के थे और देखते-देखते असंख्य हो गये'—पॉल एलुआर की याद आ रही है। हमारी अपनी साँस लेने की जगह ही नहीं बचेगी यदि हम सत्य और अपने लोगों के पक्ष में कविता के साथ खड़े नहीं होंगे। हमें तय करना पड़ेगा, निजी स्तर पर भी ऐसी पवित्र-सात्विक लगती हिंसा का हम किन रूपकों से मुक़ाबला करेंगे। निराशा से बचने के लिए याद रखना होगा कि सुन्दर और सार्थक को बचाकर ही हम कवि-मनुष्य बचे रहेंगे।

कहाँ जाऊँ, दिल्ली या उज्जैन : मुक्तिबोध

अपनी कविता 'अँधेरे में' में मुक्तिबोध वैचारिक द्वन्द्व के व्यूह में फँसे रहते हैं "निजत्व भाप है बेचैन/क्या करूँ, किससे कहूँ, कहाँ जाऊँ, दिल्ली या उज्जैन?" मुक्तिबोध अपने महाप्रयाण के लिए चक्रतीर्थ वाले उज्जैन तो नहीं आ पाये, पहुँचे दिल्ली।

कालिदास के बाद यदि किसी ज्ञात कवि की सृजन-प्रक्रिया से उज्जयिनी को काव्यात्मक गरिमा और महत्त्व मिला है तो वे एकमात्र मुक्तिबोध ही हैं। यह मैं पूरी ज़िम्मेदारी के साथ और सृजन-प्रक्रिया के सन्दर्भ में ही कह रहा हूँ। मुक्तिबोध ने उज्जैन पर कोई कविता नहीं लिखी है। जबकि महाकवि रवीन्द्र से लेकर सुमन जी, श्रीकान्त वर्मा सहित कई ख्यात कवियों ने अवन्तिका पर कविताएँ लिखी हैं।

जब भी मुक्तिबोध की प्रामाणिक जीवनी उनके साहित्य के सन्दर्भों सहित लिखी जायेगी तो उसमें दोनों उज्जैनों का बहुत बड़ा हिस्सा होगा। एक उज्जैन वह जिसमें रहते हर तरह से वयस्क होते मुक्तिबोध ने न केवल अपने सृजनात्मक पंख फैलाये बल्कि देखने-सोचने को गहरा करते हुए अपने तर्कों को भी पैना करना प्रारम्भ किया। दूसरा उज्जैन जिसमें मुक्तिबोध की भौतिक उपस्थिति नहीं रही पर जो मुक्तिबोध पर मँडराता रहा और नागपुर-राजनाँदगाँव से मुक्तिबोध की कविताएँ जिस पर झपट्टे मारती रहीं। मुक्तिबोध की जीवनी का सांगोपांग और सूक्ष्म डॉक्यूमेंटेशन करने वाले ही के बूते की बात होगी कि वह उज्जैन की विभिन्न छवियों और सोच को गढ़ने वाली छायाओं को उनके साहित्य में चिह्नित करता जाये।

सभी लेखकों और कवियों पर स्थानिक का प्रभाव पड़ता है। उनके लिए छोड़े शहर-स्थान स्मृति का हिस्सा बन जाते हैं, जो लिखते नहीं उनके साथ भी होता है ऐसा। धीरे-धीरे यह स्मृति दूसरी स्मृति की छाया तले आ जाती है। मुक्तिबोध ने उज्जैन के पहले भी शहर छोड़ा था पर शायद कुछ खोने की तरह नहीं था। उज्जैन के बाद भी वे किसी दूसरे शहर में नहीं बसे। वाराणसी, जबलपुर, नागपुर, राजनाँदगाँव एक के बाद एक आते गये, और भी शहर क़स्बे आते हैं बीच में—शुजालपुर, इन्दौर, खण्डवा, बड़नगर आदि। पर उनके शहर बदलने वाले ग्राफ़

का शिखर चाहे राजनाँदगाँव रहा हो–पर इस ग्राफ़ को जिस शहर ने क़ाबू किया वह उज्जैन ही रहा।

दरअसल मुक्तिबोध की कल्पनाशीलता ने जिस क़दर हदें तोड़ी हैं वह आश्चर्यजनक है। सौन्दर्य-दृष्टि, इतिहास-बोध, सांस्कृतिक-सामाजिक-राजनीतिक सोच की सीमाएँ सबका मुक्तिबोध ने अतिक्रमण किया है। इसी के साथ उनके पास समुद्र के ज्वार-भाटे वाला छटपटाता बेचैन मन था। अपनी इन्हीं दोनों विशेषताओं के कारण वे महाकाव्यात्मक पन्नों वाली कविता के कवि हुए और उज्जैन की टोपोग्राफ़ी के साथ विराट क़िस्म का इम्प्रोवाइजेशन भी करते गये। गुहा के भीतर गुहा, स्थापत्य के भीतर, नीचे, ऊपर और चतुर्दिक भी स्थापत्य रचते गये। यह तीसरा उज्जैन हुआ जो मुक्तिबोध ने अपनी फैंटेसी के ज़रिये अपनी कविता में बताया। फैंटेसी जो अनुभव की कन्या हुई जिसकी गति और चेतना भौतिक जगत के ठोस मूर्त घटना-व्यापार पर टिकी और जिसके ही कारण मुक्तिबोध की कविता कविता की परम्परा में पृथक् स्थान बना पायी।

शहर के नीचे भी भूमिगत शहर होता है–जहाँ ऊपर की व्यवस्था–मर्यादा, सांस्कृतिक गरिमा को हम बेनकाब-हिंसक पाते हैं। मुक्तिबोध ने यहाँ सामन्तवाद के शिकंजों, पूँजीवाद के बढ़ते नाख़ूनों को भी देखा। किसानों-मज़दूरों, ग़रीबों, वेश्याओं के कष्टों को पहचाना। शोषण और अत्याचार के विरुद्ध साम्य-न्याय और संघर्ष तथा दायित्व की भावना उनके मनोजगत का स्थायी भाव बन गयी। उज्जैन के लोक विश्वास, प्रतीक, सांस्कृतिक बिम्ब भी इसमें जुड़ते ही गये। कह सकते हैं ऐसा रिश्ता प्रत्येक रचनाकार का अपनी जगह या जगहों से होता या हो सकता है, अवश्य होता होगा। पर मुक्तिबोध जिस आत्मसंघर्ष और जैसी मानवीय करुणा के भावुक नहीं, विचारवान कवि थे। जैसी सामर्थ्य इस तरह के रिश्तों को, जैसी गहराई और विस्तार दे सकी वह सबके लिए सहज सम्भव नहीं हो सकता। "जीवन कवि को सभी पापों के लिए माफ़ कर सकता है सिवा युग चेतना को धोखा देने के", रूसी कवि अलेक्सान्द्र की यह हिदायत मुक्तिबोध जैसे जन्मघूँटी से ही लेकर आये थे। उज्जैन में मुक्तिबोध के क्रिएटिव, टूल बॉक्स में ये समस्त औज़ार इकट्ठे हो गये थे, जिनने उन्हें मानव जीवन की ओर संस्कारित करुणा भाव और सम्मान से देखने वाला बड़ा कवि बनाया।

वस्तुतः किसी शहर की दो-चार जगहों का नाम कविता में आ जाना भिन्न बात है। कालिदास, भर्तृहरि के अतिरिक्त मुक्तिबोध की कविता में लगभग सत्तर व्यक्तिवाचक नाम हैं। उज्जैन शहर के अलावा दुनिया के बीस शहर उनकी कविता में आये हैं। शिप्रा के साथ दुनिया की अन्य इक्कीस नदियों का समावेश है।

नामों की मौजूदगी मात्र से किसी सार्थक या दिलचस्प नतीजे तक कभी नहीं पहुँचा जा सकता। असल चीज़ कुछ और ही है, जिसके कारण मुक्तिबोध की कविताओं की जड़ें और उत्स उज्जैन से जुड़ते हैं। और उसका नाम लेने के बजाय यह कहना ज़्यादा आसान होगा कि मुक्तिबोध को सचमुच संगे-फसाँ यहाँ मिला और जिसे वो अपने साथ ले गये हम उस संगे-फसाँ-सान-पर छुरी, चाकू की तरह आज के इन गूँगे करने वाले दिनों में भी अपने को पैना कर सकते हैं।

मुक्तिबोध उन दिनों के उज्जैन के प्रबुद्ध युवा थे। पं. रमाशंकर शुक्ल 'हृदय' की कविताओं का उनके किशोर मन पर प्रभाव पड़ा। महादेवी, प्रसाद की तर्ज़ पर उन्होंने कविताओं की शुरुआत की। दादा माखनलाल चतुर्वेदी का भी उन पर प्रभाव पड़ा, पर मुक्तिबोध जैसे प्रखर चिन्तक पढ़ने में भी और कविताओं के संस्कार के प्रसंग में ख़राब विद्यार्थी साबित हुए क्योंकि सोच और बहस की प्रक्रिया से गुज़रते उन्हें अपना रास्ता ख़ुद बनाना था। उज्जैन में रहते मुक्तिबोध का अपना मित्रमण्डल था, किन्तु बहुत जल्दी ही अधिकांश मित्र उनके लिए अप्रासंगिक होते रहे। डॉ. माचवे, महेशशरण जौहरी ललित, क्षीरसागर, बाद में डॉ. जोशी का सम्पर्क उन्हें मनुष्य के विकास-क्रम, उसकी गति और नियति के महत्त्वपूर्ण प्रश्नों से निरन्तर बहस की स्थिति में बनाये रहा। यहीं से उनका सम्पर्क इन्दौर के उस वक़्त के प्रमुख कामरेड खाण्डेकर से हुआ। वे प्रयाग जी और वीरेन्द्र कुमार जैन के अतिरिक्त नेमिजी के सम्पर्क में भी आये। यहाँ से जब वे ख़त लिखते थे तो कामरेड सम्बोधन का इस्तेमाल करते थे। वे पार्टी मेम्बर भी बने। त्यागपत्र दिया। दुबारा पार्टी मेम्बर बने।

उज्जैन में उन दिनों प्रगतिशील लेखकों के अतिरिक्त पुरोगामी साहित्य संस्था सक्रिय थी। वे उज्जैन को इस अंचल के साहित्यिक-वैचारिक चेतना के केन्द्र के रूप में देखना चाहते थे। इसी प्रसंग में मध्य भारतीय लेखक परिषद के आयोजन में दादा को आमन्त्रित करते हुए उन्हें खण्डवा ख़त लिखा था, जिसमें पंक्ति थी 'उज्जैन के कुछ नौजवान और Uncompromising तरुण आपकी ओर देखते हैं।' एक और महत्त्वपूर्ण कोशिश मुक्तिबोध ने इन्दौर की म.भा. साहित्य समिति के उद्धार की दिशा में की थी। उनका यक़ीन था कि समिति पर शोषक और सामन्त काबिज़ हैं। वे उसे सेठों के बजाय, सृजनशील युवाओं की संस्था के रूप में सक्रिय करने की तमन्ना रखते थे। इसमें वो और बाद में 60 तक कई दूसरे बराबर नाकामयाब रहे। सुमन जी को बार-बार उसका अध्यक्ष या कुछ-न-कुछ बनते रहना पड़ा। यह उन दिनों और उस उम्र में मुक्तिबोध की जागरूकता का बहुत बड़ा प्रमाण और साहित्य और जीवन के प्रति प्रामाणिक निष्ठा का एक प्रतिमान ही कहा जायेगा। निराशा, टूटन, भटकाव, पारिवारिक विच्छिन्नता का बोध और आर्थिक कष्टों की

शुरुआत भी यहीं हो गयी थी। वर्गापसरण के लिए सतत संघर्षरत रही मुक्तिबोध की आत्मा और कविता ने उनके विवाह के माध्यम से वर्गापसरण की कोशिश का सबूत भी यही दिया था। इस सबके बावजूद वे उज्जैन के वीरानों में अपने मस्तिष्क को आश्चर्यजनक ढंग से सांस्कृतिक, नैतिक और समाजदर्शन के आधारभूत सिद्धान्तों से प्रखर बनाने की अनवरत बहस-प्रक्रिया में संलग्न भी थे।

फिर भी इस सृजनात्मक और चिन्तापरक ज़मीन के बावजूद यह कहना मुश्किल है कि मुक्तिबोध का उज्जैन से जज़्बाती रिश्ता था। वे इस गड्ढे से निकलकर मुक्ति के लिए यहीं छटपटाते रहे। यहाँ से जाने के बाद मुक्तिबोध ने बनारस, जबलपुर में बहुत कठिन दिन बिताये और माता-पिता के कहने के बावजूद उज्जैन वापस आना उन्हें कभी मंजूर नहीं हुआ। यहाँ डॉ. प्रभाकर माचवे की उस कविता की याद आना स्वाभाविक है, जिसकी प्रथम पंक्ति थी "मालवा ने मुक्तिबोध के लिए क्या किया"। इसका उत्तर मुक्तिबोध के अनुज मराठी के प्रख्यात कवि–उपन्यासकार शरच्चन्द्र मुक्तिबोध ने दिया था यह कहकर कि "इस तरह के आक्षेप अनुचित हैं। मालवा के पास ऐसा क्या है देने के लिए–प्रेम दे सकता था–तो बन्धु को बहुत दिया–ख़ास तौर पर भाषा सामर्थ्य।" अपने अन्तिम दिनों में मुक्तिबोध उज्जैन से कट गये थे। हक़ीक़त यह भी है कि उनका महत्त्व मरणोपरान्त ही मान्य हुआ, बाहर के रचनाकारों से ज्ञात हुआ कि मुक्तिबोध ग्रेट थे।

यही ग्रेट मुक्तिबोध उज्जैन की सड़कों, फ्रीगंज और मंगलनाथ–भैरोगढ़ के इलाके में देर रात तक भटकता था। आज इसे याद करने को चाहे यहाँ गजानन मुक्तिबोध मार्ग, मुक्तिबोध की प्रतिमा, मुक्तिबोध-वाचनालय्र, मुक्तिबोध-पीठ, विश्वविद्यालय में मुक्तिबोध सभा-भवन, मुक्तिबोध-चेयर आदि जैसा कुछ नहीं है, तो मुक्तिबोध की ही बात याद आती है "फाल्स प्रेस्टिज की ऐसी की तैसी।" शहर कोतवाली में मुक्तिबोध के पिता पुलिस अधिकारी थे और मुक्तिबोध को थाने की कार्यप्रणाली के गहरे और करुण अनुभव थे। "मिस्टर गुप्ता। क्रास एक्ज़ामिन हिम थॉरोली" और चाबुक चमकार-क़ैदखाने और वहीं जहाँ वे ऊपर रहते थे, उस घर के बिम्बों का मुक्तिबोध ने अनेक जगहों पर मानवीय यातना के सन्दर्भ में सटीक उपयोग किया है। डायरी के तीसरा क्षण के अन्तर्गत केशव के साथ घूमने और बहस करने के प्रसंग में उज्जैन के जिस भौगोलिक परिदृश्य और रहस्य संकेतों का वर्णन आया है, यदि केवल उसी का विश्लेषण किया जाये तो मुक्तिबोध की कविता के कतिपय महत्त्वपूर्ण सूत्र हाथ लग सकते हैं। और इसके बाद कविता 'चाँद का मुँह टेढ़ा है' से गुज़रे जहाँ बरगद और भैरों में जिरह हो रही है तो हम समझ सकेंगे कि मुक्तिबोध में परिदृश्य को इतिहास बोध और क्रान्ति चेतना के नये आयामों में तब्दील कर

सकने की कैसी अद्भुत क्षमता थी। इतना ही नहीं हरिजन बस्ती, मन्दिर, कबीठ का पेड़ और बरगद के परिप्रेक्ष्य में अँगिया, घाघरों पर अटकी व्यभिचारी टकटकी को मुक्तिबोध ही पकड़ सकते थे। "तान्त्रिक की आँखों में गंजी चमक तेज़", "तिरछा रहस्य" सभी कुछ है यहाँ जो सामन्ती-पूँजीवादी तन्त्र के करिश्मों-कारनामों को उजागर करता है। ऐसा तन्त्र जिसने मनुष्य की आत्मा को अँधेरे में चमगादड़-सा उलटा लटका रखा है। इसी कविता में मसान-सिद्धि, मूँठ मारना, टोटके आदि के बीच एक तरफ़ संस्कृति के मुख पर मनुष्य अस्थियों की राख का विकट प्रश्न है, तो दूसरी तरफ़ सराफ़ा बाज़ार में सट्टे का धन्धा है। "बरगद की शाखें ढीठ। भैरों की कड़ी पीठ" और इन दोनों में बहस खड़ी हुई है—सुबह होगी कब? ब्रह्मराक्षस कविता की बावड़ी, चौराहे का घण्टाघर, गलियाँ, सुनसान चौराहा, प्याऊ, मसान, गुफा, नदी, मन्दिर, ज्योतिर्लिंग, तहखाना, चक्करदार सीढ़ियाँ, थाना, कपड़ा मिल, बरगद, भैरों आदि अनेक स्थानों को यहाँ के परिदृश्य से मुक्तिबोध ने जब चुना है तो यह कोई यूँ ही मनमानी उन्होंने नहीं की है। इसके पीछे उनका सामाजिक चिन्तन और आत्मसंघर्ष सक्रिय है। और जब इनके सहारे मुक्तिबोध फ़ैंटेसी रचते या अपने अनुभव को विस्तार देते हैं तब यह मात्र स्थानबोधक शब्द भर नहीं रह जाते। इनसे जो अर्थ-ध्वनियाँ फूटती हैं और इन्हीं अर्थ-ध्वनियों के सहारे वे हमारी दुनिया की त्रासदी को प्रकट करते और उसको अतिक्रमित करने की कोशिश में निरन्तर संघर्षरत् दिखाई देते हैं।

उज्जैन के तान्त्रिक हलके से मुक्तिबोध जैसे प्रतिबद्ध कवि ने तान्त्रिक रहस्यवादी पदावली को भी अपनी समकालीन कविता के लिए चुना और ऐसे प्रतीकों और पदों के कारण ही कुछ विद्वान समीक्षकों को उन्हें रहस्यवादी कवि तक कहने की ज़हमत उठानी पड़ी। 'सूखे कठोर नंगे पहाड़' कविता में तिलिस्मी मार्ग, मन्त्रानुशासनों का जादुई देस, तान्त्रिक की दुष्ट साध, भुतही सन्ध्या भाषा, शोणितारुण भैरव, अन्ध गुहा और अन्य स्थानों पर सुषुम्ना, इड़ा, पिंगला का ज़िक्र है। जैसा कि हम ऊपर कह चुके हैं मुक्तिबोध ने दमन-शोषण के छद्म के विरुद्ध ब्रह्मराक्षस का सजलउर शिष्य होने के लिए सभी तरह की हदों का अतिक्रमण किया है। इस पदावली का उपयोग भी उन्होंने मानव मुक्ति की कामना और संघर्ष के सन्दर्भ ही में सम्पूर्ण सामाजिक अन्तःकरण के विवेक के साथ ही किया है। यहाँ बाबा नागार्जुन का यह कथन महत्त्वपूर्ण लगता है—"नेरूदा और चेग्वारा किस तरह अपने प्रतीकों का इस्तेमाल करते हैं। इससे न सीखकर ये लोग (अपने प्रगतिशील) अपने प्रतीकों से नफ़रत करने लगे हैं और बात करते हैं जातीय इतिहास की। मैंने तो दुर्गा, काली, त्रिमूर्ति, पंचमूर्ति जैसे प्रतीकों का इस्तेमाल हमेशा किया है।" वस्तुतः मुक्तिबोध जिस तड़पदार

ज़िन्दगी के हामी थे उसके लिए उन्होंने जीवन के हर क्षेत्र का सतर्कतापूर्वक दोहन किया। साज-सँवार की प्रतिष्ठित भाषा और अकेले में अपनी ऐसी की तैसी करवाने में आत्ममुग्ध प्रतिभा के विरुद्ध उन्होंने हाय-हाय, भागमभाग में शामिल भयानक हिडिम्बा कविता के कवि होने का साहस किया। उनकी काव्यभाषा पर इस क्षेत्र के गहरे संस्कार पड़े हैं। मराठीपन और मालवीपन दोनों ही की भाषाई छाप जिसका प्रवाहपूर्ण सार्थक प्रयोग उनकी अन्तिम दिनों की कविताओं में भी दिखाई देता है। मुक्तिबोध जैसे कवि को जिनकी कविताओं में विज्ञान-सौरमण्डल-भूगर्भ और गणित जैसे विषयों के सन्दर्भों की विस्मयकारी मौजूदगी है—किसी एक जगह के प्रवाहों के सन्दर्भ में आँकना कठिन ही नहीं जोख़िम भरा काम भी है। फिर उज्जैन की खिड़की पृथक से खोलकर कविताओं में झाँकना एक अकादेमिक हरकत से अधिक कुछ नहीं लगता। पर इसके बावजूद यह भी सुनिश्चित है कि मुक्तिबोध ने इस शहर और अंचल की सम्पदा और विपदा से अपने को गहरे से जोड़ा था। यह करिश्मा उज्जैन का नहीं मुक्तिबोध का है। उज्जैन या कोई भी शहर क्या कर लेगा यदि वहाँ का सर्जक-रचनाकार प्रवाह में बहने की बात तो छोड़ें, तट पर आने से भी कतरायेगा। प्रवाह, भंभड़, अन्धड़, धूल-धक्कड़, भागमभाग, दलिद्दर में लालटेन या कन्दील थामे शामिल होने का निर्णय मुक्तिबोध का था। आज भी यह याद करना-सोचना उत्तेजित कर सकता है कि मुक्तिबोध का इस शहर से घनिष्ठ सम्बन्ध रहा।

'मुझे क़दम-क़दम पर...' : मुक्तिबोध

'एक लम्बी कविता का अन्त' डायरी में मुक्तिबोध ने लिखा है—"मैं छोटी कविताएँ लिख नहीं पाता और जो छोटी होती हैं वस्तुतः अधूरी होती हैं। उन्हें ख़त्म करने की कला मुझे नहीं आती...।"

शायद मुक्तिबोध ही ऐसे अकेले कवि हैं जिनकी किसी एक कविता को उसी तरह उनकी जुदा कविता की तरह नहीं पढ़ा जा सकता, जिस तरह ख़ुद मुक्तिबोध कविता को जीवन से जुदा सवाल की तरह नहीं देखते थे।

मुक्तिबोध जानते थे कि वे अपने सामाजिक सत्य और स्वप्न के लिए आजीवन एक प्रदीर्घ कविता लिख रहे हैं, जो बार-बार विभिन्न शीर्षकों में लिखी जाकर भी उनके जीवन का अधूरा महाकाव्य साबित होगी। कहने की आवश्यकता नहीं कि इन महाकाव्यात्मक पन्नों में अपने अधूरेपन के बावजूद ज़िन्दगी का भयावह भव्य आन्दोलन-समुद्र किस कदर गूँज रहा है।

'मुझे क़दम-क़दम पर' मुक्तिबोध की साठ पंक्तियों की होकर भी छोटी कविता ही कही जायेगी। जिस तरह कविता में काव्य-नायक को क़दम-क़दम पर चौराहे मिलते हैं बाँहें फैलाये, उसी तरह इस कविता में मुक्तिबोध की कविताओं की पुरानी और भविष्यत की कई-कई धाराएँ भी मिलती हैं जिसमें मुक्तिबोध की सोच, उनका जागरूक विकल हृदय, उनकी आवाज़ सुनाई देती है। यह छोटी कविता भी 'पता नहीं, कब, कौन, कहाँ किस ओर मिले/फिर वही यात्रा सुदूर की/फिर वही भटकती खोज भरपूर की' (पता नहीं, पृ. 61-62) वाली महाकाव्यात्मक कोशिश के फड़फड़ाते मात्र तीन पन्ने हैं। इन तीन पन्नों से गुज़रने का अर्थ भी समग्र मुक्तिबोध के साथ होने की तरह है। यह उससे बहुत भिन्न है कि हम किसी कवि की कोई एक कविता पढ़ें और वह उसी पहली कविता को पढ़ने की तरह हो। इसका कुछ अन्दाज़ा हमें मुक्तिबोध की कविताओं के पुकारते, जीवन में धँसते, लोगों में शामिल होते मुक्तिबोधियन शीर्षकों से हो सकता है। कटे-अकेले, पदार्थ या भाववाची सज्जात्मक एकपदीय शीर्षक मुक्तिबोध के यहाँ इसीलिए नहीं हैं।

यह कविता 'लहर' (दिसम्बर, 61) में जब प्रकाशित हुई थी तब कवि का दिया शीर्षक 'चौराहे' था। शान्त, स्थिर, जड़, निःशब्द और अद्वितीय से हटकर चहल-पहल, हलचल, जीवन के घटनाचक्रों का केन्द्र और उसका अतिक्रमण स्थल भी यही है। यहाँ पहुँचने के लिए ही तो अपनी एक अन्य कविता में मुक्तिबोध ने कहा है—'जंग खाई, जमी हुई, जबरन/सिटकिनी हिलाकर ज़ोर लगा, दरवाज़ा खोलता/झाँकता हूँ बाहर'—स्पष्ट है कि यहाँ भद्र और बूर्ज्वा दुनिया के जड़ीभूत निषेधों-पाखण्डों और सीमाओं की ओर संकेत है। बाहर रास्ते ही रास्ते हैं जो द्वन्द्वात्मक-प्रक्रिया के चलते चौराहे पर एक-दूसरे को काटते भी हैं, और मिलते भी हैं।

प्रारम्भिक दौर में मुक्तिबोध बर्गसां से प्रभावित रहे। स्वतन्त्र क्रियमाण शक्ति के प्रति उनकी आस्था और कलाकार की स्थानान्तरगामी प्रवृत्ति का स्रोत यही प्रभाव रहा जिसने उनके सोच, कविता की रचना-प्रक्रिया और शिल्प को भी प्रभावित किया। फिर मार्क्सवाद की ओर उन्मुख होने पर वैचारिक आधार और मानवीय दृष्टि से पुष्ट होकर उनकी यही विचारशीलता कविता की शक्ति बनी।

अपनी प्रारम्भिक दौर की कविताओं से उबरकर मुक्तिबोध ने अगले दौर की कविता 'तन्मयता के बाद' (40-42) के प्रारम्भ में तीन पंक्तियों की टीप इस प्रकार दी है—बूर्ज्वा विचारधारा में भावनात्मक एकाकारिता के क्षण अपने आप में अन्तिम और, वैसे ही, लोभनीय माने गये हैं। परन्तु जीवन-प्रवाह का छन्द इसके विपरीत जाता है। प्रत्येक तन्मय क्षण भावी कार्यप्रवाह की शक्ति को तैयार करने वाले मूल केन्द्र हैं। इसी कविता की प्रारम्भिक पंक्ति है—'जिस ओर जो बढ़ता रहे/उस ओर उसको दीखती ही जाये लम्बी राह।' इसी कविता में अभी तक सोया 'मैं' जागता है और देखता है—'तिमिर आप्लावित जगत यह दीर्घ है, सुविशाल है, आगे धरा है।' फिर संकल्प की तरह कवि उचारता है—'प्रत्येक मनु के पुत्र पर विश्वास करना चाहता हूँ' (दूरतारा, पृ. 40-42)। 'खोल आँखें' (पृ. 40-42) कविता में 'महाव्याकुल ज्ञान लिप्सा' और इसका विस्तार 'तुझमें अनेकों स्वप्न देगा/और अनेकों सत्य के शिशु/नवहृदय के गर्भ में द्रुत आ चलेंगे/आत्मा मेरी—उस ज्वलन की भूमि में तू स्वयं बिछ ले।'

ज्वलन की भूमि पर होने की इस चेतना के कारण ही मुक्तिबोध कह पाते हैं कि "हम केवल साहित्यिक दुनिया में ही नहीं वास्तविक दुनिया में रहते हैं, इस जगत में।" और "भीतरी और बाहरी दुनिया एकदम अलग-अलग नहीं है।" इसीलिए हर क़दम पर स्वागतातुर जीवन के अनुभव केन्द्र मिलते हैं।

मुक्तिबोध ने ज़माने के सन्दर्भ में कहा भी है कि—"आज का युग ऐसा है जिसमें कवि को भी विभिन्न विषयों पर मनोमन्थन करना पड़ता है।"

ज़ाहिर है यह मनोमन्थन बैठकखाने का ज्ञान-व्यसन या बुद्धि-विलास और काव्य-विनोद नहीं है। आत्म-संघर्ष के चलते बाह्यानुभवों को आत्मसात कर ही आत्म-विस्तार सम्भव है। सामाजिक आत्मा के संस्कार हेतु भीतरी मानवीय विकलता के कारण ही एक पैर रखते ही सौ राहें फूट पड़ती हैं। कविता का नायक सब पर गुज़रते बाहरी अनुभवों और निजी सपनों में एकरूपता पाता है। कविता में ही सच्ची मनुष्यता की अभिव्यक्ति सम्भव है। नायक की शोध-तृष्णा अपरिमित है। वह सकल जीवनानुभव सम्पदा समेटने को आतुर है। मुक्तिबोध की यही आतुरता उनके शिल्प में भी परिलक्षित होती है।

काव्य-नायक को सामान्य लोगों के जीवन-व्यवहार में आशा की किरणें दिखाई देती हैं। उसे हर आवाज़ में, छाती में, सुस्मित में बेचैनी, ताज़गी, वेदना का आभास होता है। वह सबके साथ घुल-मिलकर एकाकार हो जाने की इच्छा लिए जैसे अपने को सबमें उँड़ेलता है। वैसा ही जैसे 'एक अन्तःकथा' कविता में होती है—"मैं हर टहनी में/डण्ठल में एक-एक स्वप्न देखता हुआ। पहचान रहा प्रत्येक जतन से जमा रहा, टोकरी उठा मैं चला जा रहा हूँ।" यहाँ भी जीवन के व्यापक अनुभव चतुर्दिक बिखरे पड़े हैं। कहानियाँ, उपन्यास, व्यथा-कथाएँ; तरह-तरह के चरित्र टकराते हैं। मुक्तिबोध जिस मानवीय औपन्यासिक सत्य को पाना चाहते हैं, उसे व्यापक जीवन-संघर्ष से स्वायत्त करते हैं। जीवन के फैलते चौराहे पर प्राप्त होने वाले ये अनुभव आभूषण-मात्र नहीं हैं। 'सही हूँ या ग़लत' कविता में वे दृढ़ता के साथ कहते हैं—"यह सत्य मेरा है, उपन्यासकार का।" वस्तुतः यह जीवन के सब कुछ को तड़प, ऊर्जा और विकलता के साथ समेट लेने की कोशिश है।

दरअस्ल धरती के विकासी द्वन्द्व-क्रम में छटपटाते वक्ष के साथ मुक्तिबोध का कवि मन सदैव यात्रा पर रहता है। शमशेर जी ने यूँ ही मुक्तिबोध को 'दिक्काल के जुलूस पर पैनी नज़र' रखने वाला कवि नहीं कहा है। मुक्तिबोध रास्तों, बीहड़ों, दर्रों-जंगलों, घाटियों, समुद्रों पर चलते ही रहते हैं, दौड़ते-भागते शोषण-उत्पीड़न क्रूरता की पड़ताल करते हैं। यह पड़ताल सिर्फ़ इतनी नहीं है कि दुनिया कैसी है। इसमें यह भी शामिल है कि क्यों दुनिया लोगों के जीने लायक नहीं है और कैसे यह सम्भव हो सकती है? इसी जद्दोजहद के तहत ही तो मुक्तिबोध ने विवेचन और विश्लेषण तक को कविता में सम्भव किया है।

इस कविता में उभरा 'चार्ली चेपलिन' या 'तीसरी कसम' के हीरामन जैसा लुब्ध करने वाला विदूषक रूप बेजोड़ है। कविता का नायक सब समझता—जानता है, यह भी कि दुनिया उसे अबौद्धिक जान ठग रही है। और वह जान-बूझकर इस स्थिति का मज़ा लेते दुनिया को अपनी फँसी रफ़्तार में देखता-भाँपता रहता है।

ठगाने से उसे गुरेज नहीं क्योंकि इसके चलते वह बहुत कुछ हासिल करता है—"कविताएँ मुस्कराकर लाग-डाँट करती हैं, प्यार की बात करती हैं" जैसी बात शायद मुक्तिबोध के डिक्शन से ही पैदा हो सकती है। द्विमुखी संघर्ष करने वाले रचनाकार का ग़ज़ब का संवाद है कई-कई स्तरों पर।

काव्य-नायक जब भले और त्रासद अनुभवों के ज़ख़ीरे सहित घर लौटता है तो उपमाएँ दरवाज़े पर ही कहने लगती हैं "सौ बरस और तुम्हें जीना ही चाहिए।" घर में होने पर भी हर क्षण वह समाज और जीवन के बारे में मनोमन्थन करता है। यहाँ भी चौराहे हैं। जगत-यथार्थ के दृश्य-प्रसंग परस्पर मिलते हैं। एक-दूसरे को राहों की तरह काटते हैं। इसी तरह अपने छोटे-से जीवन में सामाजिक आत्मा के साथ 'अनगिन ज़िन्दगियाँ जी लेने' वाले कवि के लिए जीवन के स्याह स्टीम रोलर ने युग के मन का रास्ता बनाया जो उसके मन का रास्ता भी हुआ। (मेरे सहचर मित्र)। 'मुझे क़दम-क़दम पर' कविता का अन्त एक उलझन भरी टीप के साथ हुआ है। यह टीप मुक्तिबोध की प्रमुख काव्य-चिन्ता की ओर भी संकेत करती है।

चिन्ता है ऐसे निस्सहाय समय में कविता के विषय-चिन्तन और काव्य-वस्तु की प्रवृत्ति और प्रारूप क्या हो? रचनाकार के समक्ष जीवन-संघर्ष के दौरान प्रतिदिन तरह-तरह के सैकड़ों विषय उपस्थित होते हैं। इतनी समस्याएँ मुश्किल खड़ी करती हैं कि रचनाकार उपयुक्त विषयों का चयन कैसे करे?

मुक्तिबोध ने तार सप्तक के दूसरे संस्करण के लिए लिखे (किन्तु अप्रकाशित रहे) अपने वक्तव्य में भी यही बात कही थी—"मेरी मुख्य समस्या यह है कि कांटेंट के वैविध्य को किस प्रकार समेटा जाये, किस प्रकार उसे रूपबद्ध किया जाये।" क्योंकि अपार बीहड़ कांटेंट के सामने शिल्प की अपर्याप्तता की समस्या सताती है। और मुक्तिबोध ने फ़ैंटेसी और रफ़्तार में इसका हल ढूँढ़ा है। जहाँ जीवन के कष्ट मूल-प्रकृति-भूखण्ड परिदृश्य से गूँथे हैं। वहाँ भी द्वन्द्वात्मक संघर्षमयी परिस्थितियों की तेज़ लय में बहती दुर्निवार गतिशीलता है।

मुक्तिबोध की कविताओं की लय मात्र शब्दों की नहीं है। उनकी कल्पनाशीलता जिस लय की सृष्टि करती है उसके पीछे उतनी ही भाव विकलता है। जीवन में हर सम्भव तरीक़े से शामिल होने की बेचैनी और आवेग के कारण ही इस तरह पग-पग पर बाहर और भीतर राहें फूटती हैं। रूप और भाषा को एकान्तिक माध्यम नहीं बल्कि सामाजिक अभ्यास की तरह बरतने के कारण यह सम्भव हो सका है।

नैतिक हठपूर्वक अपनी आत्मशान्ति को नष्ट कर रचनाकार बने रहने वाले मुक्तिबोध जैसे कवि की एक कविता को पढ़ते हुए उसी में बँधे रह जाना असम्भव है।

‘मुझे क़दम-क़दम पर’ में रहते हुए हमें ‘अँधेरे में’ सहित मुक्तिबोध के विचारों की दुनिया में भी जाना ही पड़ता है। अकादेमिक तरह से मुक्तिबोध की कविता को पढ़ना और किसी अनुशासन में बँधकर उस पर लिखना सम्भव ही नहीं है।

उनके ‘लिखे वाक्यों के रास्तों पर’, जहाँ उनकी आत्मा के जासूस भावों की गश्त दिन-रात होती हो, कोई अपनी आत्मा की खानातलाशी कराये बिना कैसे गुज़र सकता है।

हमें पुकारती हुई पुकार : मुक्तिबोध

व्यापकता और गहराई मुक्तिबोध की अन्तश्चेतना के दो आयाम हैं और इसके पीछे कवि का जटिल और बहुआयामी संघर्ष रहा है। इसी संघर्ष के चलते मुक्तिबोध ने अपने जीवन और कविता के विवेक को आत्मसात किया। इन्हीं तीन स्तरों पर एक साथ चलने वाले आत्मसंघर्ष, तत्त्व प्राप्ति का संघर्ष और अभिव्यक्ति के संघर्ष ने मुक्तिबोध को आधुनिक हिन्दी कविता में अद्वितीय, सार्थक और बहुत बड़े प्रेरक कवि-चिन्तक के रूप में प्रतिष्ठित किया है।

मुक्तिबोध ने हमारे युग के लगभग सभी आधुनिक प्रमुख काव्यान्दोलनों के भीतर से यात्रा करते हुए स्वयं की कविता का आविष्कार किया था। हर आन्दोलन के साथ उनका द्वन्द्वात्मक रिश्ता रहा। वे हिन्दी कविता के ऐतिहासिक 'तार सप्तक' के कवि हैं। यह कविता प्रेम, सौन्दर्य और मृत्यु की रोमांटिक चेतना से प्रारम्भ कर विविध प्रान्तों, देशों वाली दुनिया और नदी, पहाड़, घाटी-मैदानों से पटी धरती की ओर आकर्षित होती है। इस यात्रा में उन्हें लम्बी राहें, आत्मा का मित्र, प्रखर आलोक मिलते हैं। सामाजिक सन्दर्भों और निम्न-मध्य वर्ग के प्रति आत्मीय जुड़ाव से उनके काव्य में स्पष्टता-तीक्ष्णता दिखाई देती है। आगे मुक्तिबोध की कविताएँ उनके मन और सरोकारों की व्यापक दुनिया से साक्षात्कार कराती हैं, जिनमें पिता की स्मृतियाँ, माता, पत्नी, प्रेमिका, भाई-बहन और शहर-गाँव के लोगबागों का धड़कता संसार है। कपड़े पछींटते गर्भवती औरत, किसान दादा, पटेल बा, मुसलमान चाचा, किसान-मज़दूर यानी शोषण की संस्कृति-राजनीति में जकड़ता दुबला इकहरा हिन्दुस्तान है।

यह सिलसिला आगे उनकी प्रखर महाकाव्यात्मक कविताओं में हमारे वक़्त की पड़ताल और गवाही में तब्दील होने लगता है। वे अपनी सामाजिक आत्मा के सत्य और स्वप्न के लिए आजीवन प्रदीर्घ कविता लिखते रहे। जन-चरित्री ताक़त के कारण उनकी अन्तिम दौर की कविताएँ हमारी समझ का दहकता दस्तावेज़ बन गयीं। 'भूल ग़लती', 'ज़माने का चेहरा', 'ब्रह्मराक्षस', 'चम्बल की घाटी' आदि का चरम 'अँधेरे में' कविता के अद्‌भुत नाटकीय और प्रभावी कथा-विन्यास में प्रकट होता है।

आत्मा संलाप, स्वप्न, फ़ैंटेसी, एकाएक होने वाली घटनाओं और गहरी मानवीय चिन्ता तथा त्रासद यथार्थ ने इसे हमारे युग की ज्वलन्त रचना बना दिया है।

लगभग तीन दशकों की सृजनावधि, 47 वर्ष का आयुष्य और निरन्तर जीवन-संघर्ष के दौरान कुछ न कर पाने के अहसास के बावजूद मुक्तिबोध का जीवन और सृजन, चे ग्वेरा के इस कथन को चरितार्थ करता है कि "एक क्रान्तिकारी चेतना वाले मनुष्य की नियति एक साथ बेहद गौरवशाली तथा अतिशय यन्त्रणादायिनी होती है।" मुक्तिबोध का सौन्दर्यशास्त्र आभिजात्य-जड़ीभूत सौन्दर्य रुचि पर प्रहार करता है। उनकी डायरी में डबरे पर सूरज का बिम्ब जैसा उत्तेजक बिम्ब है। इस डायरी का आधार उनका द्वन्द्वात्मक चिन्तन है।

कविता : सही भाषा में

सही भाषा की तलाश जीवन के पीछे साक्षात्कार की समस्या है। अर्थ और भाषा का प्रश्न महज़ शब्दार्थ का न होकर अस्तित्व और विश्वास के आन्तरिक संकट का भी है। सही भाषा का सम्बन्ध जीवन की वास्तविकताओं से बिना जोड़े हम कहीं नहीं पहुँच सकते। वैसे भी कहीं पहुँच सकना बहुत मुश्किल है। और कविता के भीतर की समस्या का अन्तिम समाधान तो कभी नहीं होता। फिर भी वह एक मनोवैज्ञानिक और समाजशास्त्रीय सत्य है कि व्यक्ति और समाज की मानसिक स्थिति पूरी निर्ममता और सही दशा में उसकी भाषा के अतिरिक्त और कहीं बिम्बित नहीं हो सकती।

भाषा की व्याख्यात्मक शक्ति कविता से भिन्न विधाओं में जिस विस्तार और सूक्ष्म तफ़सीलों के साथ उजागर होती है, वह कविता में सम्भव नहीं है। भाषा का प्रगाढ़ और सूक्ष्म विस्फोट कविता ही में इसलिए भी सम्भव होता है क्योंकि कविता भाषा का रासायनिक विश्लेषण और ज्यामितिक प्रयोग भी है। भाषा का स्ट्रोक इस्तेमाल जैसा कविता में मुमकिन है अन्य विधाओं में सम्भव असम्भव है। किन्तु आज कहानी भी भाषा-प्रयोग की उसी प्रगाढ़ता और छटपटाहट के निकट आ गयी है, जो अनुभव और अभिव्यक्ति की रचनात्मक सन्निकटता और बेचैनी के कारण केवल कविता तक सीमित थी।

आधुनिक कविता की सही भाषा को गद्य-भंगी होना ही था। इसकी शुरुआत रैम्बो और सूत्र वैज्ञानिक औद्योगिक जटिल सभ्यता के विकास में निहित है। इसी भाषिक संरचना का पद्य-भंगी काव्य-आभिजात्य से मुक्ति का प्रारम्भ है, जहाँ आधुनिक मस्तिष्क काव्य भाषा की चरितार्थता उसके बौद्धिक टेक्स्चर में ढूँढ़ता है। ज़ाहिर है भाषा के बदलते इन तेवरों के पीछे युग-परिस्थितियों का बदलाव और उनका जीवन पर हुआ प्रभाव ही है।

भाषा सिर्फ़ एक साधन ही नहीं, वरन् एक शक्ति भी है। केवल शक्ति ही नहीं, जीवन प्रक्रिया भी है। शक्ति और जीवन-प्रक्रिया के रूप में भाषा का कविता में इस्तेमाल साठ बाद के कवियों ने जीवट के साथ किया है। कवि किस धातु का है

इसकी पहचान हमें उसके मतों से बहुत ही कम किन्तु उसके मुहावरों से ही अधिक हो सकती है। विद्रोही कवि भाषा की शक्ति का उपयोग अपने विज़न के सम्प्रेषण में करता है। वह ऐसी भाषा को त्याज्य समझता है जिसका सज्जात्मक और तुष्टि प्रदायक महत्त्व है। वस्तुतः कविता का सम्बन्ध आत्मानन्द जैसे फूहड़ शब्द से टूट गया है। युवा कवियों की कविताओं से यह सिद्ध हो चुका है कि भाषा अपने आप में एक घटना है। शब्दों का चरित्र और उनका स्वभाव सार्वजनिक जीवन में स्खलित हो चुका है। किन्तु नये कवियों ने इसी चरित्रहीन भाषा में गूँथकर अर्थवत्ता दी और विद्रोह से गुज़रते कवियों की यह दृढ़ धारणा हो गंयी है कि दग़ाबाज़ शब्दों की गिरफ़्त से बचकर अपने अनुभवों को प्रामाणिक अभिव्यक्ति देना ही उनकी प्रतिज्ञा है।

एक से अनुभवों के बीच गुज़रते हुए भी, हर कवि उन्हें एक ही संवेदना के स्तर पर नहीं भोगता है। अतः उनकी अभिव्यक्ति के भाषा स्तर भी सहज ही विविध हो उठते हैं। प्रत्येक कवि संवेदना और भाषा के स्तर पर अपनी निजता को सुरक्षित रखना आवश्यक समझता है। निजता की अपरिहार्यता ही उसकी अपनी रचना शक्ति है। कभी-कभी तो एक ही कविता में संवेदना और भाषा के विविध स्तर प्रकट हो उठे हैं। युवा कवियों ने समकालीन जीवन और व्यवस्था के भ्रष्ट, असंगत और दाम्भिक दावों को चुनौती देने वाली भाषा का वर्जनामुक्त प्रयोग किया है। यह केवल प्रदर्शन और साहसिकता के कारण नहीं है। किन्तु उस स्थिति के कारण है जिसमें मनुष्य अपनी अस्मिता से वंचित होता जा रहा है। नाराज़ी, ऊब और आक्रामकता की भाषा में विचारों की विदाई नहीं, उन विचारों का विद्रूप है, जो विचार तो हैं पर जीवन नहीं। भाषा को सीमित करने वाले विचारों की अपेक्षा वह अनुभवों के प्रति अधिक सजग है। विचारक के रूप में वह दर्शक नहीं है, भोगता हुआ सन्त्रस्त मनुष्य है, जो कविता और जीवन के बीच की खाई को सतत् पाट रहा है।

सड़क और जिह्वा में उठाये शब्दों को तोड़-मरोड़ कर विस्फोटक अभिव्यक्ति देते हुए युवा कवि भाषा की उस आसक्ति से मुक्त हो गया है, जिसमें भाषा का मायावी प्रयोग आत्म-तन्मयता की माँग करता है। सार्वजनिक भ्रष्टाचार की बाढ़ में तन्मयता की भाषा के स्थान पर दरियाफ़्त की भाषा एक त्रासदायी भूमिका के रूप में सार्थक हो रही है।

आज की काव्य भाषा भीतरी तनाव और कहने की अपरिहार्य तीव्रता के कारण खोखले शब्दों को वह स्थिति और कोण प्रदान करने में समर्थ है, जिसके कारण वे व्यंग्य में दहकने लगते हैं। जीवन और कविता के बीच की दीवार का टूटना वस्तुतः शिष्टाचार की उस दीवार का टूटना है जो मर्यादा और वर्जना के नाम पाखण्ड तथा भीतरी चरित्रहीनता का कवच बनी हुई थी।

बीसवीं सदी के मस्तिष्क ज्वर और संवेदनात्मक तापमान के भीतर आवेगात्मक और सतत् मनःस्थितियों के अनुरूप भाषा की यह निर्मम स्फीति ऐतिहासिक अनिवार्यता थी। निषेध के अन्धकार में जब युवा कवि यथार्थ के अग्निकाण्ड को भाषा-स्तर पर दहकाते हुए प्रकट करता है, तब उसके भीतर कुछ न कर पाने की और बहुत कुछ कर गुज़रने की विरोधी स्थिति के बीच एक मृत्यु घटित होती है। विवशता और आक्रामकता का यह सच्चा अहसास, अनुभव और रचना दोनों ही के स्तरों पर उसे झिंझोड़ता और झकझोरता है। इस सबके बीच जहाँ सृजन करना एक ख़तरनाक और ख़ौफ़नाक प्रक्रिया के भीतर से गुज़रना है। वहाँ भाषा का कविता में पुनर्जन्म विघटन से ही होता है। यही विघटन समसामयिक जीवन की त्रासदी की सच्ची गवाही है। आज की कविता की भाषा इसी की घटना होती है। घटना होने ही के कारण कविता ने भाषा की सृजनात्मक शक्ति और सम्भावना को अपने में चरितार्थ और सार्थक कर दिया है।

ऐसे समय में जबकि वर्तमान, इतिहास की ही तरह औसत और सामान्य आदमी को कुत्ते की तरह दुत्कार रहा है। युवा कवियों की बहुत बड़ी संख्या और युवा लेखन के विस्तृत इलाके पर उनकी भाषा और विज़न को लेकर कतिपय समकालीन रचनाकारों द्वारा शर्मनाक आक्षेप लगाये जा रहे हैं। आधुनिकता की सच्ची पहचान भाषा की सूक्ष्म समझ को स्वतः अपना विशेषाधिकार समझ यह मान बैठे हैं कि देश और समाज की घटनाओं में वे आकण्ठ सम्मिलित हैं और अन्य सब अनुपस्थित है। इनका कहना है कि युवा कवि सम्मिलित नहीं है, राजनीति से कतराता है, जनतन्त्र का विरोधी है। उसके पास विचार नहीं है। ऐतिहासिक चेतना और समय बोध का अभाव है। उसकी आधुनिकता सतही है। विद्रोह झूठा है। भाषा वक्तव्यवादी, बड़बोलापन और सपाटबयानी से आक्रान्त है, जो देह की राजनीति से जुड़ी हुई उत्सवधर्मी है।

वस्तुतः यह अनुभवों और भाषा की इस भिड़न्त को उसकी सहज प्रक्रिया और जटिल सन्दर्भों में न देख पाने की अक्षमता के कारण, स्त्रैण-संस्कारों से ग्रस्त और निकट या दूर से शुद्ध कविता के सौन्दर्यशास्त्र की सीमाओं में जकड़े कवियों और समीक्षकों की धारणा है।

इसका यह आशय कदापि नहीं है कि मैं काव्य-भाषा के व्यक्तित्वहीन इस्तेमाल का समर्थन करना चाहता हूँ। वैचारिक स्तर पर किया हुआ घिसे हुए मुहावरों का उपयोग किसी कविता को सम-सामयिक भले ही बना दे, किन्तु कविता नहीं बनने देगा। यह तभी सम्भव हो सकेगा जब भाषा अनुभव और रचना प्रक्रिया के स्तर पर उस मर्मान्तक संघर्ष और भीतरी मरोड़ से उबलते पानी और भाप का सम्बन्ध स्थापित कर सकेगी। प्रत्येक कवि इसी स्थिति के लिए पृथक्-पृथक् ढंग से संघर्षरत रहता है।

यह भी स्पष्ट हो जाना चाहिए कि अक्षत भाषा और बिम्बों को ही खोजती कवि दृष्टि अकुण्ठित नहीं है। वहाँ भी भीतरी कशमकश का न होना समूची काव्य-भाषा को अनुवादित भाषा की विडम्बना से जोड़ देता है।

वैयक्तिक पीड़ा और तद्जन्य धूप, पहाड़, नदी, आकाश आदि के मध्य निरापद स्थान की खोज करती गन्ध आदि के साथ भीतरी छटपटाहट को कुरेदती वायवी काव्य-भाषा भी अपने ढंग से होने के और न हो पाने के दुख को सार्थक अभिव्यक्ति देती है। उसकी प्रामाणिकता और चरितार्थता असन्दिग्ध है। किन्तु मैं उसे समकालीन जीवन के प्रत्यक्ष साक्षात्कार की भाषा मान पाने में भी असमर्थ हूँ। ऐसी ही भाषा के प्रणेता कवि जब विद्रोही और आक्रोशी कवियों की भाषा पर वक्तव्यबाज़ी और सपाटबयानी का आक्षेप लगाते हैं तब कम, किन्तु जब वे अपनी काव्य भाषा को स्टैंडर्ड सिद्ध करते हैं तब अधिक आश्चर्य होता है।

समकालीन राजनीतिक और सामाजिक जीवन की विसंगतियों की ही तरह साहित्य संसार में भी चरित्र के द्वैत की विसंगति का अभाव नहीं है। पार्टी दफ़्तरों और अख़बारों में काम करके जीविकोपार्जन करने वाले कतिपय कवि अपने आपको देश की महत् घटनाओं के बीच जहाँ प्रतिबद्ध रूप से सम्मिलित समझने के भ्रम में हैं, वहीं वे अपनी कविताओं में शाश्वत कविता की रक्षा करने की भावना से भी आक्रान्त हैं। वे एक साथ दो नावों में पाँव रखकर किसी भी नाव से—चाहे वह प्रतिबद्धता की हो अथवा शुद्ध कविता की—डूबने के ख़तरे से अपने को बचाये हैं।

इस प्रकार की छद्म राजनीतिक सम्बद्धता और आभिजात्य के बीच साँठ-गाँठ करती हुई संस्कारबद्ध रुचियों के बाद आज की कविता के व्यापक सृजन क्षेत्र को आरोपित और सतही कहकर झुठलाने की साजिश के प्रति सावधान होना आवश्यक है।

इन लोगों के पास समय-बोध, ऐतिहासिक चेतना, उपस्थिति प्रामाणिकता जैसे कुछ शब्द हैं और इनका अभाव बताकर ये अपने अमित्र कवियों के रचना संसार को निरस्त घोषित करते रहने में व्यस्त हैं। इनकी यह व्यस्तता कविता की चिन्ता के कारण कम, इष्ट मित्रों सहित स्थापित हो जाने की उत्सुकता के कारण ही अधिक है। मुझे आश्चर्य होता है, जब कुछ लोग बिना बात राजनीतिक ज़िम्मेदारी ढोने के लिए विवश करना चाहते हैं। राजनीतिक पक्षधरता के रूप में प्रतिबद्धता एक घटिया चीज़ साबित हो चुकी है, जो हमारी बौद्धिक और जीवनगत ज़रूरतों को कहीं भी पूर्ण नहीं करती। कवि एक औसत आदमी की तरह राजनीति से पीड़ित है, विशेष नेताओं की तरह राजनीति के विशेषाधिकार और सुविधाओं का भोक्ता नहीं है। न वह बनना चाहता है क्योंकि उसकी हिस्सेदारी इस या उस नेता के सैद्धान्तिक प्रभामण्डल में नहीं, सामान्य मनुष्य की विरोधाभासी स्थिति में है। यह ऐतिहासिकता का संकट जिसका हम साक्षात्कार कर

रहे हैं एक ऐसी स्थिति है जिसमें बाहरी दबावों की व्यक्तिगत प्रतिक्रियाएँ हो रही हैं और इन व्यक्तिगत अनुभूतियों की सार्वजनिक अभिव्यक्ति हो रही है। अब वह वक़्त आ गया है जब शुद्ध कविता की बात करना दाम्भिकता के अतिरिक्त कुछ नहीं है।

वैयक्तिकता और सार्वजनिकता के इस संघर्ष में झूठ, अपमान, फ़जीहत और सामूहिक भ्रष्टाचार के बीच वही समसामयिक काव्य भाषा वक़्त के ज़ख़्म के अनुरूप हो सकती है, जिसमें इस समूची नफ़रत भरी साज़िश को जिसके पीछे अनेकानेक सामाजिक, राजनीतिक और सांस्कृतिक संस्थाएँ निहित स्वार्थों के कारण सक्रिय हैं, बेपर्दा करने की क्षमता हो। और यह क्षमता भाषा में तीव्रता, व्यंग्य और आक्रामकता से ही आ सकती है। किन्तु यहाँ यह भी याद रखना है कि रचनाकार कई सीमाओं में बँधा है, यह भी इस विसंगति और अव्यवस्था का अंग है। अतः कभी वह शताब्दी के ज्वार को भोगता हुआ विक्षिप्तता की मनःस्थिति में कुछ ऐसा भी कह जाता है, जिसे भाषा की क्षमता से आक्रान्त दुग्धपायी जन बड़बोलापन कहते हैं। और कभी वह जिह्वा, हाथों की निस्सारता, अहसासता अपने आपको एक टूटती हुई भाषा में उस असहाय विवश दर्शक की तरह कोसता है, जिसने शब्दों को निरर्थक किया। इसे भी घटना प्रेमी समीक्षकों ने उत्सवधर्मी स्थिति कहा है। यह तनावों और समकालीन जटिलताओं को ढोते रहने का दुर्भाग्य ही है कि जब कवि एक सही भाषा के ज़्यादह नज़दीक पहुँचा, तब उस पर सबसे अधिक प्रहार सहधर्मा रचनाकारों ने किया है। यहीं भाषा में विन्यस्त यौनपदों और बिम्बों का ज़िक्र करना भी प्रासंगिक ही होगा, जिसे देहवाद और जाँघ इत्यादि का भूगोल कहा गया है। वस्तुतः यह कवियों की यौन बीमारी के कारण न होकर अपने समय और जीवन की मनो-ऐतिहासिक खोजबीन (Psycho-historical inquiry) के परिणामस्वरूप है। जीवन के बीच से जिस तरह मानवीय भूमिका अदृश्य होती जा रही है और सारे मानवीय सम्बन्ध व्यावसायिक होड़ में बदलते जा रहे हैं, वहाँ ये यौन बिम्ब काव्य-भाषा की उत्तेजनावश ही हुए हैं, मनोभावों की उत्तेजना के कारण नहीं। इनका सीधा सम्बन्ध नष्ट हो रही उस संवेदना से है, जिसके कारण मनुष्य मनुष्य से ऊब चुका है। अपनी पहचान खोकर पुर्जा बनता जा रहा है।

ये सब बातें सिर्फ़ एक कैफ़ियत नहीं हैं, भीतर अपने को सच्चाई को उजागर करने की चेष्टा है। ऐसी चेष्टा, जिसमें आज के कवि की शक्ति और कमज़ोरी दोनों ही ईमानदारी से अभिव्यक्त हुई हैं। ईमानदारी की भी अब कोई गारंटी नहीं है।

आज कविता की भाषा कविता से पृथक् नहीं पहचानी जा सकती, वह तो बाह्यत्वचा है, कहीं से भी खींचो, भीतर का ख़ून बाहर आ ही जायेगा।

युवा लेखक सम्मेलन, पटना-कविता गोष्ठी में पठित, 1970

दलित कवियों का भाषा के साथ आज़ाद बर्ताव

सन् साठ के बाद जब हिन्दी की समकालीन कविता आक्रोश और विद्रोह के लिए अपनी धरती से शब्द जुटाने के बदले पश्चिम की गुस्सैल पीढ़ी से प्रेरणा ग्रहण कर रही थी, तब मराठी के दलित कवि सूरज के वंशधर की हैसियत से अपने ही यातना लोक में अग्नि-बीजों को परस्पर रगड़ रहे थे। दलित कविता में बुद्ध, मार्क्स और अम्बेडकर की वैचारिक गूँजों का प्रतिफलन आकस्मिक नहीं है। अम्बेडकर द्वारा चलाये गये दलित मुक्ति आन्दोलन के गहरे प्रभावों से दलितों में अपनी अस्मिता के लिए जिस वैचारिक-सजगता का विकास हुआ, उसी की रचनात्मक तीक्ष्ण अभिव्यक्ति दलित कविता में दिखाई पड़ती है। दलित आन्दोलन में दलित-साहित्य को विचार और आचरण की ठोस वास्तविकता पर खड़े होने का अवसर दिया। अरांगा ने बेहद स्पष्ट शब्दों में कहा था—"विचार का उत्स एक आदमी नहीं, मनुष्यों का समूह होता है...सामाजिक वर्ग ही आत्मा की जगह ले लेता है।" इस तरह दलित कविता उस सामाजिक अन्तःकरण का प्रतिनिधित्व करती है, जिसका इतिहास सदियों से निष्कासन, बहिष्कार, शोषण और सामाजिक अन्याय के पाशविक अँधेरे में गूँगा और अपाहिज पड़ा था। प्रगतिशीलों ने बौद्धिक सहानुभूति के साथ अछूतों के लिए जिस कथ्य और जैसे शब्दों को ढूँढ़ा था, दलितों की वाणी का तेज़ उससे बहुत अलग है। इनके तेजस्वी शब्द विस्फोटक पदार्थ की तरह असरकारी हैं, क्योंकि यहाँ प्रत्येक शब्द की जड़ें उस कथ्य में हैं जो सदियों के अपमान, अवमानना में लथपथ लगभग रक्तस्नात, क्षत-विक्षत अनुभव की ज़मीन का कीचड़ है। दलित कविता कीचड़ के बच्चों के हाथों में सूरजमुखी फूलों की तरह है। सूरजमुखी फूल वह नहीं जो अहातों के भीतर के क़ैद सौन्दर्यबोध का प्रतीक है, बल्कि वह जो ऊबड़-खाबड़ मैदान या जलते पठार पर लपटों के बीच खिलता है।

दलित कवि जानते हैं कि कवि होने के गौरव का अलग से कोई अर्थ नहीं है। नारायण सुर्वे के शब्दों में, "अकारण ऐसा भ्रम हो जाने पर हाथों में केवल शब्द होंगे, अभिजात कविता नहीं मिलेगी। इसलिए आओ जीवन्त अनुभवों की ओर मुड़ें,

आओ जातिवन्त कविता की खोज में बढ़ें।" इसीलिए दलित कवियों ने वाणी की अनन्त भंगिमाओं की संघर्ष चेतना की खराद पर धार दी है। यह कार्य वर्ग-चेतना के अभाव में असम्भव होता। नामदेव ढसाल अपनी इस वर्ग-चेतना के प्रसंग में कहते हैं कि "हर कलाकार का अपना एक वर्ग चरित्र होता है, मैं भी इसका अपवाद नहीं हूँ। व्यवस्था ने तीन हज़ार वर्षों से जिन्हें विद्या, अन्न, सम्पत्ति और सम्मान से वंचित किया है, ऐसे सर्वहारा दलित वर्ग का मैं एक कवि हूँ। बीसवीं सदी में आये बदलाव के कारण आज मैं भी कविता तक पहुँच सका हूँ। मुझे अपने और अपनी कविता का वर्ग बताते हुए गर्व का अनुभव होता है।" यह वर्ग के अहसास या कविता लिखने मात्र का कोरा गर्व नहीं है। इसके पीछे सामाजिक अन्याय के प्रति नकार, घृणा, विद्रोह और संघर्ष-चेतना की वैचारिक शक्ति है। दलित संवेदना धरती में गड़ी हुई थी पत्थर की तरह। इसका कोपल की तरह फूटना असाधारण घटना ही थी। दलितों की समस्या केवल आर्थिक समस्या नहीं रही है। सामाजिक और सांस्कृतिक अवहेलना उनकी यातना का बहुत महत्त्वपूर्ण पक्ष है। यही कारण है कि भूखे पेट से कहीं अधिक निरन्तर दुत्कारी गयी आत्मा के सन्ताप से गूँजती हुई दलित कविता के शब्दों की लय में घृणा और विद्रोह की भावना अधिक है। इसमें भद्रलोक के इतिहास के बाहर का असली इतिहास, उत्पीड़न और अत्याचार के मिथक रचनात्मक आकार प्राप्त करते हुए संवाद करते हैं। दलित कवि में आत्मा की कन्दरा से फूटी वाणी का स्वाद इसी कारण है। उसका सौन्दर्यशास्त्र सवर्णों या शोषकों की सौन्दर्याभिरुचि को रास नहीं आ सकता। क्योंकि वह लगातार वर्ग और जाति भेद की उस मानसिकता पर प्रहार करती है, जो शताब्दियों से आबादी के इस हिस्से को ढोरों से बदतर मानती है। सारस्वतों के साम्राज्य में अपराध करने के लिए कहते हुए नारायण सुर्वे ने जब भद्र समाज के शब्दों की दुनिया में प्रवेश किया, तो बैठकखाने में हलचल मच गयी थी।

नामदेव ढसाल जैसे सशक्त कवि जब गालियों को कविता के शब्द में बदलते हैं, तब वे यह विश्वास भी प्रस्तुत करते हैं कि कविता के लिए कोई भी शब्द वर्जित नहीं है। दरअसल जब पाखण्ड और शोषण के षड्यन्त्र से निकलकर मानवता, समानता और स्वायत्तता जैसे गरिमामय शब्द नरभक्षी भाषा का मिथक रचते हैं तो ये अश्लीलता के पर्याय बन गाली बन जाते हैं और इसके विपरीत कपट की व्यवस्था के मुखौटे को चीरने-फाड़ने वाली गालियाँ धारदार औज़ार में रूपान्तरित होने लगती हैं। नामदेव ढसाल जब अपने विरोध को प्रकट करते हुए कहते हैं—"मैं तुम्हें गालियाँ देता हूँ/तुम्हारे धर्म ग्रन्थों को गालियाँ देता हूँ/तुम्हारी संस्कृति को गालियाँ देता हूँ/तुम्हारे पाखण्डीपन को गालियाँ देता हूँ।" और सिर्फ़ कहते ही नहीं

हक़ीक़त में गालियाँ भी देते हैं, तो ये गालियाँ रोंगटे खड़े करने की ताक़त रखती हैं। गालियों में यह ताक़त कहाँ से पैदा हुई है। यह ताक़त जली हुई हज़ारों झोंपड़ियों, भूख से मरे हुए बच्चों, पानी के लिए दुत्कारी गयी स्त्रियों, हत्याओं और बलात्कारों को बरदाश्त करती मानवीयता की आत्मा के जागने से हुए विस्फोट से ही आयी है। यह ध्यान देने की बात है कि यहाँ विद्रोह संघर्ष, नकार और तिरस्कार की भाषा का जन्म वेदना की माँ के गर्भ से ही हुआ है। गूँगी संस्कृति के ही इतिहास की इस यातना का गहरा अनुभव किये बिना दलित कविता की आग का सामना कोई नहीं कर सकता।

लगभग सभी दलित कवियों ने 'माँ', 'पानी' और अम्बेडकर पर कविताएँ लिखी हैं। इन कविताओं में वेदना और विद्रोह की परस्पर गूँथी हुई देशी लय है। ऐसी लय जो अपनी पीड़ा की पृथक् जाति को न केवल पहचानती है बल्कि अपनी समूची ज़िन्दगी को अपने जन्म के ख़िलाफ़ एक मुक़दमे की तरह कायम भी करती है। मुक़दमा, जिसमें पस्ती का भाव नहीं बल्कि संघर्ष की चेतना और उम्मीद का उजाला भी है।

'माँ' और 'पानी' प्रतीक नहीं, दलित जीवन का दिल दहला देने वाला यथार्थ है। दोनों की मुक्ति की तीव्र आकांक्षा इनकी कविताओं में निरन्तर कम्पन पैदा करती है। यशवन्त मनोहर उन लोगों से जिन्होंने पानी पर पहरा लगा दिया है, प्रश्न करते हैं—"पानी की कमी होने पर/तुम कमीज़ की तरह बदल लेते हो शहर/फिर बताओ बिन पानी तड़प-तड़प कर मरने वालों को/क्या बदलना चाहिए?" राम दोतोंडे कहते हैं—"मेरी बनाई मोट होती है/कुओं में तुम्हारे/लेकिन पानी नहीं पी सकता मैं/आड़े आ जाती है जात।" 'दादर पुल के नीचे' कविता में प्रकाश जाधव माँ से पूछता है—"बता-बता कौन है मेरा बाप।" दलित कविता केवल स्मृतियों के उत्खनन की कविता नहीं है। वह लगातार अतीत और वर्तमान के बीच संक्रमण करती है। देश, समाज और आज़ादी की छाती पर सवालों के चाकू रखती है। नामदेव ढसाल 'माँ' कविता में कहते हैं और प्रश्न करते हैं—"बाज़ार में अपनी देह बेचती और सड़कों पर भीख माँगती/औरतों को देखकर माँ तेरी याद आती है/इस देश ने तुझे क्या दिया है माँ।" करुणा और विद्रोह की प्रगाढ़ अनुभूतियों के प्रवाह में भी हर चीज़ मूर्त होती रहती है। 'देश' और 'स्वतन्त्रता' सुनते ही शोषकों, सवर्णों और राजनीति के व्यापारियों के चेहरे बेनक़ाब होने लगते हैं। नामदेव ढसाल 'भूख' से तरह-तरह से संवाद स्थापित करते हैं—"भूख, आग की कविता हो सकती है?/ भूख, आग में संगीत की हत्या हो सकती है?/भूख, तुम्हीं बता दो अपना दाँव-पेंच/ ...भूख, तुम हुक्म करो आँतों में बहने दो बिजली/तुम करो हुक्म ज़िन्दगी होने दो चार्ज।"

दलित कविता की भाषा केवल आवेशित ही नहीं विचार विद्युत प्रेरित भी है। पुस्तकों के स्पेशल वार्ड से उठकर शब्द तेज़ाब में नहाकर जैसे जनरल वार्ड में गये हैं। काली कविता में जिस तरह उत्पीड़ित तीसरी दुनिया का गरम ख़ून उफनता है, उसी तरह दलित कविता में दबी हुई धड़कनों की तेज़ धमनियाँ चलती सुनाई पड़ती हैं। और दहकने लगते हैं अग्निधर्म शब्द, जिनके लिए वामन निम्बालकर कहते हैं—"शब्द/शब्द से ही जल उठते हैं मकान, दरोदीवार देश/और आदमी भी/शब्द बुझाते हैं आग भी/शब्दों से ही जले हुए आदमी की।" ये शब्द उनके नहीं हैं—"जो जीते हैं/साहित्य का इतिहास बनाने के लिए" किन्तु उनके हैं जो जानते हैं कि—"हम जी रहे हैं/युग का इतिहास बदलने के लिए।" अर्जुन डांगले की ये पंक्तियाँ दलित कवियों की ऊर्जा और काठी ही को रेखांकित नहीं करतीं, बल्कि इस आस्था को भी प्रकट करती हैं कि शब्द कर्म हैं, कोरे सजावट के उपकरण नहीं। सामाजिक-सांस्कृतिक और आर्थिक मुक्ति के लिए छटपटाती संवेदना ही शब्दों के साथ आज़ाद बर्ताव कर सकती है। दलित कवियों का भाषा और शब्दों के साथ आज़ाद आचरण आभिजात्य-मानसिकता को आहत करता है। सिनेमा, विज्ञापन और सस्ती उत्तेजक पत्रिकाओं में रस लेने मात्र जिनकी दिनचर्या ही भ्रष्टाचार का पर्याय है, वे जब कविता के नुकीले नंगे शब्दों से भड़कते हैं, तो आश्चर्य नहीं होता। नहीं भड़कते तो ही विस्मयकारी घटना होती, क्योंकि इससे सिद्ध होता कि शब्द सही जगह पर चोट नहीं कर रहे हैं।

नारायण सुर्वे, नामदेव ढसाल, राजा ढाले, बाबूराव बागुल, अर्जुन डांगले, वामन निम्बालकर, दया पवार, केशव मेश्राम, यशवन्त मनोहर, राम दोतोंडे, शंकर खरात, प्रकाश जाधव, त्र्यम्बक सपकाले, भीमसेन देठे आदि कवि जिस कविता को रच रहे हैं, वह इस भूखण्ड की अभूतपूर्व घटना है। वैसे तो सन्त कवियों और महाराष्ट्र के निम्न वर्ग के भक्त कवियों ने भी मानवीय अपमान की व्यथा को वाणी दी थी, किन्तु वह वाणी भाग्य और कर्म की धारणा के दैन्य सहित ईश्वर को सम्बोधित थी। पर हमारे समय की दलित कविता पाशविक व्यवस्था की गुलामी के विरुद्ध अन्न, जल, शब्द और गरिमा के लिए संघर्षरत चेतना के साथ अपने ही वर्ग और वर्ग-शत्रुओं को सम्बोधित है। दलितों के सत्य और सुन्दर ने जिस तेज़स्वी पीड़ा के रूप में आकार प्राप्त किया है, वह कविता की वाचिक परम्परा को फिर से जीवित करता है। दलित कविता से साक्षात्कार करने पर हम अधिक अच्छी तरह से जान पाते हैं कि मनुष्यों ने किस क़दर मनुष्यों के साथ भद्र किन्तु भयानक हिंसा की है। भयानक हिंसा परमेश्वर की ओट में। इसीलिए केशव मेश्राम ने "एक दिन परमेश्वर को माँ की गाली दी/तो वो बेट्टा सिर्फ़ फक्क से हँस दिया था।"

अपनी अस्मिता को प्राप्त करती कविता

पिछले दो दशकों में हिन्दी कविता अनेक उतार-बढ़ाव से गुज़रती रही है। यदि इस अवधि की कविता का ग्राफ़ तैयार किया जाये तो बेहद दिलचस्प और तेज़ी से बदलने वाले परिदृश्य से साक्षात्कार किया जा सकता है। बहुत अधिक उत्तेजना और उथल-पुथल वाली काव्यात्मक कोशिशें आख़िर क्यों होती रहीं? प्रयोगवाद और नयी कविता से जिस आत्म-मुग्ध अहाते को पुख़्ता किया जा रहा था, वह उस वक़्त के कवियों की न तो सही ज़मीन थी और न सही फार्म ही। यानी कवि और कविता दोनों अपने समय में होने के बदले किसी ग़ैर समय में थे। तो पिछले दो दशकों की उथल-पुथल का कारण भी कवि और कविता का अपने को हासिल करना ही रहा है। जब तक कवि अपने समय में अपना स्थान ढूँढ़ नहीं लेता और जब तक कविता अपनी भाषा से अपना सहज सन्तुलन नहीं स्थापित कर लेती तब तक अनेक उतार-चढ़ाव होते ही रहते हैं। इसी तर्क का एक दूसरा पहलू यह भी है कि हमेशा कविता बदले हुए समय में अपना नवीनीकरण करती है। सिर्फ़ कविता ही नहीं, कवि भी अपनी रचनात्मक जीवनावधि में विकास करता है। वह कई बार निर्णय लेता है। कभी अकेले, चुपचाप अपने ही भीतर और कभी मुखर निर्णय अपनी पीढ़ी के साथ। ऐसा करते हुए कवि या कवियों पर अनेक प्रकार के दबाव कार्य करते हैं। वे कभी अपने ही समाज और जातीय जीवन से अनुप्रेरित होते हैं तो कभी अन्तर्राष्ट्रीय हलचलों से। यह सही है कि कवि को अपने निर्णय लेते हुए या अपने विश्वासों को पुख़्ता करते हुए बहुत सावधानी बरतनी चाहिए, पर इसके बावजूद भी उसके निर्णय ग़लत हो सकते हैं। जिन विश्वासों को वह सहेजता है कभी-कभी वे निराधार भी सिद्ध हो जाते हैं। एक जेनुइन कवि फिर परिष्कार और आविष्कार करता है। यह सिलसिला कवि के साथ चलता रहता है। चलता रहेगा। कई बार विश्वास और निर्णय अमूर्त भी रहते हैं। कभी-कभी वह लम्बे अरसे तक द्विविधाग्रस्त भी रह सकता है।

हमारे निकट की कविता के तमाम उतार-चढ़ावों को इसी ज़मीन पर परखा जाना चाहिए। बीसवीं शताब्दी के प्रारम्भ से ही हमारी चिन्तन-परम्परा और संस्थाएँ

प्रभावों से आक्रान्त रही हैं। आज़ादी के बाद तो दुनिया को तेज़ गतिविधियों से जुड़ जाने का उत्साह होड़ में बदल चुका था। नयी जानकारी, नया ज्ञान, नयी प्रवृत्तियों के साथ वैचारिक सम्बन्धों के परिणामस्वरूप अनेक बौद्धिक आर्केटाइप निर्मित होते गये। शहरीकरण और उसके केन्द्र में पनपती धारणाओं ने एक प्रकार के ऐसे मानसिक और बौद्धिक यथार्थ को उपजाया जो अनेक कारणों से स्वातन्त्र्योत्तर भारत के क्रमिक विघटित मूल्यों के अनुरूप प्रासंगिक भी जान पड़ता था। 1962 के बाद का मोह-भंग और समाज-व्यवस्था में व्याप्त भ्रष्टाचार-पक्षपात-जन्य निराशा भी एक ऐसा कारण सिद्ध हुई, जिसने मध्य-वर्ग के बौद्धिक सोच को उत्तेजित किया। यह वही वक़्त था जब एक ओर कविता में परिमल-ग्रुप सक्रिय था और नयी कविता के कवि मनुष्य की केन्द्रीय-स्थिति और उसकी नियति के प्रति या तो अन्यमनस्क थे या बौद्धिक करतबों में व्यक्त, जिसमें रूमानियत ही अधिक थी। दरअसल आधुनिकता को लेकर चली बहसों ने कविता को ज़मीन से उठा दिया था। उसमें नयापन ज़रूर था और मानवीय चिन्ताएँ भी पर बौद्धिक घटाटोप में वह एक ऐसा दृश्य था जिसकी बुनियाद विभक्त थी। और इसके तुरन्त बाद हम बीट और एंग्री जेनरेशन के दौर से गुज़रे। हम अप्रतिबद्ध हैं, हम भंजक हैं, हम निषेध करते हैं, हम सबको धता दिखाकर ख़ुश रह सकते हैं, हमारी ख़ुशी या सार्थकता सिर्फ़ कविता है, जैसी धारणाओं ने हमें बहुत से ज़रूरी सन्दर्भों से काट दिया। राजकमल चौधरी, जगदीश चतुर्वेदी, कैलाश वाजपेयी और श्रीकान्त वर्मा केवल चार कवि नहीं हैं, बल्कि ये तीन-चार मनोविन्यासों का नेतृत्व भी करते हैं। बीट कवियों के साथ अस्तित्ववाद और अत्याधुनिकता का आतंक भी बराबर साठ के कवियों पर रहा है। यान्त्रिक सभ्यता, टेक्नोलॉजी और शहरीकरण के फोबिया के साथ आधुनिक होने के सन्ताप ने एक ऐसे मनोजगत का निर्माण किया, जिसके नज़दीक मानवीय संवेदनाओं का समीर क्षुद्र प्रतीत होने लगा। उस वक़्त सार्वजनिक क्षेत्र में नैतिक-मूल्यों के विघटन के सवाल आज ही की तरह बदतर थे और इसका मतलब स्थितियों के प्रति हिस्टोरिक एक्शन नहीं था। किन्तु आन्तरिक विसंगतियाँ, आधुनिकता और संस्कारों के बीच कुसमायोजन, बाहरी दबाव-प्रभाव और कुछ सोच कर मौन की दिशा में बौद्धिक असमर्थता आदि का परिणाम यही होना था। पाँच-सात वर्षों तक सातवें दशक की कविता आक्रामकता, राजनीति-विरोध जैसी मानक-फार्मिस्ट मनोदशा को आक्रामक शब्दावली में उगलती रही।

अकविता ने नयी कविता के उस बौद्धिक मनोजगत को तहस-नहस कर दिया जो भीतर से छायावाद और कलावाद से जुड़ता जा रहा था। उसने उस सांस्कृतिक छद्म के स्थापत्य को भी ध्वस्त किया, जो एक तरह से यथार्थ पर परदा ही था।

पर निषेध आक्रामकता एक स्थायी रचनात्मक पैंतरा नहीं बन सकते थे। यह किसी भी तरह के सामान्य मनोविज्ञान के भी विरुद्ध था। किन्तु श्रीकान्त वर्मा का अकविता विरोध और उनके द्वारा की गयी मुक्तिबोध की पैरवी दोनों ही उनकी ही कविता से ख़ारिज होते गये। सिनिसिज़्म का दौर पश्चिमी आतंक से ही उपजा था। इसमें रचनात्मक विनम्रता की जगह सब कुछ को क्षुद्र मानने वाला हास्यास्पद दम्भ ही अधिक था। इसी के समानान्तर अद्वितीयता और भाषा की खोज जैसे मुहावरों की रोशनी में नये कलावाद की चुनौतियाँ थीं जिसके पास छद्म मानववाद का मोहक चेहरा था। एक तरफ़ आक्रामकता और बड़बोलापन था तो दूसरी तरफ़ समकालीन हादसों के प्रति उदासीनता या अमूर्त दिलचस्पी पैदा करने की चालाक कोशिशें। सचमुच यह एक कठिन वक़्त था।

और ठीक यहीं युवा पीढ़ी के लिए प्रासंगिक और सार्थक कवि के रूप में मुक्तिबोध को प्राप्त करने की महत्त्वपूर्ण घटना का स्मरण आवश्यक है। तुलसी की अपेक्षा कबीर, पन्त की अपेक्षा निराला और अज्ञेय के बजाय मुक्तिबोध को केन्द्र में रखना और निकट पाना केवल संयोग या आकस्मिकता नहीं है। दरअसल यह अपनी परम्परा और प्रासंगिकता के बीच सन्तुलन स्थापित करते हुए अनुभव और भाषा के स्तर पर अपने समय में पाने की अपरिहार्यता ही है। इसके बावजूद ऐसी स्थितियाँ बराबर निर्मित होती रही हैं कि हमने अपने को अपनी ही भाषा और रचनात्मक प्रयासों से गुज़रते हुए भी बार-बार बेदखल महसूस किया है। द्वितीय विश्व युद्ध के बाद प्रयोगवादियों ने अंग्रेज़ी कविता के चरित्र और विन्यास से प्रभावित हो बौद्धिक प्रयत्नों से निर्मित आर्केटाइप खड़े किये, जिनका हमारी हक़ीक़त से कोई वास्ता नहीं था। अर्से तक कविता पर वैयक्तिकता, नवीनता और फार्म का दबाव रहा। साठ के बाद की कविता जहाँ अंग्रेज़ी चरित्र और विन्यास से मुक्त हुई वहाँ वह ग़ैर-ज़रूरी तौर पर शून्यवादी हो गयी। मध्यवर्गीय असन्तोष और जोख़िम-रहित बौद्धिकता भी इसके पीछे सक्रिय थी। किन्तु सातवें दशक ही में व्यवस्था-विरोध का ऐसा मोड़ भी आया जो आत्मघाती अथवा यौन-केन्द्रित विद्रोह से हटकर अपने सामाजिक आशयों के साथ जूझता हुआ व्यक्त हुआ है। धूमिल की कविताएँ कविता को सार्थक वक्तव्य की तरह सार्वजनिक बहस की चीज़ बनाने का निरन्तर प्रयत्न करती रहीं। किन्तु इस आकांक्षा के कई कवियों को अपनी ही आवाज़ पर मुग्ध होते हुए भी देखा गया। वे अपने ही मुहावरों, सूक्तियों और उक्तियों के सम्मोहन में बँधते गये।

यहाँ तक की गयी बातों से यह निष्कर्ष निकालना बहुत भ्रामक होगा कि सातवें दशक की कविता में सृजनात्मक कल्पना और हमारी दुनिया की कोई तस्वीर नहीं थी। विद्रोह, विरोध और आक्रोश ने कई स्तरों पर हमारी दृष्टि, सौन्दर्यशास्त्र और

भाषिक-विन्यास तथा भाषा की नैतिकता आदि की मान्यताओं में भारी उलट-फेर किये। वैयक्तिक विद्रोह का सामाजिक विद्रोह में रूपान्तरण भी हुआ। और मनुष्य की केन्द्रीय चिन्ता अमूर्त्त स्तरों से होती हुई ठोस आकृति के निकट तक आयी। किन्तु हम यहाँ सातवें दशक की कविता या उसकी उपलब्धियों की नहीं, उसकी सीमाओं की चर्चा कर रहे हैं। इस चर्चा का विकास करते हुए किसी एक ही कवि की कविता पर केन्द्रित कर इसे नुकीला बनाया जा सकता है।

सातवें दशक की एक और महत्त्वपूर्ण घटना नये सिरे से मार्क्सवादी लेखकों का संगठित होना भी है। किन्तु यहाँ भी घुसपैठिये थे, जिन्होंने रातोरात मुखौटे बदल लिए। प्रतिबद्धता भी दीग़र चीज़ों की तरह अनेक ढंगों से विवेचित की जा सकने वाली धारणा है। पार्टीपक्षधरता, मानववादी पक्षधरता आदि किसी भी रूप में मार्क्सवाद में विश्वास उसकी ज़रूरी शर्त है। किन्तु इसका कविता में प्रतिफल एकायामी कदापि नहीं हो सकता। अनेक प्रतिभाहीन कवियों के विद्रोह ही की तरह मार्क्सवाद की सतही जानकारी का रोमेंटिक इस्तेमाल करके यह तसल्ली पा ली कि वे प्रतिक्रियावादी मानव दुश्मनों की तुलना में बड़े कवि हैं। उन्हें यह आसान बात बताना बहुत मुश्किल है कि कविता सुनियोजित व्यवस्था नहीं है। क्योंकि वे सब कुछ जानते हैं, उन्हें पता है कि कविता इसी तरह लिखी जायेगी और इसी नोट पर ख़त्म होगी। प्रमोद वर्मा सही कहते हैं कि “राजनीतिक शब्दावली में राजनीति ही लिखी जा सकती है कविता नहीं।” राजनीतिक समझ को विकसित करने के उद्देश्य से मानवीय अनुभवों को पुनःसृजित किये बग़ैर केवल भाषिक संरचना को ही नहीं अपितु पोएटिक एडवेंचर को भी दाँव पर लगाकर कविता नहीं मिल सकती। यह नहीं कि यहाँ मैं केवल कविता के प्रति दुर्व्यवहार से चिन्तित हूँ। जीवन के प्रति दुर्व्यवहार इससे भी अधिक घातक सिद्ध होगा, यदि मानवीय अन्याय के विरुद्ध कविता कहीं भी हस्तक्षेप नहीं करती। इसीलिए कविता और जीवन के बीच रचनात्मकता और मानवीय संगति नितान्त आवश्यक है। किन्तु वह आसान भी नहीं है। ढेर सारी पक्षधर कविताओं में मानवीय यातना को सस्टेन किये बग़ैर पदार्थ की तरह प्रस्तुत किया गया है। रचनात्मक अनुभव की यातना और अपरिहार्य आन्तरिक तनाव के अभाव में यह दृश्य मानवीय पीड़ा को धुँधला ही बनाता है। प्रतिबद्ध कविता से अधिक उस काव्य समीक्षा ने पिछले दिनों वाम-आन्दोलन और वाम रचनात्मकता को क्षति पहुँचाई जिसमें सतही जानकारी की पैंतरेबाजी तो थी, किन्तु अन्तर्दृष्टि का नितान्त अभाव था।

मगर पिछले दशक की कविता के तमाम उतार-चढ़ाव अकारथ नहीं थे। अपनी सीमाओं, दबावों और आतंकों के बावजूद वह सब एक ज़रूरी मन्थन की तरह ही था,

जिसके परिणामस्वरूप आज अभी की कविता इतनी सहज और मुक्त हो सकी है और होती जा रही है। पिछले दिनों कुछ समीक्षक बार-बार कुछ कवियों को पताका बनाने की प्रक्रिया में उन्हें सृजनरत पीढ़ी पर सीमा-चिह्न की तरह थोपते रहे, इस तरह गद्‌गद भाव से कि बस मूल्यवान यही है और हमारे इस अन्वेषण के बाद सब कुछ बेकार है, निरर्थक। यह सही है कि मूल्यवान और सार्थक का चुनाव किया जाना चाहिए किन्तु उस तरह से दोहरे प्रतिमानों के साथ नहीं। जिन कारणों से एक कवि का चुनाव किया जाता है, उन्हीं कारणों से दूसरे कवियों को नकारने वाला मूल्यांकन किसी षड्‌यन्त्र की ही उपज हो सकता है। इसी तरह मुक्तिबोध का इस्तेमाल भी बेहद विस्मयकारी ढंग से हुआ है। यह सुखद है कि हम सीमाबन्दी से भी बाहर निकल रहे हैं।

आज कवि-दृष्टि यथार्थ की जिस ज़मीन की पड़ताल कर रही है वह एक महत् आश्वासन है। यहाँ मुझे केदारनाथ सिंह की 'ज़मीन' कविता याद आ रही है—"उसके सामने/घोड़े की पीठ की तरह फैली हुई थी ज़मीन/ज़मीन/सिर्फ़ ज़मीन की तरह लग रही थी/सिर्फ़ ज़मीन थी और ज़मीन का पकना था/जैसे जंगल में गोश्त पक रहा हो।" सचमुच मानवीय अनुभवों की तरह ही कविता का अनुभव संसार असीमित है। इधर बराबर यह अहसास पुख़्ता हो रहा है कि हमारी कविता ने न केवल अपनी ही भाषा को अपने स्रोत से पुनः प्राप्त किया है वरन् वह हमारे इतिहास, भूगोल और मनुष्यों के सुख-दुख की भी कविता है।

मानवीय प्रासंगिकता की तरह दृष्टि से इधर की कविता बहुआयामी हुई है। स्त्री के प्रति रुख में हुआ परिवर्तन विस्मयकारी है। बच्चा, माता-पिता, पत्नी आदि के साथ कविता में घर और परिवार का सम्मिलन उसे अधिक मानवीय और स्पन्दित बना रहा है। घर और परिवार के साथ ही बहुत-सी रोज़मर्रा की चीज़ें और बातें रचनात्मक अनुभव का ज़रूरी हिस्सा बनती जा रही हैं। मनुष्यों के चीज़ों से रिश्ते, और मनुष्य के बीच के रिश्ते, मनुष्य और प्रकृति, मनुष्य और पशु-लोक आदि से गुज़रते हुए अन्याय की पहचान तक कविता का ले जाना सम्भव हो रहा है। हमारे आसपास और सम्बन्धों का नवीनीकरण भी इधर की कविताओं ख़ास कर प्रकृति के साथ का महत्त्वपूर्ण पक्ष है। पेड़, चिड़िया, नदी, चट्‌टान, पहाड़ आदि को समकालीन मानवीय यातना और आकांक्षा के साथ एक रूप कर दिया है। उपेक्षित और पिछड़ी हुई दुनिया के दारुण सन्दर्भों और चरित्रों के विश्वसनीय समावेश से कविता का क्षेत्र व्यापकतर होता जा रहा है।

ऐसा लगता है कि सातवें दशक के बुख़ार और तनाव से मुक्त होकर कविता बहुत सहज हो गयी है किन्तु आन्तरिक मानवीय ताप बढ़ गया है।

आलोक धन्वा की पंक्तियाँ हैं—“क्यों पूछा था एक सवाल मेरे पुराने पड़ोसी ने/ मैं एक भूमिहीन किसान हूँ/क्या मैं कविता को छू सकता हूँ।” अब हम यह कह सकने की स्थिति में हैं कि बहुत से कवि हैं (एकदम नये भी और छठे-सातवें दशक में आये भी) जिनकी कविता को सूँघा भी जा सकता है और जिनके भीतर झाँक कर अपने को पाया भी जा सकता है। ठेठ अर्थ में प्रतिबद्ध कविताओं में भी रचना और विचार के बीच आन्तरिक सन्तुलन का साक्ष्य देते कवियों ने विकास किया है। जनवादी कविता को हासिल करना भी आसान बात नहीं है। मार्क्सवाद ने विश्व में कुछ महान् कवियों के साथ ही असंख्य कुकवियों को भी जन्म दिया है। हमारे यहाँ कुछ युवा साथी इस सच्चाई को समझ रहे हैं। और यह समझना भी महत्त्वपूर्ण है कि अन्तर्विरोध, पक्षधरता या पक्षहीनता के बावजूद कविता से सच्चाई का रचनात्मक साक्षात्कार ही सबसे बड़ी चीज़ है। यहाँ मुझे आज सक्रिय अनेक युवा कवियों का स्मरण हो रहा है, उनका भी जो आज हमारे बीच नहीं हैं पर जिनकी कविताओं की विरासत हमारे साथ है और उनका भी जिनकी आवाज़ को हमने अपनी भाषा में अनुवाद के ज़रिये ही सुना है। और इसी स्मरण के साथ मैं यह कहना चाहता हूँ कि विरोध की कविता की ज़रूरत के दिन ख़त्म नहीं होते हैं। कविता अपने जादू और संवेदनात्मक असर के साथ ही कुछ दिखाती है, हमारे भीतर कुछ जीवित रखती है और कुछ चीज़ों के विरोध में हमें खड़ा करती है। हम जिसे मानवीयता कहते हैं उसकी सच्ची पहचान आज मनुष्य की गरिमा के लिए होने वाले अन्याय और न्याय के बीच द्वन्द्व में ही केन्द्रित है।

इस सबकी चमक और उम्मीद के साथ इधर की कविता अपनी अस्मिता को पा रही है। यह सम्भव है कि एक ही कवि में ये सभी चीज़ें न दिखाई दें किन्तु सब कवियों में मिलकर जो परिदृश्य उभर रहा है, वह अपनी अस्मिता पाने ही का सूचक है।

यहाँ यह स्मरण रखना भी अनावश्यक नहीं होगा कि कविता ग्राफ़ मनुष्य केन्द्र के चतुर्दिक संस्कृति-सभ्यता और विज्ञान के त्रिभुज को अपनी गतिशील वक्र रेखाओं से संक्रमित करता रहता है। अतः न तो कविता का कोई पड़ाव होता है न अन्तिम हासिल। फिर आसान कविता लिखना और रोज़मर्रा के सुख-दुख और संघर्ष को सार्थक अर्थवत्ता तक पहुँचाना बेहद मुश्किल काम है। अतः अस्मिता की खोज के साथ ही उन ख़तरों के प्रति सचेत होना भी ज़रूरी है जो अभी से मुहावरा बनने का भ्रम पैदा कर रहे हैं। क्योंकि चिड़िया हो या बच्चा, यदि उनकी उपस्थिति ज़रूरी तनाव या आह्लाद का परिणाम नहीं है, तो उनके सज्जात्मक उपकरण बन जाने में अधिक देर नहीं लगती।

कविता की भाषा भी स्थापित बिम्बों-प्रतीकों और आक्रामक शब्दों की यात्रा में गुज़रते हुए सहज हुई है। चुस्तबयानी और सूक्तियों के सम्मोहन के दायरे से भी वह लगभग मुक्ति पा रही है। प्रकृति और चीज़ों के साथ आत्मीय रिश्ता कायम करते हुए भाषा का नया संस्कार हुआ है। इधर की कविताओं में ठोस और चट्टान की तरह की गीतात्मकता भी ध्यान खींचती है, जो अपनी ही ज़मीन और लोगों से जुड़ने और चीज़ों को मानवीय बनाने की व्यग्रता का परिणाम है।

युवा पीढ़ी कवि-कर्म को दायित्व और जोख़िम से परे कोई सुलतानी आसमानी चीज़ नहीं समझती है। वह अपने समय की विपदाओं को पहचानती है और मानवीय भविष्य के प्रति उसने अपने ही भीतर से एक विश्वास अर्जित किया है। इसीलिए अब उसमें लोगों, भीड़, सड़क और समय के प्रति आत्मघाती भय कहीं नहीं है। किन्तु जीवन और कविता का रिश्ता फिर भी बेहद जटिल है—और इसीलिए पाब्लो नेरूदा के इस कथन से मैं समाप्त करता हूँ कि—"जो कवि यथार्थवादी नहीं है, वह मृत है। और वह कवि जो केवल यथार्थवादी है वह भी जीवित नहीं है। विवेकहीन कवि को उसकी प्रेमिका और वह ख़ुद समझ सकता है और यह कोई अच्छी बात नहीं है। और तर्क से भरपूर कवि को तो गधे भी समझ लेंगे, पर यह और भी भयावह बात होगी।"

इस विचार पत्र को लिखते समय जिन कवियों की कविताएँ लगातार कौंधती रही हैं, वे हैं—सर्वश्री अज्ञेय, मुक्तिबोध, त्रिलोचन, नागार्जुन, रघुवीर सहाय, केदारनाथ सिंह, सर्वेश्वर दयाल सक्सेना, श्रीकान्त वर्मा, कैलाश वाजपेयी, जगदीश चतुर्वेदी, राजकमल चौधरी, सौमित्र मोहन, लीलाधर जगूड़ी, धूमिल, मणि मधुकर, ऋतुराज, आलोक धन्वा, कुमार विकल, विजेन्द्र, ज्ञानेन्द्र पति, मनमोहन, त्रिनेत्र जोशी, मंगलेश डबराल, अशोक वाजपेयी, विष्णु खरे, विनोद कुमार शुक्ल, गिरधर राठी, विनोद भारद्वाज, अक्षय उपाध्याय, सोमदत्त, भगवत रावत, राजेश जोशी, नरेन्द्र जैन, हरिशंकर अग्रवाल, बंसी माहेश्वरी, हरीश पाठक, प्रमोद त्रिवेदी, श्रीराम तिवारी और अजीत चौधरी।

डॉ. श्याम परमार स्मृति प्रसंग 1979, म.प्र. साहित्य परिषद द्वारा प्रकाशित पुस्तिका

सन्ताप और विरोध की कविता

कितना अच्छा होता कि कविता दूध की तरह
निष्कपट कोमल
और सहयात्री होती

नीलम श्रीवास्तव के साथ हम सभी इस खेद को जी रहे हैं। वस्तुतः यह मानवीय अस्तित्व, सम्बन्धों, चीज़ों और समूची व्यवस्था के कपटमय, निर्मम और संवेदनहीन हो जाने की ट्रेजेडी है। और सुख–

पता नहीं मनुष्य में है या मशीनों में
सुख
फिर भी धीरे चीरो
हम में पीड़ा अभी शेष है

(लीलाधर जगूड़ी)

स्पष्ट है कि यन्त्र-सभ्यता मानवीय संवेदना को सुन्न करती जा रही है और समूची व्यवस्था "ईंधन केवल ईंधन, हम सिर्फ़ जलाऊ लकड़ी हैं"–(मुक्तिबोध) की तरह सामान्य आदमी का इस्तेमाल कर रही है।

आज मनुष्य की अभिशप्त स्थिति के दो प्रधान कारण हैं–एक तकनीकी-औद्योगिक संसार, जिसने उसे धार्मिक विश्वासों से काट कर चीज़ों के ढेर में पटक दिया है और निरन्तर मानवीय अस्मिता का क्षय करता जा रहा है। दूसरी स्थिति उस सामाजिक-राजनीतिक अनैतिकता के कारण है, जो मनुष्य के पशुवत् जीवन से उबरने में बाधा डाल रही है। जो छद्म परिवेश में आदमी को भौंकने की आज़ादी देकर उसके सुख-दुख के प्रति निहायत प्रजातान्त्रिक ढंग से बेख़बर है।

पहली स्थिति के लिए कोई सन्ताप से अधिक कुछ कर सकता है, मैं नहीं जानता। किन्तु रचनात्मक होने पर यह सन्ताप स्मृतियों के ज़रिये वहाँ पहुँचा देता है, जहाँ कमलेश जैसे कवियों का संसार है, यह सृजनात्मक मुक्ति स्मृति-बीज बोती है। लीलाधर जगूड़ी की पंक्तियों में यह पीड़ा अधिक तिक्त स्वीकार और अधिक तात्कालिक चिन्ता के साथ प्रकट है–

सारी सभ्यता का उजाला चाट कर
मुझे कैंसर हो गया है
या मेरी उँगलियाँ टहनियों की तरह फूट कर
शरीर के भीतर जो बागीचे के अंश हैं
उन्हें सारी छटपटाहट के बाद भी
नहीं खिला रही हैं

बेशक प्रमोद त्रिवेदी की यह स्थिति–

कोई अर्थ पाने की कोशिश में
हम
अपने ही से अपरिचित होते जाते हैं
पुराने जूते की कील चुभती है
और नया जूता पाँव ही बेकार कर देता है

अतीत और वर्तमान के बीच धुँधली होती जा रही मानवीय पहचान के त्रास को प्रकट करती है। अस्तित्व का यह भीतरी संकट दुनिया की सभी समस्याओं से अधिक महत्त्वपूर्ण लगता है और रचनाकार के लिए है भी, क्योंकि वह और उसके साथ सभी मनुष्य अपने साथ हो पाने के समय से छुट्टी पा चुके हैं। श्रीकान्त वर्मा "स्वेद में डूबे हुए सब जन्म पर पछता रहे हैं" कहने के बाद जब यह झटका देते हैं :

मूर्खों देश को खोकर ही
मैंने प्राप्त की थी
यह कविता

तो यह सिर्फ़ उत्तेजना नहीं कष्टप्रद आत्मस्वीकृति है, जो विष्णु खरे के इस अफ़सोस से सहज जुड़ी हुई है :

कविता के लिए अब अवकाश नहीं है
मशीनों और भूख के जंगल में
कविता की चीख गूँज कर डूब जाती है

यह निरर्थक होते जाने के यातना-लोक का भय मनुष्य के आन्तरिक अस्तित्व की हिफ़ाज़त का स्वर है जो मानवीय अस्तित्व के लिए अपरिहार्य स्वतन्त्रता के अहसास को प्रगाढ़ करता है। अस्तित्व के संकट की यह छटपटाहट सभी युवा कवियों में है और उनमें भी जिन्हें केवल आक्रोश के कवि नाम से जानना कुछ लोगों को अधिक सुविधाजनक जान पड़ता है। यह मानवीय अस्तित्व और स्वतन्त्रता के सन्दर्भ में गहरी यातना का एक पक्ष है। किन्तु जो हिस्सा खो चुके हैं केवल उसी के बारे में नाटकीय होकर प्रलाप करते हुए हम अपने परिवेश की यातना के गूँगे दर्शक नहीं हो सकते।

आज सांस्कृतिक नाटक के सतही परिवेश में अवसरवादी राजनीति ने व्यवस्था और मानवीय आवश्यकताओं के सभी स्रोतों को बुरी तरह दूषित कर दिया है। सामाजिक और राजनीतिक जीवन की सभी पवित्र सूक्तियाँ अर्थ वंचित हो गयी हैं। और "वे अन्धे और पंगु और वाचाहीन जो जनतन्त्र का/बोझ उठाने वाले/दमदार थम्बे हैं/कतई नहीं जानते कि वे क्या हैं और क्यों हैं" (मणि मधुकर)। परिवेश की यह दुर्भाग्यपूर्ण मानवीय स्थिति युवा कविता के केन्द्र में है।

अशोक वाजपेयी, आलोक धन्वा, केदारनाथ सिंह और मुक्तिबोध की कविताओं के टुकड़ों से अपने आप में पूरी होती यह बात समूचे मानवीय सन्त्रास और उसके साथ कविता के रिश्ते को प्रकट करती है :

दुनिया और प्रेम के तहस नहस होने की
ख़बर सबके पास है—

(अशोक वाजपेयी)

हर बार कविता लिखते-लिखते
मैं एक विस्फोटक शोक के सामने खड़ा हो जाता हूँ
कि आख़िर दुनिया के इस बेहूदा नक़्शे को
मुझे कब तक ढोना चाहिए

(आलोक धन्वा)

पर कितना अजीब है
सारी सुविधाओं के बावजूद
इस समय टेलीफ़ोन के किसी भी नम्बर पर
उनसे सम्पर्क नहीं स्थापित किया जा सकता

(केदारनाथ सिंह)

इसलिए मेरी ये कविताएँ
भयानक हिडिम्बा हैं
वास्तव की विस्फारित प्रतिमाएँ
विकृताकृति बिम्बा हैं

(मुक्तिबोध)

साफ़ है कि निजी और सार्वजनिक यातना का सुविधावादी विभाजन ग़लत साबित हो जाता है, क्योंकि भीतरी संसार को एक दूसरा संसार हर क्षण प्रभावित करता रहता है और इन दोनों संसारों की यातना तीसरे मानवीय संसार के संकट से जुड़ जाती है। दार्शनिक या बुद्धिवादी व्यवस्थाएँ चाहे जितनी जटिल हो जायें किन्तु मानवीय सचाई बहुत उलझी हुई चीज़ नहीं है।

निष्कपट और विवादहीन सचाई की अभिव्यक्ति के लिए जोख़िम नहीं उठाना पड़ता। नदी की पीठ पर पहाड़ को याद करते एक में शताब्दियों की स्मृतियाँ और दूसरे में भविष्यत् के घोड़े को देखता हुआ कवि जब अपना नाम भूल जाता है, तो न यहाँ सीधी भिड़न्त की स्थिति है और न आदेश या विद्रोह की चेतना आवश्यक है। किन्तु रोज़मर्रा की छोटी-बड़ी यातनाएँ-झूठ-फ़रेब-अपमान-आत्महत्या, आदमी के नाम पर राजनीति का दैनिक व्यवसाय और इस सबके बीच अस्थिपंजर होते हुए मनुष्यता के ढाँचे की त्रासद सचाई का साक्षात्कार कैसे होगा? किन मुद्दों पर होगा? किस भाषा में होगा? इसी स्थिति के लिए मुक्तिबोध ने अभिव्यक्ति के सारे ख़तरे उठाने का संकेत करते हुए स्पष्ट कहा है कि "आज की कविता किसी-न-किसी प्रकार से अपने परिवेश के साथ द्वन्द्व स्थिति में उपस्थित होती है।"

यदि "सारे संसार की/सड़क पर/दो टूक कवि/पेशाब करता है, थूकता हुआ/चला जाता है।" (श्रीकान्त वर्मा) तो यह संसार की सड़क पर छींटे मारने या छिड़काव करने के उत्साह का परिणाम नहीं है। इस दुस्साहस के पीछे मानवीय संसार के विघटन की यन्त्रणा है। कविता में इनकार, अनास्था और आवेश से जुड़ा विरोध इस रचनात्मक कालावधि की अपरिहार्य स्थिति है। "इनकार सिर्फ़ इनकार होता है और उसे जबरन किसी के/ओठों से अलग नहीं किया जा सकता" (मणि मधुकर)। अनास्था का प्रयोग, जिसे मुक्तिबोध ने 'आस्था की पुत्री' कहा है, मैं जानबूझकर कर रहा हूँ क्योंकि आत्मतुष्ट लोग समझते हैं विरोध और विद्रोह बग़ैर आस्था के असम्भव है। अपमान, अन्याय और अमानुषिकता से जुड़े प्रपंच के विरोध में अनास्थामूलक विद्रोह करते हुए ही समकालीन कविता ने मानवीय गरिमा के लिए अथक संघर्ष का रास्ता चुना है। और मुक्तिबोध ने कटाक्षपूर्ण इस छोटे-से प्रश्नवाचक वाक्य द्वारा इसके विरोध को नंगा कर दिया है, "इस आवेश को काट देने का ख़ास मतलब है?"

धूमिल की पंक्तियों "इस वक़्त सचाई को जानना/विरोध में होना है/और यहीं से/अपराधियों की नाक के नीचे/कविता पर/बहस शुरू होती है।" से प्रकट है समकालीन कविता मानवीय छटपटाहट के निकट किस सीमा तक पहुँच चुकी है। दशक के सर्वाधिक विवादास्पद कवि जगदीश चतुर्वेदी की पंक्तियों "मैं जब तक इस धरती पर ज़िन्दा हूँ/लड़ूँगा अनवरत एक न ख़त्म होने वाली लड़ाई/जो मेरे और मेरी शताब्दी के भविष्य के लिए ज़रूरी है"—से उनकी हिंस्र-भावना और अस्वीकृति की आत्यन्तिकता के पीछे छिपे भाव को समझा जा सकता है।

समकालीन कविता वास्तव की 'विस्फारित प्रतिमाएँ' और 'विकृताकृति बिम्बा' क्यों हो गयी हैं। क्योंकि स्थितियाँ सुन्न करने जैसी हैं, जिनसे मुठभेड़ के बाद चिन्तन के करुण-लोक में पहुँचने का करिश्मा कोई सन्त ही कर दिखा सकता है।

आदमी दैनिक जीवन के अपमानों-यातनाओं से उबरकर ठीक से रह सके, दो जून अच्छा खा सके, पहन सके, यह मानवीय गरिमा की छोटी-सी चिन्ता नहीं है और इस चिन्ता के सामने निजी स्वतन्त्रता की चिन्ताएँ कभी-कभी बहुत नगण्य और क्षुद्र लगती हैं। राजनीति आज का जीवित सन्दर्भ है और उसी ने मानवीय-आकांक्षा के साथ सबसे बड़ा विश्वासघात किया है। इस मानवीय-चिन्ता के सन्दर्भ में युवा-कविता विश्वासघाती परिस्थितियों के प्रति आक्रामक हुई है।

तक़रीबन हर पाँच साल बाद
फिर वही एक बात
एक आध बार हमने सोचा
इस छेद में अभी कोई लावा फूटेगा
और बहुत बड़ा हंगामा होगा

(कृष्ण कुमार)

हंगामा आज तक नहीं हुआ किन्तु दन्तकड़ी बाँध देने वाली दिनचर्या ने आदमी को और अधिक क्षुब्ध कर दिया है। एक तरफ़ बहरों और बातूनी व्यवस्था के बीच कविता की दस्तकें अनसुनी हो रही हैं और दूसरी तरफ़ रचनाकार अपनी सामाजिक संलग्नता के कारण निजी सरोकारों से निरन्तर कटता जा रहा है।

"पिस गया वह भीतरी/औ' बाहरी दो कठिन पाटों बीच/ऐसी ट्रेजेडी है नीच/" मुक्तिबोध की ये पंक्तियाँ आज के मनुष्य और रचनाकार पर एक साथ लागू होती हैं। शायद यही हमारे समय की अभिशप्त नियति है। पर यह इति नहीं है। कवि-कर्म को संकटकालीन मानवीय-बोध में रूपान्तरित करते हुए युवा कविता का थीम अत्यन्त व्यापक हो गया है। वह आदमी के लिए उन आदमियों के विरुद्ध भी है, जो मानवीय-आकांक्षा को रौंद रहे हैं या उसकी ओर पीठ किये खड़े हैं :

मुझे शब्दों की हिफ़ाज़त
अपने तरीक़े से करनी है
और पहली लड़ाई
उस आदमी के ख़िलाफ़ लड़नी है
जो शब्दों की अर्थवत्ता को तोड़ता है
और दूसरी उसके विरुद्ध
जो शब्दों की अर्थवत्ता को छोड़ता है

(ऋतुराज)

कुछ युवा कवि कविता से जुड़कर कविता को मानवीय स्वतन्त्रता और गरिमा के लिए वाम चेतना का हथियार बना रहे हैं। उनकी कविता हथियार बनती है या नहीं,

यह अलग बात है किन्तु वे मनुष्य और जीवन की यातना को नये-से उजागर कर रहे हैं, इसमें शक नहीं है। आज साम्यवाद का कोई अन्य विकल्प भी शेष नहीं रह गया है। अतः युवा कवियों के मन में साम्यवाद विरोधी ग्रन्थियाँ नहीं हो सकतीं किन्तु—

बात तो यों है, आक्रोश को हथियार बना कर
मैं टूटूँगा नहीं
यह काम मैंने औरों को सौंप दिया है

(श्याम परमार)

यह बात उन कवियों की भी है, जो कविता को निजी और मानवीय संसार के लिए प्रतिज्ञा मानते हैं। वस्तुतः जिस राजनीतिक व्यवस्था के लिए वामवादी कविता को हथियार बनाने की बात करते हैं, उसके स्थापित हो जाने पर क्या होगा? सब जानते हैं मानवीय स्वतन्त्रता के लिए जूझने की आवश्यकता समाप्त नहीं हो जायेगी। कविता को तब भी, वहीं खड़ा होना होगा, जहाँ वह आज है। यदि भाषा के बाहर 'एक्शन' नहीं है, तो ये क्रान्ति कविता के ज़रिये एक रूमानी चीज़ ही में बदल सकती है।

आज मानवीय संवेदना का संसार दहशत खा चुका है। अस्तित्व के कटाव से मुठभेड़ की अनिवार्य प्रक्रिया के रूप में कविता आदमी की भीतरी और भौतिक यातनाओं से जुड़ गयी है। व्यंग्य और तनाव के बीच प्रेम, प्रकृति और कोमलता के लिए कविता में अवकाश नहीं रहा है। किन्तु इसका यह आशय नहीं है कि इन्हें बहिष्कृत कर दिया गया है। 'बुरी ख़बर की कविता' (ब्रेख्त) करुणा से भी कट गयी है, यह कहना ज़्यादती होगी।

पत्थर की भाषा यदि आँखों में है
तो कहीं दूर झरना भी होगा
इस झरने के भीतर वह आवाज़ भी होगी
जिसे डुबोकर आने के बाद
कोई पहाड़ जितना अकेला हो जाता है।

(चन्द्रकान्त देवताले)

हाँ, 'मांसपेशी कम चर्बी ज़्यादह' वाली टॉलस्टॉय की बात समकालीन रचनात्मकता पर भी लागू होती है, जिसके कारण वह अपने बृहत्तर सन्दर्भ में किसी तरह ज़्यादह है पर दम कम ले पाती है। इसी कारण उसका संसार धुकधुकी का संसार है। सचाई यह भी है कि जिन परिवेश और सन्दर्भों में कविता जिस तेज़ी से लिखी जा रही है, वही बेहद उखड़ा हुआ है। पर इधर युवा कविता पुनः अपनी ही रूढ़ि को तोड़कर प्रभविष्णुता और ऊर्जस्विता के प्रति सजग हो रही है।

नाव पर कैसे लाद पाऊँगा मथाते समुद्र को

जैसे जीवन के बारे में वैसे ही कविता के बारे में तयशुदा कुछ कहना लगभग असम्भव है। जैसा कि चेस्वाव मिवोश ने कहा, "कविता गवाही है", तो समझ लेने ही की बात है गवाही कौन, कहाँ से किसलिए देता है। मुझे अपने बारे में लगता है, मैं फुल टाइम कवि हूँ। मेरे भीतर की कविता का कारख़ाना साँस जैसा चलता रहता है। यहाँ हड़ताल या अवकाश की गुंजाइश नहीं है। यह बड़बोलापन नहीं है। इसका अर्थ यह भी नहीं कि लगातार थोक काव्योत्पाद ज़ारी रहता है। बस इतना कि फटे में पाँव डालने की अपनी आदत के कारण लगातार उधेड़बुन चलती रहती है। बुनाई कम ही होती होगी उधेड़ा अधिक जाता होगा भीतर ही भीतर। इसलिए पूछने पर बता नहीं सकता कि मैं किस जगह बैठकर कविता लिखता हूँ। मेरे लिखने का वक़्त क्या है? इतना कह सकता हूँ कि बेहद हड़बड़ी में आती हैं कविताएँ। इस कारण जितनी मिलती हैं उससे अधिक खो जाती हैं। कवि परिस्थितियों के प्रवाह के विरुद्ध रहते जोख़िम उठाता है। यह पक्षधरता उसकी आवाज़ का समय है। कई बार मैं अपने को उस मुसाफ़िर की तरह महसूस करता हूँ जो यादों, सपनों और अपने तथा वक़्त के ज़ख़्मों का असबाब लिए प्लेटफ़ॉर्म छोड़ चुकी ट्रेन पकड़ने के लिए गिरते-बचते लपकता है और चढ़ ही जाता है हाँफते हुए। मुझे हमेशा लगता रहता है कितना कुछ नहीं कह सका। जो कहा वह ठीक-ठीक तो है। इसे मेरे कुछ दोस्त जानते हैं। बुलडोज़र वक़्त बेहद चुनौती भरा है। सत्तर करोड़ लोग कैसे प्राणत्रस्त-अभावग्रस्त हैं असमानता के अन्याय के शिकार—इसके बारे में लिखने-बोलने की ज़रूरत ही नहीं। सब कुछ दिन-दहाड़े, रात-अँधेरे उजागर है। निरक्षरता, बीमारियाँ और आत्महत्याओं के चारों तरफ़ टुच्चे तथा महिमामय माफियाओं को पहचानना मुश्किल तो नहीं। सत्ताएँ, संस्थान और संगठन सभी अपाहिज लगते हैं। मेरे जैसा केवल ऐसे मथाते समुद्र को नाव पर लाद कर कैसे ले जायेगा? फिर पतवार भी साथ कहाँ दे पा रही। फिर भी...हम हैं अपने इरादों और मकसद और भाषा के साथ। बस, अपने भीतर की सम्पदा को बचाना ज़रूरी है। माहौल ऐसा हो रहा कि कहीं अन्दरूनी तोड़फोड़ का शिकार न हो जाये रचनाकार।

युवा कवि से

एक कवि ही अनुपस्थित रहते भी अपने समकालीन युवा कवियों से संवाद कर सकता है। वैसे तो न रहते भी कबीर, तुलसी, ग़ालिब, निराला, मुक्तिबोध, रघुवीर सहाय को हम सुन सकते हैं, जैसे वे हमें हिदायत दे रहे हों—भटकने की हालत में रास्ता बता रहे हों। "खाला का घर नहीं है", "थोथा देय उड़ाय", में कबीर तो गाँव-चौपाल के जनों को भी टोकते हैं।

तो आप जानते होंगे कि आप कविता से जुड़कर क्या कर रहे हैं? यह सपने देखने की उम्र ज़रूर है...उड़ने की...किन्तु आप किशोर कवि नहीं, विश्व-शिक्षा-घर के युवा कवि हैं।

कविता को इतिहास की तीसरी आँख कहा है, यह मनुष्य की सबसे प्रामाणिक आवाज़ है। अपनी ज़मीन और अपने लोगों के बीच से ही यह आवाज़ फूटती है।

हमें लगता है कि एक कवि का स्वर है कविता में, शुरू में ऐसा हो सकता है। किन्तु जैसे ही आप जासूस की नज़र से चारों तरफ़ और दूर देखने लगेंगे—जो ऊपर से चमकदार दिखाई दे रहा है, उसके पीछे-भीतर झाँकने लगेंगे—एक ऐसी दुनिया खुलेगी, जिसमें अन्याय, शोषण, पाखण्ड के शिकार करोड़ों लोगों का कष्टप्रद यातनापूर्ण जीवन होगा और तब युवा कवि की सोच, उसकी भाषा वह नहीं रहेगी, जो चकाचौंध, आश्वासनों, सुभाषितों के कपट को न पहचानने के पहले थी।

आज का युवा एक विशाल खुली दुनिया में है, जिसमें सूचना-विस्फोट, भण्डाफोड़ और भूलभुलैया के साथ ही विवेक, तर्क और बौद्धिक साहसिकता के लिए चुनौतियों और अभिव्यक्ति के रास्ते भी हैं। इसलिए आत्मविस्तार के साथ ही यह तय करना होता है और यह काम कविता ही करवाती है कि हम यानी युवा कवि किसकी तरफ़ हैं? हमारा पक्ष क्या है?

इस तरह कविता अपने समय, समाज और जीवन के संघर्षों में अपनी आवाज़ ढूँढ़ती है। कविता जद्दोजहद से भरी दुनिया में अपने और अपने लोगों के साथ रहने की ताक़त बनती है। रघुवीर सहाय ने कहा है, "कविता न होगी, साहस न होगा।"

जो सच लगता है उसे कहने से कवि को कोई नहीं रोक सकता और इसके लिए वह अभिव्यक्ति के ख़तरे उठाता है। युवाओं में तो आग और गुस्सा ज़्यादह ही होना चाहिए।

पाखण्ड के टेंटुए पर शब्द की नोक रखने की सामर्थ्य गहरी विकलता, करुणा, संवेदनशीलता और अपने लोगों से जुड़ने और उनकी स्थितियों को समझने पर ही मिलती है। भूमण्डलीकरण, भू-सांस्कृतिक साम्राज्यवाद और देशी लुटेरों के बीच कवियों के घर ज्वालामुखी के पास ही होते हैं। ख़ून-पसीना बहाकर रोटी मिलती है—कविता क्या देकर मिलती है। बताना आसान तो नहीं, पर मुक्तिबोध ने जैसा कहा—"अपनी आत्मशान्ति को नष्ट करके ही कोई रचनाकार हो सकता है।" यह अन्तिम सत्य है, पर घबराने की बात नहीं, यह कवियों के लिए साँस लेने जैसा सहज हो जाता है। परिन्दों की उड़ान की तरह आप जहाँ भी उठें-बैठें-खड़े हों—आप कवि हैं, इसकी गन्ध आनी चाहिए और चटका लगना चाहिए। आप युवा हैं, अपने देश और दुनिया के बड़े कवियों से अक्षरों की दुनिया में मिलते रहना चाहिए। अन्त में ब्रेख़्त की ये पंक्तियाँ—

ऊपर बैठने वाले का कहना है/यह महानता का रास्ता है।
जो नीचे धँसे हैं : उनका कहना है/यह रास्ता क़ब्र का है।

गद्य कविता के बहाने कुछ फुटकर बातें

कोई परेशानी नहीं होती 'गद्य कविता' पद को उच्चारते-पढ़ते या सुनते हुए। ऐसा भी नहीं लगता कि कोई चौंकाने वाला आधुनिक या उत्तर बखेड़ा खड़ा कर रहा है वह पद हमारी कविता की दुनिया में। पाँचवें दशक में जब प्राथमिक परीक्षा फाँद कर निकले तो 'गद्य-गीत' और 'गद्य-काव्य' पाठ्य-पुस्तक में थे। गद्य और गीत तो गद्य और कविता की तुलना में अधिक विरुद्धों का साहचर्य है। तब हिन्दी के गुरुजी कि.ला. ओझाजी ने वृत्तगन्धि और चूर्णक शैली के बारे में बताया था। अचरज न करे कोई, अब तक कैसे याद हैं उनकी बातें। आज भी कवित्त और सवैया पढ़ती आवाज़ उनकी सुनायी देती है। सिर्फ़ चाहने भर की देर है कि इक्यावन-बावन के बड़वाह माध्यमिक पाठशाला की कक्षा सात-आठ में अपने को बैठे उनकी आवाज़ सुनते देख सकता हूँ। वे बताते थे पद्यात्मक छन्द की गन्ध और ललित पदों से युक्त गद्य होने के कारण हम रायकृष्णदास और रामवृक्ष बेनीपुरी के 'छायापथ' और 'गेहूँ और गुलाब' में गद्य-गीत और गद्य-काव्य के गुण पाते हैं। आज इसे हम शैलीगत विशेषता दर्शाना भर कह सकते हैं। पर पता नहीं उस समय भी उनके मन में रहा हो कि भीतर के कुछ के कारण ही शैली में छन्द गन्ध और लालित्य आता हो।

× × ×

कविता के साथ गद्य ही क्यों अन्य विधाओं के जुड़ने में कहाँ दिक़्क़त है। कथा कविता तो कह-सुन रहे ही हैं। कविता और नाटक का साथ भी पुराना है। साथ न होने पर कविता में नाटकीयता के झकझोरने वाले झटके मुक्तिबोध की कविता और 'अँधेरे में' हमने महसूस किये ही होंगे। पर निबन्ध-कविता कहने-लिखने-सुनने पर भी आसमान टूटने वाला नहीं। कितनी ही कविताएँ हमें याद आ जायेंगी। समुद्र पार की ओर अपने यहाँ की भी। तुरन्त याद आ रही हैं रघुवीर सहाय की 'उनकी बहस' और 'युद्ध विराम' कविताएँ (कुछ पते कुछ चिट्ठियाँ)।

× × ×

क्या निकालकर दिखा देंगे जिससे प्रमाणित करेंगे कि यह सच्चा मनुष्य है, बेहतर मनुष्य। वज्र से कठोर और कुसुम से भी कोमल कहकर क्या हम बीच का रास्ता नहीं निकालते। यह बात मैं मनुष्य की परख के प्रसंग में सोच रहा हूँ। कविता के साथ भी क्या यह बात लागू नहीं होती। मनुष्य के अतिरिक्त और क्या है, जिसे कविता की परख के समतुल्य रखा जा सके। कविता से ही साहित्य की शुरुआत हुई है। गद्य से पहले कविता थी। पर यह कथन भी मुर्गी और अण्डे के रहस्य जैसा हो सकता है। भाषा की सर्वोच्च अभिव्यक्ति भाषा की तैयार ज़मीन के बिना कैसे सम्भव होती। और यह भी तो है कि गद्य का कार्य प्रारम्भ में पद्य ने ही किया। फिर भी एक भावात्मक ऊर्जा और कवि-दृष्टि के बूते इस ऊर्जा से संचालित लय, गति, नाद कविता की पहचान बनते आये हैं। गद्य के विस्तार और कविता के व्यंजना लाघव की बात भी कही जा सकती है। पर इनकी उलटती स्थितियाँ भी हैं। लघु कथाएँ और महाकाव्य या लम्बी कविताएँ। कविताएँ तथ्यात्मक और विवरणपूर्ण थीं। मुझे नहीं लगता कि हम कविता के बारे में अन्तिम रूप से कभी कुछ कह सकते हैं। कविता ही क्यों किसी भी चीज़ के बारे में।

× × ×

कवि जो तय कर के लिखते होंगे कि उन्हें गद्य कविता लिखना है, तो ऐसे में कविता नहीं गद्य ही लिखने में उनकी कविता की इतिश्री होगी। कविता लिखना आसान हो जाता और गद्य कविता लिखना तो और भी सहज यदि पहले से ही सब ज्ञात रहता। पर ऐसी स्थिति में कविता लिखने की आवश्यकता ही नहीं पड़ती किसी कवि को।

× × ×

काफ़्का की मृत्यु के बाद उसके काग़ज़ातों में उसके मित्र मैक्सब्रॉड को एक गद्य टुकड़ा काफ़्का की हस्तलिपि में लिखा मिला था। यह अनुच्छेद 1936 में 'Give It UP' शीर्षक से प्रकाशित हुआ। माना गया कि इसे काफ़्का ने अन्तिम दिनों में लिखा था। लगभग 125 शब्दों के इस अंश को, जिसमें काफ़्का की विवरणात्मक शैली के साथ और भी बहुत कुछ है। पहले तो लघु कथा की तरह ही मैंने पढ़ा। पर बाद में पढ़ने और उसमें जासूसी करते पढ़ने के मुझे कविता पढ़ने की ही तृप्ति मिली। बड़ी फ़ज़र 'मैं' अपरिचित बाची में सुनसान सड़क से स्टेशन को जा रहा है। टॉवर की घड़ी देख उसे लगा देर हो गयी। जो उसकी अपनी घड़ी से बहुत आगे का वक़्त बता रही थी। इस जानकारी से वह हड़बड़ा गया जैसे और भटक गया।

संयोग से एक पुलिस दिखा। हाँफते 'मैं' ने उससे रास्ता पूछा। पुलिस ने हँसकर कहा मुझसे तुम रास्ता जानना चाहते हो। 'मैं' ने कहा 'हाँ'। पुलिस ने कहा—ऐसी उम्मीद मत करो और तेज़ी से मुड़कर उसकी तरफ़ गया जो अपने ठहाके के साथ अकेला होना चाहता है।

यह अनुवाद नहीं है।

अंश की पंक्तियों में गीतात्मकता, नाटकीय संवाद, रहस्यात्मकता और यथार्थ सब कुछ है और मनुष्य की नियति का प्रश्न तो है ही, जिससे टॉवर का वक़्त और टॉवर का आदमी (पुलिस) भटकाने के लिए उम्मीद झटक लेता है। बिना किसी तरह के शोर और तामझाम के काफ़्का का यह अंश कविता की तरह सत्य को उभारता है। कई बार सुनियोजित अभ्यासपूर्वक रची बेशक अच्छी प्रतीत होती कविताएँ (गद्य कविता) भी कविता के साथ ही दग़ा करती हैं। कविता का साथ देने वाली संवेदना और ऊर्जा का निर्धारण कवि की सामर्थ्य से ही तय होता है, फार्म से नहीं।

× × ×

गद्य कविता को उलटने की इच्छा क्या नहीं होती। मैथिलीशरण गुप्त और त्रिलोचन ही नहीं तुलसी के पदों में भी जहाँ वे अपने जीवन-संघर्ष को दर्शाते हैं या वहाँ जहाँ कलियुग का वर्णन करते हैं, बराबर लगता है कि वे छन्द की सहायता ले रहे हैं। गुप्त जी ने तो बराबर आख्यान और सूत्रबद्ध कथनों को पद्यबद्ध किया है। उपन्यासों और कहानियों की भाव-पगडण्डियों पर आती कविता की-सी बयार भी तो कविताभास कराती है। पूर्वापर सम्बन्धों और सूत्रों से मुक्त अंश गद्य कविता भी लग सकते हैं और कविता गद्य भी।

× × ×

निराला ने कविता की मुक्ति की आवश्यकता मनुष्य की मुक्ति के समान्तर ही तो निरूपित की थी। मुक्ति की कोई सीमा नहीं होती। मर्यादा अवश्य हो सकती है, जो मुक्ति को चरितार्थ करती है। निराला जिस भाव-भूमि और भाषिक परम्परा में सृजन करते थे, उसकी गीतात्मकता-कोमलकान्त पदावली से निकलकर उन्होंने जैसे सपाट और विकट भाषिक स्वरों को अपनाया, वह विस्मयकारी है। 'नये पत्ते' और 'कुकुरमुत्ता' से प्रमाणित होता है कि सचमुच मुक्तिकामी समर्थ कवि अपने आत्मविस्तार को अभिव्यक्ति के अनेक स्तरों पर साकार कर सकता है। यही कविता की वह शक्ति है जो आश्चर्यजनक रूप से स्वतन्त्रता बरत लेती है। यह स्वतन्त्रता भाषिक शुद्धतावाद की परवाह नहीं करती। आज भी पण्डित हैं हमारे बीच जो

भाषा के साथ भी ब्राह्मणों-सा व्यवहार करते हैं। इसके पीछे भीतर की मानवीय जड़ता सक्रिय रहती है। 'राजे ने अपनी रखवाली की। क़िला बना कर रहा, बड़ी-बड़ी फ़ौजें रखीं। चापलूस कितने सामन्त आये मतलब की लकड़ी पकड़े हुए। कितने ब्राह्मण आये पोथियों में जनता को बाँधे हुए। कवियों ने उसकी बहादुरी के गीत गाये-लेखकों ने लेख लिखे—ऐतिहासिकों ने इतिहास के पन्ने भरे। नाट्य कलाकारों ने कितने नाटक रचे रंगमंच पर खेले। जनता पर जादू चला राजे के समाज का।' निराला की इस कविता को गद्य रूप में मैंने लिखा है। इसमें बात और बोल में ग़ौरतलब मेल है। यह अपने ढंग की गद्य कविता है और मुझे तो आज की कविता भी लगती है। निराला जैसे कवि ही थे जो अपने को 'ब्राह्मण समाज में ज्यों अछूत' कहते थे, कविता के तथाकथित मूल्यों की धज्जियाँ उड़ा सकते थे। 'दग़ा की इस सभ्यता ने दग़ा की' मुक्तिबोध की याद दिलाती निराला की पंक्ति है। उपेक्षित के अस्तित्व का सवाल ही उनकी आवाज़ बनता है—'धोबी पासी चमार तेली खोलेंगे अँधेरे का ताला।' निराला मानते थे कविता की स्वतन्त्रता से 'साहित्य में एक स्वाधीन चेतना फैलती है।' यह स्वाधीन चेतना एकायामी नहीं हो सकती। स्वाधीन चेतना की यह कामना लगभग उतनी ही पुरानी है, जितनी कविता। इसे बाँधने का इतिहास भी उतना ही पुराना नया है।

× × ×

सदियों पहले वामन ने 'गद्य कवीनां निकष वदन्ति' पता नहीं क्या सोच कर कहा होगा। उनकी चुनौती यह तो नहीं रही होगी कि कवियो, गद्य के सपाट विन्यास में कविता लिखकर बताओ तब मानें। आज हम जहाँ खड़े हैं बाहर-भीतर के कितने पुल टूट गये हैं। सत्ता-मीडिया और दीगर मानव विरोधी ताक़तें भाषाखोर और शब्दभक्षी की तरह झपट्टे मार रही हैं। ऐसे में वे जो स्वर्ग या आकाशगंगा में नहीं जीवन के साँसतघर में हैं, सपने देख सकते हैं। जो सपने ही में हैं उनका क्या जागना-सोना क्या सपने देखना। इस छिन्न-भिन्नता ने कवि की आवाज़ को महत्त्वपूर्ण बना दिया है। वह आवाज़ जो केवल संरचनागत तकनीकी सवाल नहीं। सवाल उस आन्तरिक बाध्यता-लालसा का, जिसकी विकलता पद्य-गद्य की हदों को तोड़ देती है। इसके बाद भी कुछ तय नहीं होता, जिसे एक पद्य नहीं गद्य कहता है, उसे ही दूसरा कविता। वामन की कसौटी को हमारे समय में गद्य कविता का सौन्दर्यशास्त्र रच कर परिभाषित करने की ज़रूरत ही नहीं बची। जीवनशास्त्र भी नहीं जीवन ही अभिव्यक्ति के नये ज़रूरी दरवाज़े सदियों से खोलता रहा है। फ्रेंच साहित्य के प्रतीकवादी कवि रैम्बों उन्नीसवीं सदी में गद्य कविता लिख रहे थे। उसके भी पहले लोत्रे आमॉ ने ऐसी गद्य कविता लिखी जिसका इस्तेमाल 1930 में अति

यथार्थवादियों ने अचेतन लेख के दृष्टान्त के रूप में किया। जॉन पर्स की लम्बे घुमावदार वाक्यों वाली गद्य कविताओं के अपनी भाषा में अनुवाद हमने पढ़े ही हैं। वामन द्वारा कही गयी कसौटी देश-काल की सीमा से आबद्ध नहीं थी। ठीक ही कहा, शायद आद्रे वोज्जेंस्की ने कि–

"कविता की कोई सीमा नहीं होती, इसकी न तो राजधानियाँ हैं और न कोई प्रदेश।"

× × ×

झरने पुराने पड़ गये उनकी उपमा अब कोई नहीं देता शायद धोबी दें जो वहाँ कपड़े फचीटते हैं या किसान जो उसमें फँसी हुई गाड़ी घसीटते हैं लेकिन वे सभ्य नहीं हैं इसलिए झरने की उपमा अब लभ्य नहीं है।

मुक्तिबोध की कविता 'झरने पुराने पड़ गये' की आठ पंक्तियों का यह गद्य रूप है। सभ्य और लभ्य के बावजूद यह कवितांश गद्यांश भी है। स्थान वर्णन और दृश्यावलोक के घटाटोप के बीच ऊबड़-खाबड़ अनगढ़ लगने वाली विस्तार ढूँढ़ती मुक्तिबोध को कविता अपनी भागती-दौड़ती लय और आवृत्तियों के बावजूद बीच-बीच में बार-बार गद्य का स्वाद भी देती है। कविता के आलोचक कहा करते थे कि बड़ी से बड़ी परिपूर्ण कविता में भी 'ग़ैर-काव्यात्मक तत्त्व' बीच में होते ही हैं। मुक्तिबोध 'कविता में कहने की आदत नहीं', कहकर भी बहुत कुछ कहते हैं। बाहरी कारण तो अनेक होते ही हैं किन्तु मूल कारण ख़ुद कवि में होते हैं, जो उसकी कविता की तासीर को निर्धारित करते हैं। कविता का माध्यम क्या भाषा ही है या भाषा में आने के पहले भी कुछ है, जिसे समूचा विन्यास धारण करता है। मुक्तिबोध का बीहड़पन ऐसी शंकाओं को जन्म देता है, जो मुक्तिबोध की आवाज़ को पचा नहीं पाते, वे खुरदरापन आदि कहकर अनमने ढंग से उसका औचित्य अन्यत्र खोजते हैं। यह भी होता है कभी-कभार कि दूसरे की आवाज़ के बरअक्स हमारी अपनी आवाज़ आड़े आती है।

× × ×

इस निस्सहाय और विकट समय में कविता और जीवन के प्रश्नों का समाधान पाने की कोशिश ही हमें वध-स्थल तक पहुँचा देती है। हमारा वध नहीं होता। एकाएक बेरहमी से हमें छोड़ दिया जाता है फिर हम वहीं कविता के बाड़े में शरण ढूँढ़ते पहुँच जाते हैं। अड़ोस-पड़ोस में मारकाट मची हुई है। मनुष्यता का इलाका कैसे-कैसे संकटों से दहल रहा है, इसे भूलकर हम 'साहित्य में क्या चल रहा है'

जैसे मुद्दे पर टिक नहीं सकते। सोचने को विवश हो जाता हूँ कि मुझे कविता के बारे में चमकदार या बुझी हुई ढेर-सी बातें करने की क्या ज़रूरत है इस वक़्त। कविता और ऐसे मामलों में कोई किसी की तरफ़ से कैसे बोल सकता है। पर यह हम देख रहे हैं कि राजनीतिक दलों की तरह कविता और कलाओं के प्रवक्ताओं का प्रभामण्डल दिपदिपा रहा है। सबकी याने उनके अपने सबकी तरफ़ से बोल रहे हैं। घिसीपिटी बातें हम बेहतर ढंग से नया कर के दुहराने की कोशिश में थक रहे हैं। एजेण्डा समझ में नहीं आता क्योंकि आसपास के जीवन की आवाज़ें सुनायी नहीं देती हैं। हमारे प्रवक्ता निजी बातचीत में जो बहुमूल्य अभिमत देते हैं वह उनके सार्वजनिक वक्तव्य में गड्डमड्ड हो जाता है और उनके लिखित दस्तावेज़ों में तो ग़ायब। इसलिए कहना लगभग असम्भव है कि किसी गद्य कविता की भाषा, विन्यास और पंक्तियों के पीछे की ऊर्जा-आवेग आदि किसे रास आ जावे और किन गद्य कविताओं में सतही यथार्थ दिखेगा। पानी की शुद्धता मापक जैसा यन्त्र कविता और उसकी भाषा की सृजनात्मकता परखने के लिए न तो किसी ने ईजाद किया है न काव्य-नाड़ी-विद्या में निपुण कोई ऐसा हमारे बीच कभी रहा है।

× × ×

अपने समय और अस्तित्वमूलक प्रश्नों के परे की कल्पना सम्भव नहीं है। जोसेफ़ बॉड्स्की ने ठीक कहा कि 'सतही निरर्थकता को त्यागना कविता की पहली चीख़ है,' पर दूसरी या तीसरी चीख़ के बारे में उन्होंने कुछ नहीं कहा। सतह के बहुत नीचे की गूढ़ता के पाखण्ड की फ़िज़ूलियत से मुक्ति भी कविता की दूसरी चीख़ होगी। तीसरी चीख़ भी सम्भव है जो सतही लगती निरर्थकता के भीतर छटपटाते गहरे आर्त्तनाद को गुँजा दे। इस तीसरी चीख़ को रघुवीर सहाय की कविताओं ने सम्भव किया है। अपने आसपास और अपने लोगों के बीच होने का जोख़िम वे बतौर एक कवि गहरी नैतिक ज़िम्मेवारी के साथ उठाते हैं। वे हमारे लोकतन्त्र के अपने ढंग के अकेले कवि हैं। हमारे आज के समय में हो रहे शोषण, अन्याय, कपट और अपमान की महीन प्रविधियों को वे शक्ल देते हैं। और पीड़ितों को कविता के हाते में लाते हुए कविता और गद्य के बीच की दरार को पाट देते हैं। उन्होंने लिखा भी है :

क्योंकि आज भाषा ही मेरी एक मुश्किल नहीं रही
एक मेरी मुश्किल है जनता

यदि जनता की यह मुश्किल तथ्यों, विवरणों, दृश्यों, नाटकीय स्थितियों से ही रची होती, तो वह रघुवीर सहाय जैसे कवि की कविता नहीं होती। सामाजिक-राजनीतिक घटाटोप में व्याप्त निरंकुशता की कार्रवाई में वे दोनों ओर से शब्द लेते हैं,

अत्याचारी शासक वर्ग की चालाक भाषा और पीड़ित-अपमानित की निकली आवाज़ के मिश्रण से वक्रता और व्यंग्य बोलचाल की भाषा में उभरता है। उनके सीधे कथन में छिपी मारकता का मर्म उनके लिए अनदेखा रह सकता है जनता जिनकी मुश्किल नहीं। यह प्रकट है कि रघुवीर सहाय ने गद्य की विविध भंगिमाओं में अपने कुछ इरादों के साथ भी साहसिकता बरती है। कला और कलारूपों के जीवन और समाजपरकता का अपना चरित्र होता है। रघुवीर सहाय की कविता की पंक्तियाँ हैं :

कला बदल सकती है क्या समाज?
नहीं जहाँ, बहुत कला होगी, परिवर्तन नहीं होगा।

क्या बहुत कला से मुक्ति कविता की तीसरी चीख़ नहीं। पन्त ने भी तो वाणी से जन-मन में विहार करने की आकांक्षा के सन्दर्भ में अलंकार-मुक्ति की बात कही थी।

× × ×

गद्य भंगिमा या वाक्य-विन्यास के प्रसंग में सबसे क्रानिक और नालबद्ध उदाहरण तो विष्णु खरे की कविताएँ हैं। कहानी, निबन्ध, वारदात, मिथक, विवाद या वृत्तान्त का कोई भी रूप विष्णु की कविता होने में बच नहीं सका है। अर्से तक हमारे कविता पारखियों को विष्णु की भाषा ही प्रथम दृष्टया काव्य संकट में डालती रही है। सतही तौर पर कवितापन की अनुपस्थिति से लगता है विष्णु ने कविता की संरचना के साथ वही किया जो फॉकनर के पंजे ने कहानी के ढाँचे के साथ किया था। तीस वर्षों में मेरी ख़ुद की कई उन लोगों से मुठभेड़ हुई हैं जो मुझसे पूछते थे अजीब लहजे में—कि 'विष्णु खरे की कविताएँ क्या आपको कविताएँ लगती हैं?' अधिक अक़्लमन्दों को कोई कुछ नहीं कह सकता और यह समझना मुश्किल भी था कि इस ग़ैर-कविताई या गद्यात्मक लगने में सच्चा दुख, करुणा और ईमानदार संवेदनाओं का वेग इसी गद्यात्मकता के ठोसपन में है, जो उन्हें सज्जात्मक और प्रथम-दृष्टया कविता लगती कविताओं से अलग करता है। यह भीतर की, कवि के अन्तर्जाल की व्यग्रता, जीवन्तता और गहरी मानवीय प्रतिबद्धता ही है जो कविता का असली ताप रचती है। अगरचे भीतर जड़ता है, तो कविता लगती-सी कविताओं का ढाँचा खड़ा करना कोई मुश्किल काम नहीं। चेस्वाव मिवोश ने अपने नोबेल पुरस्कार व्याख्यान में ठीक ही कहा था कि इधर-उधर की कविताओं और भाषा आदि पर चौकस नज़र रखते किसी ग़ैर कवि के लिए भी अच्छी लगती कविता जैसा लिखना मुश्किल नहीं है।

× × ×

हमारा समय विकट है। अजीब गोरखधन्धों के बीच इतनी प्रखर रचनाएँ युवा कवि लिख रहे हैं। देववाणी संस्कृत की पुनःप्रतिष्ठा; छन्द की वापसी आदि की गुहार भी सुनायी दे रही है। ऐसे में गद्य-विन्यास में लिखी जा रही रचनाओं के बारे में यही कहना उपयुक्त लगता है कि 'बात बोलोगी, हम नहीं।' नयी कविता के दौर में कई-कई प्रामाणिकताओं और अर्थ की लय जैसे तर्कों को दुहराया चाहे जितना गया हो, उनसे कुछ भी प्रमाणित नहीं हो सका। गद्य कविता को ही लें, इसके बारे में कविगण और कविता के बारे में बातें करने वालों के मत से क्या यह प्रतिपादित हो सकेगा कि कविता का वृत्त जहाँ पूरा होता है, वहाँ भी क्या रचना वही है जो कवि के भीतर रही। गद्य की कसौटी पर कवि भले खरे उतर जायें पर गद्य कविता की कसौटी स्वयं तो नहीं बन सकते। स्वयं कवि, रचना और पाठक-श्रोता में ही इसके उत्तर मिल सकते हैं। यदि उत्तर को आवश्यक समझा जाये अन्यथा प्रश्न तो है ही। प्रतिपादनों के खेल से बेहतर हैं आन्द्रे वोज्नेसेंस्की की ये पंक्तियाँ :

नियति और आँसू को
समेटा नहीं जा सकता सपाट उत्तरों में।
प्रश्न ही सत्य है,
कवि एक प्रश्न है।

कविता-समीक्षा : मूल्य और आचरण

समीक्षा को अनावश्यक और अतिरिक्त कर्म कहकर कुछ वर्षों पूर्व तिरस्कृत किया गया था। अवश्य उसके लिए कतिपय कारण भी थे। उनके विस्तृत ब्यौरों में जाये बग़ैर यहाँ केवल यह संकेत पर्याप्त होगा कि समीक्षा बहुत सरलीकृत और निस्तेज हो रही थी। व्यावसायिकता, फ़तवेबाज़ी और परिश्रमहीनता के बीच अधिक उम्मीद करना अनुचित भी होता।

किन्तु रचनाकार कब तक रचना की पैरवी करता रह सकता है। वह अधिक अपने लिए और उसके बाद अपनी रुचि की रचना के सन्दर्भ में समीक्षा-कर्म में दिलचस्पी दिखा सकता है। पहली स्थिति में संकोच और दूसरी स्थिति में रुचिबद्धता यहाँ भी उसकी सीमाएँ हैं। फिर समीक्षा-कर्म में अनावश्यक और अधिक सक्रियता रचनात्मकता को भी क्षति पहुँचाती ही है। इसलिए समीक्षा और समीक्षक के प्रति उसे पुनः विश्वास अर्जित करना ही पड़ा है। यह सुखद है कि अब रचना और समीक्षा के मध्य ऐसे विवाद की स्थिति नहीं रही है। रचना पहले है और समीक्षा बाद में, यह भी कोई बहस की बात नहीं हो सकती। यह ज़रूर विवाद का मुद्दा बनाया जा सकता है कि साहित्य से समीक्षा निर्धारित होती है अथवा समीक्षा साहित्य का स्वरूप निर्धारित करती है। इसमें मेरी विशेष रुचि नहीं है कि यहाँ इसका समाधान ढूँढ़ निकालूँ या कोई बीच का रास्ता, जो अक्सर गड्डमड्ड समझौते का परिणाम होता है। फिर भी सचाई की ओर संकेत करना ही होगा और सचाई यही है कि रचना समय और परिस्थितियों से निर्धारित होती है। यदि रचनाकार कहीं और है, मसलन 17वीं शताब्दी में तो फिर उसे शब्दों की बर्बादी से कोई नहीं रोक सकता। हमारे प्रतिभा सम्पन्न समीक्षकों की धाकड़ विचारोत्तेजना उसके लिए किसी अपवित्र वस्तु की तरह ही त्याज्य होगी। समीक्षा के निर्धारण का भी मूल स्रोत वही होगा जो रचना का है। रचना की आधारभूत संवेदना और दृष्टि का निर्धारण करने वाली स्थितियाँ और शक्तियाँ ही समीक्षा के आधारभूत मूल्य का भी निर्धारण करती हैं। फिर रचनाकार के निजी और समकालीन जीवन के सार्वजनिक सम्बन्ध जो काव्यानुभव

को आकार प्रदान करते हैं, उनके समानान्तर समीक्षा भी अपने स्थूल औज़ारों का आविष्कार करती है। अतः रचना और समीक्षा के निर्धारण करने वाले व्यापक लोक का साक्षात्कार करने पर यह विवाद निरर्थक प्रतीत होने लगता है। पर यहाँ यह भी उल्लेखनीय है कि प्रतिभा सम्पन्न समीक्षा-दृष्टि रचना को परिष्कृत करने और व्यापक बनाने की शक्ति भी रखती है। यहाँ रचना और समीक्षा के सन्दर्भ में मूलाधार और अधिरचना की पारस्परिक अन्तःप्रतिक्रिया का संकेत और उनका रिश्ता स्मरणीय है।

रचना-प्रक्रिया किसी हद तक निजी कर्म हो सकती है। पर रचना निजी चीज़ नहीं होती। निजी कविताएँ कह देने के बाद भी, यदि ऐसा कुछ लोगों के मध्य अथवा शब्दों द्वारा सांकेतिक किया गया है, फिर भी नहीं। पर आलोचना निजी कर्म कदापि नहीं है। वह तो एक अर्थ में दोहरी पड़ताल है। रचना के और अपने उत्स के अतिरिक्त रचना की पड़ताल। दूसरे शब्दों में यह जीवन और कविता दोनों ही का साक्षात्कार है।

अतः समीक्षा के मूल्य और आचरण के मध्य अन्विति समीक्षा के लिए ज़रूरी शर्त है। इसके अभाव में समीक्षा का चरित्र नहीं निखर सकता है। मूल्य और आचरण के बीच दरारों वाली चरित्रहीन समीक्षा रचना के साथ पक्ष या विपक्ष में खिलवाड़ कर सकती है, साक्षात्कार नहीं। सही समीक्षा हमारे यहाँ नहीं हुई है या नहीं हो रही है, ऐसा नहीं है। किन्तु उसके लिए हमें बार-बार ठिठककर सोचना पड़ता है और हम ऐसे नामों पर पहुँचते हैं जो अटपटे भी लग सकते हैं। मुक्तिबोध की समीक्षा का हम दृष्टान्त ले सकते हैं। इधर प्रमोद वर्मा भी इस दिशा में सक्रिय हैं। यहाँ देवीशंकर अवस्थी का भी स्मरण हो रहा है। इसके अतिरिक्त और भी नामों का लम्बा सिलसिला है। किसी में प्रतिभा की चाह है, किसी में समीक्षा कर्म के प्रति निष्ठा और परिश्रम है। किन्तु जिनकी समीक्षा में मूल्यों और आचरण के बीच वांछित सन्तुलन नहीं, यह असन्तुलन अनेक प्रकार के साहित्योत्तर कारणों से है। जिसमें सर्वप्रथम हैं अपने-अपने कैम्पस-शिविर और दूसरा है क्षेत्रीयता और प्रभामण्डल। जिस प्रकार बड़ा रचनाकार होना रचनाकार की दूर तक देखने की क्षमता पर निर्भर करता है, उसी प्रकार एक समीक्षक के लिए भी ज़रूरी है कि वह अपने चतुर्दिक रिश्तों की घेरेबन्दी को पनपने नहीं दे। इसके चलते समीक्षक के पास सब चीज़ें तय हो जाती हैं। और एक बार तय की गयी ग़लत-सही धारणाओं को वह निरन्तर नाना ढंगों से स्थापित करने में खपने लगता है। कभी-कभी तो ये धारणाएँ केवल फ़तवों की तरह उसके पास आती हैं और वह उनकी जाँच किये बग़ैर उन्हें इस्तेमाल में लाने लगता है। पिछले दशकों में अनेक कवियों के साथ इस प्रकार का दुर्व्यवहार हुआ है। कुछ समीक्षक तो केवल नामों से ही भयभीत हो जाते हैं। और अपने भय को संक्रामक रोग की तरह फैलाने लगते हैं।

जबकि वास्तविकताएँ उतनी भयावह नहीं होतीं जितना प्रचारित कर दिया जाता है। उदाहरण के लिए राजकमल चौधरी, श्रीकान्त वर्मा, कैलाश वाजपेयी, जगदीश चतुर्वेदी और मणि मधुकर आदि कवियों को लिया जा सकता है। इनके विरुद्ध निजी तौर पर भी जिस स्तर पर दोषारोपण किये गये हैं, वह सांस्कृतिक-दरिद्रता और असहिष्णुता के अतिरिक्त कुछ नहीं है। असहमति और आलोचना की गरिमा की रक्षा करते हुए किसी भी कवि की कविता को अस्वीकार करने का अधिकार समीक्षक को है। यह भी कि उन कविताओं के भीतर जिन ख़तरनाक संकेतों को सूँघ रहा है, उन्हें बताने की ज़िम्मेदारी समीक्षक की है। क्योंकि रचना-प्रक्रिया और समीक्षा-प्रक्रिया का यही बहुत बड़ा अन्तर है। कविता में शब्द अच्छी नीयत के बावजूद ग़लत विचार का बिम्ब बन सकता है। क्योंकि कविता में प्रत्यय के अनुभव, अनुभव के शब्द और शब्द के बिम्ब में रूपान्तरण की सुनिश्चित तार्किक परिणति नहीं हो सकती है। पर समीक्षा में जब एक कवि को इसी गड़बड़ के आधार पर यदि आप मनुष्यों का शत्रु, बाघ, फासिस्ट, हिटलर कह देते हैं, तो यह तय है कि आपका शिकार कवि हो रहा है न कि उसका कवि-कर्म।

समीक्षा का कार्य कविता के शब्दों को पारदर्शी बनाते हुए कविता को अपने समय और इतिहास के साथ उजागर करना है। इसीलिए समीक्षा के औज़ारों और शब्दों-पदों के बेहद सतर्क और सटीक इस्तेमाल की अनिवार्यता को नज़रअन्दाज़ नहीं किया जा सकता। किन्तु अपनी रुचि और इरादों के अनुरूप औज़ारों को लचीला और पदों को भिन्न-भिन्न स्थितियों में भिन्न-भिन्न अर्थ देकर समीक्षा अपनी विश्वसनीयता को न केवल नष्ट करती है अपितु शब्दों को भी व्यर्थ करती है।

यह सही है कि लिखे हुए के छपने की सम्भावनाएँ बढ़ती जा रही हैं। कुछ पत्रिकाएँ विवादों के ज़रिये खण्डन-मण्डन की उत्तेजना को प्रश्रय देने में अधिक उत्साह दिखाती हैं। विवाद और खण्डन-मण्डन वाली समीक्षाएँ उस वक़्त अपने को खारिज़ करने लगती हैं, जब उनके पीछे सार्थक बहस और सत्यान्वेषी मनोवृत्ति के बजाय अन्य चीज़ें सक्रिय होने लगती हैं। ऐसा होने पर कुतर्कों के ज़रिये प्रतिभाहीन समीक्षक कविता के परिदृश्य को अस्पष्ट और फूहड़ बनाने में ही योगदान देने लगते हैं। रचनाकारों के समक्ष जितनी चुनौतियाँ हैं उतनी ही चुनौतियाँ प्रबुद्ध समीक्षकों के समक्ष भी होती हैं और एक मायने में रचनाकार से अधिक कि वह रचना के संवेदनात्मक मूल्यों तक अन्वेषी दृष्टि से पहुँचने का दायित्व निर्वाह करता है। इसलिए उसके लिए समाज-जीवन में हिस्सेदारी के अतिरिक्त यह भी आवश्यक है कि वह अपने व्यवसाय, अपनी नवीनीकृत समीक्षा-दृष्टि और समीक्षा के बीच एक आन्तरिक संगति, मानवीय वेदना और पक्षपातहीन औचित्य स्थापित करे।

किन्तु अक्सर हमारा समीक्षा कार्य विश्वविद्यालयीन अकादमिक स्पर्धा, प्रकाशन की होड़ और शिविर-खण्डों की आवश्यकता का परिणाम होता है। परिणामस्वरूप समीक्षा कार्य में न केवल द्वैत है बल्कि अनेक फाँकें हैं, जिनके कारण एक दृष्टि और निर्धारित औज़ारों का एक रूप प्रयोग असम्भव हो जाता है। इस प्रकार के समीक्षक अपने अकादमिक कर्मों में दीग़र प्रतिमानों का उपयोग करते हैं। व्यावसायिक पत्रिकाओं में सार्वभौम और शाश्वत की दुहाई देते हैं। और लघु पत्रिकाओं में उनके तेवर और अन्दाज़ भिन्न हो जाते हैं। औज़ारों का अवसरवादी इस्तेमाल जहाँ एक ओर ढुलमुल मानसिकता का परिणाम है, वहीं दूसरी ओर उसके पीछे सर्वत्र मौजूद होने जैसी प्रेरणा भी है। नतीजा यह होता है कि हम जयशंकर प्रसाद पर एक ढंग से काम करते हैं, मुक्तिबोध पर दूसरे ढंग से। भाषा और अद्वितीयता पर चर्चा करते हुए प्रच्छन्न अध्यात्मवादी होने की सीमा तक भाववादी हो जाते हैं और जब जन-जीवन और समाज का मसला उठता है, लड़ाकू जनवादी बन जाते हैं। यह नहीं कि सौन्दर्यशास्त्र और जनवाद के मध्य कोई विरोध है। दिक़्क़त यह कि हमारी दृष्टि और प्रतिमान बदल जाते हैं।

मूल्य और आचरण के बीच की इस दुर्भाग्यपूर्ण खाई के कारण समीक्षा में अनेक अन्तर्विरोध उभरे हैं। सबसे भयानक चीज़ तो एक यह हुई कि समीक्षाधीन कृति या रचना को लेकर हमारे कतिपय समीक्षक प्रतिभा और ज्ञान का इतना सदुपयोग (?) करने लगते हैं कि रचना केन्द्रच्युत होने लगती है और समीक्षक के ज्ञान का जाला बुनते हुए ऐसा शब्द-संसार हमसे टकराता रहता है जिससे रचना विषयक स्थलों को पाना खोजबीन का मामला बन जाता है। रचनात्मक समीक्षा के लिए आवश्यक धारणाओं और सन्दर्भों को प्रस्तुत करना ही पड़ता है। पर इसका घटाटोप रचना को खोलने और स्पष्ट करने के बदले उसे अदृश्य कर देता है। इसके विपरीत कुछ लोग समीक्षा का आसान रास्ता ढूँढ़ लेते हैं। कविता की कुछ पंक्तियों और शब्दों को अपनी आवश्यकताओं के अनुरूप उठाकर, उनमें मनचीता अर्थ खोज उसके चतुर्दिक भटकते रहते हैं। अवश्य कविता की कुछ केन्द्रीय पंक्तियाँ हो सकती हैं और उनको आधार बनाया भी जा सकता है, पर इसकी सार्थकता तभी तो है जब इसके ज़रिये समग्र रचना-लोक को उकेरने की कोशिश की जाये। पर ऐसा होता नहीं हैं। रचना की समग्र पहचान अलग रह जाती है और आवश्यकतानुसार निष्कर्ष प्राप्त कर लिए जाते हैं। ऊर्जाहीन समीक्षकों के लिए यह सरल विधि है। वे कविता की पंक्तियों को उसके ज़रूरी सन्दर्भों और यातना लोक से काटकर उसी कविता के ख़िलाफ़ खड़ा कर दे सकते हैं। यह सरलीकरण बेहद कष्टदायक होता है। रचनाकार की चेतना और रचना कर्म की यन्त्रणा को अनदेखा करके ही इस तरह की दुर्घटना सम्भव है।

यह समीक्षा-कर्म को केवल बौद्धिक प्रयास समझने का दुष्परिणाम है। इससे समीक्षा की संवेदनात्मक शक्ति का ह्रास तो होता ही है, अन्य मानवीय प्रश्न भी उठते हैं। समीक्षा की संवेदनात्मक शक्ति का स्रोत क्या है? कविता किसलिए है? और क्या इन प्रश्नों से कटकर समीक्षक की रचनात्मक सार्थकता कुछ हो सकती है?

किसी रचनाकार के उत्कट सत्यानुभव की पहचान के तीन आधार हो सकते हैं। एक तो यही कि वह अनुभव क्या रचनाकार का अपना अनुभव हो चुका है? दूसरे यह कि क्या वह अनुभव अपने समय और मानवीय रिश्तों के बीच भी वैसा ही है? और तीसरे कि क्या यह अनुभव रचना में रचनात्मक बन सका है? अन्तिम स्थिति का सम्बन्ध कवि की रचनात्मक ऊर्जा से, बीच की स्थिति का सम्बन्ध दृष्टि और संलग्नता से और पहली का उसकी निजी संवेदना की सीमा और ईमानदारी से है। कविता की समीक्षा उक्त आधारों को जाँचे-परखे बग़ैर असम्भव है। इस ईमानदार पड़ताल के साक्ष्य के सन्दर्भ में नन्दकिशोर नवल, विजय मोहन सिंह और नागेश्वर लाल की कुछ कविता-समीक्षाएँ याद आ रही हैं। अशोक वाजपेयी की भी कुछ समीक्षाएँ विकासरत कवियों के संसार को आलोकित करते हुए गुत्थियों को सुलझाने में सहायक हुई हैं।

समीक्षा का रचना की परख करते हुए सृजनशील होते जाना समीक्षक की समावेशी दृष्टि और मानवीयता पर ही निर्भर करता है। और जब यह सम्भव होने लगता है, समीक्षक का विश्लेषण कवि और पाठक के लिए मित्रवत हो जाता है। क्योंकि समीक्षक की रचना के प्रति यह विनम्रता किसी अन्य कारण से नहीं केवल उसके भाषिक संसार होने के कारण से है। फिर समीक्षक की भूमिका पक्ष या विपक्ष से वकील की तरह नहीं रहती।

इस दृष्टि से हमारी अभी की मार्क्सवादी समीक्षा में उक्त दृष्टिकोण का जितना अभाव रहा है, वह उतनी ही संकीर्ण और अपने आचरण में क्रुद्ध हुई है। विचारधारा की चेतना और दलीय प्रभुत्व में यहाँ फ़र्क़ करना ज़रूरी है। प्रमोद वर्मा, ऋतुराज, विश्वम्भरनाथ उपाध्याय आदि के समीक्षा कर्म को विचारधारा की चेतना से शक्ति और विस्तार प्राप्त हुआ है। किन्तु विचारधारा के सृजनात्मक प्रयोग से हटकर जहाँ दलीय प्रभुत्व का दबाव काम करता है, वहाँ हमारे मित्रों ने कथ्य सीमित पूर्वाग्रहों से अपना एक आत्ममुग्ध बाड़ा बना लिया है। स्पष्टता और राजनीतिक समझ को विकसित करने के नाम पर लिखी जाने वाली अति सामान्य और सरलीकृत रचनाओं का उत्कृष्ट बखान करते हुए वे कविता के सौन्दर्यशास्त्र को दाँव पर लगा देने में कोई संकोच नहीं करते हैं। उनके पास यह बहुत बड़ा तर्क है कि ऐसी कविताओं में संघर्ष की सरल प्रेरणा और गवाही है। संघर्ष की सरल गवाही की रचना में व्याप्त

सरलीकरण की पुष्टि करते हुए समीक्षा जहाँ मार्क्सवादी सौन्दर्यशास्त्र को विपन्न करती है, वहीं वह संवेदना और शब्दों की दरिद्रता को भी प्रोत्साहित करती है। समर-कल्पना और भविष्योन्मुख आशावाद को अतिरिक्त प्रश्रय देते हुए वस्तुनिष्ठ यथार्थ को रूमान में तब्दील करने वाली प्रभुत्व प्रेरित सामान्य रचनाएँ उन्हें जनांचलों से धँसती हुई नज़र आती हैं, कला की भी आवश्यकताएँ हैं, इसे विस्मृत कर केवल अपनी आवश्यकताओं (?) को ही प्रमुख मान लिया जाता है। दरअसल कला, मनुष्य और कविता के सम्बन्ध में मार्क्सवाद के व्यापक विश्लेषण को ओझल कर उसका इतिहास की गवाही के नाम पर शिविर-बन्द इस्तेमाल किसी-न-किसी भटकाव का ही परिणाम है। इतिहास सिद्धान्तों की आड़ में किये जाने वाले फूहड़ प्रयत्नों को हमेशा अस्वीकार करता आया है। बात मुश्किल नहीं है पर आसान भी नहीं है, यह भाषा दोहरे प्रयोग की समस्या है। निश्चित और पूर्व ज्ञात चीज़ों को समझने के लिए भाषा का उपयोग अलग चीज़ है और उन अनुभवों की जो संवेदनाओं में घुलमिल जाते हैं पुनःसृजन करते हुए, भाषिक रचना भिन्न चीज़ है। पर हमारे यहाँ अपवादों को छोड़कर इन सारी चीज़ों को मित्रता-शत्रुता, गुटवाद और यश प्रतिष्ठा का विषय बना दिया जाता है। तार्किक और अपने गणित में प्रमाण पुष्ट होना कठिन चीज़ नहीं है। क्योंकि इससे तयशुदा आसान निष्कर्ष ख़ुद-ब-ख़ुद निचुड़ आते हैं। ऐसी स्थिति में जीवन्त और वैज्ञानिक मूल्यों के बावजूद समीक्षा जड़ आचरण करते हुए केवल शंकालु ही नहीं हो जाती वरन् वह बाड़े के बाहर झाँकने से कतराती भी है।

समीक्षा की पवित्रता और उसके लिए किसी प्रकार की नैतिक व्यग्रता आदि मेरी परेशानी नहीं है। इससे भी इनकार नहीं किया जा सकता कि समीक्षक की भी सीमाएँ होती हैं। किन्तु यह हमारी चिन्ता क्यों न हो कि समीक्षा ग़लत कारणों से स्खलित होने से बचे। समीक्षा के मूल्यों और उसके आचरण का दरम्यानी फ़ासला जिन क्षुद्र कारणों से है, वह कोई अजेय चीज़ नहीं है। क्योंकि इनके कारण हम जो शब्द, अर्थ, मनुष्य, मुक्ति और न्याय जैसी मूल्यवान बातों के लिए चिन्ता करते हैं—उन्हें नाहक बना देते हैं।

समीक्षा के लिए जिस साहस की आवश्यकता होती है, उसका ह्रास होता जा रहा है। समीक्षा की साहसिकता अपने आप में जोख़िम है। अकेले होने का ख़तरा उठाने के साहस में विश्वास उत्पन्न करना ज़रूरी हो गया है। इधर दूसरों को ध्यान में रखकर समर्थन या विरोध वाली समीक्षा का निरन्तर विकास हुआ है।

'अभिव्यक्ति के ख़तरे उठाने ही होंगे' यह केवल रचना के लिए ही नहीं, समीक्षा के लिए भी उतनी ही मुश्किल किन्तु ज़रूरी चुनौती है।

कविताओं का मंचन

रंगमंच का क्षेत्र बहुत ही विस्तृत और सम्भावना पूर्ण है। हमारे समय में मंच की इस सम्भावना को निरन्तर व्यापक बनाने का प्रयत्न किया जा रहा है। इसी चेष्टा का एक सुखद परिणाम मंच पर कविता का पुनर्वास भी है। वैसे भी रंगमंच अब अपनी सक्रियता और ज़रूरत के लिए सिर्फ़ नाटकों और नाटककारों पर निर्भर नहीं हैं। इम्प्रोवाइज़ेशन नाटककार के बिना भी रंगमंच की कल्पना को मूर्त्त रूप दे रहे हैं। रचनात्मक दुनिया में नाटकेतर भी बहुत कुछ है, जो रंगकर्मियों को आकृष्ट करते हुए चुनौती दे रहा है। कविता या कविताओं का मंचन भी इसी चुनौती को स्वीकार करने का रचनात्मक नतीजा है।

निजी रूप से कविता के मंचन के प्रति मैं अधिक आश्वस्त नहीं हूँ। कतिपय असफल प्रयोगों के अनुभव के कारण भी ऐसा हो सकता है। लगता है यह कविता का विज्ञापन की तरह इस्तेमाल है। यह शब्द की ताक़त में सन्देह प्रकट करने की तरह भी है। मंचन की अपेक्षा कविता के नाटकीय पाठ में मुझे अधिक सम्भावना नज़र आती है। बहुत कम कविताएँ होंगी जिनको लेकर पर्याप्त समय, सोच और प्रयत्न के बाद मंचन के क्षेत्र में कुछ हासिल किया जा सकता है। क्योंकि कविता के बिम्बों को जैसे-जैसे आप आकृति और कोलाज में संयोजित या तब्दील करते जायेंगे, वे अपने संकेतों को रिड्यूस करते जायेंगे। इसलिए ज़रूरी हल्के पार्श्व संगीत पृष्ठभूमि में कोई व्यंजक पेंटिंग और आवाज़ों के सार्थक विविध आयामी प्रयोगों के साथ कविता का पाठ अधिक सार्थक घटना हो सकती है।

फिर भी इसलिए कि हमारे सक्रिय थियेटर इन दिनों इस दिशा में पहल कर रहे हैं, मैंने मंचन की कतिपय सम्भावनाओं पर विचार किया है। यदि थियेटर के निर्देशक या रंगकर्मियों को लगे कि मेरे विचार अनावश्यक हस्तक्षेप की तरह हैं, तो वे इसे केवल कविता का पक्ष ही समझें क्योंकि मैंने उन ख़तरों को विशेष रूप से रेखांकित करने का प्रयास किया है, जो कविता को ही ग़ायब कर सकते हैं।

एक तरह से देखा जाये तो रंगमंच और कविता का सम्बन्ध नाटक परम्परा का अपरिहार्य अंग रहा है। हमारा प्राचीन रंगमंच कविता का विस्तार ही था। शूद्रक के मृच्छकटिक और विशाखदत्त के मुद्राराक्षस में अवश्य ही चरित्रों और वस्तु तत्त्वों को आकृति प्रदान करने की यथार्थपरक कोशिश हुई है। ऐसे अपवादों को छोड़कर हमारे अधिकांश नाटक मनोदशाओं के ही नाटक रहे हैं। प्रत्येक युग रंगमंच की अपनी कविता शैली विकसित करता है। टैगोर ने भी ऐसी ही शैली का आविष्कार किया था। कविता-नाटक-संगीत सबको एक-दूसरे में समाहित करने के प्रयास में उन्हें सफलता भी मिली थी। ब्रेख्त ने भी एक तरह से रंगमंच को यथार्थ और व्यंग्यात्मक स्तर पर समकालीन कविता शैली से सम्पन्न किया है।

कविता और रंगमंच के रिश्ते की पड़ताल में और अधिक न जाकर हम सीधे आज की कोशिशों को अपनी बातचीत का मुद्दा बना सकते हैं। यह माना जाता है कि आज थियेटर अपनी सृजनात्मक स्वायत्तता को अर्जित कर चुका है। उसके हर अंग का सृजनात्मक पक्ष उजागर होता जा रहा है। अतः रंगकर्म के प्रति समर्पित प्रतिभाओं के लिए अनेकायामी प्रयोगों की कल्पना अप्रत्याशित नहीं है। रंगमंच और अन्य कलाओं के अपरिहार्य आन्तरिक सम्बन्धों का इतिहास बहुत पुराना है। किन्तु अब इन अन्तःसम्बन्धों का नवीनीकरण भी हो रहा है। काव्यनाटक के आधुनिक दृष्टान्त तो हमारे सामने हैं ही, किन्तु इससे भी आगे कविताओं के मंचन ने एक नयी सक्रियता उत्पन्न की है। इस सन्दर्भ में टेब्लों का स्मरण अनावश्यक नहीं होगा। प्रभावशाली कविताओं के पार्श्व-गायन के साथ मंच पर कभी निश्चेष्ट झाँकी, कभी स्तम्भित आकृतियों या कभी शान्त धीमी गतियों के सहारे उनके केन्द्रीय-प्रभाव को उभारने का प्रयत्न होता रहा है। पर इसका प्रभाव चकित करने के क्षण तक ही सीमित रहता आया है।

आज रंगमंच सृजनात्मक-कल्पनाओं और तकनीकी युक्तियों से बहुत सम्पन्न हो चुका है। अतः कविता के मंचन का प्रयोजन, उसका फॉर्म और विधियाँ समकालीन सन्दर्भों में विशेष अर्थ रखती हैं। यहीं इस चर्चा के समस्या क्षेत्र को भी स्पष्ट कर देना आवश्यक है। हम इक्कीसवीं शताब्दी में पहुँच चुके हैं और हम सृजनात्मक अनुभवों के चाहे किसी भी क्षेत्र में काम कर रहे हों, हमारी समाज-जीवन परक चिन्ताएँ भिन्न नहीं हैं। इसलिए हमें ज्ञात होना चाहिए कि मानवीय अनुभवों से खिलवाड़ करने अथवा विशिष्ट जनों की दुनिया में मनोरंजन की दुकान खोलने से भिन्न हमारे कुछ इरादे हैं। इसलिए यहाँ मैं जिन कविताओं के मंचन की समस्या को रेखांकित करने का प्रयत्न कर रहा हूँ, स्पष्ट है कि वे समकालीन कविताएँ हैं

और जिस थियेटर के सन्दर्भ में उसका ज़िक्र कर रहा हूँ वह रंगकर्म का एकान्तिक रोमांटिक टापू भी नहीं है।

सबसे पहले मैं इसी प्रारम्भिक बात को स्पष्ट करना चाहूँगा कि कविता के मंचन का इरादा क्यों? वे कौन-सी प्रेरणाएँ हैं जो कि निर्देशक को कविताओं के निकट लाती हैं।

एक वयस्क निर्देशक ने अपनी एक काव्य प्रस्तुति के बाद कहा था कि वे हिन्दी रंगमंच के फॉर्म का आविष्कार करते हुए कविता का उपयोग कर रहे थे। यह एक भ्रामक स्थिति है। 'हिन्दी रंगमंच की खोज' जैसे मुहावरों को मैं शक की निगाह से देखता हूँ। थियेटर या कलाओं की स्वायत्तता की ही तरह जो रंगमंच जैसी भ्रान्त धारणाओं को पुष्ट करते हैं। क्योंकि थियेटर और कलाएँ समानान्तर संसार होते हुए भी अपने अन्तिम निष्कर्ष में माध्यम से अधिक नहीं बचे रहते हैं। मुझे यह बात समझ में आ सकती है कि निर्देशक नये अनुभवों का सामना और नाटकीय साहसिकता के लिए कविताओं के मंचन का इरादा करता है। यह समूचे थियेटर के लिए भी एक रचनात्मक एडवेंचर हो सकता है। फिर भी यहाँ एक प्रश्न उठता ही है कि उसका अप्रोच क्या है? जिसमें उसका प्रयोजन भी निहित है। थियेटर में कविता यानी एक तरह से यह कविता को दूसरे स्थान पर बसाने की ही तरह होगा। अब आप मंचन को अधिक प्रमुखता देना चाहते हैं या पाठ को? मज्झिम निकाय की सम्भावना होते हुए भी यह एक विवादास्पद मुद्दा ही हो सकता है। मेरा यह मत है कि यदि निर्देशक कविता के संसार, उसकी संरचना और उसमें निहित अर्थ के ऐश्वर्य से अपरिचित है तो वह मंचन ही को फोकस में रखेगा और कविता को उपकरण की तरह इस्तेमाल करेगा। किन्तु ऐसे निर्देशक के लिए मैं यही कहना चाहूँगा कि वे कविता को अपनी जगह रहने दें और जिन विधाओं में अधिक गुंजाइश हो, उनका उपयोग करें। कविता के मंचन का उद्देश्य स्पष्ट होना चाहिए। कविता, भाषा और मानवीय अनुभवों की प्रतीकात्मक दुनिया है। या तो उसका छपे शब्दों के बीच एकान्तिक वाचन होता है अथवा सामूहिक श्रवण। आँखों की अपेक्षा कानों की संवेदनशीलता अधिक होती है। छपे शब्दों की भी अपनी सीमाएँ हैं। रंगमंच इस प्रतीकात्मक दुनिया को एक साथ चाक्षुष एवं श्रवणेन्द्रियों से जोड़कर घटना में रूपान्तरित करते हुए प्रभावोत्पादक ढंग से अधिक स्पष्ट और सम्प्रेषणीय बना सकता है। कविता शब्दों का संसार अवश्य है किन्तु साहित्य में कविता ही ऐसी विधा है, जिसमें शब्दों का अतिरिक्त अर्थ बहुत अधिक होता है। वह अनुभव, यथार्थ, स्मृति, कल्पना और स्वप्नों की सांकेतिक बुनावट

के साथ ही द्वन्द्व, तनाव, व्यंग्य और यातना की विस्फोटक दुनिया भी है। रंगमंच इस अतिरिक्त अर्थ को चौपट भी कर सकता है और अपनी क्षमताओं-युक्तियों के ज़रिये उसे सार्वजनिक विस्तार भी प्रदान कर सकता है। कविता के शब्द सदैव पारदर्शी नहीं होते। उन्हें वैसा ही दृश्य बनाना पर्याप्त नहीं होगा। कविता के स्रोत, व्यंग्य और उसके इतिहास को रंगमंच के समय और स्थान में खोलना ही कविता के मंचन का औचित्य हो सकता है। कविता किसी-न-किसी रूप में यथार्थ का अमूर्तन करती है। इस स्थिति को मंचन और अधिक अमूर्तन में उलझाकर गड्डमड्ड ही कर सकता है। इसलिए मंचन का प्रयोजन कविता के शब्दों, बिम्बों और प्रतीकों को पारदर्शी, खुरदरा, यथार्थपरक और उसके उद्‌गम के पठार पर नग्न करना ही होना चाहिए। इसी से सुनने और देखने के बीच तनाव उत्पन्न हो सकेगा और कविता का अर्थ विस्तार पा सकेगा।

इस सुनिश्चय के पश्चात् कविता या कविताओं के चयन का प्रश्न उठता है। इसकी सम्भावनाएँ अनेक हैं—

—किसी एक थीम के चतुर्दिक अनेक कवियों की कविताओं के अंशों से स्क्रिप्ट तैयार करना।

—किसी एक ही स्वतन्त्र कविता का चयन।

—एक ही कवि की कविताओं के अंशों से निश्चित थीम के आधार पर अंशों का संकलन।

—एक ही कवि के कविता संसार को केन्द्र में रखते हुए उसके काव्येत्तर सृजन (कहानी, डायरी, उपन्यास) का भी इस्तेमाल करते हुए स्क्रिप्ट का सम्पादन।

ये सम्भावनाएँ यहीं पर ही नहीं समाप्त हो जातीं, अनेक कोणों से इन पर विचार किया जा सकता है।

स्क्रिप्ट ऐसे तैयार की जाये कि वह कविता के संसार और कवियों की आकांक्षाओं का सही और सार्थक दस्तावेज़ बन सके। यदि मकसद स्पष्ट है और रचनात्मक प्रयोग की आकांक्षा से जुड़ा हुआ है, तो भी यह आवश्यक है कि प्रस्तोता या निर्देशक में कविता के लिए अन्तर्दृष्टि हो। तब भी कवि या कवि-कर्म से सम्बद्ध साथियों से केन्द्रीय थीम तथा अंशों के चयन के सम्बन्ध में सहयोग लेना अनुचित नहीं होगा। यह एक सामूहिक सृजनात्मक अभियान है।

अब कविता के प्रस्तुतिकरण का सक्रिय और व्यावहारिक प्रश्न महत्त्वपूर्ण है। निर्देशक की आकांक्षा, कल्पना और सूझबूझ से स्क्रिप्ट की तैयारी के दौरान ही प्रस्तुतिकरण का प्रारूप आकार प्राप्त करने लगता है। अब चूँकि कविता के सम्प्रेषण

की समस्या कुछ भिन्न है। यह अन्य मंचनों की अपेक्षा विभक्त और एकांकी प्रयत्नों से पृथक् एक संश्लिष्ट अनुभव और कई अर्थों में अमूर्त वस्तु को अधिकतम विस्तार और गहराई देने की कोशिश है। इसलिए आवश्यक है कि रंगकर्म से सम्बद्ध प्रत्येक व्यक्ति सामूहिक रूप से कविता के भीतरी और समग्र स्वर से परिचित हो जाये। सभी पात्रों को केवल अपनी ही भूमिका या सम्पूर्ण स्क्रिप्ट से भी आगे कवि के समस्त मनोजगत् से परिचित होना अत्यन्त आवश्यक है। कविता का भीतरी और समग्र टोन जब तक संश्लिष्ट रूप से आत्मसात् नहीं होगा कविता को प्रकट नहीं किया जा सकेगा। क्योंकि काव्य प्रस्तुति में हम कविता को ड्रामा बनाकर नहीं, कविता को ही प्रस्तुत कर रहे होते हैं। इस नाज़ुक अन्तर को नज़रअन्दाज़ कर देने से काफ़ी गड़बड़ हो सकती है।

हैदराबाद ग्रुप ने टी.एस. इलियट के 'वेस्ट लैंड' की प्रस्तुति के दौरान कविता के शब्दों को बहुत महत्त्व दिया था, जबकि मुक्तिबोध की कविता 'अँधेरे में' के मंचन के दौरान विजय सोनी ने पात्रों की गति, मुद्रा, भंगिमा, संयोजन आदि के द्वारा कम-से-कम शब्दों का इस्तेमाल करते हुए कविता की भीतरी दुनिया को प्रत्यक्ष किया था। यद्यपि इस प्रदर्शन में उद्वेलित करने की क्षमता अवश्य थी, किन्तु शब्दों के प्रति लगभग अन्यमनस्कता से कविता अनुपस्थित हो गयी थी। किसी और तनावपूर्ण शीर्षक से भी उस प्रदर्शन का कदाचित वही प्रभाव पड़ता। हमें इस बात पर अवश्य गम्भीरता से विचार करना चाहिए कि जिस पाठ का हम प्रदर्शन करना चाहते हैं वह इतना और इस तरह से अदृश्य न हो जाये कि उसका होना दीग़र चीज़ों के लिए औपचारिकता मात्र रह जाये। क्योंकि थियेटर के प्रदर्शन के लिए वैसे तो कुछ भी हो सकता है :

Anything exciting that happens in a darkended auditorium on a lit stage lactures, tub-thumping dance, mime, what ever.

—Kenneth Tynan

इसलिए प्रदर्शन के दौरान कविता की पंक्तियों और शब्दों का क्या स्थान रेंज और गहराई होगी तथा उसका रंगभूमि के दृश्य, संयोजन, गति अथवा पात्रों की निश्चेष्ट भावदशा के साथ किस प्रकार का तालमेल होगा इसका समायोजन सर्वाधिक महत्त्वपूर्ण चीज़ है। इसी प्रकार सूत्रधार, वाचक, अन्य पात्र, नेपथ्य तथा संगीत के प्रभावों का आनुपातिक सामंजस्य भी प्रदर्शन की सार्थक सफलता के नियामक तत्त्व होंगे।

रंगभूमि पर सूत्रधार के अतिरिक्त कविता के वाचक (चरितनायक, मैं, वह, तुम आदि कोई भी) की उपस्थिति मुझे आवश्यक लगती है। वह सूत्रधार की भाँति

अधिक तटस्थ और पृथक् न होकर कवि के Persona का प्रतीक होना चाहिए। वही प्रदर्शन की मूल संवेदना अथवा केन्द्रीय तनाव के सर्वाधिक चमकते हुए पठार पर स्क्रिप्ट के सर्वाधिक महत्त्वपूर्ण अंशों का उद्गाता होगा। शेष अवधि में यह कविता के पक्ष के अनुरूप निश्चेष्ट और कभी-कभी गतिशील किन्तु मूक प्रतिक्रिया देता रह सकता है। दरअसल उसे रंगभूमि पर से बीच-बीच में टार्च की तरह सर्वाधिक महत्त्वपूर्ण अंशों पर रोशनी डालने के दायित्व का निर्वाह करना होगा। कविता के भीतर के अनुभवों और जटिल अन्तःसम्बन्धों को कविता के वाचक की दृष्टि से अधिक स्पष्ट और विशद् किये बिना कविता के आन्तरिक व्यंग्य और द्वन्द्व को खोलना और प्रभावोत्पादक विस्तार देना असम्भव ही होगा। कविता की पंक्तियाँ यदि निरन्तर नेपथ्य से ही कही जायेंगी और रंगभूमि पर निश्चेष्ट दृश्य होगा तो इससे शीघ्र ही एकरसता की स्थिति उत्पन्न हो जायेगी। इसलिए शब्दों को स्वर देने के स्थानों में परिवर्तन ज़रूरी होगा। वाचक के अतिरिक्त पात्र भी कविता पंक्तियों को संवाद की तरह बोल सकते हैं। कुछ कविता पंक्तियों को तोड़कर गद्यवत भी बनाने से अधिक सहजता की स्थिति उत्पन्न की जा सकती है। पंक्तियों का सामूहिक और भिन्न-भिन्न आवाज़ों में वाचन भी अनेक दृष्टि से महत्त्वपूर्ण होगा। रघुवीर सहाय और श्याम परमार की कविताओं के मंचन देखने के बाद जो अनुभव मुझे हुआ वह अजीब था। समूची रंगभूमि पात्रों की भीड़ और तेज़ी से गुज़रते दृश्यों और संयोजनों से पाट दी गयी थी। रंगमंचीय उपकरणों को दी गयी अतिशय प्राथमिकता ने कविता को ग़ायब कर दिया था। ऐसे प्रेक्षागृह में केवल रंगकर्म प्रेक्षकों से टकराता है और कविता के विस्तार अथवा आयाम प्राप्त करने का प्रश्न ही नहीं उठता। प्रेक्षकों के लिए यह सब कुछ उबाने और थकाने वाला होता है। इससे अधिक कष्टप्रद होता है निरर्थकता के अहसास को छिपाते हुए जाते-जाते इतने सब ताम-झाम और कम समय में सब कुछ निपटा देने के लिए आयोजकों, निर्देशकों और पात्रों को बधाई इत्यादि देना।

जहाँ तक मैं समझ पाया हूँ, कविता का मंचन एक ख़ास क़िस्म की सादगी और गम्भीरता की माँग करता है। उसे हम जितना अनावश्यक रंगमंचीय ताम-झाम से बचायेंगे, कविता और शब्द की रक्षा होगी। सिर्फ़ इतना ही नहीं होगा, इससे दर्शकों को भी अवकाश मिलेगा। उन्हें भौचक्का करने के लिए थियेटर की आवश्यकता के दिन अब नहीं हैं। वे सोच सकें, देख सकें और कविता के भीतर के यथार्थ को नाटकीय बिम्बों-प्रतीकों और रोशनी-अँधेरे के बीच ज़्यादा पहचान दें, आख़िर हम यही तो चाहेंगे। इसीलिए केवल थीम और प्रदर्शन के प्रति ही

नहीं बल्कि दर्शकों की मानसिकता के प्रति भी यथार्थवादी दृष्टिकोण को ध्यान में रखना ही होगा। इसी यथार्थवादी दृष्टिकोण के अन्तर्गत कविता की भाषा के नाटकोपयुक्त प्रयोग का भी प्रश्न उठता है। इस सन्दर्भ में हमारी कविता की भाषा बोली हुई भाषा से ज़्यादा दूर नहीं है। पंक्तियों के वाचन में विविध विधियों की मदद लेकर उसे प्रभावी बनाया जा सकता है। शब्द पर भरोसा रखे बग़ैर सारी चीज़ें स्खलित हो सकती हैं।

संगीत प्रभाव के सम्बन्ध में भी उस मेनिया से मुक्त होने की ज़रूरत है कि लगातार कुछ-न-कुछ बजते ही रहना चाहिए। उपकरणों का इस्तेमाल तो कोई भी कर सकता है। किन्तु कब, कितना और कैसे का अज्ञान संवेदनाओं की वक्र रेखाओं और आवाज़ की गहराई को कूड़ा बना सकता है। टेप रिकॉर्डर का उपयोग इस प्रसंग में मुझे सर्वाधिक त्याज्य प्रतीत हुआ है। जिन चीज़ों का असर सिनेमा नष्ट कर चुका है, उसका रंगमंच द्वारा इस्तेमाल भयावह चीज़ ही होगी। यथास्थान आवश्यक ध्वनि प्रभावों और संगीत के हलके स्पर्शों से कविता की संवेदना को नुकीला और प्रभाव को प्रगाढ़ बनाना एक भिन्न और आवश्यक चीज़ हो सकती है किन्तु संगीत और ध्वनियों की बाढ़ में शब्दों को बहा देना ज़्यादती ही होती है।

कविता के मंचन के प्रति पिछले दिनों उत्साह लगातार दिख रहा है। पर उत्साह के पीछे कोई दृष्टि और प्रयोजन नहीं है। हमारे पीछे रंगमंच की सार्थक परम्परा और अतीत है। हमारे आसपास लोक-नाट्य के जीवन्त नमूने हैं। पश्चिम के रंगमंच के ताज़े और व्यापक अनुभव हैं। इसलिए पाठ और प्रेक्षक समुदाय को दृष्टि में रखकर निर्देशक की कल्पना और सूझबूझ से सम्प्रेष्य फॉर्म को प्राप्त करने में कोई सैद्धान्तिक और व्यावहारिक कठिनाई नहीं होनी चाहिए। और इसे ही तूल देकर समस्त कोशिशों को इसी के लिए दाँव पर लगाना भी असंगत जान पड़ता है। समस्त कलात्मक प्रयत्नों की जड़ें सामाजिक गतिशील ढाँचे के आधारों में ही होती हैं और अन्त में ये कोशिशें उसी पर रिएक्ट भी करती हैं। इसलिए ज़रूरत के अनुसार एक ही स्क्रिप्ट को भिन्न-भिन्न शैलियों में प्रदर्शित कर सकने की तत्परता और कल्पनाशीलता मुश्किल नहीं होना चाहिए। हम क़स्बाई रंगमंच की दुहाई देते हुए भी रंगकर्म वैसा ही करते हैं, जैसा हम चाहते हैं यानी सिर्फ़ मुट्ठी भर लोगों के लिए। इस दृष्टि से सचमुच हमारे दृष्टिकोण को व्यावहारिक स्तर पर भी यथार्थवादी बनाना ज़रूरी है। यह रंगकर्म के दम्भ के चलते असम्भव है। दम्भ के चलते समारोह, कवि की जयन्ती या पुण्यतिथि अथवा जीवित आगमन पर 24 या 12 घण्टे में सब कुछ तैयार कर लेंगे। पर इससे कुछ भी प्राप्त नहीं होगा।

रंगकर्म और पाठ के प्रति विनम्रता और समर्पण के बिना कोई प्रदर्शन दर्शकों से उस तरह कदापि नहीं जुड़ सकता, जिस तरह जुड़ने का दम्भ किया जाता है। रंगकर्म, कविता और दर्शकों के प्रति यह विनम्रता एक ऐसी प्रतिबद्धता है, जिसके होने पर निर्देशक, पात्र और प्रेक्षक जनों के लिए रचनात्मक और नाटकीय अनुभवों के बीच कविता को अपार सम्भावनाओं के साथ पाना असम्भव नहीं होगा। और ऐसा होने पर हमारे समय की यातनाओं के बीच मानवीय प्रयत्नों के बारे में पृथक् से और कुछ कहने की ज़रूरत नहीं पड़ेगी।

अपने वक़्त की चुनौतियाँ

समकालीन सन्दर्भ और बुद्धिजीवी

मुझे यह कहते हुए कोई संकोच नहीं है कि समकालीन सन्दर्भों को परिभाषित करना बहुत कठिन कर्म है क्योंकि परिस्थितियाँ और वक़्त के दबावों की काठी इकहरी कदापि नहीं है। वह इतनी जटिल और अनेकायामी है कि एक जगह या अनेक जगहों से भी उसे समग्रता के साथ उजागर करना आसान नहीं है। इसका कारण अनेक चीज़ों का एक-दूसरे से अपरिहार्य हस्तक्षेप भी है। या यूँ कि भूख और संस्कृति को हम कितना जुदा समझ सकते हैं, किन्तु हम जानते हैं कि इनमें कितना गहरा अन्तःसम्बन्ध है। जहाँ भूख संस्कृति की दुश्मन है, वहीं वह मानवीयता के चेहरे को भी विकृत करती है। इसी तरह बुर्जुआ सम्पन्नता जहाँ भूखों की दुनिया के प्रति अमानवीय है, वहीं संस्कृति को बाज़ारू, सतही और वस्तु बनाकर छोड़ने में भी कसर नहीं रखती है। इस अन्तर्विरोध को आसान संज्ञा देना कितना कठिन है।

फिर भी हमें उन परिस्थितियों को मूर्त बनाना ही होगा जो भारतीय समाज, जीवन और मनुष्य की गरिमा के समक्ष भारतीयता और आधुनिकता तथा राजनीति और संस्कृति के द्वन्द्वात्मक तनावों के बीच अनेक संकटों को उत्पन्न किये हैं। स्वतन्त्रता के बाद से लेकर आज तक का हमारा इतिहास और वर्तमान को देखने पर ऐसा नहीं है कि उपलब्धियों के शिखर और गौरव के क्षण नज़र नहीं आते। सामाजिक जीवन में अनेक उथल-पुथल हुईं हैं। शोषित और उपेक्षित या वंचितों में से कइयों को हम अग्रिम पंक्ति में देख सकते हैं। सड़कों-बिजलियों के खम्भों की तरह ही स्कूलों-अस्पतालों-डाकघरों का दूरस्थ क्षेत्रों तक में जाल बिछ गया है। हम अभी इस बात पर नहीं सोच रहे कि स्कूलों में अध्यापक क्या कर रहे हैं या डॉक्टरों का सार्वजनिक चरित्र क्या है? कैसी शिक्षा या कैसी दवाई या सुविधाओं का अधिकांश किसकी जेब में। औसत भारतीय की क्रय-क्षमता बढ़ी है—उसकी व्यावहारिक समझ भी बढ़ी है। पर इसमें से अधिकांश उतना ही है, जितना एक विकासशील देश के और वह भी भारतवर्ष जैसे महान देश के 28-29 वर्षों के इतिहास में घसीटते-घसीटते भी हो ही जाता है।

तो फिर हमारे समक्ष बुनियादी, ठोस और मूर्त समस्याएँ क्या हैं? राजनीति के सम्बन्ध में अधिक कहने का अवकाश नहीं है। फिर भी यह कहने की अनिवार्यता है कि विगत वर्षों में राजनीति के प्रदूषण ने हमारे समाज के सार्वजनिक और निजी चरित्र वाले क्षेत्रों को बहुत क्षति पहुँचाई है। इस प्रदूषित आबोहवा में एक तथाकथित राजनीतिक बुद्धिजीवियों का तबका भी बड़े पैमाने पर पनपा, जिसकी सार्थकता मौसम निर्माताओं के रूप में नहीं होकर फ़सल चुराने वालों के रूप में चरितार्थ हुई है।

शिक्षा और अख़बारों की भूमिका के बावजूद अभी तक इस देश का जन समुदाय सामाजिक-सत्य और सामाजिक न्याय को समझने में असमर्थ है। यह नाना ढंगों से रूढ़ियों, अशिक्षा, अज्ञान और अवैज्ञानिक विश्वासों की अँधेरी दुनिया में भटक रहा है। हमेशा जन समुदाय को मिथकों से पराजित किया जाता रहा है। पुरातन मिथक, आधुनिक मिथक, सम्पन्नता के मिथक, दायित्व में मिथक, प्रगति के मिथक, उदाहरण के तौर पर एक युवा शक्ति का मिथक कितना दोहराया गया है। इसी प्रकार धार्मिक पुनरुत्थान के अनेक मिथकों को हम पर नितान्त अधार्मिक ढंग से थोप दिया जाता है। और यह उस तरह होता है कि जब हम समकालीन जीवन के किसी हादसे के नीचे दबे होते हैं। हमें कहा जाता है कि देखो वह कोई वज़न नहीं है—यह देखो मानस शताब्दी में राम का तेजस्वी मुखमण्डल—अब यह है शिवाजी घोड़े पर सवार, ये महावीर स्वामी 20वीं शताब्दी की यातना के चिकित्सक। यह बाइस्कोप हम देखते रहते हैं और भूल जाते हैं असंख्य प्राथमिक स्कूलों के बच्चों को जिनके पास साबुत स्लेट नहीं, जो फटी कमीज़ के सहारे टाट के टुकड़े लेकर पढ़ने जाते हैं। धार्मिक पुनरुत्थान की कोशिश को अनेक महात्मा-नामी पन्थों की बढ़ती हुई गतिविधियों में समझा जा सकता है।

इसी तरह संस्कृति का भी प्रश्न है और बहुत महत्त्वपूर्ण है। संस्कृति में शिक्षा, भाषा, साहित्य-कला-संगीत, धर्म और राजनीति तक का समावेश है। संस्कृति किसी जातीय जीवन की प्रतीकात्मक दुनिया है। सिनेमा, आकाशवाणी और अब टेलीविज़न संस्कृति को प्रभावित करने वाले तथा अभिव्यक्ति देने वाले जन माध्यम हैं। अख़बार भी हैं, किन्तु शिक्षा का अभी भी जो औसत है वह हमसे छिपा नहीं है। विश्वविद्यालयों और शिक्षाविदों का चरित्र, पत्रकारों की महत्त्वाकांक्षाएँ इस महादेश की जातीय आकांक्षाओं से किस तरह कटी हुई हैं, वह भी प्रकट है। इस तरह एक 'भोंदू-बकस' की भाँति हमारी सांस्कृतिक चेष्टाओं का परिदृश्य है, जिसने हमारी प्रतीकात्मक दुनिया को विद्रूप कर दिया है। भारतीयता और आधुनिकता, शहरीकरण, विदेशीपन आदि भी प्रश्न हैं, जो इससे जुड़े हैं।

यही वह ढाँचा है जिस पर बुद्धिजीवी को अपने ढंग से रि-एक्ट करना होता है। हमारे देश में झूठे सिद्धान्तवादी, धार्मिक जादूगरों और अवसरवादी पण्डितों का एक वर्ग है जो किसी-न-किसी शक्ति-पीठ से जुड़कर यथास्थितिवाद का सम्मोहन बन्द रखना चाहता है। बुद्धिजीवी की सामाजिक भूमिका इसी सम्मोहन और परिदृश्य के सांस्कृतिक छद्म को तोड़ने की दृष्टि से अहम है। बुद्धिजीवियों का प्रशिक्षण नहीं होता, उनकी फैक्ट्री नहीं है, वे समाज सुधारक की तरह नहीं किन्तु सामाजिक दबावों की अनिवार्यता में सोचते हुए चीज़ों का वैज्ञानिक विश्लेषण करते हुए प्रतिबद्ध हो जाते हैं मानवीयता, सत्य और स्वतन्त्रता के लिए। मानवीयता सूक्ष्म या भावात्मक नहीं जो व्यक्ति, मनुष्य और सामूहिक मानव को केन्द्रीय स्थिति मानती है। सत्य वह नहीं जो किताबों या पण्डितों की दुकानों से उधार लिया गया हो, वह जो ऐतिहासिक समय-चक्र के साथ भीतर से पैदा होता है। स्वतन्त्रता, जिसके सम्बन्ध में यही कहना पर्याप्त होगा कि वह अस्तित्व और जीवन का सबसे बड़ा नैतिक प्रतिमान है। बुद्धिजीवी का मस्तिष्क वैज्ञानिक ढंग से आलोचनात्मक, ऐतिहासिक आधार पर चिन्तन-परक और बुनियादी तौर से रचनात्मक होता है।

हमारे देश में बुद्धिजीवी हैं या नहीं हैं, और हैं तो किस कोटि के, यह एक विचारणीय मुद्दा है। सार्त्र ने अंग्रेज़ बुद्धिजीवियों की पृथक् और उदासीन मनोवृत्ति पर गहरा आश्चर्य और लेवी स्त्रास ने बुद्धिजीवियों के जन-प्रवाह से कटते जाने की स्थिति पर चिन्ता प्रकट की है।

हमारे देश में भी स्थिति कमोबेश यही है। फ्रांस के बुद्धिजीवियों की हिस्सेदारी और घटनाओं के प्रति चिन्ता अपने में एक दृष्टान्त है।

हमारे यहाँ का सबसे शोचनीय दृश्य वैज्ञानिक बुद्धिजीवियों का है, जो संस्कृति और जीवन के प्रश्नों से नितान्त विमुख-पृथक् टापू में रहते हैं। यह वहाँ तक ठीक होता, जहाँ वे किसी अनुसन्धान में व्यस्त रहते। किन्तु यह हमारे यहाँ सामान्य प्रवृत्ति है। इसका सबसे बड़ा ख़तरा यह है कि ऐसे वैज्ञानिक अपनी ही तरह की जड़ पीढ़ी को तैयार करते रहते हैं। बुद्धिजीवी के समक्ष प्रवाहित जीवन से विमुख होने के अतिरिक्त और दो ख़तरे हैं—एक शक्ति-पीठ का प्रलोभन और दूसरा वर्ग संक्रमण का मोह। इन स्थितियों में बुद्धिजीवी अपनी स्वतन्त्रता को दाँव पर लगा देता है। आत्म-समर्पण के बाद बुद्धिजीवी शक्ति-पीठ का प्रवक्ता व एजेंट बन जाता है। फिर वह समाज का अन्तःकरण नहीं रह सकता।

हमारे समाज व जीवन में वे समस्त अन्तर्विरोध हैं, ज़ो बुद्धिजीवियों को उत्तेजित करते हैं। रचनाधर्मी बुद्धिजीवियों के सृजन और चिन्तन में इसकी अभिव्यक्ति भी हुई है, किन्तु वहाँ भी एक खाई है। यद्यपि समकालीन होने के लिए भारतीयता और

अभारतीयता का प्रश्न उतना महत्त्वपूर्ण नहीं है क्योंकि सत्य या नियति को भूगोल से परिभाषित नहीं किया जा सकता। किन्तु फिर भी जातीय स्मृतियों और सन्दर्भों से कटकर हम जी नहीं सकते। हमारी होड़ पश्चिम से कभी नहीं हो सकती। किसी भी दूसरे से होड़ करते हुए हम अपने व्यक्तित्व और चेहरे तक को भूल सकते हैं। वास्तविक होड़ तो अपने आप से होती है, तभी हम अतिक्रमण करते हैं। यही आत्म-स्पर्धा से परिचालित अतिक्रमण इतिहास की गति और संस्कृति की रचना है। बुद्धिजीवी संस्कृति के छद्म को तोड़ता है, संस्कृति की रक्षा करता है, उसे रचाता-बसाता हुआ जीवन में रूपायित करता है।

ईश्वर को छोड़कर कुछ नहीं है, जिसे समझा नहीं जा सकता। और ईश्वर को समझने की आवश्यकता के दिन गये। बरदाश्त करते रहने की दयनीय विवशता और सहिष्णुता कहना कठिन है। औचित्य और विवेक की कसौटी को फेंक कर कहे जाने, मानते रहना, दिये को होते रहना, प्रसारित को सत्य समझना—दिखाई पड़ता हुआ यथार्थ हो सकता है। अहंकार और साज़िश के लिए विनय और सौम्यता के मुख को ख़रीदने दूर नहीं जाना पड़ता। ये सब स्थितियाँ ख़तरनाक हैं क्योंकि यह एक छद्म को पुख़्ता करती हैं। उस झूठी दुनिया के लिए जो बाहर से नागरिकशास्त्र में वर्णित मनुष्य का चेहरा दिखाती हैं, पर जिसके भीतर अपमान, अवज्ञा और दासता की यातना छटपटाती रहती है।

इस सबके सन्दर्भ में भारतीय बुद्धिजीवी भले ही संख्या में कम हों, चिन्तित हैं। यह सही है कि बुद्धिजीवी क्रान्ति नहीं कर सकते पर वे अपनी चिन्ता से मनोविन्यास करते हैं। सन्नाटा पहले शब्द से टूटता है, बाद में किसी और चीज़ से। शब्दों में हमें आस्था रखनी ही पड़ेगी क्योंकि इनको खोकर क्या भौंकना हम पसन्द करेंगे?

विचारों की भ्रूणहत्या का बुलडोज़र समय

लगभग चालीस साल पहले आठ ग्रह मिलकर एक साथ हड़कम्प मचाने की योजना बना चुके थे। उनका निशाना सिर्फ़ भारतवर्ष था और यहाँ के आस्थावान लोग। हड़कम्प यानी प्रलय अर्थात् महातबाही की डोंडी भविष्य विक्रेताओं ने पीटी थी। इस बहुत बड़ी आसमानी-सुलतानी से हम बच गये। भजन-पूजन-यज्ञ-हवन-तन्त्र-मन्त्र ने हमारे आस्थावान समुदाय को बचा लिया। सूखा-बाढ़ आदि प्रकोपों के अवसरों पर भी ऐसे नुस्खे अपनाये जाते हैं।

इन मामलों में परस्पर सत्ता-शत्रुओं पर दोषारोपण और राजनीति करने की गुंजाइश नहीं होती पर आज हमारी धरती घायल है, गंजे पहाड़ों को दिल का दौरा पड़ रहा है, नदियों का हीमोग्लोबिन बहुत कम हो चुका है। सिसकते बंगाल हाँफती दिशाओं की ओर ताक रहे हैं। दूसरी तरफ़ महँगाई, भ्रष्टाचार और पक्षपात के साथ ही नफ़रत फैलाने का भयानक कारोबार और उसके ख़तरनाक रक्तरंजित उत्पादों का व्यापारिक तरीक़े से इस्तेमाल हमारी आँखों के सामने हो रहा है। उत्सवों-समारोहों-उद्घाटनों, हार पहनाने-जूते मारने वाले दृश्यों और तोहफ़े बाँटने वाले कारनामों को हक्का-बक्का होकर देखा जा सकता है।

सवाल उठता है कि जंगलों को बचाने, करोड़ों लोगों की अँधेरी दुनिया में रोशनी लाने, करोड़ों बच्चों के बेहतर लालन-पोषण, उनकी शिक्षा-स्वास्थ्य की चिन्ता के मसलों और गाँवों में औरतों की दिनचर्या को निर्लज्ज स्थितियों से बचाने के लिए महायज्ञ-हवन-पूजन का तमाशा क्यों नहीं खड़ा किया जाता। धनिकों-सत्ताधीशों और बाहुबलियों के घरों, बड़ी पंचायतों की इमारतों के वास्तु दोषों का शमन करने, तोड़फोड़, दिशा परिवर्तन पर लाखों फूँक दिये जाते हैं। लाखों झुग्गी-झोंपड़ियों और इससे अधिक कच्चे घरों के नसीब के बारे में कोई नहीं सोचता? पूरे मुल्क में अन्धविश्वास को विज्ञान का दर्जा मिलता जा रहा है और हथियारों वाली हस्तियों ने इसे अपना हथियार बना लिया है। शिक्षा, धर्म, संस्कृति, संस्थाएँ सब निःस्सहाय ही नहीं,

अपाहिज भी लग रहे हैं। वंचितों-शोषितों-पीड़ितों की यन्त्रणाओं की कन्दराओं से प्रतिध्वनियाँ गूँज रही हैं—विनाश! विनाश!!

यही ऐसा सबकुछ मनमन्थन चल रहा था कि ऊपरवाले के अति सूक्ष्मातिसूक्ष्म माध्यम से परसाई जी की आवाज़ ने बेतरह चौंका दिया—''चन्द्रकान्त तुम चक्रव्यूह रच उसमें फँसे रहते हो। जिस उधेड़बुन में हो वह इमारतों, झुग्गी-झोंपड़ियों का नहीं, मुल्क के वास्तु और नाम की संख्याओं का मामला है।'' मैंने हिम्मत कर पूछा—''परसाई जी! पहले तो आप इन चीज़ों का मखौल बनाते थे, फिर वास्तु तो इमारत का होता है।'' वे ठठाकर हँसे, बोले—''पागल, वो बीती सदी की बातें थीं, तब मैं इन्हें पाखण्ड कहता था। अब भूमण्डलीकरण और उदारवाद के चलते वास्तु दोष का भी विस्तार हो चुका है। महामण्डी में मनुष्य निर्मित समस्याएँ और उनके माथों पर ही समाधान के गण्डे-ताबीज़ सजे हुए हैं।'' मैं समझ गया व्यंग्य पुरुष पाखण्ड धन पाखण्ड बराबर अखण्ड श्रीखण्ड जैसा कुछ कहते चेतावनी दे रहे हैं। चारों तरफ़ से महामारियाँ, बर्ड फ्लू, टीबी, हाथीपाँव, मलेरिया आदि का प्रवेश हो रहा है। ऐसे में मानुष धर्म भी अपने को तरह-तरह के आतंकवादियों से बचाने के लिए दुबक गया है।

बचपन में माँ ने कहा था—दक्खिन की तरफ़ पाँव करके मत सोना, आज जिधर भी पाँव करके सोता हूँ वही दक्खिन दिशा हो जाती है। जनता के साथ विश्वासघात, विचारों की भ्रूणहत्या, विश्वासघातियों पर पुष्पवर्षा। ब्रेख्त की पंक्तियाँ गूँज रही हैं—''जनता सरकार का विश्वास खो चुकी है, अब यही होगा आसान और सरकार के हित में भी कि वह जनता को भंग कर कोई दूसरी चुन ले।''

फिलवक़्त मुट्ठीभर लोगों की जन्नत है यह लोकतन्त्र

सड़कों की बदहाली को लेकर यह मशहूर हो गया कि गड्ढे भरे रास्ते पर सड़क ढूँढ़े नहीं मिलती। मुल्क के बारे में भी कह सकते हैं तन्त्र-यन्त्र-मन्त्र और ईमानदारी के यातायात जाम के बीच लोकतन्त्र का अहसास दुर्लभ होता जा रहा है। यह दुर्भाग्यपूर्ण है कि संगठित लोकतान्त्रिक हिंसा करने पर कहीं रोक नहीं है। तिलक, महात्मा गाँधी, प्रेमचन्द, भगतसिंह आदि के साथ मुल्क के बाशिन्दों ने जिन मूल्यों के लिए संघर्ष किया था, अंग्रेज़ी साम्राज्यवाद से मुक्ति उसका पहला चरण था। भारतीयजन जिनमें दलित, ग़रीब और स्त्रियों वाला असली भारत शामिल है, उनकी पहचान और उत्थान और अधिक महत्त्वपूर्ण था। सामाजिक सुधार पहले या आज़ादी की लड़ाई, यह सवाल भी इसी सन्दर्भ में महाराष्ट्र और बंगाल के कतिपय सुधारकों-विचारकों ने बीसवीं सदी के प्रारम्भ में उठाया था। रवीन्द्रनाथ ठाकुर ने तब कहा था—हमारी समस्या सामाजिक और सांस्कृतिक है, राजनीतिक नहीं।

आज आज़ादी के 59 साल बाद जो भारत हमारे चातुर्दिक है, उसे देखकर भारतेन्दु कैसे विलाप करते, यह कल्पनीय है। महात्मा गाँधी तो धरती फट जा ही कहते। न बनता हमारे सपनों का, किन्तु जैसा बन गया दुःस्वप्नों का, वैसा तो न बनने देते। हमें अपने समाज की इस दुर्घटना का कारण ढूँढ़ना बहुत कठिन है। अव्वल तो यही कि स्वतन्त्रता हासिल करने के बाद जो दूसरा मुक्ति आन्दोलन जारी रखना था, वह स्थगित हो गया। दूसरा सबसे दुःखद यह हुआ कि हमारे कर्णधारों की नैतिकता निरन्तर छीजती गयी। समाज भ्रष्ट राजनीतिक पार्टियों के भ्रान्त कुप्रभावों के अधीन बँटा हुआ है। भारतीय जनमानस को बेचैन करने और चुनौती देने वाला कोई विचार, आदर्श या मार्गदर्शक नहीं है। महज़ भूल-भुलैया में भटकाने वाले दिशा-दृष्टिहीन दल हैं। सत्ता हथियाने के लिए समूचे समाज को रौंद देने तक की हद तक ये जा रहे हैं। सामने ऐसा कुछ या कोई नहीं बचा है, जिसे सम्मान और विश्वास के साथ देखा जा सके।

फिलवक़्त मुट्ठीभर लोगों की जन्नत है यह लोकतन्त्र। इनमें राजनेताओं, पूँजीपतियों, समाज के उच्च भ्रूवर्ग-पेशे के लोगों के साथ ही वर्चस्व पीठ पर बैठे जन और माफिया-ताक़तवर गुंडे-अपराधी और अभिनेता आदि शामिल हैं। आम आदमी की हालत भूमण्डलीकरण के चलते बद से बदतर होती चली गयी है। विपन्नता और समृद्धि के बीच बढ़ती जा रही खाई के कारण अनेक तरह की विकृतियाँ समाज में पनप चुकी हैं। सतह पर आयोजनों, उत्सवों-जलसों और सांस्कृतिक-धार्मिक-सामाजिक अनुष्ठानों की बढ़त और जगमगाहट के बावजूद बहुसंख्यक जनता असुरक्षा अवसाद से ग्रस्त है या फिर राजनीतिक उन्माद से, जिसमें उसका सिर्फ़ इस्तेमाल भर होता है।

आमजन को हर तरफ़ और कई-कई तरह से उपभोक्ता में तब्दील होते देख सिर्फ़ हतप्रभ होने की स्थिति निर्मित हो चुकी है। बेरोज़गारी-ग़रीबी, महँगाई और मिलावट की मार से त्रस्त कुपोषण और रोगों से पीड़ितों के करोड़ों के आँकड़ों पर किसी का ध्यान नहीं। अन्नदाता किसान को प्रलोभन का ऐसा रास्ता दिखाया मुनाफ़े की फ़सल वाली जो तबाही और आत्महत्याओं का बायस बना। कीटनाशकों के ऐसे असर की सब्ज़ियों में चमक और रंगत तो आयी, पर वैसे ही ज़हर जैसे पेप्सीकोला में। राजेन्द्र माथुर ने तीन दशक पूर्व दरिद्रता के महासागर में समृद्धि के टापू का रूपक खड़ा किया, जिसमें विदेशी पूँजी निवेश बहुराष्ट्रीय कम्पनियों के कारण रज्जूबाबू का पुराना रूपक अधिक सम्मोहक और उससे कहीं अधिक मारक होकर भयावह लुभावना रूप धारण कर चुका है। समृद्धि-तरक़्क़ी के छोटे कम क्षेत्र और विशाल आबादी भू-भाग अपनी बदनसीबी के हाल पर वही विस्थापन, ग़रीबी, बेकारी और छाती कुट्टा-आत्महत्या करने की स्याह नियति। चमकते मॉल, छलने वाले विज्ञापन और स्वर्ग से टपके जैसे उत्पाद, ये कितने-कितनों के लिए सुलभ हैं और ये निर्धन इलाकों में ऐसी हीनता और हसरत को एक साथ संक्रामक बनाते हैं, जो हिंसा, प्रतिशोध और अपराध के लिए उत्प्रेरित करती हैं। चाकरी-सेवा टहल करते-करते स्वामीभक्त कैसे एक रात अकेला देख वृद्ध दम्पति को या उनमें से किसी एक को गला रेत-फन्दा डाल ख़त्म कर देता है और क़ीमती सामान लेकर फरार हो जाता है। ग़रीब घर में माँ या बाप को निठल्ला बेटा शराब के लिए पैसे न देने पर मारता है। माँ अपने तीन बच्चों के लिए कुएँ में छलाँग लगाती है। ये एक दिन की या एक जगह की अकेली ख़बर नहीं है। यह हमारे सामाजिक जीवन के विचलन-बिखराव का रोज़नामचा है।

और ऐसे ही परिदृश्य में यश-कीर्ति में लथपथ होने के लिए पाखण्ड और झूठ की हज़ार पहियों वाली सवारी पर चढ़कर परिसर, नगर, देश और विश्व भ्रमण

हेतु हुमसते विभिन्न क्षेत्रों की हमारी विभूतियाँ। अतार्किक-अवैज्ञानिक विचारों को पोषित करते साधु-महन्तों और मोक्ष प्रदाताओं की शाही जीवनशैली, अमृतवाणी की वर्षा और ज्ञानवृष्टि के बावजूद जातिवाद, दलितों की अवमानना, भ्रूण हत्याएँ, बाल श्रमिकों का शोषण, बच्चों के अंगभंग कर माफियाओं द्वारा उन्हें भीख-अपराध और कुव्यसनी की अन्धी गली में ढकेलना। ग़रीबों के लिए दवाखाने, उनके बच्चों के लिए पाठशाला के नाम पर खानापूर्ति का आधी सदी का काला इतिहास। इसके बाद निरीह लोगों को सताना यानी उनका दहशतगर्दी का वर्तमान।

कह सकते हैं यह बेहद निराशावादी और नकारात्मक सोच है। स्वीकार है, क्योंकि इस या उस विचारधारा के पक्षधर पेशेवर स्तम्भकार या विमर्श-उन्मादी का मनमन्थन नहीं है। यह एक आम नागरिक की वेदना है, जो अभागों के नसीब के साथ अपने को नत्थी समझता है और ये सभी जिसके लिए केवल दृश्य या ख़बरभर नहीं है।

यह लोकतन्त्र और भारत के सत्तर करोड़ से अधिक लोगों के लिए बुलडोज़र समय है। यही इस वक़्त का केन्द्रीय अनुभव है। ज़मीन, भाषा, परम्परा, सम्मान, सुरक्षा सबकुछ को नवउपनिवेशवाद विस्थापित कर रहा है। यह ख़तरे की घण्टी और चेतावनी है। विभाजित होकर नहीं, अपनी पहचान, अस्तित्व, गरिमा और भाषा के लिए सचेत एकजुट जनता ही प्रतिकार कर सकती है। हमारा जो बच रहा है, उसे ग़रीब, पिछड़े इलाके और हाशिए के निम्न मध्य वर्ग के लोग ही बचाये हुए हैं। वे ही लोकतन्त्र के प्रहरी साबित होंगे, उनकी ग़फ़लत ही ख़तरनाक सिद्ध हुई है और अन्त में कुछ मुद्दे जिनको लेकर अख़बारों में सम्पादकों और स्तम्भकारों ने लगातार चिन्ता-रोष प्रकट किया है। ये लोकतन्त्र के मौजूदा स्वरूप और जनप्रतिनिधियों के आचरण पर कठोर टिप्पणी की तरह है। एक संसद की दुर्दशा, देश और जनता नहीं, अपनी राजनीति के कारण। दूसरा सूचना के अधिकार में संशोधन कर जनसाधारण के लिए जो उम्मीद बँधी थी, उस पर स्वार्थ का हिमपात। तीसरा लाभ पद के विधेयक का पुनः यथावत् पारित होना। इसने भारतीय राजनीति, महापंचायत से संसद और देश के जनप्रतिनिधियों को बेनकाब कर दिया। स्वार्थ लोभ का अनैतिक लायसेंस हासिल करके पंचों ने अपने को किन-किन की नज़रों से गिरा दिया है, कहना मुश्किल है। इसके पहले भी अपने लिए जो सुविधाएँ हथियाई हैं, वे इस मुल्क के करोड़ों लोगों के जीवन स्तर को देखते हुए लज्जास्पद ही है। साथ में पेट्रोल पम्प, गैस एजेंसी, बसों के परमिट, निजी उद्योगों, पाँच सितारा होटलों में हिस्सेदारी और स्वयं के समाज की पीठ के पीछे कारख़ाने आदि तो इनका जन्मसिद्ध अधिकार जैसा है।

इसके बाद किन्तु कम महत्त्वपूर्ण नहीं बाहरी और भीतरी आतंकवाद, महिलाओं का आरक्षण और शिक्षा में आरक्षण ऐसे सवाल हैं जो आज लोकतन्त्र के समक्ष मुँहबाये खड़े हैं। नौकरशाही के अपने नियम क़ानून राजनेताओं के मुँह होते हैं। यह लोकतन्त्र के मंच का हर ब्रेक के बाद आने वाला दृश्य है। जहाँ विज्ञापन ही क्रान्ति है। सूचना ही विचार है। आभास और भ्रम ही ये सत्य है। इस ख़तरे का मुक़ाबला शब्दों के बूते असम्भव है। एक नये सचेत, तार्किक, देशीजन आन्दोलन के बिना यह सम्भव नहीं है। विचारों का अकाल नहीं है, पर एक लक्ष्य नहीं है। वक़्त के इस बुलडोज़र को रोकना ज़रूरी है।

कैसे करें छिन्न-भिन्न दुःस्वप्नों का घटाटोप

"सबसे ख़तरनाक होता है, सपनों का मर जाना," "बची रहेगी सुन्दरता" या "सत्य कभी पराजित नहीं होता" जैसी पंक्तियाँ और सुभाषित बहुत प्रेरक, आशावादी और ज़रूरी लगते हैं। सही भी है जब तक साँस है, तब तक उम्मीद है। किन्तु हम दशकों से मानव-समाज के लिए देखे गये बड़े-बड़े सपनों को जिनके पगचिह्न हमारे समय, जीवन और धरती पर अंकित हुए, आज मरते हुए देख रहे हैं।

'हमारे समय के स्वप्न?' बहुत विस्तृत है इस पद का इलाका। 'हमारे' में हम कौन-कौन शामिल। अपने समाज का सपना? क्या एक-दो सपने से इसे स्पष्ट कर सकते हैं? एक कवि की हैसियत से मेरे समय का सपना है?

कहाँ से प्रारम्भ करूँ? सपने गढ़े तो नहीं जाते, न ही जानकार पण्डित की तरह सोच-समझ कर अपने को स्वप्नदृष्टा सिद्ध करने की मेरी स्थिति है। क्योंकि धरती पर जड़ों सहित खड़ा हूँ। कितना ही आकाश में सिर खपा लूँ, हर क्षण बुलडोज़र समय का झटका लगता है, इस प्रारम्भ ही में सपने का अन्त।

समय को चाहे काल कह दो, निरन्तर चतुर्दिक बता दो, पर आज सवाल यह है कि कौन काबिज़ है वक़्त पर? कैसे-कैसे, किन-किन इरादों वाले लोगों के हाथों में है अपने-अपने समय के अश्व की लगाम?

कवि भी वैसा तो नहीं जो 'विकास या विनाश'–'मुट्ठी भर लोगों की जन्नत यह समय' जैसे दो कठिन पाटों के बीच से बाहर आ पराये समय में उधार का सपना देखूँ-दिखाऊँ। जबकि मेरे मुल्क के सत्तर करोड़ लोगों को वह कुछ भी नसीब नहीं, जिसके सहारे वे आदमी की तरह सोच-जी-रह सकें। औरतों की ज़िन्दगी साँसत में–बच्चे कुपोषण के शिकार। शिक्षा-अस्पताल-रोज़ी के साधन इनसे बहुत दूर। समानता, सम्मान, सामाजिक न्याय, बुनियादी अधिकार के बदले इनके समय पर अँधेरे और दहशत का पहरा।

मैं किस समय में जाऊँ इस समय को भूल कर जहाँ क़स्बों-गाँवों ही नहीं महानगरों तक में साफ़ पीने का पानी, शौचालय और सुरक्षा नहीं अपने हाशिए पर

पड़े वंचितों के लिए। अभाव और कष्टग्रस्तता के कारण जंगल राज में अपराध और पारिवारिक मारपीट आम बात। किस समय पर इतराऊँ? किस सपने का ध्वज और क्यों फहराऊँ? चतुर्दिक उड़ रहीं क़ानून की धज्जियाँ। दबंगों का ठाठ।

वेंटीलेटर पर लोकतन्त्र। इसे पढ़ पीठासीन-सुखासीन-पदासीन मदमस्त भद्र जनों की सिकुड़ सकती है नाक-भौं। जिन्हें यश-महत्त्व के हाट में अभिनन्दन-वन्दन-विमर्श की उत्सवधर्मी नौटंकी से सेहतमन्द ख़ुराक मिल रही हो।

मज़हब-आस्था विश्वास-नैतिकता आदि जो मनुष्यता के लिए बनते रहे उर्वरक वे सब आज प्रदूषित। संस्कृति-मज़हब के सपने भी करवा रहे क़त्लेआम।

धन-कुबेर बनने के लिए सत्ता-व्यापार-अपराध-सदाचार-मठ आदि के शिखर पर सवार 'महाप्रभु' कर रहे हैं धरती, पेड़, पर्वत, अन्न, वायु, जल और सत्य के साथ भयावह प्रकट-सूक्ष्म भ्रष्टाचार। अन्नदाताओं की आत्महत्या, दलितों-आदिवासियों पर जुल्म-ज़्यादती, विस्थापितों का हाहाकार। मीडिया बढ़ा रहा अपना साम्राज्य, बना रहा बाज़ार और फूहड़ता का दास।

ऐसे सबके बीच बड़े सपने दिखाने वाले भी हैं। पर उनके सपने मुट्ठी भर युवाओं का नशा बनते हैं, कुछ देर के लिए। करोड़ों बाल मज़दूरों और पिछड़ी बड़ी दुनिया के युवा-युवतियाँ किस तरह हाशिए पर नारकीय परिवेश में संघर्ष करते हैं, उनके बीच जायें तो होश काफूर हो जाये उनका।

इस समय का सपना—यदि उसे कहा जा सके सपना—तो इसके सिवा दूसरा नहीं हो सकता कि दुःस्वप्नों के फ़रेब-चक्रव्यूह को कैसे तोड़ा जाये? जब सूचना ही शान, झूठ ही सच का समय यह तो सपने के लिए क्या कहूँ? जबकि मेरे सामने है प्रश्न/क्या होगा कहाँ किस भाँति,/मेरे देश भारत में,/पुरानी हाय में से/किस तरह से आग भभकेगी,/... और समस्या एक/मेरे सभ्य नगरों और ग्रामों में/सभी मानव/सुखी, सुन्दर व शोषण-मुक्त कब होंगे? (मुक्तिबोध, पचास वर्ष पूर्व)।

इन दुःस्वप्नों के फ़रेब और चक्रव्यूह को तोड़ने की कोशिश में जुटे हैं गिने-चुने लोग। किन्तु कब-कैसे होगा कि—

जैसे हवा में छिपी हुई हवा से
वैसे ही लोगों में छिपे हुए लोगों से
जैसे आँधी
वैसे ही लोगों का सैलाब
सचमुच जून की इस आँधी की तरह ही
उठेंगे करोड़ों लोग एक दिन।

दिन-रात हम शामिल एक युद्ध में

जब सौ जासूस मरते होंगे तब एक खरा कवि पैदा होगा। कविता एक साथ कवि की कई भूमिकाएँ निर्धारित करती है और कवि भी कविता से कई तरह की धूप-छाया, आग-शीतलता, उजाला-अँधेरा, प्रवाह और अवरोध पाता, देता और फैलाता है। कविता जो कह दे, कह पाये, वही कवि की बात भी होगी। अलग से कहना सम्भव नहीं—ज़रूरी भी नहीं। पर कई बार ऐसी स्थिति में फँसकर कुछ कहने को विवश हो जाना पड़ता है। कई बार यह कहना काम का भी लगता है। सन्त कवि तुकाराम की पंक्ति याद आ रही है—'दिन-रात हम शामिल एक युद्ध में, जो दुनिया और मन में बाहर-भीतर हो रहा।' तो कविता एक युद्ध भी है और गवाही भी।

मेरा कहना है—इस वक़्त कविता नहीं लिख, सुन, पढ़ सकते वो, जो जीना चाहते सुख-चैन आत्मस्थ या दूरस्थ शान्ति अथवा मोक्ष में। यह वक़्त नहीं एक मुक़दमा है, या तो गवाही दो या गूँगे हो जाओ हमेशा के लिए। 'हत्यारों के क्या लेखक साझीदार हुए?' रघुवीर सहाय का यह प्रश्न आज तलवार की धार है। इस कठिन समय में कवि किसलिए ऐसे ही प्रश्नों से सदियों से जूझते आ रहे हैं। इसका उत्तर कबीर, ग़ालिब, तुकाराम, नेरूदा, ब्रेख्त, लोर्का, नाज़िम हिक्मत, निराला, मुक्तिबोध आदि बड़े कवियों की कविताओं में सुनाई देता है।

भूमण्डलीकरण, नव साम्राज्यवाद, बाज़ारवाद, आतंकवाद, सूचना क्रान्ति, धार्मिक कट्टरता, राजनीतिक भ्रष्टाचार-फ़रेब और तरह-तरह के माफिया संस्थानों के बीच मनुष्य-मनुष्यता का क्या बनाया जा रहा है? यह सब कुछ ईश्वर की नहीं, कविता की आँख से ही दिखाई दे सकता है। चुनौतियों से भरा, पग-पग पाखण्ड-पट यह अन्धा युग, इसमें जन-जन के वैज्ञानिक स्वभाव, विवेक और सामान्य ज्ञान की दरकार है। जब भव्य-दिव्य विश्वसनीय सत्ताएँ राख-भूसा और तेज़ाब तक में तब्दील हो गये, तो साहित्य सत्तर करोड़ निरक्षरों के बीच क्या कर लेगा?

और मैं या मेरी कविता इसके लिए बिल्कुल परेशान नहीं रहा, न हूँ। देश-दुनिया के बड़े कवियों के प्रवाह में मैं कवि "पानी केरा बुदबुदा" और इस पर भी मुझे

अपनी सार्थकता का भान है। कोई शिकायत नहीं। मैं मनुष्य हूँ और कवि, रेसकोर्स का घोड़ा नहीं। स्पर्धा और तुलना से परे। फिर भी इस महासुन्दर, दिव्य, भरमाने वाली मारकाट और नफ़रत के अन्धड़ के प्रति सचेत होना हमारी दोहरी भूमिका की ज़रूरत है। चौकस होकर देखते, लिखते, बोलते रहने की प्रतिज्ञा का समय है। बुलडोज़र वक़्त! ऊपर-ऊपर स्वर्ण कलश, रजत पताकाएँ ज़मीन पर और करोड़ों लोगों की दाल-रोटी, जेब, नसीब तक पर डाका। हमारी भाषा तक बेदखल करने और झूठ को सच की तरह प्रतिष्ठित करने का षड्यन्त्र। अन्त में वक़्त इतना होगा—जो कवि होगा वही तो कहेगा खटाक् से खुलते चाकू की तरह इस स्याह वक़्त में।

जीवन के मोर्चे पर पर्दे के पीछे न रहें

चित्रा जी और लोकविद्या परिवार ने जब यह सवाल उठाया कि मौजूदा सामाजिक हालात में बदलाव लाने के लिए साहित्य और साहित्यकार की क्या भूमिका होनी चाहिए? तो मुझे विस्मयकारी झटका लगा, वजह एक छोटी स्वयंसेवी ग़ैर-साहित्यिक संस्था यह प्रश्न उठाना चाह रही है। वैसे सामाजिक-संघर्ष और परिवर्तन में साहित्य की भूमिका विस्मृत मुद्दा नहीं थी, हो तो भी प्रचलन में नहीं है। व्यवहार में तो इसके लिए कहीं स्पेस दिखाई नहीं देती।

यह किसी भी सचेत रचनाकार को निरन्तर व्यग्र करने वाला विषय है। उसकी चाहत, लिखत, उसकी आवाज़ का क्या हो रहा है? साहित्य की बड़ी कूवत यह रही है कि वह शुरू से प्रश्न खड़े कर रहा है? महाभारत, बड़े प्रश्न के साथ शुरू होता है। किन्तु समाधान के नाम पर वहाँ भी कभी कहीं कोई किसी समय में होगा जैसा प्रश्न जैसा उवाच ही था।

दरअसल भारतेन्दु ने 'भारत दुर्दशा', गुप्त जी ने 'हम कौन थे क्या हो गये और क्या होंगे अभी' कहकर चेतावनी भरे रूपक खड़े किये थे। पिछली सदी के तीसरे दशक में प्रेमचन्द ने 'महाजनी सभ्यता' और जैनेन्द्र ने 'बाज़ार दर्शन' निबन्धों में पूँजीवादी व्यवस्था के लक्षण और दुष्परिणाम बताये थे। लगभग एक सौ पचास वर्ष पूर्व मार्क्स ने 'भारत में ब्रिटिश हुकूमत के भावी परिणाम' में लिखा था कि "बुर्जुवा सभ्यता अपने बेमाप पाखण्ड और पैदाइशी बर्बरता के रूप में हमारे सामने है। अपने देश में यह भद्र सभ्यता उपनिवेशों में नंगा नाच करती है।"

उस समय की आज के हालात से तुलना नहीं की जा सकती। आज प्रकट शत्रु भी कई हैं, छिपे-छद्म शत्रुओं की शिनाख़्त सामान्यजन कर ही नहीं सकता। इसके बीच साहित्य की भूमिका कहते ही अपने ही प्रश्न मुँहबाये खड़े हो जाते हैं। क्या समाज के लिए साहित्य का कोई कार्यकारी अर्थ है? हम अपनी हिन्दी पट्टी ही की बात करें कितने प्रतिशत साक्षरता है? साक्षरता के प्रतिशत में साहित्य से लगाव महसूस करते कितने हैं? समाज में किताबों की खपत के क्या आँकड़े हैं?

सामाजिक हलचल के बीच क्या साहित्यकार पहुँचकर हस्तक्षेप कर रहे हैं? इनके उत्तर बेहद निराशाजनक होंगे और ऐसे प्रश्नों को हास्यास्पद भी कहा जा सकेगा।

फिर भी यह काम साहित्यकारों ने किया है—कबीर, तुकाराम, नानक जैसे सन्तों की वाणी और उनका आन्दोलन समाजोम्मुख रहा।

भाखा-बोली में लिखना और सम्बोधित करना संस्कृत के आधिपत्य के विरुद्ध क्रान्तिकारी क़दम था, जिसमें दलितों और स्त्रियों की भी आवाज़ शामिल थी।

स्वाधीनता आन्दोलन में पूरे देश में साहित्यकार शामिल थे। सुभद्राकुमारी चौहान, माखनलाल चतुर्वेदी, भवानीप्रसाद मिश्र, नवीन आदि तो म.प्र. के ही कवि हैं, जो आन्दोलन में सक्रिय रहे, जेल गये।

वैसे लेखन अपने आप में कर्म है। किन्तु परिस्थितियाँ इसके प्रसार और असर में बाधक हों तो? जैसे हमारे समाज में साक्षरता का प्रश्न। पुस्तकों के प्रकाशन, बिक्री-ख़रीदी के सवाल, पुस्तक-केन्द्र, पुस्तकालयों की स्थिति आदि। यदि इन पर ग़ौर करते हैं तो कोई रास्ता सूझ नहीं पड़ेगा। समाज में लिखने-पढ़ने वालों का होना, पुस्तकें छपना, उनकी समीक्षा होना एक अलग बात है। पुस्तक-प्रेम, काव्य-विनोद, काव्य का रसिक समाज जैसे जुमले हमारी मदद नहीं कर सकते इस सवाल के सामने। सवाल जो करोड़ों लोगों की बेहतर ज़िन्दगी और सपनों का है, जिस पर संकट मँडरा रहा है।

और हम किन हालात में लेखक की सामाजिक सक्रियता की अपेक्षा कर रहे हैं? इस पर ही भूल-भुलैया और चक्रव्यूह बनते जायेंगे। चिन्ता यह है कि लोकतन्त्र की नौटंकी, भ्रष्टाचार, धार्मिक कट्टरता, जातिवाद, हिंसा-अपराध और आर्थिक तथा सांस्कृतिक विपन्नता की चपेट में फँसे-धकियाते-घबराये लोगों को निजात कैसे मिले। महाराष्ट्र में बाबा अम्बेडकर के विचारों-आन्दोलनों के बाद दलित लेखकों ने अवश्य अपने अस्तित्व-अभिमान-हक के लिए एक उजाला पैदा किया। आज तो भू-सांस्कृतिक छद्म उजाले और वैश्विक बाज़ारवाद ने व्यक्ति की सत्ता को डस रखा है। धार्मिक आतंकवाद से लेकर नेतागर्दी, गुण्डागर्दी और महानायकों की इमेजगर्दी साधारण लोगों के घर-परिवार के निजी सुख-चैन के पिंजरे को आँधी-तूफ़ान में उद्ध्वस्त कर रही है।

इसलिए आशा भरी निगाहें उन विविध प्रकार के सत्ता केन्द्रों की तरफ़ नहीं उठ सकतीं जो झूठ, फ़रेब, पाखण्ड, लूट के अड्डे हैं और अनेक हिक्मतों से मानवीय संवेदनाओं का अपने बुर्जुवा, बाज़ारू, मुनाफ़ाखोरी मकसदों के लिए अपहरण कर रहे हैं।

ऐसे में साहित्य-साहित्यकार से उम्मीद बहुत साहजिक है। साहित्यकार जीवन को घेर रहे अकाल को पहचान रहे हैं और उन्हें इसे अपनी सृजनात्मकता में समेटना, खोलना और सत्य को अनुभव से परिभाषित करना भी ख़ूब आता है। किन्तु सिर्फ़ इतना, भँवर में फँसों के लिए कोई मददगार हाथ नहीं। इसलिए आज मुझे लगता है रचनाकारों को शब्दों की दुनिया से बाहर निकल आकर संघर्ष-प्रतिरोध-हस्तक्षेप का दायित्व निभाना चाहिए। गूँगों के साथ खड़े होने का वक़्त–जैसे महाश्वेता देवी कर रही हैं। आन्ध्र प्रदेश में वरवर राव और रचनाकारों का दल सक्रिय है। नुक्कड़ नाटकों का चरित्र और सपना भी तो बदलाव-बेहतरी का ही है। लेखक भी तो मनुष्य और नागरिक है पहले। अपने देखने और कलात्मक विन्यास में कहने की प्रतिभा-सामर्थ्य से उसे यह विशेषाधिकार कतई नहीं मिलता कि जीवन के मोर्चे पर वह परदे के पीछे रहे। नागरिक कर्तव्य को शब्दों के भीतर तक सीमित कर दे। मुक्तिबोध ने एक स्थान पर कहा है–''साहित्य पर आवश्यकता से अधिक भरोसा करना मूर्खता है'', यहाँ उनका स्पष्ट मन्तव्य है कि कुछ करो–"कोशिश करो, कोशिश करो।"

अब एक स्वयंसेवी संस्था, उसके संकल्पित कुछ जन यदि चाहते हैं तो निश्चित ही हम जहाँ हैं अपनी सीमाओं में सक्रिय हो सकते हैं। नुक्कड़-नाटक, समूहों में जाकर रचना पाठ, फिर बातचीत-संवाद। संवाद ही लोकतन्त्र को जीवित रखता है। 'साहित्य-विमर्श' या उन्हीं-उन्हीं मुट्ठीभर लोगों के बीच व्यसन की तरह नहीं, बल्कि जीवन्त समस्याओं, राजनीतिक प्रश्नों, मनुष्य को बाँटने या ख़रीदार बना देने वाले मुद्दों से मुठभेड़ की तरह बातचीत। उन लोगों के बीच जिन्हें जागरूक करने या भटकाव से बचाने की ज़रूरत है। अपने इर्द-गिर्द से प्रतिबद्ध, जन-पक्षधर लेखकों को भी अंचल में साथ ले जाकर दोपहर वहीं चर्चा और वन भोजन के साथ बिताई जा सकती है। जैसे–आग से आँच, फूल से गन्ध और एक लेखक से संवेदनशीलता की रक्षा के लिए प्रेरणा मिल सकती है। परिस्थितियों में धँसने पर ख़ुद-ब-ख़ुद रास्ते, युक्तियाँ सूझ पड़ सकती हैं। जन गीतों का पाठ-कविताओं का वाचन कई इच्छाओं को लेकर हम शुरू कर सकते हैं। आख़िरकार एक किसान ने पहाड़ को हटाया ही था न। हम तो लेखकों की बात कर रहे हैं।

"यह वक़्त वक़्त नहीं एक मुक़दमा है। हम ख़ामोश नहीं रह सकते।"

अपने लेखन में प्रखर, चौकन्ने, प्रतिबद्ध और शोषितों-दमितों के पक्षधर-प्रवक्ता दिखाई देने वाले हम रचनाकार अपने जीवन और व्यवहार में कहीं भी सक्रिय नहीं हैं। समाज में साहित्यकार की प्रतिसत्ता की ताक़त तो सपने की चीज़ है, उसकी कोई हैसियत नहीं है। उसकी आवाज़ पर दस-पचास लोग इकट्ठे नहीं हो सकते। मीडिया भी हाशिए पर जगह देता है। साहित्य को दीग़र फ़रेबी चीज़ों

के महाबाज़ार में कोई गम्भीरता से नहीं लेता। वृहद् हिन्दी समाज के मध्यवर्ग के करोड़ों लोगों को जाने भी दें, तो शिक्षक वर्ग ही हिन्दी साहित्य में न तो रुचि रखता है न पुस्तकें ख़रीदता है। निराला, मुक्तिबोध, रामविलास शर्मा, रेणु, यशपाल की किताबों पर हिन्दी पट्टी के ग्रन्थालयों में धूल चढ़ रही है। नये साहित्य को तो नाक-भौं सिकोड़कर देखा जाता है। इसी कारण सत्ता पर साहित्यकारों का कोई दबाव नहीं बन पाता। महाश्वेता देवी या वरवर राव जैसा कोई है भी नहीं। अलंकरण, सम्मान-वजीफ़ा आदि समारोहपूर्वक रचनाकारों को देकर सत्ता अपनी सांस्कृतिक छवि जताने का उपक्रम करती रहती है। चालीस करोड़ से अधिक के हिन्दी समाज में बड़े-से-बड़े लेखकों की हज़ार प्रतियाँ भी वर्षों में नहीं बिकतीं। साक्षरता की बड़ी सीमा के बाद के बचे-खुचे शिक्षितों को नहीं लगता कि साहित्य उनके जीवन विवेक और होने की सार्थकता के लिए ज़रूरी है। साहित्यिक पत्रिकाओं के लिए रचनाकारों को छोड़ अन्य लोगों में कोई उत्साह दिखाई नहीं देता। ऐसा लगता है हिन्दी समाज में लेखकों की जाति ही अलग हो गयी है। वे स्वयं भी अपने समाज में मगन और परस्पर प्रशंसा-निन्दा के रसरंजन में बेचैन हैं। हाँ छोटे-छोटे शहरों-क़स्बों का परिदृश्य भी ग़ौरतलब है जहाँ अख़बारों, चैनलों और स्थानीय संस्थाओं में सम्मान, अभिनन्दन, लोकार्पण का मज़ेदार खेल चलता रहता है। साहित्यकार मौजूदा समाज की चुनौतियों, अपने रचनात्मक और सामाजिक सरोकारों को लेकर जितना भी अरण्यरोदन करे—आज की दुर्दशा यही है कि समाज को उसकी कोई गरज नहीं है।

और इससे बदतर सचाई यह भी है कि हिन्दी समाज में अपनी ही भाषा के प्रति घोर उदासीनता है। भाषा की भी धज्जियाँ उड़ रही हैं। वह सप्ताह-पखवाड़ों के स्मरण-गुणगान और सम्मानित होने की चीज़ बन गयी है।

बेमानी है विषय की तरह साहित्य का अध्यापन

साहित्य और संस्कृति जीवन से जुदा सवाल नहीं हैं। 'जीवन-विवेक ही काव्य-विवेक है'—मुक्तिबोध की यह बात भी इसी ओर संकेत करती है कि हम साहित्य की चर्चा अपने समय-समाज और जीवन के बीच रहते ही कर सकते हैं। चाहे महाभारत हो या कबीर-ग़ालिब, इनको भी हम अपने समय में अपने होने-न होने के उत्सव या संकट के बीच खोलते हैं। साहित्य के अध्यापकों और वयस्क छात्रों के मध्य भी साहित्य विषय नहीं महकते-दहकते। जीवन-प्रसंगों-प्रश्नों के सार्थक संवाद के ही तरह घटित होना चाहिए। कैसी भी गुरु-गम्भीर वाणी और समीक्षा-ग्रन्थों से प्राप्त लदी-फदी भाषा साहित्य के मर्म-ताप को उजागर नहीं कर सकती, यदि संवेदनशीलता और प्रखर जीवन-दृष्टि के साथ पड़ताल नहीं की जाये। वैसे तो आज शिक्षा ही कठघरे में है। और अपने देश में साहित्य और पुस्तक-प्रेम मुट्ठी भर लोगों के बीच का मामला है। ऐसे में मुश्किलों का ज़िक्र करना लगभग असम्भव है। नव औपनिवेशिक साम्राज्यवाद और बाज़ारवाद के इस ख़तरनाक दौर में उपाधि-नौकरी-वेतन-उन्नति की चक्करदार सीढ़ियों का शिकार साहित्य, संस्कृति और अस्मिता हो ही चुकी हैं। यहाँ बीस वर्ष पूर्व पालेर्मो (इटली) में इस वर्ष की नोबेल विजेता डोरिस लेसिंग के साथ हुई बातें याद आ रही हैं। उन्होंने कहा—"तुम साहित्य पढ़ाते हो, तुमने पाया होगा युवाओं को अन्त में साहित्य और किताबों से अरुचि हो ही जाती होगी।" बहुत पहले श्रीकान्त वर्मा ने भी ऐसा ही कुछ कहा था। मैंने हलके-से इसका प्रतिवाद किया था। उन्होंने बताया साहित्य कैसे पढ़ाया जाये। इस बारे में उनने बहुत संवाद किये हैं और पाया कि अजीब तरीक़ों से कविता-कहानी आदि का किया जाने वाला विश्लेषण, विच्छेदन और तत्त्वों को टुकड़ों में बाँट कर किया अध्यापन छात्रों को पुस्तकों से विमुख कर देता है। सच भी है, कुछ ही लोग बचपन से ही किताबों और सृजन के प्रेम में पड़ते हैं और ताज़िन्दगी जुड़े रहते हैं। वस्तुतः साहित्य के अध्यापन में बतौर प्रोफ़ेशन कोई मुश्किल नहीं है। मुश्किल अब छात्रों की निरन्तर घटती संख्या है।

असल बात यह है कि साहित्य के अध्ययन से अर्जित होने वाली प्रश्नाकुलता और सामाजिक अन्तःकरण से जोड़ने वाली सृजनात्मक कार्रवाई ख़त्म हो गयी है। फिर भी जब तक धरती और आकाश में कुछ खोजती मनुष्यों की आँखें हैं, साहित्य की जगह रहेगी, बल्कि वही विश्वसनीय प्रखर राजनीतिक-सामाजिक चेतनावाला आत्मा का सहचर सिद्ध होगा।

ग़ैर-सृजनात्मक मार्क्सवादी समीक्षा के ख़तरे

मार्क्सवादी जीवन की प्रत्येक समस्या को विश्लेषित करने के लिए एक वैज्ञानिक दृष्टि प्रदान करता है। साहित्य, कला, संस्कृति आदि के स्रोत; जैसा कि सर्वविदित सत्य है, हमारे सामाजिक ढाँचे, सम्बन्धों और व्यवस्था में ही होते हैं। अतः साहित्य को परखने और जाँचने के लिए मार्क्सवादी दृष्टि का इस्तेमाल अप्रत्याशित नहीं है। यह भी बहुत बड़ा सत्य है कि मार्क्सवाद का सृजनात्मक अमल बहुत परिश्रम और धैर्य के अतिरिक्त कलागत सत्यों के प्रति यान्त्रिक नहीं बल्कि मानवीय अप्रोच की अपेक्षा रखता है। इसके बाद भी अन्तर्विरोधों और विरोधाभासों से बचा ही जा सकेगा, इसकी गारंटी नहीं है। तुलसी, मुक्तिबोध, काफ़्का आदि अनेक लेखकों का मूल्यांकन इसका साक्षी है। कुछ प्रगतिशील लेखकों के लिए ये प्रतिक्रियावादी अस्तित्ववादी और हताशावादी रचनाकार हैं, तो अन्य प्रगतिशीलों की दृष्टि में इन्हें प्रगतिशील मानने का दृढ़ आग्रह है। मार्क्सवादी सौन्दर्यशास्त्र के मूर्धन्य समीक्षक जार्ज लूकाच तक के साहित्य सम्बन्धी परीक्षण और उनके निष्कर्ष विवादास्पद हैं। "ठोस सिद्धान्तों के आधार" के बावजूद ब्रेख़्त को उनका विश्लेषण "असन्तोषजनक और सचाई से काफ़ी दूर" लगता है।

वस्तु, रूप, यथार्थ, पक्षधरता सभी पदों का सूक्ष्म परीक्षण करने के बाद भी मार्क्सवादी-सौन्दर्यशास्त्र तयशुदा सूत्र नहीं सौंपता। फ़ैंटेसी के उपयोग को लेकर भी वहाँ कम सम्भ्रम नहीं है। साहित्य सामाजिक ढाँचे की अधिरचना है और उसी वक़्त एक अलग दुनिया भी है। रचनाकार यथार्थ को किस रूप में कलात्मक अभिव्यक्ति देता है—इसका निर्णय करना भी (जितना आसान बना दिया गया है उससे) बहुत अधिक कठिन है।

इसलिए साहित्य-परीक्षण के मार्क्सवादी औज़ार क्या वही होंगे, जिनसे जीवन के इतर प्रश्नों का परीक्षण किया जाता है। ज़ाहिर है बुनियादी दृष्टि वही होगी किन्तु पद्धति निजी और स्वतन्त्र होगी। ये इतने भी स्वतन्त्र नहीं होंगे कि अन्य क्षेत्रों के नियमों से एकदम भिन्न हों। किन्तु इनका अपना सृजनात्मक रूप होगा,

जिसके आधार पर रचनागत् दृष्टि, रचनागत् अर्थ, समग्र रचना और रूप का विश्लेषण किया जा सके।

निश्चित ही इन सबके लिए तैयारी की ज़रूरत है। और मार्क्सवाद–हो गया साहित्य, यदि उनकी चिन्ता मनुष्य है (हम जानते हैं) तो मार्क्सवादी-समीक्षा के लिए केवल पैने, साफ़ और दायित्वपूर्ण दृष्टिकोण से ही काम नहीं चलने का। निश्चय ही मार्क्सवाद यान्त्रिक-सूत्रों की कसौटी पर रचना-परीक्षण की अनुमति नहीं देता। साहित्य की पड़ताल और मूल्यांकन के दौरान रचनात्मक-समझ, मानवीय सहानुभूति, संवेदना आदि त्याज्य नहीं हो सकते।

ऐसा कभी भी नहीं हो सकेगा कि ग़ैर-कम्युनिस्टों के सृजनात्मक कर्म पर पाबन्दी लग जायेगी। अतः यह भी देख लेना चाहिए कि हमारे देश के समकालीन लेखकों को हम किस प्रकार वर्गीकृत कर सकते हैं। वैसे यह अच्छा तरीक़ा नहीं होगा पर थोड़ी देर के लिए यह सुविधाजनक हो सकता है।

1. दक्षिण पन्थी बुर्जुआ आदि। काली-सूची वाले लेखक।
2. मानववादी दृष्टि से यथार्थ को अभिव्यक्ति देते हुए रचनाकार।
3. मार्क्सवादी दृष्टि में विश्वास रखने वाले लेखक।
4. कम्युनिस्ट पार्टी (या पार्टियों) में कार्यत् सर्वहारा रचनाकार।

यह कोई बहुत प्रामाणिक वर्गीकरण नहीं है और वर्गीकरण की बड़ी क्षमता वाले लोग सैकड़ों ढंग से वर्गीकरण कर सकते हैं। मैंने किसी तरह की स्मार्टनेस.के लिए भी यह नहीं किया है। प्रश्न यह है कि मार्क्सवादी बहस-चिन्तन और समीक्षा में विचारधारा और साहित्य के बीच तालमेल का अनुपात, औसत और सन्तुलन किस तरह से हो। मैं जानता हूँ कि यह प्रश्न बेहद गड्डमड्ड है और रचनात्मक अनुभव, रचनात्मक कालावधि और अभिव्यक्ति के दौरान इस तरह का गणित मुमकिन नहीं है।

यह सभी मार्क्सवादी समीक्षक भी बार-बार दुहराते हैं कि रचनाकार का मन्तव्य रचना के भीतर से प्रतिफलित होता है। थोपी हुई विचारधारा ही पक्षधरता का निर्णायक तत्त्व नहीं है।

अक्सर हम 'जनता का साहित्य' पद का इस्तेमाल करते हैं पर क्या वह जनता के लिए भी होता है। और मुक्तिबोध जैसे कवि भी जिन्हें दुरूह भले नहीं कह लें पर क्या वे जनता के लिए हो सकते हैं? और जनता के लिए नहीं होने पर क्या उन्हें खारिज़ किया जा सकता है?

इन परिस्थितियों में हमारे समझदार मार्क्सवादी समीक्षकों ने साहित्य विवेचन के वृत्त को दलीय या विचारधारा को सीधे ग्रहण करने वाले तथा उसकी पैरवी करने वाले रचनाकारों तक 'सीमित' टापू बना लिया है। यह स्थिति फिर भी ठीक है।

ये अपने द्वीप में ईमानदार विवेचन-विश्लेषण करते रहते हैं। दुनिया को छोटा बनाने का भय इन्हें नहीं है। किन्तु ये अपने चुनाव के प्रति मोहग्रस्त अवश्य हैं। डॉ. रमेश कुन्तल मेघ, डॉ. विश्वम्भरनाथ उपाध्याय, प्रमोद वर्मा, डॉ. शिवकुमार मिश्र, राजीव सक्सेना ज़रूर ऐसे समीक्षक हैं, जो सिर्फ़ चौथे वर्ग में ही सारी दुनिया और सम्पूर्ण साहित्य नहीं ढूँढ़ते।

लेकिन ख़तरनाक और दयनीय दृश्य वहीं है, जहाँ छद्म मार्क्सवादी एक हमलावर रुख के साथ सच-झूठ को तोड़मरोड़ कर विवेकहीन फिकरेबाज़ी के साथ लांछन और चरित्रहीन की कार्रवाई को ही सच्ची क्रान्ति (देश और साहित्य दोनों ही में) का औज़ार मानने लग गये हैं।

छोटे-छोटे आयोजनों, सम्मेलनों में इनका उत्साह वर्णनीय है। ये पृथक् गुट बनाकर कहीं से प्राप्त संकेतों और निर्देशों के आधार पर रणनीति तथा कार्यनीति तय करते रहते हैं। और अपने साथी लेखकों को दुश्मन की निगाहों से देखते हुए किसी भी स्तर पर—चाहे निजी स्तर हो अथवा लेखकीय स्तर—अर्थात् मानवीय सम्बन्धों के धरातल पर बात करने में भी कतराते हैं। आतंकपूर्ण ढंग से यहीं रातोरात लेखकों में ही ये दुश्मन आदि ढूँढ़ लेते हैं। क्योंकि बिना दुश्मन रणनीति कैसी और बिना आक्रमण-प्रहार राजनीतिक चमक कहाँ?

उपर्युक्त वर्ग एक के साथ इनका सलूक स्पष्ट है। यद्यपि निर्णायक प्रतिमान अस्पष्ट और निरंकुश हो सकते हैं। मानववादी दृष्टि से यथार्थ को अभिव्यक्ति देने वाले तथा तीसरे वर्ग के मार्क्सवादी दृष्टि में आस्था रखने वालों के प्रति ये जिस तरह सोचते हैं—उससे उनकी मार्क्सवादी समझ पर प्रश्नचिह्न लगाना मुश्किल नहीं है। इसी तरह वर्ग-निर्णय के इनके आधार भी कन्फ़्यूज़्ड हैं। 'क' यदि 'सारिका' में छपता है, तो इनका दुश्मन हो जाता है क्योंकि इनकी दृष्टि में वह पूँजीवादी प्रसार-व्यवस्था को समर्पित हो गया है और यदि ख' सारिका में छपता है तो ये पैंतरा बदलकर कहेंगे कि उसने दुश्मन के सफ़ों का अपने हित में उपयोग किया है। समकालीन रचनात्मक परिदृश्य का जायज़ा लेने पर यह स्पष्ट हो जाता है कि जिस तरह ये लोग एक सही वक़्त में मार्क्सवादी विचार दृष्टि को ख़तरा पहुँचा रहे हैं, वह अधिक चिन्ताजनक है।

गृह युद्ध के दौरान रूसी कवि देम्यानी बेद्नी की कविता-पुस्तिकाएँ गाड़ियों में लदकर मोर्चे पर पहुँच तो रही थीं, उन्हें सैनिक हाथों-हाथ झपट भी लेते थे। वहाँ झपटने के लिए और था भी क्या! बेद्नी को सोवियत-कविता के इतिहास में आज कोई याद नहीं करता। लेनिन ने गोर्की से इस कवि के बारे में कहा था—"उसकी कविताएँ समय की घटनाओं का पंजीकरण मात्र है।"

पर हमारे ये कट्टर मार्क्सवादी बचपन में हमारे द्वारा ही लगाये गये नारों को वैसा-का-वैसा पद्यबद्ध कर देने वाले लोगों की मौलिकता पर प्रश्नचिह्न लगाने के बदले उनकी तथाकथित तुकबन्दी को जनकविता के श्रेष्ठ 'मॉडल' के रूप में बताते नहीं थकते हैं। दरअसल यह सृजनात्मक समीक्षा के संकट का एक ऐसा दौर है, जहाँ चुप्पी निरापद लगती है। पर हिंसक आक्रमणकारी बाघ-शैली में जब गाँव बचाने की दुहाई दी जा रही हो, तो कोई भी अपने को नुचवाना क्यों चाहेगा? सब भीतर-ही-भीतर डरते हैं। प्रतिक्रियावादी मानव, विरोधी, फ़ासिस्ट आदि सहज सुलभ-विश्लेषणों में विभूषित होना किसे अच्छा लगता है।

ऐसे ही संकीर्णतावादी प्रगतिवादी समीक्षकों से आक्रान्त मुक्तिबोध ने स्पष्ट लिखा था—"उस पीढ़ी का जीवन जो आगे आ रही है और लिख रही है, इन समीक्षकों के लिए तभी तक महत्त्वपूर्ण है, जब तक वह 'प्रगतिवादी' भावों को उन्हीं के ढर्रे पर प्रकट करें। उस पीढ़ी की असली ज़िन्दगी के संघर्ष, कष्ट और संवेदनाओं से उन्हें कोई मतलब नहीं।"

मुक्तिबोध को अपने पक्ष में उद्धृत करना भी कइयों को गवारा नहीं। यह उनकी चालाक निगाहों में चालाकी है। काव्य-सृजन तथा सामाजिक यथार्थ को मानवीय अनुभव से काट कर, केवल शिविर के बुर्ज़ों पर खड़े हो जाने की यही दुर्भाग्यपूर्ण परिणति होती है। जब समीक्षक या विचारक काव्य-परीक्षण की प्राथमिक शर्तों को त्याग देता है और रचनाकार को उसके अपने काल-स्थान से हटाकर देखता-परखता है, तब वह मनमाने ढंग से रचनागत् अर्थ का निर्धारण करने लगता है। कविता के 'मैं' में उसे चूहे, कुत्ते, बाघ और हिटलर नज़र आने लगते हैं। जब आँखें अहंकार और विवेकहीन तानाशाही के भयावह रोग से ग्रस्त हों, तो उन्हें यह सब देखने से रोकने की हिमाक़त कौन कर सकता है? समग्र और व्यापक परीक्षण के लिए ज़रूरी धैर्य, संयम और कलात्मक सामर्थ्य से वंचित होने पर, एक टुकड़ा पंक्ति मुक्तिबोध की सूँघ कर कुछ भी हास्यास्पद निर्णय लेना और समकालीन सृजन को ख़ारिज करना कठिन नहीं है। उन्हें यह समझाना मुश्किल है कि "तय करो किस ओर हो तुम" पंक्ति यदि मुक्तिबोध की है, तो यह पंक्ति भी किसी और की नहीं है—"मैं तुम लोगों से इतना दूर हूँ/तुम्हारी प्रेरणाओं से मेरी प्रेरणा इतनी भिन्न है/कि जो तुम्हारे लिए विष है, मेरे लिए अन्न है।"... मुक्तिबोध की तरह ईमानदार होना दुर्लभ है। वे चिन्तक और रचनाकार दोनों ही हैसियत में उस यातना और द्वन्द्व से परिचित थे, जो मध्यवर्ग के एक सच्चे मानवीय रचनाकार की नियति है। राजनीतिक शब्दों वाली परिभाषाओं की कविता को प्रगतिशील कविता मानने वाले प्रभुओं के प्रति उनकी राय थी—"हमारे ये साहित्यिक नेता हृदय और बुद्धि के क्षेत्र में कठोर अहंवादी हैं,

कष्टग्रस्त मनुष्य-जीवन के मर्मज्ञ होने के पहले वे आलोचक और मसीहा हैं। मनुष्य जीवन के भव्य संवेदना-सत्यों के प्रति उनमें आवश्यक नम्रता भी नहीं है।" 'अन्तरात्मा और पक्षधरता' निबन्ध में उनकी निश्छल यातना और अधिक तीव्रता से व्यक्त हुई है—"मेरे ही शिविर में मेरी हत्या हो सकती है, वास्तविक तिरस्कार हो सकता है, हुआ है, होता रहा है, होता रहेगा—सम्भवतः।" मुक्तिबोध का नाम अब हर शिविर के लिए इस्तेमाल की चीज़ बन गया है, जहाँ उनका "सम्भवतः" निरस्त हो चुका है और यथार्थतः हत्या का सिलसिला जारी है। यह सही है कि रचना में रचनाकार का चिन्तन उजागर होता है। अपने समय के परिवर्तनों के बीच उनकी आकांक्षा भी प्रकट होती है। पर संकीर्ण और गढ़वादी दृष्टि से जो जैसा सोचता है वैसा रचना में से ढूँढ़ निकाल सकता है। रामविलास शर्मा जैसे प्रगतिशील समीक्षक को मुक्तिबोध की कविता में रहस्यवाद ढूँढ़ने-सिद्ध करने में कोई दिक़्क़त नहीं आयी। यह संकीर्णतावाद, जो स्वयं को मार्क्सवादी सिद्ध करने को आतुर नये अधकचरे उत्साही लोगों में उमड़ रहा है, वह न केवल ग़ैर-मार्क्सवादी है अपितु घातक भी है। सच्चे मार्क्सवाद में घुसे इस संकीर्णतावाद को पहचान लेना ज़रूरी है। ऐसे संकीर्णतावादियों के लिए साहित्य और समीक्षा की रणनीति का मक़सद संरक्षण-प्राप्त-शैली में कम्युनिज़्म का फ़ायदा उठाना है। उनका फ़ायदा आत्म-प्रतिष्ठा पाने और मठाधीश होकर चर्चित होने की ललक तक सीमित-केन्द्रित प्रतीत होता है। चूँकि इनकी रणनीति का उद्देश्य स्वार्थपूर्ण और ओछा है, अतः मध्य की प्रक्रिया में इनकी कार्यनीति भी ओछी ही होगी। इनकी कार्यनीति में अवसरवाद, चापलूसी और सत्य को समझे बग़ैर आक्रमण-प्रहार करने की प्रवृत्ति ही अधिक है। ये बरसों पहले छपी किताब को उसके वर्षों बाद छपी पत्रिका पर हमला करने की साजिश कहते हुए अपने ग़ैर-ऐतिहासिक आरोप के लिए किसी तरह की नैतिक शर्मिन्दगी भी महसूस नहीं करेंगे।

जबकि मनगढ़न्त आरोप, झूठे तथ्य और रचनागत अर्थ के साथ व्यभिचार इनके औज़ार हों, यह कैसे अपेक्षा की जा सकती है कि ये पिछले अनुभवों से सबक़ लेकर मार्क्सवाद का सृजनात्मक अमल करेंगे। इसका यह अर्थ नहीं है कि लेखकों और रचनाकारों की दृष्टि में अन्तर्विरोध या असंगति नहीं हो सकती। ग़लत चीज़ों की आलोचना अवश्य होनी चाहिए, बशर्ते आलोचना रचनात्मक धुरी और दायित्व-बोध से भटके नहीं। इसलिए डॉ. शिवकुमार मिश्र की यह शिकायत अकारण नहीं है कि—"विचारधारा तथा दृष्टि को अलग करके महज़ व्यक्तिनिष्ठ आधार पर मनमाने निर्णय और निष्कर्ष दिये गये हैं।" अवसरवादी क्रान्ति-प्रेमियों का मोह-भंग हो जाना चाहिए, जो दशक पूर्व की स्थितियों को बार-बार दुहराकर आज दस वर्ष बाद याद दिलाते हैं कि तुम वो हो और तुम्हें नये ढंग से सोच-समझ और दृष्टि के परिष्कार

का हक नहीं है। विष्णु खरे ने ऐसे ही तमाशगीरों के लिए सही लिखा है, जिनके द्वारा–"मौक़ापरस्त, बचकाने और चालू (वल्गर) मार्क्सवाद का बाज़ार गर्म करने का यत्न किया जा रहा है, जिसके चलते किसी भी प्रतिभावान हिन्दी कवि का काव्य-आयुष्काल बमुश्किल छह महीने रह गया है।"

सृजन की दुनिया को किसी का एकाधिकार आक्रान्त नहीं कर सकता। किसी भी व्यवस्था में साहित्य की चिन्ताएँ उतनी ही नहीं हो सकतीं, जितनी राजनीतिक सूत्रधारों की होती हैं। इसलिए वे लोग जो जीवन और रचना की चुनौतियों का निर्देशों की सीमा से बाहर रहकर साक्षात्कार करते हैं और उससे जूझते हैं, उन्हें परेशान होने की आवश्यकता नहीं है। अशोक वाजपेयी के अनुसार ऐसा रचनाकार "दुनिया को बदलने की किसी दिखाऊ हड़बड़ी में क़तई नहीं है और इसलिए चुपचाप अक्सर हमारे बिना जाने भी हमारे लिए दुनिया को बदलता है और उसे बेहतर बनाने के हमारे सपने को हमारे अहसास के दायरे में लाता रहता है।"

समकालीन सृजन-यात्रा के साझीदार : देवीशंकर अवस्थी

नवलेखन को यहाँ-वहाँ छू-भर देने वाले बहुत हैं, पर उसकी समग्रता को भीतर-बाहर से पहचानने वाले अवस्थी जी सचमुच अकेले थे। पाण्डित्यधर्मी और गुटधर्मी चर्चा समीक्षा के भ्रष्ट परिवेश में प्रतिभा और सन्तुलित सूक्ष्म अन्तर्दृष्टि से वे रचाव कर रहे थे, जमाव और बचाव से असम्पृक्त। इसी दृष्टि से उन्हें अकेला कहाँ है, वैसे तो कई हैं।

बहुत तेज़ी से बदलती हुई घटनाओं और मान्यताओं के साथ क़दम मिलाकर चलने में जब रचनाकार अपने को असमर्थ पा रहा है, कई पिछड़ गये हैं और नये में भी नये की तुलना में बासी हो गये हैं, ऐसे समय में समीक्षक का कार्य और दायित्व बहुत मुश्किल है।

समकालीन-बोध और नवलेखन से अपरिचित या अपने पाखण्ड की खोल में महन्ताई के मन्दिर की पोल में दबे-दुबके रहकर झूठे और ग़लत ढंग से परिचित पण्डित, आचार्य, थीसिस बनाम कुंजी लेखक-पूँजी बढ़ाऊ और कमाऊ शिक्षा की प्रत्येक व्यास पीठ में दर्जनों मिल जाते हैं, पर कुछ ही होते हैं, जो अपने समय की रचना-विश्लेषण के साथ जीवित रहते हैं।

अवस्थी जी ने उन सब लोगों के बीच अपने को सिद्ध किया जो एक ओर समीक्षक नामक एजेंट को नकार रहे थे, साथ ही आत्म-प्रचारक की भूमिका निभाते स्थायी प्रशंसक मित्र-समीक्षक की तलाश कर रहे थे।

गुट-दल और संस्थाओं के नियमों का पालन सख़्ती के साथ हो रहा था। लेखकीय मूल्यांकन और श्रेष्ठता के प्रमाण-पत्रों का मानदण्ड शहर, संस्था, पत्रिका, मित्रता, सम्पर्क बन गये थे। (कहने की आवश्यकता नहीं कि मुक्तिबोध ऐसी ही व्यूह-रचना के शिकार रहे थे)।

ऐसे सबके बीच महानगरों से दूर गाँव-क़स्बे के जागरूक लेखक-पाठक अवस्थी जी की ओर आकर्षित हुए थे, आकर्षित करने के लिए उन्हें लोकप्रियता वाला कोई-सा भी नुस्ख़ा नहीं अपनाना पड़ा। प्रतिभा और अध्ययन से प्राप्त ग्रहण और प्रभावों

के प्रतिफलन की अद्‌भुत क्षमता, मौलिक सूझ और तटस्थ दृष्टि के कारण ही वे इधर के वर्षों में समकालीन चिन्तन और समीक्षा के लिए अपरिहार्य से हो गये थे।

यह सब इसलिए सम्भव हुआ कि वे समकालीन प्रतिस्पर्धा की पक्षधर रनिंग कमेंट्री नहीं कर रहे थे। वे समीक्षा के प्रति प्रतिबद्ध थे और उसके लिए कष्ट झेलने को प्रस्तुत थे। अलंकारिक व्याख्या और विरोधी स्थितियों से आगे वे कलात्मक रचाव और इसी कलात्मक स्तर पर रूपबन्ध का विश्लेषण (गहरा-सूक्ष्म विश्लेषण) करने की दिशा में आगे बढ़े थे। जब समीक्षक रूपबन्ध के विश्लेषण को महत्त्व देता है, शिल्पगत रेशे उकेलते-उकेलते अनुभव-संवेदना को कुदेरता है, तब प्रायः वह कलात्मक भूमि पर ही मूल्यांकन करता है और उन स्थितियों में जब कि नये बोध, नयी संवेदना और नये शिल्प के लिए मूल्यांकन दृष्टि नहीं होती, वह निरन्तर नये-नये अनुभव और प्रयोग की अवस्था में से गुज़रता होता है।

अवस्थी जी ने अपनी विश्लेषण प्रतिभा को शिल्प-पत्र और बुनावट के विविध स्तरों तक ही सीमित नहीं रखा, इसके पूर्व उनकी अतलस्पर्शी दृष्टि अनुभव और युग-बोध का सही विश्लेषण कर सकी।

उन्होंने आधुनिकता को ऐतिहासिक प्रतिक्रिया और मूल्य-अस्वीकृति के रूप में स्वीकारते हुए, भ्रमों को ही दूर नहीं किया, अपितु जीवित-सृजन के आधारभूत प्रश्नों की सही व्याख्या की। सबसे बड़ी बात तो यह कि वे केवल समीक्षा के धरातल पर ही समीक्षक नहीं थे, रचना-प्रक्रिया के गहन स्तरों में भी समकालीन रचनाकार की सृजन-यात्रा के साक्षी थे।

साक्षी ही नहीं, शायद साझीदार भी थे। उनका यथार्थ-बोध बेहद साफ़ और सुलझा हुआ था। किसी भी प्रकार के कल्पना लोक का उनकी दृष्टि में कोई अर्थ नहीं रहा। रचनाकार का जगत् वही है, जिसमें वह जीता या मरता है। वे मृत्यु-बोध की अनिवार्य सचाई से परिचित थे, इसी सचाई की रौशनी में या अँधेरे में उन्होंने रचनाकार के संसार को देखा है। कृतिकार में अपनी और अपने समाज की मृत्यु की जागरूकता रहती है। आधुनिक होना उसकी नियति है, उसकी नियति अभिशप्त होने की ही नहीं, बोध होने की भी है, अनास्था और निराशा झेलने की तथा मनुष्य की भाषा बोलने की भी है।

और इस सन्दर्भ में वे आधुनिक समीक्षक ही नहीं, आधुनिक व्यक्ति भी थे, किन्तु व्यक्ति होकर भी वे प्राइवेट भाषा नहीं, मनुष्य की भाषा बोलते थे और इसलिए रियायत करने वाली बात उनकी समीक्षा में कहीं नहीं मिलती।

प्रश्न चाहे युग-बोध का हो, प्रवृत्ति या कृति विशेष का, अवस्थी जी अपनी विचार प्रक्रिया के दौरान नयी-समीक्षा का रूप निर्धारित करते रहे। (आज भी कुछ रूप निश्चित हुआ है, कहना कठिन है, किन्तु इसमें दो मत नहीं कि उनके असमय चले जाने से बहुत बड़ी सम्भावना समाप्त हुई है)। नयी कहानी के व्याख्याकार के रूप में परम्परा, विकास और अलगाव की स्थितियों का सूक्ष्म विश्लेषण, नयी कहानी के बदलते मिज़ाज की सूक्ष्म पकड़, कौशलगत प्रभाव और कलात्मक क्षमता के बीच सही अन्तर, व्यावसायिक स्फीति के खोखलेपन का स्वप्नभंग और सच्ची रचनाओं के रचाव का संवेदना-अनुभव और शिल्प बुनावट के मिले-जुले धरातल पर सही विश्लेषण आदि में उनकी प्रतिभा की सामर्थ्य दिखाई देती है।

राजनीति और साहित्य के बीच घुसपैठ करते हुए सतही नारे उठाने की प्रवृत्ति से उनकी असहमति भी अपनी अहमियत रखती है। समकालीन जीवन के दबावों और तिक्त अनुभवों का अकेलापन रचना से सीधे-सीधे जुड़ा हुआ है। रचनाकार दर्शक नहीं है और न रास्ता-दिखाऊ, नारा-लगाऊ नेता, वह यातना, दबावों की भीड़ में भी निःसंग गुज़र रहा है। गुज़रते हुए, मरते हुए रचना के साथ जी रहा है। ऐसी स्थिति में बाह्य प्रयोजन हेतु का प्रश्न ही पैदा नहीं होता। नवलेखन की भीतरी और असली प्रकृति ही उनकी अपनी भी प्रकृति थी। इसीलिए वे सहज कह सके 'नयी पीढ़ी के सन्दर्भ में सामाजिकता और मानवता जैसे शब्द केवल नारेबाज़ी बनकर रह गये हैं और दरअसल वे हैं भी नारे।'

तटस्थता और निर्भीकता के कारण वे सहज ही विश्वसनीय बन गये थे। चारुचन्द्रलेख की समीक्षा में रूपवंश के गहरे स्तरीय विलेषण से निबन्ध छाप शिल्प को उभारते हुए ललित निबन्धों और उपन्यास के ग्राफ़-कर्व बिन्दुओं की निकटवर्ती तुलना से एपिक ग्रेंजर का मोहभंग उनकी ही सामर्थ्य थी।

आलोचना को सही अर्थ समकालीनता बोध के बिना नहीं मिल सकता, बावजूद पण्डितों और आचार्यों के उन्होंने सिर्फ़ घोषित ही नहीं चरितार्थ भी किया। समीक्षा उनके लिए धर्म नहीं थी (कर्म तो किंचित भी नहीं) शायद वे ही समीक्षा के लिए अभिशप्त थे। असमय ही वे जहाँ होना चाहिए था, नहीं रह पाये और एक रिक्तता देकर चले गये।

देशीयता ही पहचान हमारी और साहित्य की

भारतेन्दु हरिश्चन्द्र से लेकर आज तक हिन्दी कविता में देशीयता की पहचान वहाँ प्रत्यक्ष और स्फटिकवत् है, जहाँ कवियों ने अपने जीवन और समाज के व्यापक मानवीय सरोकारों से अपना अटूट रिश्ता कायम रखा है। भारतेन्दु, निराला, नागार्जुन, त्रिलोचन, केदारनाथ अग्रवाल, मुक्तिबोध से लेकर अनेक छोटे-बड़े कवियों में अपने जीवन और अपनी धरती की गन्ध मौजूद है। ऐसे कवियों को पृथक् से यह चिन्ता हो ही नहीं सकती कि उनकी कविता में अपना आसपास अनुपस्थित है।

फिर पिछले दिनों जड़ों की खोज, जातीय अस्मिता और स्मृति, भारतीयता की पहचान जैसे प्रश्न क्यों उठे हैं? और 'भारतीयता की पहचान' जैसी उक्ति ख़ासकर हमारा कौन-सा अर्थ संसार-आशय प्रस्तुत करती है। 'उदारचरितानां तु वसुधैव कुटुम्बकम्' बहुत आकर्षक सूक्ति है, पर हमें याद रखना चाहिए कि हितोपदेश के कपटी सियार ने निरीह दीन हरिण को फँसाने के लिए इसी उक्ति का ख़तरनाक इस्तेमाल किया था। इसका उपयोग संस्कृति के अमूर्तन और पुनरुत्थानवादी आकांक्षाओं के सन्दर्भों में भी किया गया है और किया जा सकता है। हमारा इतिहास आबादी के बड़े हिस्से की निर्माणात्मक भूमिका की अनदेखी किये जाने का इतिहास रहा है और इसलिए यह और भी कठिन स्थिति है कि भारतीयता की पहचान को कैसे प्रासंगिक और समकालीन परिप्रेक्ष्य में परिभाषित किया जाये। भारतीयता कोई जड़ीभूत प्राक्तन पिण्ड तो नहीं है—जैसा कुछ लोग अपने निहित स्वार्थों के ख़ातिर समझते भी हैं—फिर भारतीयता को विशेषकर उसके इम्प्रोवाइज़ेशन में भी कविता के भीतर खोजना—सायास खोजना और भी कठिन काम है। यह केवल भौगोलिक और इतिहासपरक मुद्दा नहीं है। होता तो भी आसान नहीं होता क्योंकि रचनात्मक लेखन ही नहीं सभी सन्दर्भों में इसकी परिधि का प्रश्न भी तो पैदा होगा। क्या फणीश्वरनाथ रेणु के पूर्णिया ज़िले या प्रेमचन्द के उत्तर भारत की भारतीयता पर्याप्त नहीं है। मालवा, छत्तीसगढ़ और बुन्देलखण्ड तीन प्रमुख अंचल तो मध्य प्रदेश में ही हैं। क्या केवल छत्तीसगढ़ अंचल के जीवन की वेदना व्यथा-कथा भारतीयता नहीं होगी?

फिर त्रिवेन्द्रम, पंजाब, कटक, राजकोट, बूँदी इलाकों के मिथ और संस्कृति संस्कार, भाषाई संस्कृति भी तो भिन्न हैं। सचमुच इस मुद्दे को भूगोल, इतिहास और संस्कृति तथा भाषा समूहों के ज़रिये भी निर्धारित करना आसान नहीं है।

वैसे सचाई यह है कि प्रत्येक रचनाकार अपने भाषिक समाज और भाषिक संस्कृति का अविभाज्य अंग होता है और किसी भी साहित्य से यह सहज सामान्य अपेक्षा होती है कि उसमें उसके भाषायी समाज का जीवन, चरित्र और उसके तत्त्व पर्यावरण आदि सहज ढंग से धड़कते दिखाई दें।

इस दृष्टि से देशीयता पद अधिक संगत लगता है। हम अपने साहित्य में देशीपन की तलाश के बारे में चिन्तित हों—यदि ऐसा आवश्यक लगे। यह केवल इस हाथ से नहीं, उस हाथ से कान पकड़ने जैसी बात या युक्ति नहीं है। देशीपन कहने से पूरा नज़रिया बदल जाता है। मुट्ठी भर लोगों की संस्कृति, भाषा की तानाशाही और ख़ास लोगों के इतिहास की जकड़न से इसमें मुक्ति है। भारतीयता की पहचान में न केवल अतिव्याप्ति है बल्कि वे ख़तरे भी हैं जिनसे हम नावाक़िफ़ नहीं हैं।

यही सही है कि औपनिवेशिक दासता, पश्चिमी प्रभाव और अपनी हीन भावना या ऊँची उड़ान के सपने के कारण आज़ादी के पूर्व, बाद में और आज भी कई विद्वान, मुट्ठी भर रचनाकार अन्तर्राष्ट्रीयता के सपने में बेभान भटकते दिखाई देते हैं, नेहरू युग के अन्तर्राष्ट्रीय होने के दिवास्वप्नों का भी असर रहा और आधुनिकतावाद ने जो गोरखधन्धा खड़ा किया वह तो विकट ही था। आधुनिक बोध के नाम पर अपने यहाँ क्या-क्या नहीं हुआ। इतनी दूर की कौड़ियाँ लायी गयीं कि अपना परिप्रेक्ष्य ही धुँधला पड़ने लगा। ऐसी स्थिति निर्मित हुई, जिसमें लेखक अपने को अपने लेखन के प्रसंग में ही असुरक्षित महसूस करने लग जाता है।

साहित्य की प्रशासकीय कार्यतत्परता का अभूतपूर्व दृष्टान्त

साहित्य की सामाजिक कार्यपरकता के सन्दर्भ में जितनी बातें कही जा सकती हैं—उतने ही कारण गिनाये जा सकते हैं कि क्यों साहित्य हमारे समय में जीवन-धारा से अलग-थलग हो गया है। किन्तु यदि मध्ययुगीन भक्त-सन्त-सूफ़ी कवियों को याद करें, तो कश्मीर से लेकर ठेठ दक्षिण तक वाचिक-परम्परा की वाणी लोक में गूँजती-झंकृत हो रही थी। आज भी भाषा और व्यवहार में हम सन्त-वाणी का उपगोग करते रहते हैं। ख़ासकर वे जिन्हें हम सुसंस्कृत-सुशिक्षित की पंगत से बाहर रखते हैं। कबीर-रहीम-नानक-तुलसी-ग़ालिब-तुकाराम-नामदेव ऐसे और भी हैं जो लोक की ज़ुबान में शामिल हैं। ब्रेख़्त ने कहा था, "रोटी ही की तरह न्याय की ज़रूरत भी रोज़ का मामला है।" और यह रोटी भी जनता के हाथों पकनी चाहिए। हमारे बड़े रचनाकार इसी तरह हमें जब-तब घेरते रहते हैं। 'उजाड़ में संग्रहालय' (2003) कविता संग्रह मैंने मुक्तिबोध, परसाई जी और रघुवीर सहाय को यह कहते समर्पित किया था कि ये 'हर मोड़ पर कुछ-न-कुछ कहते हैं'। प्रेमचन्द भी टोकते हैं—पंचपरमेश्वर, नमक का दारोगा और ईदगाह जैसी कहानियाँ न्याय, रिश्वत और वृद्धों के प्रति बाल-स्नेह के सन्दर्भों में कौंधती हैं।

यह लम्बी भूमिका या पृष्ठभूमि एक महत्त्वपूर्ण ताज़ा प्रसंग को लेकर है—जो प्रशासनिक क्षेत्र में साहित्य के कैनॅन की तरह उपयोग का अभूतपूर्व दृष्टान्त है। और ऐसे समय में जब हमारे बड़े साहित्यकारों को समाज लगभग भुला चुका है। राजनेताओं को अपनी हिन्दी पट्टी में हमने कभी प्रेमचन्द, निराला, परसाई आदि का ज़िक्र करते नहीं देखा-सुना, जबकि वे लगातार मुँह बजाते रहते हैं।

पिछले माह चौबीस अगस्त की सुबह जयपुर से श्री हरिराम मीणा का फ़ोन आया—और जो उनने बताया उससे मैं स्पन्दित और बेहद उत्साहित जैसा कुछ हो गया। ख़बर थी, 'भोलाराम का जीव' सिखायेगा सबक। ख़बर जयपुर 'राजस्थान पत्रिका' में प्रकाशित हुई थी। यह अभूतपूर्व प्रयोग अलवर के ज़िला कलेक्टर

श्री कुंजीलाल मीणा ने परसाई जी की कहानी 'भोलाराम का जीव' से प्रभावित-प्रेरित हो अपने ज़िले के हर विभाग में किया था।

भ्रष्टाचार जो आज शिष्टाचार बनकर ग़रीबों की सेहत-सोच और समझ के साथ खिलवाड़ कर रहा है—परसाई जी की यह अकेली कहानी उसकी परत-दर-परत समूची व्यवस्था और ढाँचे को उधेड़ती है। आये दिन हम पेंशन याफ़्ताओं की मुश्किलों के बारे में ख़बरें पढ़ते रहते हैं। इन वरिष्ठ लोगों को अपनी आवाज़ उठाने के लिए संगठन भी बनाना पड़ा है। भोलाराम पेंशन के लिए काग़ज़ लेकर दफ़्तर और कुर्सी-दर-कुर्सी भटकता रहा। वह दरख़्वास्त के काग़ज़ों पर वज़न नहीं रख पाया और गुज़र गया। उसकी आत्मा अपनी पेंशन फ़ाइल में दबी पड़ी थी। वह स्वर्ग भी जाने को तैयार नहीं था।

श्री कुंजीलाल जी के पास एक आवेदन के साथ यह कहानी किसी मुसीबतज़दा ने भेज दी थी। इससे अनुप्राणित हो ज़िला कलेक्टर ने सभी विभागों के अधिकारियों को 'भोलाराम का जीव' कहानी की फ़ोटो-प्रतियाँ भिजवायीं। साथ में पत्र था कि हर विभाग के अधिकारी और पेंशन प्रकरण सम्पादित करने वाले बाबुओं को यह कहानी पढ़नी होगी। ताकि इससे उनका हृदय पसीजे और पेंशन प्रकरणों का निबटारा वज़न न रख पाने के कारण लम्बित न हो।

परसाई जी का समूचा लेखन एक सामाजिक और राजनीतिक कर्म की तरह था। उनकी चाहत कि सुन्दर बनी रहे दुनिया और विचार-ईमान के साथ आदमी बना रहे आदमी। बहुत बरदाश्त किया है दुनिया के कई लेखकों ने। पर अभी तो श्री कुंजीलाल जी द्वारा कहानी की आवाज़ को आचरण में ढालने की यह प्रशासनिक कोशिश मुझे प्रेरक और रोमांचक लग रही है। इस तरह की कोशिशों की मात्र क़द्र नहीं, बल्कि इसे बतौर अनुकरणीय प्रचारित-प्रसारित करने की भी ज़रूरत है। सवाल केवल परसाई जी या 'भोलाराम का जीव' का ही नहीं है, बल्कि न्याय और व्यवस्था के लिए संवेदनशीलता बचाने का है।

अपने समय की चुनौतियों और हलचल के बीच साहित्यकार की आवाज़ और उसकी रचना को इस तरह तवज्जोह मिलती है तो हमें भी कुछ-कुछ सार्थकता का आभास होता ही है। श्री कुंजीलाल जी को मैंने दूरभाष पर बधाई दी।

नोबेल पुरस्कार : यूरोकेन्द्रित या वैश्विक?

दुनिया के सबसे महत्त्वपूर्ण इस पुरस्कार के दिसम्बर में एक सौ नौ वर्ष पूरे हो जायेंगे। पुरस्कृत की सृजनात्मक हैसियत पर सन्देह का सवाल नहीं, किन्तु चयन-दृष्टि को लेकर प्रश्न तो उठते ही हैं। साहित्य के लिए प्रतिवर्ष हज़ारों लेखकों के प्रस्ताव—उनमें से बीस, फिर पाँच और अन्त में एक का चयन कठिन और चुनौतीपूर्ण प्रक्रिया है। फिर कला-साहित्य के मूल्यांकन में भिन्न-भिन्न सौन्दर्य, देशीय और जीवनपरक दृष्टियाँ निर्धारण करती हैं। वैज्ञानिक वस्तुनिष्ठता सम्भव नहीं होती। हिन्दी पुरस्कारों में जो कुछ हो रहा उससे हम वाक़िफ़ हैं। नोबेल का दायरा तो बहुत व्यापक है। इस वर्ष रोमानिया की 56 वर्षीया हेर्टा म्यूलर को उनकी दमितों की पक्षधरता और प्रयोगधर्मिता के लिए नोबेल से नवाज़ा गया। वे अब तक प्रदत्त एक सौ दो पुरस्कारों में 12वीं महिला हैं। सात बार पुरस्कार किसी को नहीं दिया गया। ज़्याँ पाल सार्त्र अकेले लेखक हैं जिन्होंने 1964 में इस पुरस्कार को अस्वीकार कर दिया था। हमारे महादेश के सन्दर्भ में विडम्बना यह है कि इस बार सूची में प्रख्यात वयोवृद्ध भारतीय लेखिका महाश्वेता देवी का नाम भी था। उनका विपुल सृजन, प्रतिबद्धता, सक्रियता और प्रतिरोध का नैतिक साहस सर्वविदित है। फिर उनका चयन न होना वैसे ही प्रश्न खड़े करता है, जैसे 1937 में गाँधी का नाम शान्ति नोबेल के लिए होते भी छोड़ दिया गया। अब तक 102 दिये पुरस्कारों में 80 से अधिक यूरोपीय भाषा-साहित्य के लेखकों को ही मिले हैं। सिर्फ़ 1913 में रवीन्द्र और 2000 में गाओ ज़िंग्जियान (फ्रांस में विस्थापित) को मिले नोबेल भारत और चीन के हिस्से में आये।

इसका बड़ा कारण यह भी है कि भारत-चीन जैसे महादेशों का साहित्य अंग्रेज़ी अर्थात् विश्व-पुस्तक-बाज़ार में चर्चित एवं उपलब्ध नहीं है। इस सन्दर्भ में देश की साहित्य अकादेमी, पुस्तक-न्यास, ग्रन्थालय, फ़ाउण्डेशन के साथ ही प्रकाशकों-अनुवादकों को गम्भीरतापूर्वक विचार करना चाहिए।

साक्षात्कार : बातचीत के अपने अन्दाज़

मनोज पाण्डेय की बातचीत

एक कवि के रूप में कविता पर बात शुरू करने के लिए आप किन सन्दर्भों को ज़रूरी मानते हैं?

धरती, पर्यावरण और हमारा समय। जिसमें हम जीवित हैं, कैसे जीवित हैं, हमारे संकट, हमारा संघर्ष और हमारे सपने। 'हमारे' से यहाँ मेरा आशय साधारण, सामान्य आदमी से है। मेरे लिए यही ज़रूरी सन्दर्भ हैं।

1973 में आपका पहला संग्रह आया और 2012 में नया संग्रह 'पत्थर फेंक रहा हूँ' आया है। इस अनथक रचना यात्रा में आये विभिन्न पड़ावों की पहचान आपने कैसे की है?

"एक गाँव ने मुझे जन्म दिया/एक धक्के ने शहर में फेंक दिया/शहर ने कविता में उछालकर मुझे कहीं का नहीं रक्खा।" मैं कोई ख़ास नहीं हूँ। साधारण लोगों के बीच हूँ और साधारण लोगों जैसा ही हूँ। मेरा गाँव सतपुड़ा के घने जंगल जो आदिवासी गोण्डवाना के इलाक़े में है, वहाँ मेरा जन्म हुआ। मैं आज भी उन्हीं जड़ों के साथ हूँ। इस तरह से कहना-बताना शायद शोभा नहीं देता होगा, किन्तु मैंने दूसरे विश्व युद्ध की आर्थिक मन्दी को बचपन में देखा-झेला है। माँ मुँह अँधेरे जगा देती थीं और हमें गेहूँ के लिए एक दुकान पर जाना पड़ता था। जहाँ हरेक व्यक्ति को थोड़ा-बहुत गेहूँ मिलता था। फिर स्वतन्त्रता आन्दोलन, सन् बयालीस का आन्दोलन और उसकी गतिविधियाँ इन्दौर में मौजूद थीं। मेरे घर में मेरे बड़े भाई, जो बी. कॉम. के छात्र थे, के कुछ युवा दोस्त आते थे। आन्दोलन को लेकर इनके बीच जमकर बातचीत होती थी। ये कैसे सम्भव था कि मैं उससे अनजान रहता। मेरे दूसरे भाई साहित्य के विद्यार्थी थे और हमारे घर में अनेक कविता संग्रह थे। सियारामशरण गुप्त, नवीन जी और इन्दौर के कुछ कतिपय स्थानीय कवियों की कविताएँ आज भी मेरे मन में गूँजती हैं। मेरे पिता कबीर के दोहे जब तब हमारे ऊपर जड़ दिया करते थे, किसी भी प्रसंग में।

कबीर जैसे कवि की आवाज़ को हमने राख में तब्दील कर दिया है। ऐसे पच्चीसों नाम हैं, सन्त तुकाराम, नानक, चण्डीदास; इन सब आवाज़ों के एक-एक हिस्से को अपने मन में समेटा होता तो हम दासता के शिकंजे में कभी नहीं फँसते। दासता से मेरा आशय उस दासता से है, जो आज़ादी प्राप्त हो जाने के बाद भी हमें जकड़े हुए है। भारतेन्दु हरिश्चन्द्र ने कई ऐसी बातें कही थीं जो आज हमारे वास्ते चुनौती हैं। भारत-दुर्दशा, वैदिकी हिंसा, हिंसा न भवति, अन्धेर नगरी में उन्नीसवीं सदी की चुनौतियाँ-संकट उपस्थित थे। उनसे जुड़े दिशा-निर्देश थे। भारतेन्दु ने कहा था कि अंग्रेज़ी राज सुख-साज व्यवस्था दे रही है, ये अच्छी है, किन्तु सब सम्पत्ति विदेश चलि जात ये सबसे बड़ा दुख है। आज हमारे जनप्रतिनिधि हवाई जहाज़ों में कुनबे सहित विदेश जाते हैं और वहाँ के धन कुबेरों को देश में आमन्त्रित करते हैं कि हमारी ज़मीन, जंगल, पहाड़, नदियों सबको तहस-नहस करो। पूँजी निवेश करो। वो पूँजी निवेश करे तो मुनाफ़ा कहाँ जायेगा। ये महावणिक, महाठग हैं, और हम मुग्ध भाव से देख रहे हैं। यह मेरी रचना-यात्रा के दो महत्त्वपूर्ण छोर हैं, जिनके बीच तमाम पड़ाव आये जिन्हें मेरी कविताओं में उभरते हुए आसानी से देखा जा सकता है।

आपने अपनी रचना यात्रा में देश-दुनिया, समाज, समय, दृष्टि, विचार आदि तमाम स्थितियों में होने वाले कौन-कौन से बदलावों के प्रति अपने आपको सचेत पाया है?

पहले तो हमें 'आधुनिकता' ने जकड़ा, उसके बाद गये बीस साल से 'भूमण्डलीकरण' की चपेट में हैं। परिणामस्वरूप कॉर्पोरेट पूँजी ने हमको अपनी देशीयता से, जातीयता से, अस्मिता से और पहचान से वंचित कर दिया है। अभी हिन्दी दिवस गया है; भारतेन्दु ने कहा, "निज भाषा उन्नति अहै, सब उन्नति को मूल। बिन निज भाषा-ज्ञान के, मिटत न हिय के सूल। अंग्रेज़ी पढ़ि के जदपि, सब गुन होत प्रवीन। पै निज भाषा-ज्ञान बिन, रहत हीन के हीन।" आज हम अंग्रेज़ी के दीवाने हो चुके हैं। गाँव में मिट्टी-ईंट-गोबर से लिपे-पुते-बने मकान के आगे लिखा जाता है कि 'यहाँ अंग्रेज़ी माध्यम से शिक्षा दी जाती है।' कहने का आशय है कि आज़ादी के बाद से ही जिस स्वतन्त्रता, न्याय, समानता के वास्ते हमने संघर्ष किया था; उस पर यथोचित ध्यान नहीं दिया गया। राममनोहर लोहिया ने कहा था कि सबसे बड़े आदमी और जमादार का बच्चा एक ही स्कूल में पढ़े। आज हमारी शिक्षा प्रणाली दोहरी नहीं कई स्तरों में बँट गयी है। आज भी टाटपट्टी वाले स्कूल हैं, तो अकल्पनीय सुख-सुविधा वाले स्कूल भी।

इन सबको केवल कवि की चिन्ता का प्रश्न नहीं होना चाहिए बल्कि सजग, सचेत मनुष्य की चिन्ता भी होनी चाहिए कि वो इन चीज़ों पर प्रहार करें। मैं कवि और मनुष्य होने में फ़र्क़ नहीं करता। मनुष्य होना क्या हमारा पेशा है।

जैसे मनुष्य होना पेशा नहीं है; वैसे कवि होना पेशा नहीं है। कवि तो हमेशा पक्ष लेता है। मेरे कवि कहते थे 'पार्टनर, तुम्हारी पॉलिटिक्स क्या है?' आज हमें फ़र्क़ करने की तमीज होनी चाहिए। हम किसके साथ हैं, किसके साथ चल रहे हैं, किसके साथ उठ-बैठ रहे हैं, और जो नहीं करना, वह भी कम महत्त्वपूर्ण नहीं है। मैंने कभी परिनिष्ठित शुद्ध भाषा की चिन्ता नहीं की। जो आवाज़ भीतर से आकर कविता बन पायी है; वो कितनी टिकाऊ होगी या नहीं होगी। इसकी मैंने कभी चिन्ता नहीं की।

आपकी एक कविता है 'करिश्मे भी दिखा सकती हैं अब किताबें'; इसी शब्दावली के साथ क्या आप मानते हैं कि 'करिश्मे भी दिखा सकती हैं अब कविताएँ'?

ये कविता 'करिश्मे भी दिखा सकती हैं अब किताबें' इन्दौर के एक अख़बार के पाक्षिक स्तम्भ में छपा था। यह एक टिप्पणी थी, इन्दौर में लगे एक पुस्तक मेले के बारे में, उसी के सन्दर्भ में यह लिखा गया था। लोगों ने कहा कविता है और कविता बन गयी। किन्तु कविता बहुत असर कर सकती है। उसके लिए जो सामाजिक जागरूकता चाहिए, वह दिन पर दिन कम होती जा रही है। सूचनाओं के प्रवाह में, अन्धड़ में विचार ग़ायब होते जा रहे हैं। बाज़ार की आवाज़ों को कान ध्यान से सुन रहे हैं। आँखें, आकर्षक वस्तुओं, विज्ञापनों को मुग्ध भाव से देखती हैं। किन्तु सार्थक शब्दों, आवाज़ों के सन्दर्भ में भयावह उदासीनता है। पचहत्तर प्रतिशत लोग तो शिक्षित नहीं हैं, जो किताब पढ़ें या कविता की ओर ध्यान दें। दूसरी ओर उच्च मध्य वर्ग जो शिक्षित है, वह अंग्रेज़ी, विदेश और धन बटोरने के मोह में फँसा हुआ है। हमारे देश में एक नहीं अनेक देश हैं; इन लोगों का देश तो उन किसानों का देश है, जो आत्महत्या कर चुके हैं, करने वाले हैं। इन आदिवासियों का देश जो विस्थापित हो अपनी ही जगहों पर मर रहे हैं। होटलों में काम कर रहे बच्चे, स्त्रियों के साथ दुर्व्यवहार, वेश्यावृत्ति, गुण्डे, निरन्तर बढ़ते अपराध जितने ज़ख़्म दे रहे हैं उनकी गिनती करना मुश्किल है। चपरासी से लेकर बड़े अधिकारी तक भ्रष्टाचार में निष्णात हो चुके हैं। जनता में फैले दिग्भ्रम के कारण ऐसी स्थिति उत्पन्न हो गयी है क्योंकि गुमराह करने वाली ताक़तें, गुमराह करने वाले मीडिया और गुमराह होने वाली भीड़; ऐसे में गुमराह करने वाले आशावाद भी किस काम के?

यह सब कहने की ज़रूरत नहीं है। सब कुछ साफ़ दिखाई दे रहा है। सिर्फ़ एक दिन का अख़बार उठाइए, उसमें गाँव में, क़स्बे में, शहर में स्त्रियों के साथ हुए दुष्कर्म की घटनाएँ, शहरों में औरतों के साथ चेन-पर्स छीनने की घटनाएँ, चन्दा न देने पर चन्दा उगाहने आये असामाजिक समाजसेवियों द्वारा की गयी गुण्डागर्दी; फिर नेताओं की बड़ी-बड़ी घोषणाएँ और उसी के नीचे विपत्तियों और त्रासदी की घटनाएँ, हत्या, आत्महत्या। क़स्बे में अपनी बेटियों के साथ माँ ने आत्महत्या की,

इस तरह की ख़बरें हर रोज़ केवल अपनी होने की जगहें बदल रही हैं। ये हमारे समय को प्रतीकात्मक लक्षण के तौर पर सामने ला रही हैं। ऐसे में कोई भी अपनी आत्मशान्ति को भंग कर ही ज़िन्दा है। ये चिकने-चुपड़े, खाये-पिये, अघाये, मनमुदित, आत्ममुग्ध, चुटकी भर अमरता के वास्ते कविता सच्चे मनुष्य और कवि के लिए नाममुकिन ही नहीं पाप है। कविता करिश्मा कर सकती है, उसको सुना नहीं जा रहा है, उस पर तवज्जो नहीं दी जा रही है। मैं तो समझता हूँ कि मेरे जीवन में यही अच्छा रहा कि "आग और ग़ुस्से ने मेरा साथ कभी नहीं छोड़ा। मेरी यही कोशिश रही कि पत्थरों की तरह टकराएँ हवा में मेरे शब्द और बीमार की डूबती नब्ज़ को जान ताज़ा पत्तियों की साँस बन जाये। ऐसे ज़िन्दा रहने से नफ़रत है मुझे; जिसमें हर कोई आये और मुझे अच्छा कहे। मैं हर किसी की तारीफ़ करते भटकता रहूँ, मेरे दुश्मन न हों और उसे अपने हक़ में बड़ी बात मानूँ।"

आपको 'अकविता' का कवि कहा जाता है। इस मान्यता के बारे में आपका क्या मानना है?

यह भ्रम सजग रूप से फैलाया है, कई साथियों ने। शायद वो भ्रमित रहे होंगे। मैं कहता हूँ कि सन् 1952, 54, 57, 58 से जिसकी कविताएँ धर्मयुग, ज्ञानोदय में छपने लगी हों, जो धरती की कोख से जाया हो, जिसकी जड़ें आज भी आदिवासी सतपुड़ा के क्षेत्र में हों, वह अकविता से आया हुआ कैसे हो सकता है? किसी 'अकविता' पत्रिका में छपने से कोई अकवि नहीं हो जाता। अकवि होकर भी जो अपने समय, अपने आसपास का, अपने जीवन का कवि हो क्या उसे अछूत घोषित करेंगे?

'वैकल्पिक व्यवस्था को लेकर साफ़ दृष्टि का न होने' की बात आपकी कविताओं के बारे में की जाती है। एक वामपन्थी मनोधरातल वाले कवि के रूप में अपनी कविता के लिए आप इसे विरोधाभास मानते हैं?

मैं प्रतिबद्ध पक्षधरता का कवि हूँ। मेरी पक्षधरता के प्रमाण मेरी कविता में मिलेंगे। उन्हें अलग से कहना अनावश्यक है। 'वैकल्पिक व्यवस्था' जिन लोगों के पास कविता दृष्टि में थी, उसका साकार रूप या मूर्त रूप कहाँ साकार हुआ है, वही बता सकते हैं। यथार्थ को अपने नज़रिये से ढँकना और उसमें उम्मीद की सुरंगें दिखाना कठिन काम नहीं है। कविता को मैं जादूगरी नहीं समझता और जितना मैं जानता हूँ, जितना समझता हूँ, उतना मैं कहता हूँ। मेरा कोई दावा नहीं है, कविता में मैं मुंगेरीलाल के सपने नहीं देखता।

लीलाधर मण्डलोई कहते हैं कि कदाचित स्त्री और बच्चों की इतनी मार्मिक छवियाँ किसी के पास नहीं हैं। राजनीतिक कविताओं का धारदार सर्जक कवि इन मार्मिक छवियों को अपनी कविताओं में रचने का स्रोत कहाँ पाता है? क्या इन कविताओं को सिरजते समय आपकी राजनीतिक दृष्टि भी काम आती है?

कविता, विचार और दृष्टि भिन्न-भिन्न तत्त्वों का पाउडर नहीं है। दृष्टि अंश-अंश में नहीं होती है। धरती और जीवनानुभव से एक समग्र सोच प्राप्त होती है। एक प्रेम कविता में भी विचारधारा हो सकती है और राजनीतिक चेतना वाली कविता में प्रेम और सौन्दर्य हो सकता है। बच्चे और स्त्रियाँ हमारी धरती पर चलते, सोते, रहते कहाँ नहीं दिखते? उनका दुख, स्वप्न, संघर्ष और उनकी विपन्नता देखने और आत्मसात करने के लिए किसी म्यूज़ियम में जाने की ज़रूरत नहीं पड़ती। मैं जितना अपने अध्यापकीय जीवन में तमाम जगहों पर घूमा, भटका सब कुछ उन्हीं अनुभवों से प्राप्त है। उन्हीं अनुभवों से मेरी जीवन-दृष्टि और काव्य-दृष्टि बनती है। मेरी जीवन-दृष्टि और काव्य-दृष्टि में फाँक नहीं है। कोई म ने या न माने; मैं अपने आपको पूर्णकालिक कवि मानता हूँ। जब मैं पढ़ाता था, तब भी कवि-अध्यापक होता था। घर में, अपने आसपास, अपने दोस्तों में मैं कवि-पति, कवि-पिता, कवि-पड़ोसी, कवि-मित्र की ही तरह रहा। अपने सच को कहने से कभी सकुचाया नहीं। यही मेरी कविता का स्रोत है।

आपको 'भाषा का जोख़िम' उठाने वाला कवि कहा-माना जाता है। यह कवि जो अपनी ही भाषा के ढाँचे को तोड़ता है। आप अपनी कविताओं के सन्दर्भ में इस मान्यता को किस रूप में लेते हैं?

सच बात तो यह है कि काव्यभाषा, शिल्प, तकनीक इन सबके प्रति मैं कभी सतर्क नहीं रहा। नाप-तौल कर कविताई मेरे स्वभाव में नहीं! सहज स्फूर्ति से जो उमड़ता है, वही मेरी कविता बनती है, वही मेरी आवाज़ बनती है। दर्ज़ी की तरह नापजोख कर काव्य का डिजाइन करना कवि का काम नहीं है। जो ऐसा करते हैं, उन्हें मैं चकित भाव से देखकर ख़ुश होता हूँ। कितना हुनर है उनमें? उनके हुनर की दाद देता हूँ, पर मुझे दाद नहीं चाहिए। दाद नाम से त्वचा की एक बीमारी भी होती है।

जिस रचना-संसार में नागार्जुन, शमशेर, केदारनाथ, मुक्तिबोध, धूमिल और देवताले जैसे कवियों के होने के बाद भी गाहे-बगाहे 'कविता का संकट' में होने की बात की जाती है। उस रचना-संसार के इस 'संकट' के बारे में आपका क्या मानना है?

जिन बड़े कवियों का ज़िक्र किया है, उनकी आवाज़ आज भी प्रेरणा देती रहती है। वे आज होते तो वे भी संकट के इस ताप को तीव्रता से महसूस करते। यह संकट कविता का या कविता के समक्ष नहीं है। संकट मनुष्यता, हमारी धरती, हमारे पर्यावरण, भाषा, पहचान के समक्ष है। भूमण्डलीकरण की दानवी चपेट में अपनी जगह से हम विस्थापित हो रहे हैं। भीषण चुनौतियाँ हैं, कविजन और कविता भी हतप्रभ है। फिर भी हाँफते हुए विस्मृत नहीं होतीं मुक्तिबोध की ये पंक्तियाँ। 'कोशिश करो/कोशिश करो/जीने की/ज़मीन में गढ़ कर भी।' किसानों ने अपना

कितना कुछ खो दिया है, कितने ही किसानों ने आत्महत्या कर ली है। इस समय में भी कवि धरती पर खड़ा है; यही एक उम्मीद है।

आज की कविता ख़ास कर युवा और नये कवियों की कविताओं को पढ़-सुनकर आप हिन्दी कविता के प्रति आश्वस्त हो पाते हैं?

अर्थव्यवस्था और उससे उत्पन्न संकट के बीच अगर हम कविताओं की आवाज़ को सुन पायें तो वे आश्वस्त करेंगी ही। कविता शिकस्त नहीं जानती है। चाहे कवि अनुत्तीर्ण माना जाये। आज कवि होना एक नैतिक सज़ा है और इस सज़ा को काटने-भुगतने का बेहतर तरीक़ा साहस के साथ अपनी बात कहते रहना है। युवा रचनाकारों में इसी बेचैनी के साथ सृजनशीलता बढ़ी है। केन्द्र के कवियों को तो हम जानते ही हैं किन्तु जनपदों, क़स्बों, आदिवासी और अहिन्दीभाषी क्षेत्रों में भी पक्षधर युवा कवियों की कविता हो रही है, जिसकी आवाज़ हमें आश्वस्त करती है। मौजूदा वक़्त के उत्पीड़न, संघर्ष, भ्रष्टाचार, राजनीतिक दाँव-पेंच को प्रखरता से पहचान रहे हैं।

ऐसे कवियों की भी भरमार है जो तुरत-फुरत लिखना, छपना और पुरस्कृत होने को आतुर, बाज़ारवाद के प्रवाह में आत्ममुग्ध हैं। इनका कोई इलाज नहीं है। यह भी रफ़्तार में मथाते हमारे समय की दुर्घटना है। इस प्रश्न से भी हम टकरा रहे हैं, जवाब देना आसान नहीं है। आने वाले समय से हमें निबटना ही होगा। "यह वक़्त, वक़्त नहीं मुक़दमा है/या तो गवाही दे दो/या गूँगे हो जाओ हमेशा के वास्ते।" अपनी बित्ता भर जगह को बचाते हमें यही कोशिश करते रहना है। यही बात आज की कविता के साथ भी मौजूं है।

सुभाष चन्द्र की बातचीत

आपको साहित्य अकादेमी पुरस्कार मिला है, उसके लिए बधाई। आपसे जानना चाहते हैं कि पुरस्कार लेखक व उसके लेखन पर किस तरह से प्रभाव डालता है?

मेरे हिसाब से सही शब्द पुरस्कार नहीं सम्मान है। यह मुझ जैसों को न तो चुम्बक की तरह आकर्षित करता, न कलई की तरह चमकाता है। हाँ, यह लेखक की आवाज़ की स्वीकृति है, बस यही राहत देता है। फिर भी चन्द रोज़ बधाई-ख़ुशी की गहमागहमी, फिर वही फरेबी गर्द-गुबार-धुन्ध की साजिश और धरती पर खड़े मनुष्यों के साथ प्रश्नों की नोक से सामना। सम्मान से लेखन पर क्यों ख़ास असर पड़ना चाहिए? यह तो सावधान करता है। जो लेखक इस सबके प्रति सतर्क नहीं रहते, उन्हें सम्मान गुमान देता होगा।

सवाल तो पुराना है, लेकिन हर साहित्यकार के लिए नये रूप में आता है। आप इसे किस तरह देखते हैं कि कविता से पाठक व समाज किस तरह प्रभावित होता है।

आज संकट कई-कई स्तरों पर है। करोड़ों का अपना समाज। इस महादेश में कहाँ-कहाँ बिखरा जीवन। दूसरी तरफ़ मुट्ठीभर लोगों का अपना समाज, और इसमें चुटकी भर लोगों को भी कविता का गम्भीर पाठक या श्रोता नहीं कहा जा सकता। जो लिखते, वे ही पढ़ते-सुनते-सुनाते और विमर्श करते सांस्कृतिक समाचार बन जाते हैं क्षणभर को। सत्ता-संस्थाओं ने साक्षरता, जागरूकता, पुस्तक संस्कृति, शिक्षा सभी को आँकड़ों में क़ैद कर आभासी व्यामोह रचा है। साहित्य-संगीत तथा कलाएँ भी उनके लिए टोटके हैं।

आप वामपन्थी विचारधारा से सम्बन्ध रखते हैं। साहित्य और विचारधारा का सवाल हिन्दी साहित्य जगत में विवादास्पद रहा है।

विचारधारा में किसी भी लेखक के लिए पृथक् से अपनी जीवन-दृष्टि अनुभव लोक में मिश्रण का मामला नहीं है। विचारधारा से बिदकते लोग इसे अपमिश्रण की तरह बताते हैं। सृजन को जो जीवन-पर्यावरण, धरती के संघर्ष से परे मानते हैं

उन्होंने विवादास्पद बनाया है। क्या कबीर, तुकाराम, बुद्ध-विवेकानन्द किसी विचारधारा की गिरफ़्त में थे।

आप साहित्य के गम्भीर पाठक हैं। साहित्य की प्रगतिशील परम्परा व मुक्तिबोध के रचना-कर्म को आपने आत्मसात किया है। साहित्य अध्ययन ने आपके रचना-कर्म को कैसे प्रभावित किया?

संक्षेप में, बचपन से ही स्वाधीनता-संग्राम, द्वितीय विश्व युद्ध स्मृतियों सहित कविता और पुस्तकों का घर मिला। जन्म आदिवासी इलाके में। अपनी जड़ें और ठेठ बचपन की सौंधी स्मृतियाँ हँसते-गाते-जूझते घर-गाँव के लोगों के आज तक साथ होने से मैं जैसा हूँ, बना हूँ। संघर्षशील, पक्षधर और जीवनोन्मुख साहित्य और कवियों ने प्रभावित किया ही है। यह जीवन और रचना-प्रक्रिया की सहज दशा है। आरोपित कुछ नहीं देता। निराला, रघुवीर सहाय, मुक्तिबोध आदि मेरे प्रिय कवि हैं।

हिन्दी साहित्य में कविता के बहुत से आन्दोलन व धाराएँ समानान्तर रूप से चलती रही हैं। आप अपने को साहित्य की किस परम्परा में रखते हैं?

यह मुझे अकादमिक मसला लगता है। मैं किसी परम्परा में अपने को कैसे घोषित कर सकता हूँ? परिवर्तनों के समानान्तर देशीय रफ़्तार पसन्द करता हूँ। जड़ीभूत और आयाम कलाएँ, आन्दोलन कोई अर्थ नहीं रखते।

आपकी कविताएँ एक घटना अथवा स्थिति विशेष पर केन्द्रित होती हैं, लेकिन वे धीरे-धीरे पूरे परिदृश्य का परिचय करवाने लगती हैं। घटना-विशेष की व्यापकता के पीछे आपकी रचना-प्रक्रिया का रहस्य क्या है?

रचना-प्रक्रिया के बारे में ही पूरे विश्वास के साथ कुछ कह पाना कठिन है, फिर उसका रहस्योद्घाटन और भी मुश्किल। आलोचनात्मक विवेक के चलते इसकी पड़ताल की जा सकती है। और यह हर कवि के बूते का तो नहीं न।

आपकी कविताओं में बहुत से चरित्र आते हैं जो पाठक की चेतना में स्थायी जगह बना लेते हैं। ये चरित्र पाठक के संसार को जीवन्त कर देते हैं। आप कैसे ढूँढ़ते हैं ऐसे चरित्र?

अपने आसपास की दुनिया, स्मृतियों के उजास से जाने-पहचाने लोग टकराते हैं। पैदल जो चलते हैं वे देखते और उनके सुख-दुख से विचलित होते रहते हैं। इन्हें खोजना नहीं पड़ता। खोजक कवि भी होते होंगे क्या?

आपकी कविताओं में पत्थर बहुत आते हैं, बल्कि आपने कविता-संग्रहों (पत्थर की बेंच, इतनी पत्थर रोशनी, पत्थर फेंक रहा हूँ) के नाम भी इसी तरह के रखे हैं। पत्थर से कई भावों की अभिव्यक्तियाँ करते हैं। पत्थर फेंकने की राजनीति क्या है?

गाँव में, घर की चकिया पत्थर की थी। लोग पत्थर पूजने भी जाते थे। पत्थर से हम खेत में जामुन गिराते और खाते। पत्थर घाट पर औरतें कपड़े कूटतीं। ओखली-सिलबट्टा चौके से लेकर नहान घर तक पत्थर का साम्राज्य। पत्थर नसीब औरतों के आँसू पत्थर पर गिरते। पत्थरों की कोख से निकले दूध से झरने/पत्थरों से सिर फुटौवल/क्या नहीं पत्थर/पत्थरों के सिंहासन–बेंच भी/अब मैंने तो देखी पत्थर घड़ी भी। जो पत्थर इस तरह आये मेरी कविता में तो इसमें न मेरा, न पत्थरों का दोष न कोई साजिश। पत्थरों को लेकर राजनीति? यह तो राजनीतिक पार्टियों का काम।

आपकी काव्य-भाषा में ख़ास किस्म की वक्रता है, जो पाठक को चौंकाती है, चोट करती है, आह्लादित करती है, एक अलग दुनिया में ले जाती है। स्वाभाविक है कि ऐसी भाषा बनी-बनाई तो नहीं ही मिलती। भाषा के ऐसे प्रयोग के लिए क्या करते हैं?

काव्य-भाषा के लिए भी जीवन कोश और लोक-रिश्ते ही की देन रही है। मेरे लिए कविता में कुछ भी निषिद्ध नहीं और सायास तो मैं कुछ भी नहीं करता। पुराने ज़माने में भी हमारे एक कवि ने कहा था न–"लोग हैं लागि कवित्त बनावत। मोहि तो मोरे कवित्त बनावत।"

आपने कविता के अलावा किन विधाओं में लिखा है? अक्सर देखने में आया है कि जब किसी लेखक के अनुभवों अथवा सरोकारों का विस्तार होता है, तो वह अभिव्यक्ति के लिए एक से अधिक विधाओं में सृजन करता है। आपकी कविताओं में भी एक कथा छुपी होती है। आपने सचेत तौर पर कहानी नहीं लिखने का फ़ैसला किया था या आप कविता को ही विश्वसनीय माध्यम समझते हैं।

छात्र जीवन में पाँच-छह कहानियाँ लिखी थीं। सचेत तौर पर कुछ नहीं किया। बस कविता मेरे अनुभव और मेरी ज़ुबान में रच-बस गयी। अनुभवों का विस्तार इनमें ही समा गया। इतना ही।

आभा बोधिसत्व के विकट और सीधे सवाल

'शब्द में दर्ज होते समय' के चारों तरफ़ विकट चक्रव्यूह रचा है आपके ख़तनुमा प्रश्नों ने।

मैं कैसा हूँ? मेरे आसपास क्या चल रहा है? कैसे हालात? मैं उन्हें किस तरह देख रहा? मेरे लेखन में किस तरह शामिल हो रहा यह सब? भारतीय भाषाओं से संवाद किस तरह होता? विश्व साहित्य की बात भी की आपने।

पृष्ठभूमि...मैं जो कोशिश कर रहा इन सवालों से ज़ख़्मी होते चक्रव्यूह भेदने की, सड़क से गुज़रता नहीं, पैदल चलता मनुष्य हूँ, जिसका कवि भी उसी में। आदिवासी इलाके में मेरी जड़ें...ताप्ती-नर्मदा नदियों किनारे गाँव-क़स्बे में बीता बचपन। मध्य प्रदेश के महाविद्यालयीन सेवाकाल में चौदह-पन्द्रह स्थानान्तर...क़स्बों-तहसीलों तक, हर जगह रहा प्रसन्न-मिलजुलकर सबसे। बचपन ही में मिल गया या पुरखों की आवाज़ों का घर, साथ ही स्वतन्त्रता आन्दोलन की गतिविधियों का परिवेश। रहीम, कबीर, सियारामशरण गुप्त, बालकृष्ण शर्मा 'नवीन' जी की कविता पंक्तियों ने किया मेरा संस्कार।

अब अपनी चार कवितओं से कुछ पंक्तियाँ...

हाथों में होते हैं अर्थ पारे की तरह
और शब्द रेत की मानिंद
मैं रोपना चाहता हूँ पारे को रेत में
फिर रेत को अपने ही भीतर...

(1972)

सत्य को जब चींथता है कोई शब्द
या कोई शब्द ध्वस्त हो
देता है हमें सत्य
तब टपकता है दूध कविता का
मज़बूत होती हैं घास की जड़ें...

(1972)

मैं देखता हूँ चीज़ों को
धड़कनों के भीतर जाकर
और कहता हूँ कुछ इस तरह से
जैसे मैं जो कह रहा
वह देख-सुनकर ही नहीं
चखकर भी आया हूँ
और यह उससे कितना भिन्न है
जो सुबह अख़बार में किसी की भी आँखें देखती हैं...

मेरी किस्मत में यही अच्छा रहा
कि आग और ग़ुस्से ने मेरा साथ कभी नहीं छोड़ा
मेरी यही कोशिश रही
पत्थरों की तरह हवा में टकराएँ मेरे शब्द
और बीमार की डूबती नब्ज़ को थामकर
ताज़ा पत्तियों की साँस बन जायें...

(2004)

राक्षसी शक्तियों के मुग्ध करते मुखौटे

अब आगे का हाल-अहवाल यह कि, ''हर तरह से विस्थापित करते इस बुलडोज़र समय में जो भी मनुष्य-कवि झोला छाप नहीं होगा, वह स्वस्थ-प्रसन्नचित्त कैसे रह सकेगा?'' मुक्तिबोध की छह दशक पूर्व की ये पंक्तियाँ मुझ जैसों के भीतर-बाहर डोंडी पीटती रहती हैं—कि अपनी आत्मशान्ति को नष्ट किये बग़ैर कोई कवि हो नहीं सकता। याद आ रहा एक प्रसंग—सृजन इच्छुक एक युवा अर्नेस्ट हेमिंग्वे के पास पहुँचा और पूछने लगा—'कृपया बतायें, मैं सृजन कैसे करूँ?' हेमिंग्वे का उत्तर था—'दिखाओ तुम्हारे ज़ख़्म कहाँ हैं? नहीं हैं, तो और कोई काम करो।' कवियों के समक्ष संकट और चुनौती कब नहीं रहे। चार सौ वर्ष पूर्व सन्त कवि तुकाराम अपने समय को एक संग्राम की तरह पाते थे—'दिन-रात शामिल हम एक युद्ध में, भीतर अपने ख़ुद से और बाहर ज़माने से'।

आसपास जो चल रहा, वह तो भयानक है ही। इस दहशतवादी सदी को कई-कई राक्षसी शक्तियाँ संचालित कर रही हैं—एक-से-एक आकर्षक, मुग्ध करते मुखौटों के साथ। भीतर-बाहर की इन शक्तियों के गठबन्धनों-रिश्तों को समझना भी बेहद कठिन। कुछ संकेत-पैदा देना है भारतेन्दु ने उन्नीसवीं सदी के अन्त में 'भारत-दुर्दशा' में कहा था—'भारत-दुर्दशा देखी न जाई, सब सम्पत्ति विदेश जा रही है,

आओ! सब मिलकर रोते हैं।' प्रेमचन्द का निबन्ध 'महाजनी सभ्यता', जैनेन्द्र जी का 'बाज़ार दर्शन'...और प्रेमचन्द ने किया था आगाह—'इन सुराजियों के अभी ये हाल हैं, तो आज़ादी मिलने पर पता नहीं क्या करेंगे?' इनकी त्रासदी के शिखर पर हम आज...

नव पूँजीवाद और समृद्धि का भ्रम

स्वतन्त्रता प्राप्त होते ही जन-जागृति अभियान का पटाक्षेप और धीरे-धीरे प्रारम्भ हुआ जन-भ्रान्ति व्यापार। पहले सत्तासीनों ने हाथ फैलाकर वोट माँगे, फिर तिजोरियाँ ख़रीदीं। मातहत अफ़सरों ने ताड़ा, वो भी बटोरने लगे। व्यापारी-उद्योगपतियों ने सुविधा-राहत माँगी और मुट्ठी करने लगे गरम दाताओं की। विज्ञान-टेक्नोलॉजी और मिलावट-मुनाफ़े की रफ़्तार शुरू हुई। औपनिवेशिक दासता और विकासशील देशों की समृद्धि ने चारा डाला और सत्ता, प्रशासन, व्यापारी सभी विकास के चक्कर में पड़ गये। नव पूँजीवाद ने हमारे कृषि प्रधान देश में प्राकृतिक संसाधनों का नाश करते हुए समृद्धि के द्वीप का भ्रम खड़ा कर दिया। किसानों का शहरों की ओर पलायन उद्योगपतियों के हित में था। धरती-जंगल-जल पर आतिक्रमण से घबराये आदिवासी शहरों में शरणार्थी होने लगे। जैसे अमेरिका पूँजी की सत्ता के बूते 150 देशों का शोषण कर रहा है, उसी तर्ज़ पर देशीय कॉर्पोरेट घरानों ने सत्ता, प्रशासन और मीडिया को क़ब्ज़े में ले विकट महाबाज़ारवाद को फैलाया। भ्रष्टाचार और अपराध इसी पूँजी माफिया की उपज हैं। भ्रष्टाचार राजनीतिक-प्रशासनिक-व्यापारिक संस्था-संस्थानों पर कृपा वृष्टि करता है। आज देशीयता, संस्कृति, विचार, अपनी भाषा-पहचान और जड़ों सहित विस्मृति की विराट वॉशिंग मशीन में डाल दिये गये हैं। इस विपन्नता के चलते देश में गैंग रेप, दंगे (इस वर्ष पिछले आठ माह में 450 सम्प्रदायिक हिंसा की घटनाएँ), ऊपर से नीचे तक रिश्वत, आत्महत्याएँ, मादक पदार्थों की तस्करी, अकाल, बाढ़, महामारी, बच्चों-स्त्रियों का व्यापार, पारिवारिक रिश्तों में मारकाट, अन्धविश्वास, पाखण्ड, दुर्घटनाएँ और असुरक्षा की भावना—इन सबकी सूनामी बह रही है। मीडिया-दृश्य और प्रिंट-कॉर्पोरेट घरानों, राजनीतिक दलों के इशारों पर धन्धा कर रहा, पेड न्यूज़, पेड छवि निर्माण और पत्रकार भी स्वतन्त्र नहीं। शिक्षा के छोटे-बड़े अड्डे अनउर्वर और दोहरी शिक्षा नीति के कारण भयावह खाई उच्च वर्ग और ग़रीब छात्रों की दो बस्तियों में। मिड डे भोजन योजना को भी मिलावट, धन्धे और कमीशनखोरी ने पंक्चर कर दिया। इस सबको भीतर की आँखों से देख आत्मा के खरे शब्दों में कह पाना बहुत कठिन है।

कवि को बजते रहना है तूती की तरह

शब्द को भी हालात भ्रष्ट करते ख़रीद लेते हैं। यहाँ तो आदमी भी बिकाऊ माल में तब्दील किया जा सकता है। भोंडे विज्ञापनों में हम विभूतियों को देख ही रहे हैं।

शब्द भी पातकी को महिमामण्डित कर रहे। गुमराह करने वाले बीज, भाषा, गुमराह को चुकी भीड़ जनता के लिए भी मार्कण्डेय काटजू ने सही कहा था। रघुवीर सहाय ने कहा था, 'जब विचार का दमन करना सम्भव न रह जाये, तो प्रचार से ऐसा विचार बनाया जाये कि विचार की ज़रूरत ही न रहे'।

इस विस्फोटक दहाने पर कवि-रचनाकारों की मूल प्रतिज्ञा-प्रतिबद्धता, उसके प्रतिरोध-विद्रोह के सिवा और कुछ नहीं हो सकती। लेखकों-कवियों में यह आग जल रही है। आदिवासी क्षेत्रों, पहाड़ों, क़स्बों, जंगलों से लेकर शहरों तक के रचनाकारों की रचनाओं में वक़्त की टूट-फूट, बीमारियाँ और लाभ-लोभ के बीच दैन्य के दारुण दृश्य और मनुष्यता की चाहत भरी घास पर करुणा की छलछलाती ओस बूँद दिखाई देती है। स्त्रियाँ, वृद्धों, बच्चों, ग़रीबों के साथ कपट करती उदारता का भेद उगलते हुए हमें झकझोरती है। यह भी हक़ीक़त है कि इस सार्थक-चेतावनी देती आवाज़ को बाँचने-सुनने की गरज गिने-चुने लोगों में बची है।

पर एक सच्चे कवि का काम तूती की तरह बजते रहना है। जहाँ है, वहाँ आसपास अपनी बात कहते रहना है—कविता से बाहर निकलकर भी।

सृजन अनुष्ठान 'टेंट हाउस' भी है इस बाज़ार में, जिनके कारण कई रचनाकार आत्ममुग्ध हो, इधर लिखा-उधर पुस्तक आयी—फिर लोकार्पण-पुरस्कार और सम्मान जैसे मोह में फँस गये हैं। यह भी वक़्त की मार। किसी ने कहा था—ऐसे ही समय में हमें जीना है। पर, चुप नहीं रहेंगे। बची-खुची सुन्दरता हमें ज़िन्दा रखे है...।

आपके दो कविता संग्रहों 'पत्थर की बेंच' और 'मैं पत्थर फेंक रहा हूँ' के शीर्षकों में पत्थर शब्द केन्द्र में क्यों है?

मेरी यही कोशिश रही/पत्थरों की तरह हवा में टकराएँ मेरे शब्द/और बीमार की डूबती नब्ज़ थामकर/ताज़ा पत्तियों की साँस बन जायें। पत्थरों से रिश्ता बचपन की सहज देन है। इन दोनों के बीच एक संग्रह 'इतनी पत्थर रोशनी' (2002) भी है। हमारे गाँव वाले घर की रोज़मर्रा की ज़रूरतें पत्थर नहीं होता, तो उन्हें कौन पूरी करता। चकिया का पिसा खाते थे और पाहन पूजने जाते थे (याद करें कबीर को) पर पूजने का आज जैसा पागलपन नहीं था।

'आँखिन देखी' और 'कागद की लेखी' में आप किसे महत्त्व देते हैं? कविता में किसे दर्ज करते हैं?

हेमिंग्वे ने पूछा था—तुम क्यों लेखक होना चाहते हो? कहाँ हैं तुम्हारे घाव? देखी-पढ़ी जो मेरी—अपनी नहीं, वह सूचना के महाविस्फोट में भुल-भूलैया है। मेरे पास अपने ख़ुद और आसपास के लोगों के जीवन के साथ ही धरती, दरख़्तों-नदियों के घाव हैं। मैं सन्देह करता हूँ और आभासी दुनिया में नहीं रहता। अपने अनुभवों,

अनुभूतियों और देखे को बेधने से जो सुलगता है, वही मेरे हिस्से का सच है। अपने संसार में सुन्दरता और प्रेम की छवियाँ भी झलकती-छलकती हैं और रहेंगी।

कविता लिखकर क्या हासिल करने की योजना थी और क्या वह हासिल हुआ?

1952 में जब पहली कविता उमची तो बस इतना था कि इसे शब्दबद्ध कर लूँ। योजना और हासिल करना जैसे पद मेरे जीवन और कविता के बीच न तब, न अब आये। कबीर, तुकाराम, निराला और मुक्तिबोध जैसे कवियों की कविता से जो उम्मीद है, मैं तो उसी की छाया में साँस ले रहा हूँ। इस अत्याधुनिक संकट के दौर में भी मुझे अपने तईं लगता है कि उसके सरोकार आदिवासी की ही तरह होते हैं, यानी अपनी भाषा, धरती, पर्यावरण और देशीयता को बचाना। पता है, सुनी नहीं जा रही है कवि की आवाज़।

आप अपने लिखे को हिन्दी या विश्व कविता या कवियों से कहाँ भिन्न पाते हैं?

ऐसी किसी तरह की तुलनात्मक समानता या भिन्नता के बारे में कोई भी कवि सपने में भी नहीं सोच सकता। जिसकी जहाँ जड़ें हैं और जो जैसा देख रहा है, वहीं से उसकी पगडण्डी फूटती है।

आपके समकालीनों और बाद के कई कवियों को साहित्य अकादेमी सम्मान मिल चुका है, जबकि आपको नहीं?

यह अवॉर्ड अपवाद छोड़ साँप-छछूँदर जैसा संकट पैदा करता रहा है। फिर अवॉर्ड के बाद कोई सींग नहीं उग आता सर पर। शायद ही किसी को याद रहता हो, वह अवॉर्ड है। ऐसी बातों ने मुझे कभी परेशान नहीं किया।

क्या आप कभी किसी कवि-लेखक के विचारों से या अन्य तरह से प्रभावित रहे हैं?

हाँ, बचपन से लेकर आज तक भी। किशोरावस्था में सियारामशरण गुप्त और नवीन जी की एक-एक कविता का ही ऐसा असर हुआ कि मेरी दिशा तय हो गयी। निराला, मुक्तिबोध, नागार्जुन और रघुवीर सहाय सहित देश-विदेश में कई रचनाकार हैं, जिनकी तरफ़ आज भी आकाश को निहारते देखता हूँ।

प्रदीप मिश्र की बातचीत

आपके जीवन में कविता किस तरह से आयी?

जब कविता लिखना शुरू किया था तो किसी ने ऑर्डर नहीं दिया था, कोई सज़ा नहीं है, कोई नौकरी नहीं है, हमने चुना भी नहीं है कि यह काम हम करें। जैसे जीवन है, वैसे ही कविता लिखना मेरे साथ आया है। जैसा जी रहा हूँ, वैसी कविता लिख रहा हूँ। क्योंकि मेरा जीवन गाँव का है। मेरा घर, मेरा बचपन, खेत यह सब मुझसे विस्मृत नहीं होते हैं। मेरी माँ का संघर्ष, मेरे भाई की गिरफ़्तारी स्वतन्त्रता आन्दोलन, लोगों का भागना-दौड़ना, लाठी चार्ज, गरम पानी का फेंकना, माणक चौक (इन्दौर) की सभाएँ– यह सब आज भी मेरे जेहन में मौजूद हैं। पुरानी याददाश्त मैं छोड़ नहीं सकता। क़स्बों में चौदह जगह ट्रांसफर हुए मेरे। राजगढ़ पत्थरों का, पिपरिया चूड़ा-दाल के व्यापारियों का, नागदा, रतलाम, उज्जैन, पन्ना कहाँ-कहाँ नहीं रहा मैं। इस जीवन-यात्रा में हर चीज़ में मेरा अनुभव था। मैं यह मानता हूँ कि एक जो कवि होता है, वह सही अर्थों में आदिवासी होता है, जिसमें आदिवासी चेतना, आदिवासी चीज़ें, आदिवासी हथियार होते हैं तथा आदिवासी जीवन और समस्या के प्रश्न होते हैं। हम तो प्रकृति के भीतर के लोग हैं।

साधारण मनुष्य और एक कवि में कोई अन्तर...?

कवि को साधारण मनुष्य की तरह से होना चाहिए किन्तु सामान्य मनुष्य की तरह अनजान, पोंगा, इनोसेंट और मासूम नहीं होना चाहिए। उसे चौकस होना चाहिए। जब सौ जासूस मरते हैं तो एक कवि पैदा होता है और एक कवि हज़ार आँखों से देखता है। एक साधारण आदमी सीधा जा रहा है और सीधा आ रहा है। उसकी जगत दृष्टि में कई बार व्याप्ति ही नहीं है कि मैं बचा हुआ हूँ और जगत बचा हुआ है। कवि के लिए यह बात नहीं है। अगर आपके पड़ोस में कोई भी विक्षुब्ध है, दुखी है तो एक कवि के लिए नींद आना मुश्किल है। बुद्ध ने कहा था कि–सातों समुद्र का जो पानी है, उससे ज़्यादा आदमी की आँखों से आँसू बह चुके हैं। बुद्ध के ज़माने की यह बात थी। आज हम देखें तो सातों समुद्रों से कहीं ज़्यादा आदमी

का जो आँसू था, वह सूख चुका है, यह स्थिति है। कवि एक ज़िम्मेवार आदमी है, जैसे चौकीदार होता है। रात को वह सो नहीं सकता, यह उसकी नैतिक ज़िम्मेबारी है। ऐसे ही कवि की नैतिक ज़िम्मेवारी है कि वह अपना काम ढंग से करे, अपनी ज़िम्मेदारियों से विमुख न हो। कविता लिखना नौकरी नहीं है, पेशा तो है ही नहीं। जैसे मैं मनुष्य हूँ तो क्या मनुष्य होना मेरा पेशा है अगर मनुष्य होना पेशा नहीं है तो कविता लिखना, साहित्य सृजन करना भी पेशा नहीं है। अगर मैं पेशेवर कवि होता तो मेरी अभी सत्तर-अस्सी किताबें होतीं।

वहाँ पर प्रमाण है, यहाँ पर गुणवत्ता।

थान के थान हैं, तो पेशा डिफरेंट है।

कविता अपने समय और रचनाकार को किस तरह से प्रभावित करती है?

अब जैसे मैं अपने बारे में बताऊँ कि कविता की दो-दो, तीन-तीन पंक्तियों ने मेरे जीवन को निर्धारित किया। सियारामशरण गुप्त की आज़ादी के दिनों की कविता 'एक फूल की चाह' से मैं बहुत प्रभावित था, जिसमें एक अछूत कन्या अपने पिता से कहती है, देवी मन्दिर से एक फूल लाकर दो, उससे मुझे शान्ति मिलेगी। पिता नहा-धोकर धोती पहनकर तिलक लगाकर मन्दिर में जाता है। उसकी बेटी को चेचक हो गयी है। वो वहाँ से फूल भी उठा लेता है और जब नीचे उतरता है तो उसे ब्राह्मण लोग तथा गाँव के लोग पहचान जाते हैं कि वह अछूत है और उसे मार-पीटकर भगा देते हैं। इसी तरह से माखनलाल चतुर्वेदी की कविता 'पुष्प की अभिलाषा' और बालकृष्ण शर्मा नवीन की कविता पंक्तियाँ—"लपक चाटते जूठे पत्ते जिस दिन देखा मैंने नर को, उस दिन सोचा क्यों न लगा दूँ, आग आज इस दुनिया भर को" हम पत्तल चाटते बच्चे देखते थे गली-कूचों में। ये चीज़ें उस समय भी थीं। उस समय कविता में एक तरफ़ छायावाद और दूसरी तरफ़ ये बौद्धिक कविताएँ भी थीं। नयी कविता तो एक तरह से आत्मकेन्द्रित व्यक्ति के मनःस्थिति की कविता थी। मैं की कविता थी। मुक्तिबोध ने इस बात पर तो कहा ही है—कि नयी कविता "मैं" की कविता है और हम उससे मुक्त हुए हैं। उस समय जो कवि और लेखक होते थे, वे जीवन में इतने घिरे नहीं होते थे। उस समय ऐसा कुछ भी नहीं था टाइम का, रफ़्तार का, इनका कोई संकट नहीं था, जो आज हो गया है। कविता के जो आउटसोर्स हैं, उसकी जो शाखाएँ हैं, वे चारों तरफ़ फैल गयी हैं। अब तो आक्टोपस की तरह कविता हो गयी है।

इस ऑक्टोपस की तरह की कविता के बारे में कुछ और बतायें।

कविता का विकास न हमारे हाथ की चीज़ है और न हमारे लिए कोई पद या शब्द है, जिसका हम प्रयोग करें। ऑक्टोपस की स्थिति से मेरा आशय यह है कि

आज की जो कविता है उसमें अनेक चीज़ें कवि को परेशान करती हैं। घड़ी की टिक्...टिक् से लेकर मकड़ी का जाला, भूख, बाज़ार, ग़रीबी, अत्याचार, अन्याय, भ्रष्टाचार, राजनीति, जातिवाद, धर्म-पाखण्ड का जो घमासान मचा हुआ है, झूठ का जो तमतोम मचा हुआ है, ये आज जिस तरह से आवेष्ठित करती है, पहले ऐसा नहीं था। आदमी के पास मुक्त, शान्त और साँस लेने की बहुत प्यारी जगह थी। आज तो आदमी हाँफ रहा है, ज़िन्दगी हाँफ रही है, क्योंकि लोकतन्त्र वेंटिलेटर पर पड़ा हुआ है, तो कुछ समझ में नहीं आ रहा है। आप क्या करोगे? और कवि भी यह तो नहीं कि रास्ता बतायेगा, वह भी एक मनुष्य है।

आपकी कविता यात्रा में ऐसा कोई कवि जिसने आपके जीवन को प्रभावित किया?

गजानन माधव मुक्तिबोध है न सबसे बड़ा, जो सत्तावन के बाद ऐसे मिला जैसे मेरा अभिन्न अंग है वह।

अपने इस अभिन्न अंग को किस तरह देखते हैं?

मुक्तिबोध को मैं एक मध्यम, एक सामान्य आदमी के संघर्ष, कामना और उसकी जो प्रज्वलित लौ है, उसी की तरह देखता हूँ हमेशा। (बातचीत के बीच में उनके घर में काम करने वाली एक बुज़ुर्ग महिला को सम्बोधित करते हुए अपने अन्दाज़ में देवताले जी कहते हैं–"आई! लाओ न नाश्ता। बाद में चाय ले आना। चाय मैं भी पीऊँगा–थोड़ी सी सोंठ डाल देना क्योंकि मुक्तिबोध हैं न।") फिदेल कास्त्रो ने कहा था कि संघर्ष हमारी दुनिया का सर्वोत्तम शब्द है और आज मैं उसमें जोड़ना चाहता हूँ कि आज संघर्ष हमारी रोज़मर्रा की ज़िन्दगी का ज़रूरी साधन बन गया है। वह अब हमारे लिए शब्द नहीं रह गया है। वह जीवन का हिस्सा है। इस स्थिति में हम आ गये।

मुक्तिबोध के अलावा भी किसी कवि के चिन्तन और कविता ने आपको प्रभावित किया है?

बहुत सारे कवियों की पंक्तियाँ हैं हमारी स्मृति में। रघुवीर सहाय की पंक्तियाँ और फिर कविता पंक्तियों से निकलकर हम दूसरी दुनिया में आ गये, जिसमें हरिशंकर परसाई जो हमें बार-बार कौंचते हैं। उनके व्यंग्य, उनकी कहानियाँ। उससे हम परहेज़ थोड़े ही करते हैं।

आप अपनी कविता की संरचना के बारे में कुछ बतायें।

मुझे नहीं मालूम कि मेरी कविता की कोई संरचना है या मैं उसका इस्तेमाल करता हूँ। वो बनती है। जैसे हम एक अर्थी को बना देते हैं और उस पर शरीर को रख देते हैं। सब जानते हैं कि इसे बाँस की लकड़ी से बनाया। ऐसा स्ट्रक्चर मैंने आज तक कभी बनाया नहीं। कोई रेडीमेड स्ट्रक्चर भी नहीं है मेरे पास,

जिसमें मैं शब्दों को बिछा दूँ। जिस मनोदशा में, जिस अनुभव के साथ, जो मुझको सूझता है उसे मैं कहता हूँ। मेरे लिए वही कविता है। मैं इसकी परवाह नहीं करता कि कला की कसौटी पर कितनी प्रतिशत है। यह जो मेरे भीतर दर्द का कुआँ है, मेरी कविता उसकी आवाज़ है।

आपके पास प्रतीक और बिम्ब किस तरह से आते हैं।

जीवनानुभवों से, कल्पना की उड़ान से, देखने के नज़रिये से, अपनी बेचैनी से, भाव प्रवणता से और सोच की गहराई से प्रतीक और बिम्ब आते हैं।

आपकी कविताओं में पत्थर बहुत आते हैं।

बचपन से ही मेरा पत्थरों से वास्ता रहा है। पूरा बचपन नर्मदा नदी के किनारे बीता जहाँ पत्थर ही पत्थर हैं। आज भी लोग पत्थर फेंक रहे हैं। इधर-उधर खदान खोद रहे हैं। माफिया बन गये हैं।

क्या कवियों को भी पत्थर फेंकना चाहिए।

(देवताले जी को जिस संग्रह पर साहित्य अकादेमी पुरस्कार मिला, उसका शीर्षक है 'पत्थर फेंक रहा हूँ')

यह एक सांकेतिक हस्तक्षेप है। मैं भी आपका ध्यान आकर्षित करने के लिए पत्थर फेंक रहा हूँ। आपके माथे पर ख़ून उपजाने के वास्ते नहीं फेंक रहा हूँ। आप ग़रीबों की बस्तियों में भी आइए। उनके दुख-दर्द को भी बाँटिए। आदिवासियों के पास आइए और उनका जीवन भी देखिए।

आज के सभ्य समाज में आदिवासियों को किस तरह से देखते हैं?

मैं ख़ुद आदिवासी इलाके से हूँ। बस्तर में बहुत बार घूमा हूँ। सभ्य समाज आदिवासी समाज का शोषण कर रहा है। वह उनको शहरी बनाना चाहते हैं। आदिवासियों के जीवन को सुरक्षित रखना चाहिए। उनके जीवन के संगीत को सुरक्षित रखना चाहिए। उनको शिक्षित करना चाहिए। जागरूक करना चाहिए। उनको नये संस्कारों से परिचित कराना चाहिए। लेकिन उनको उजाड़कर सिंगापुर जैसे शहरों को मत बसाओ। उनको उनके ज़र-ज़मीन और जंगलों के बीच रहने दो। उनको वहीं बसाओ, उनके रीति-रिवाजों के साथ जीने दो। बाज़ार और भूमण्डलीकरण का प्रभाव शहरी लोगों पर भीषण रूप से पड़ा है, उतना आदिवासियों पर नहीं।

आपकी सृजन प्रक्रिया...?

कविता सिर्फ़ ज्ञान से नहीं रची जाती है। कई ज्ञात-अज्ञात स्मृतियाँ-अनुभव एक साथ आते हैं और उनके साक्षात् अनुभव से कविता का रचाव होता है। रचना-प्रक्रिया की संरचना जटिल होती है। कुछ कविताएँ कुछ समय तक चलती रहती हैं, कुछ अनायास ही आ जाती हैं। मैं अपनी दो कविताओं की रचना-प्रक्रिया के

बारे में बताना चाहूँगा। पहली 'औरत' कविता के बारे में–इसमें एक पंक्ति है, एक औरत सदियों से पछीट रही है कपड़े। दरअसल वे फागुन के बाद के दिन थे। मैं शाम को घर लौटा तो देखा मेरी पत्नी कपड़े पछीट रही है। यहीं से ये कविता पकड़ में आयी। दूसरी कविता मैं सुबह-सुबह गाड़ी पकड़ने रतलाम स्टेशन जा रहा था, तब देखा कि सड़क के किनारे बैठी लड़कियाँ बालम ककड़ी बेच रही थीं, बस यहीं से निकली 'बालम ककड़ी बेचने वाली लड़की'।

लगभग तीन दशक पहले लिखी गयी आपकी चर्चित कविता ''आग बतायी गयी थी हर चीज़ में।'' उस आग के अब क्या हाल-चाल हैं?

मेरे साथ तो उस आग का घनिष्ठ रिश्ता है। आग, पत्थर और चाकू ये मेरे शैशव के संस्कारों में आये हुए हैं। मेरे पिता मुझे बहुत छोटे-छोटे चाकू लाकर दिया करते थे। मेरे पास तरह-तरह के चाकू रहे। मेरे पास खटाक् से खुलने वाला भी है। मैंने कहा है न कि एक कवि ही होगा, जो कहेगा खटाक् से खुलते चाकू की तरह। वह चाकू रखा हुआ है दराज़ में। अभी मुझे पता होता तो जेब में ले आता, पर मेरे को अरेस्ट होने का डर बना रहता है कि हम कभी भी किसी भी क्षण गिरफ़्तार हो सकते हैं। बातों-बातों में अभी मैं तुम्हारे जेब में हाथ डालूँ और मुट्ठी में अफ़ीम की पुड़िया अपने हाथ में लेकर तुम्हारे जेब में रख दूँ और तुम्हें गिरफ़्तार कर लूँ। हम एक बहुत विकट समय में रह रहे हैं। मेरी कविता है न– ''मेरी किस्मत में यही अच्छा रहा, आग और ग़ुस्से ने मेरा साथ नहीं छोड़ा।''

आपकी लम्बी कविता ''भूखण्ड तप रहा है''। उसका नायक त्रिभुवन आज आपको कहाँ दिखाई देता है?

वह त्रिभुवन आज तुम्हारे सामने बैठा है। वह मेरी बायोग्राफ़ी है–आत्मकथा जैसी कविता है। वहाँ त्रिभुवन मेरा प्रतिरूप है। वह गाँव की कविता है, गाँव के जीवन की कविता है।

हिन्दी कविता में आप लगभग छह दशक से सक्रिय हैं। इतनी लम्बी अवधि में कवियों तथा लेखकों के सरोकारों और साहित्य के प्रति निष्ठा में क्या कोई परिवर्तन दिखाई दे रहा है?

ईमानदारी और चेतन होने की जो दिशा थी उस समय वह सीधी दिशा थी, कि हमें देश को आज़ाद करवाना है। आज़ाद होने के बाद में साहित्य में जीवन की जो आधुनिकता है, उसे समेटना है, अपने जो जड़ीभूत मानसिक विचार हैं, उनसे मुक्त होना है। उस समय भी विविधताएँ थीं। अज्ञेय जैसे भी कवि थे, तो उधर मुक्तिबोध जैसे कवि थे। अतिउत्साही राष्ट्रवादी धारा के कवि थे तो दूसरी तरफ़ रोमांटिक, प्रेम के कवि थे। विविधताएँ, भिन्न-भिन्न छायाएँ, शेड्स हैं साहित्य के, जो तब भी थे

किन्तु आज हमारी दिशाएँ इतनी व्यापक हो गयी हैं, चारों तरफ़ सब चीज़ें फैल गयी हैं और आदमी एक चक्रव्यूह में किंकर्तव्यविमूढ़ जैसा हो गया है। हक्का-बक्का है। लेखक भी हक्का-बक्का है। वह भी अन्ततोगत्वा एक आदमी है। उसे सूझ नहीं पड़ता है कि वह क्या करे। कई अपवाद हो सकते हैं। हर समय में होते हैं। पर अन्ततोगत्वा किसी लेखक की नीयत पर सन्देह करने का मन नहीं होता है। उसकी गतिविधि, उसका प्रभाव, उसका इम्पैक्ट भले ही कुछ ना होता हो, उसके बावजूद एक लेखक जो है, वह जिस चीज़ से पैदा होता है, वह चीज़ ही इतनी ऑनेस्ट है कि वो उसको कितना भटकने देगी? थोड़ा भटके तो भटक जाये, पर अन्त में तो भटकने नहीं देगी और जो भटक गये हैं, ज़मीन से जुड़े हैं ही नहीं, वह लेखक है ही नहीं, लेखक होने का स्वाँग भर रहे हैं। बहुरूपिये हैं वे।

आप लगातार नये कवियों को पढ़ते रहते हैं। क्या आपको नहीं लगता कि नये कवि नये यथार्थबोध के साथ आ रहे हैं?

बहुत अच्छी बात है। और बहुत आशाएँ जगाती हैं ये कविताएँ। युवा कविता के अन्दर जीवन के प्रति संलग्नता ताक़त के साथ है। जीवन के भिन्न-भिन्न हिस्सों से जो विविध, व्यापक रंजक दृश्य हमारे सामने इन कविताओं के माध्यम से आ रहे हैं, वे हमारे सामने ऐसे व्यक्त कर रहे हैं जो आयोगों और जाँच कमेटियों से भी उद्घाटित नहीं हो सकता। वह हक़ीक़त सामने आ गयी जो सरकारी जासूस कभी भी लेकर नहीं आ सकता। किन्तु कवि जो है, वो जीवन की, धरती की, समाज की, आस-पास की, घरों की प्रामाणिक जानकारी लेकर कविता में रख रहा है। उस जानकारी से हम कितने चेतते हैं, कौन उसको पढ़ता है, कहाँ तक जाती है, यह दीगर सवाल है।

आज के लेखन, प्रकाशन और पाठकों के अन्तःसम्बन्ध को आप किस तरह से देखते हैं।

साहित्य का उत्पादन भी बहुत हो रहा है। प्रकाशकों का एक झुण्ड है, जिनको अपना धन्धा करना है। उनको गुणवत्ता की कोई चिन्ता नहीं है। लेखक लिखते जाने का धन्धा कर रहा है। मैंने पहले ही कह दिया, ये लेखक नहीं हैं। आज सबसे ख़तरनाक समाज मध्यमवर्गीय समाज है, वह सबसे ज़्यादा पाखण्डी है। ऊपर का समाज अपने खाने-पीने, धोखा देने में मस्त है। मध्यमवर्गीय समाज में बुद्धिजीवी आदि पाये जाते हैं। मेरे हिसाब से प्रत्येक पढ़े-लिखे व्यक्ति को कुछ-कुछ समय पर एक किताब ख़रीदना चाहिए। प्रत्येक पढ़ा-लिखा व्यक्ति जो भाषा और समाज के प्रति चौकन्ना है, उसे गिफ्ट में पुस्तक के अलावा कुछ नहीं देना चाहिए।

नये लेखकों को प्रकाशक नहीं मिलता है, इसलिए वे धन्धा करने वाले प्रकाशकों के पास जाते हैं।

नहीं, जेनुइन लेखक को जेनुइन प्रकाशक मिलेगा। जो लोग पैसा देकर किताबें छपवाते हैं उनको वैसा ही प्रकाशक मिलेगा। इसके बरअक्स नये लेखकों की एक सोसाइटी बना लेनी चाहिए और उसमें अपनी किताबें छापें। लेखक को धनोपार्जन की मनोकामना किंचित भी नहीं होनी चाहिए। मुझसे जो कविता बन गयी है, वह सबकी हो गयी है। इसकी कोई रॉयल्टी नहीं बनती। मेरी कविताओं पर मेरा कॉपीराइट भी नहीं है। यह कविता मेरी निजी सम्पत्ति या उत्पादन नहीं है। यह समाज का उत्पाद है। सामाजिक सन्दर्भों, परिस्थितियों, घटनाओं, पुरखों की आवाज़ों से, अनुभवों से, स्मृतियों से मिली हुई चीज़ है। इनका धन्धा करूँ तो शोभा नहीं देता।

आज के युवतम रचनाकारों में विचार की उपेक्षा दिख रही है।

गति में फँसे हुए हैं। सब लोग तेज़ गति में हैं। तेज़ गति से जीवनानुभव में वैक्यूम आता है। उस स्पेस को वह आयातित अनुभवों से भरते हैं। वह निजी सन्दर्भों से नहीं भरा जा रहा है। भावभूमि की जो स्पेस है, जिसमें रचनाकार लिखता है। विचारों से एक कहने की बेचैनी होती है। आज वो बेचैनी नहीं है। वह इत्मिनान से लिखता है। ऐसा नहीं है कि बेचैनी नहीं होगी, लेकिन वह बेचैनी आज की रचना में प्रगट नहीं हो रही है। अशान्त और बेचैन हुए बिना कोई कवि नहीं हो सकता। वो मुक्तिबोध वाली बात अब ग़ायब है। आजकल तो बाज़ार, विज्ञापन, माध्यम, लोकप्रियता और मुग्धता बेचैन नहीं होने देते। ऐसा नहीं है कि बेचैन लोग पूरी तरह से ख़त्म हो गये हैं। जैसे आज ही मैंने पढ़ा है कि एक छोटी-सी सड़क बन रही थी तो 800 दरख़्तों को शहीद कर दिया। उसके बाद भी तो पेड़ बचेंगे। पेड़ बचेंगे तो बेचैन मनुष्य लोग भी बचेंगे। जो पेड़ कट गये उनके दुख में भी लोग बेचैन होंगे। ये सब चीज़ें हैं। हम जिस भयानक समय से गुज़र रहे हैं, जिस भयावह चक्रव्यूह की परिस्थितियों में हैं, उसमें इस तरह से रचनाकारों के साथ हादसा होना अस्वाभाविक चीज़ें नहीं हैं, स्वाभाविक है।

युवा रचनाकारों से कुछ कहना चाहेंगे?

हर युवा रचनाकार को अपने रास्ते चलना चाहिए। अपनी दृष्टि निर्मित करनी चाहिए। कोई उसको मार्गदर्शन नहीं दे सकता है। उसका जीवन और उसका अनुभव ही उसके मार्गदर्शक हैं।

आज के साहित्य पर अलोकप्रियता का आरोप है, विशेष रूप से समकालीन हिन्दी कविता पर।

लोकप्रियता प्राप्त करने की चिन्ता नहीं है। यह व्यावसायिक मजबूरी हो सकती है। साहित्य और संस्कृति में इसकी कोई गुंजाइश नहीं है। आज प्राथमिकताएँ बदल रही हैं। तत्काल फ़ायदे को महत्त्व दिया जा रहा है। जबकि साहित्य या सृजनात्मक सोच की अनुभूतियाँ दीर्घकालिक होती हैं और मनुष्य को मनुष्य बनाने में सहयोग देती हैं। लोकप्रियता सार्थकता की कसौटी नहीं है।

कविता के वैश्विक परिवेश में हिन्दी कविता कहाँ है?

हिन्दी में इस समय भारतीय कविता का श्रेष्ठ समय है। कई ताक़तवर रचनाकार हैं। विश्व कविता से तुलना का प्रश्न ही नहीं है। कई बार लगता है कि विश्व स्तर पर पुरस्कृत रचनाकारों से यहाँ के लोग अच्छा लिख रहे हैं।

इन दिनों जो कवि के गद्य का प्रचलन चल रहा है।

मैं तो जिस चीज़ से जुड़ा हूँ उससे जुड़ा हूँ और कौन क्या कर रहा है, कौन कितनी चीज़ों से जुड़ा है, यह उसकी चिन्ता का काम है और मैं ज्ञान और तर्क को अन्तिम नहीं मानता। और यह भी मानता हूँ कि ज्ञान और तर्क की एक सीमा होनी चाहिए। कवि को यह जानना चाहिए, नहीं तो हम कहीं भी पहुँच जायेंगे। अपने त्रिलोचन जी ने कहा था कि अज्ञान में सबसे ज़्यादा ताक़त होती है, और अज्ञानी आदमी ऐसा तर्क करेगा कि हम धराशायी हो जायेंगे। हम अपने समय में देख रहे हैं न कि अज्ञानी लोग कैसे-कैसे तर्क कर रहे हैं, कहाँ-कहाँ से खोजकर ला रहे हैं, बड़े-बड़े ब्रह्मास्त्र जनता पर ही फेंके जा रहे हैं।

हिन्दी साहित्य में आन्दोलन और वादों की भरमार रही है, इसको आप किस तरह से लेते हैं?

साहित्य का आन्दोलन जीवन, समय और परिस्थितियाँ चलाती हैं। इसके अलावा किसी भी आन्दोलन में मेरा विश्वास नहीं है।

पिछले वर्षों में हिन्दी साहित्य विमर्शों से गुंजायमान रहा है। आपको क्या किसी नये विमर्श का आभास मिल रहा है?

यह विमर्श बहुत पुराना है। जैसे जैनेन्द्र का 'त्यागपत्र' है, 'सुनीता' है और कई चीज़ें हैं। उस समय भी स्त्री-विमर्श रहा है। महादेवी वर्मा का आधुनिक नारी निबन्ध भी स्त्री-विमर्श ही था। विमर्श ऐसा शब्द है, जो लिमिटेड है और एक साहित्यकार समूहों में बँटा हुआ और एक साहित्यकार इस विमर्श के वास्ते या उस विमर्श के वास्ते संघर्ष करे, ऐसा नामुमकिन है। स्त्रियाँ, स्त्री-विमर्श करती रहें और पुरुष दूसरे विमर्श करते रहें। दलित, दलित-विमर्श करते रहें और जो दलित नहीं हैं, वह दलित-विमर्श करें तो कहें कि यह तो अप्रामाणिक है, यह व्यर्थ की ऊहापोह है।

तो क्या भविष्य में विचारधारा को लेकर एक गम्भीर विमर्श की सम्भावना बनती हुई दिखाई दे रही है?

जो लेखक संगठन हैं हमारे, वे बिखरे हुए साफ़ नज़र आ रहे हैं। उनकी एकजुटता बिखर गयी है। दूसरा यह कि आसपास का शोर-शराबा, हड़कम्प, भब्बड़ इतना बढ़ गया है कि लेखक संगठनों, ख़ासतौर पर प्रगतिशील लेखक संगठन की जो आवाज़ रामविलास शर्मा, शिवदान सिंह और प्रकाश गुप्त के ज़माने में थी वह

आवाज़ इस भब्बड़ में सुनाई नहीं दे रही। सशक्त विचारधारा की ज़रूरत है। आज से पाँच-सात साल पहले जनवादी लेखक संघ का दिल्ली में राज्य सम्मेलन हुआ था। उसमें मैंने शुभारम्भ किया था। और मैंने एक बात बार-बार कही कि तरक़्क़ीपसन्द लेखकों का एक साझा संयुक्त संगठन और मंच होना चाहिए। उसमें यह नहीं कि यह जनवादी, यह प्रगतिवादी, यह जनमुक्ति संघर्ष, यह जन संस्कृति मंच और यह दलित है। इस तरह से नहीं होना चाहिए। एक हों सब। जब हमारी बिरादरी एक जाजम पर नहीं बैठ सकती तो हम दूसरों से एक जगह बैठने की बात कैसे कर सकते हैं? इसलिए एक जाजम पर बैठना बहुत आवश्यक है।

क्या ऐसा नहीं लगता है कि प्रगतिशील आन्दोलन में विचारधारा को ग्लैमर की तरह प्रयोग करने वाला एक नया वर्ग तैयार हो गया है?

इसके लिए लेखक वर्ग या विचारधारा ज़िम्मेदार नहीं है। उसके अन्दर बाज़ार में जो हड़कम्प मचा है, वह भी इसके लिए ज़िम्मेदार है। गत बीस वर्ष में जो राजनीतिक प्रदूषण, उन्मूलन हुआ है, समाज में नैतिकता का जो ह्रास हुआ है और उच्च मध्यम वर्ग, धनिक वर्ग जिस तरह वंचक और पाखण्डी हो गया है, आत्ममुग्ध हो गया है, आत्मकेन्द्रित हो गया है, उसका बहुत बड़ा असर पड़ा है, और सारे साहित्यकार भी उसके शिकार हैं। बहुत कठिन स्थिति है। विकट चक्रव्यूह है। उसे भेदना इतना आसान नहीं है। बड़ी-बड़ी बातें करना आसान है, पर छोटे-छोटे काम करना मुश्किल है। और ज़रूरत छोटे-छोटे कामों को करने की है।

इन दिनों संगठनों में फॉलोअर संस्कृति का वर्चस्व बढ़ा है?

साहित्य में किसी को किसी का फॉलोअर नहीं होना चाहिए। यह संगठन का एक ख़राब वाक्य है। कोई हमारा नेतृत्व नहीं कर रहा है। मुक्तिबोध को तो हमने एम्स में अचेतावस्था में देखा। वे हमारा नेतृत्व कर रहे हैं। एक कवि मर कर भी जीवित रहता है। और अपनी आकाशवाणी से हमको सूचित करता रहता है, कि ये हो गया...वो हो गया। भोपाल में जो राज्य सम्मेलन हुआ था, उसमें भी मैंने यह कहा था। हमारा जो राष्ट्रीय संगठन है, उसमें वर्षों से चुनाव नहीं हुए हैं। वो के वो लोग ही बैठे हैं। यह कब तक होता रहेगा। और हमारे बड़े-बड़े लेखक हैं, वे चाहे जहाँ चले जाते हैं।

आज लेखक संघों को जो भूमिका निभानी चाहिए थी, वे नहीं निभा रहे हैं...।

वो तो असफल सिद्ध हो चुके हैं।

फिर तो लेखक संघों को बन्द कर देना चाहिए...।

बन्द करेंगे!!! शुरू ही कब किया है।

लेकिन 1936 में गठन तो हुआ था।

हाँ, हुआ था, मैं 1936 में जाने को नहीं कह रहा हूँ। लेखक संगठन एक तरह से सोचनेवाले लोगों का समूह होता है। एक तरह की सोचवाले लोग एक जगह इकट्ठे होकर विचार-विनिमय करते हैं। एक-दूसरे से परिचय करते हैं। लेखक संगठनों का यही सबसे बड़ा लाभ था। 2004 में जनवादी लेखक संघ के राष्ट्रीय सम्मेलन में मुझे बीज वक्तव्य के लिए बुलाया गया था। वहाँ पर हमने कहा मुझे बहुत ख़ुशी होगी जब सारे लेखक संगठन एक हो जायें। एक तरह से सोचनेवाले, सामाजिक न्याय चाहनेवाले, प्रतिरोध करने वाले, विचारों में समर्पित हैं, पाखण्डों और अन्धविश्वास से मुक्त समाज का स्वप्न देखनेवाले और करोड़ों जनता के बारे में सोचनेवाले एक हो जायें। तरक़्क़ीपसन्द लेखकीय बिरादरी को एक होना चाहिए। इनके चार झण्डे नहीं होना चाहिए। लेकिन ऐसा कुछ नज़र नहीं आता है।

एक होने के लिए नज़रिये को बढ़ाना होगा और दूसरों को भी समझने की क्षमता विकसित करनी होगी।

बिल्कुल बढ़ाना पड़ेगा। दूसरों को बहुत शिद्दत के साथ समझना होगा और अपने को अन्तिम सत्य या न्यायाधीश नहीं समझना होगा।

यहीं पर सवाल उठता है कि जब हमारे संगठनों में सब कुछ टूट रहा है, तो इनके जुड़ने और अच्छा होने का सम्बल आपको कहाँ दिखाई देता है?

सच पूछो तो झूठे आशावाद में मेरा यक़ीन नहीं है। झूठे आशावाद के बजाय, जो सच्ची निस्सहायता का अनुभव है, उसे स्वीकार करने में शर्म नहीं होनी चाहिए। निस्सहायता का अहसास है, वह ज़्यादा महत्त्वपूर्ण है। यही ताक़त, लेखकीय एकजुटता और संघर्ष को शक्ति देगी।

पुराणों, शास्त्रों, वेदों, संहिताओं आदि में बहुत सारा साहित्य है, जो आज भी समय के बरअक्स ज़िन्दा है। प्राच्य साहित्य को आपके अन्दर का कवि किस तरह से देखता है?

हमारा वैदिक साहित्य जो है, वो सृष्टि, ब्रह्माण्ड और प्रकृति इन सबसे जुड़ा एक महत्त्वपूर्ण साहित्य है। और उसकी हम उपेक्षा नहीं कर सकते। उसको भी हमें थोड़ा-बहुत जानना चाहिए। अगर जान सको तो...आज स्थिति यह है कि इतना ज्ञान, इतनी पुस्तकें और इतना छोटा-सा जीवन। और उस इतने छोटे-से जीवन में भी दिनभर की आपाधापी...तो आप क्या-क्या पढ़ेंगे। पुराना जो हमारा वैदिक साहित्य है, या महाभारत है, या बाइबल है, ये किसी भी अर्थ में उस तरह से पाखण्ड के स्रोत नहीं हैं। इनके जो भाष्य किये गये हैं, उनके जो अर्थ निकाले गये उसमें सबने अपनी-अपनी मनमानी करके धन्धे की शाखाएँ ढूँढ़ लीं। यानि ईश्वर के नाम पर, धर्म के नाम पर आदमी कुछ देगा...लेगा नहीं।

क्या पुराने कवि और चिन्तक आज भी प्रासंगिक हैं?

हाँ! गाँधी हैं, राममनोहर लोहिया हैं, विनोबा हैं, सांस्कृतिक एवं अन्य प्रसंगों में विवेकानन्द हैं, कबीर हैं, तुकाराम हैं और नानक हैं। ये सब लोग हैं।

आपने पिछले दिनों तुकाराम के अभंगों पर काम किया है। अभंगों पर साहित्य अकादेमी ने आपकी एक पुस्तक भी प्रकाशित की है।

मैं अभंग से 1996 से जुड़ा हुआ हूँ। मेरा गाँव मध्य प्रदेश और महाराष्ट्र के बार्डर पर है। बचपन में अभंगों के गायन सुनता था। मराठी क्षेत्र में रहा हूँ। 1949-50-52 में मराठी मेरी मौसी बनी। तुकाराम के अभंग हमारे यहाँ पर ख़ूब गाये जाते थे। तुकाराम के समय में भी वही व्यथा थी जो हमारी आज है। आज और भीषण हो गयी है। भयावह हो गयी है। उस समय भी आततायी थे। लोगों को रौंदा जा रहा था। ग़रीबी थी, छुआछूत थी, भेदभाव था—ये सब था। आज यह सब और भी भयानक हो गये हैं।

अभंग क्या हैं, कुछ अभंगों का उदाहरण दें।

अभंग छोटे-छोटे पद होते हैं। जो निरन्तर एक धुन और आवाज़ में गाये जाते हैं। ये छन्द शास्त्र से मुक्त हैं। आज से 400 साल पहले लिखे गये थे। जैसे एक अभंग में कहा गया है—इस कलयुग में घर-घर में कवि पैदा हो गये हैं। जो अपनी कविता को सुनाते हुए धन्य हो रहे हैं। सुननेवालों को उससे कुछ नहीं मिलता है। जातिप्रथा और भेदभाव पर भी बहुत ही प्रभावशाली अभंग हैं।

हमारे समय को क्या अभंगों का पुनःपाठ करना चाहिए?

हमारा समय किस-किसका पुनःपाठ करेगा? भारतेन्दु हरिश्चन्द्र का जो नाटक था 1856 का शायद—"भारत-दुर्दशा"। उसका ही पाठ कर लें। नवीन जी, मैथिलीशरण गुप्त की चार-चार पंक्तियों का पाठ कर लें। कबीर के चार-चार दोहों का पाठ कर लें। विवेकानन्द की दो-दो पंक्तियों का पाठ कर लें। तो हम अपने निजी पाखण्डों से मुक्त हो जायेंगे। किसी आदमी को मनुष्य बनाने के लिए 500 या 5000 पंक्तियों या किताब की ज़रूरत नहीं होती है। एक वाक्य (चण्डीदास का) सुनो हे मानुष भाई/सबार ओपोरे मानुष सत्य/ताहार ओपोरे किछु नाई।

आप उज्जैन में रहते हैं। यहाँ के धार्मिक घटाटोप को किस तरह से महसूस करते हैं?

धर्म में पहले अन्धविश्वास था। अब उसमें आर्थिक प्रभाव बढ़ गया है। पूँजी और राजनीति, पाखण्ड में बुरी तरह से घुस गया है। पण्डितों के लीडर गैंग की तरह से काम कर रहे हैं। सिर्फ़ उज्जैन नहीं सभी जगह। गुवाहाटी के कामाख्या मन्दिर से लेकर जगन्नाथपुरी तक।

आजकल आप देख रहे होंगे कि विशेषकर मीडिया के माध्यम से धर्म का एक बाज़ार तैयार किया जा रहा है।

पूँजी संस्कृति और पूँजी बाज़ार का यह आवश्यक प्रपात है, आवश्यक प्रहार है जो हमारे हाशिए के लोगों में इस तरह होता है। हाशिए के लोग भी पागल होकर इसमें शामिल होते हैं और हिस्सा बनते हैं। जिनको कहते हैं न हाशिए के लोग...भूखे मर रहे हैं। वे पागल होकर तालियाँ बजाते हैं और नाचते हैं। और इसके पीछे दीवाने हो जीते हैं। प्रजातन्त्र का मीडिया सामन्तवादी और पाखण्डपूर्ण शीर्षक देने में, अपनी होड़ में लगा हुआ है। कोई मिनिस्टर आता है, तो उसे राजा बना देते हैं। कोई नेता आता है, तो उसे युवराज बना देते हैं। सब सामन्तवादी टर्मिनोलाजी का उपयोग करते हैं। हमारे शंकर भगवान जिन्हें अवधूत के रूप में देखा गया है। नंग-धड़ंग बाबा या ईश्वर जो भी हो, वह जब निकलते हैं उज्जैन में तो कहते हैं, महाराज आज जनता की निगरानी करने वास्ते निकलेंगे, नगर भ्रमण करेंगे। और इन्हें ऐसे मुखौटे पहना देते हैं, और ऐसी चीज़ें लाद देते हैं कि महाराज को दिखना बन्द हो जाता है। कभी-कभी पेशवाई पगड़ी, कभी गाँधी टोपी, कभी भगवी टोपी, उन्हें पहनाकर घुमाते हैं। जिसका जैसा राज हो वो वैसी टोपी पहना दे भगवान के माथे को। यह ऐसा ज़माना आ गया है, तो क्या करोगे आप। जो मुट्‌ठीभर लेखक हैं, वो मूक दर्शक जैसे हैं। मुक्तिबोध ने अपनी कविता 'अँधेरे में' कहा है ना—कविगण निर्वाक्, ख़ामोश खड़े हुए है। और चुप रहना भी अपराधों में शामिल होना है—तो हम शामिल हैं।

आज की मीडिया, राजनीति और बौद्धिकवर्ग के नैतिक सरोकारों पर आपके क्या विचार हैं?

मीडिया का जो काम है, वह अपने फ़ायदे के वास्ते हम लोगों को बाँट रहा है। समाज को विभाजित कर रहा है। इसमें उसके हित हैं। और मीडिया से किसी भी तरह की उम्मीद करना, ऐसे ही है जैसे गड्ढे में गिरे हुए आदमी से कहना कि वह किसी लँगड़े को पहाड़ पर चढ़ा ले। मीडिया से उम्मीद करने का कोई औचित्य नहीं बचा है। प्रिंट मीडिया पर थोड़ा बहुत भरोसा कर सकते हैं। और वह भी कार्पोरेट पूँजीवाद का हिस्सा बनते जा रहे हैं। पेड न्यूज़ का जो मुद्दा चल रहा है। वह बहुत भयानक है। यह शब्द आज आया है, परन्तु दशकों से यह काम चल रहा है। यह लोभ या लालच है कि हमको कुछ मिल जाये। यह शर्त नहीं है कि यदि कोई मीडिया में चला जाये या कविता लिखने लगे तो वह आदमी लालच से मुक्त हो जायेगा। उसके अन्दर भी यह सब होगा।

लेखक की जो कामयाबी है, वह इन कमज़ोर मनोवृत्तियों पर क़ाबू पाने की है। जिसे मुक्तिबोध कहते थे—वर्गासरण करना। अपने वर्ग से नीचे के वर्ग में चले जाना।

आज हम सब ऊपर के वर्ग में घुसे हुए हैं। हम ख़ुद किस मुँह से बात करें। कहाँ थे कहाँ आ गये। पाँच रुपये महीने की ट्यूशन करता था। आज मुझे बीस हज़ार रुपया पेंशन मिल रही है। (फिर गहरी चुप्पी) तो मैं कौन से संघर्ष का हिस्सेदार हूँ। मुझे तो शर्म आती है। कामरेड होमी दा जी ने मुझे जगाया था। होमी दा जी को सुनना एक रोमांचक अनुभव था। आज के नेताओं को सुनना एक हास्यास्पद अनुभव होता है। मनोरंजन करते हैं, कुछ भी तो बकते हैं, वो जानते ही नहीं हैं। नेहरू जी संसद के अन्दर होमी दा जी की बहुत इज़्ज़त करते थे।

होमी दा जी की बात चली तो याद आ रहा है कि उन दिनों आपके कन्धे पर लटकते झोले में लोर्का की किताब हुआ करती थी। इस लोर्का के साथ को हम किस तरह से समझें? (होमी दा जी इन्दौर के लोकप्रिय कम्युनिस्ट नेता थे)

जो लोर्का की–'जिप्सी बेरेट्स' है, वह मुझे बहुत पसन्द थी। लोर्का के जीवन के बारे में थोड़ा पढ़ा था। कितनी कम उम्र में वह गोली से मार दिया गया। वह इतना बड़ा कवि था। लोर्का मेरे ज़ेहन में रहता था। दा जी से मेरा सम्बन्ध बना, अड़तालीस से। आज़ादी के बाद से जब से चुनावी सभाएँ होने लगीं। आठ-दस मज़दूरों के साथ साइकिल पर लाल झण्डा लगाकर, खजूरी बाज़ार से जब होमी दा जी निकलते थे, तब से मैं उनको जानता हूँ।

लघुपत्रिका आन्दोलन को आप कितना सार्थक समझते हैं?

मैं ख़ुद लघु पत्रिकाओं से जाना गया हूँ। साहित्य इन्हीं पत्रिकाओं में छप रहा है। साहित्य के जनतन्त्रीकरण में इनका बड़ा योगदान रहा है अन्यथा साहित्य इलाहाबाद, दिल्ली जैसे गढ़ों में ही बँटकर रह जाता।

नदी आपके जीवन में किस तरह से आती है।

हर हिन्दुस्तानी के जीवन में नदी है। मेरा तो जन्म ही ताप्ती नदी के किनारे हुआ। नर्मदा के किनारे प्ररम्भिक शिक्षा हुई। नर्मदा में तैरना सीखा। नर्मदा तो बहुत प्यारी नदी है। नदी से हमें प्रेम मिला, सुन्दरता मिली। उसकी स्मृति से ही आनन्द मिलता है। कविता के संस्कार तो मेरे दिमाग़ में थे। और नर्मदा नदी में तैरते हुए मैंने कविता लिखी है। कविताओं का माहौल भी था मेरे आसपास। सन् 1947 में प्रह्लाद पाण्डेय 'शशि' नाम के एक कवि ने 'तूफ़ान' नाम से एक कविता संग्रह भेंट किया था। तो कविता से तो जुड़ा था, परन्तु कविता लिखूँगा ऐसा मेरे मन में नहीं था। सन् 52 की बात है। नर्मदा में तैरते-तैरते मैंने देखा कि, ऊपर सूरज...ये...वो और कुछ पंक्तियाँ मैंने बोलना शुरू किया। इस तरह से शब्द संस्कृति का जो क-ख है, उसमें मैंने घुटने-घुटने रेंगना शुरू किया।

नर्मदा से कविता। नदी में फूटी सृजन धारा...।

मैं तो माँ ही कहता था। नर्मदा मइया। जय हो नर्मदा मइया की।

आपको पशुओं से बहुत प्रेम है।

जीवन में सभी पशु, पक्षियों और परिन्दों का साथ होना ज़रूरी है। आजकल की जो औद्योगिक सभ्यता और परिस्थितियाँ हैं उसमें बहुत गड़बड़ी हो रही है। आज बसन्त को गये दस दिन हो गये। लेकिन अभी तक मैंने कोयल की कूक नहीं सुनी। आम पर मौर नज़र आये हैं लेकिन ठीक टाइम पर नहीं। परिन्दों के लिए आकाश छोटा पड़ रहा है। एक तेंदुआ ग़लती से शहर में आ जाता है तो सब उसको मारने दौड़ते हैं। पशुओं का कोई प्रवक्ता नहीं है। जंगल में पशुओं के लिए जगह कम पड़ती जा रही है। आदमी उनकी जगहों पर अतिक्रमण करता जा रहा है। शहर जंगलों में घुसते चले जा रहे हैं। पशुओं का न कोई प्रवक्ता है, न संगठन जो कहे कि मनुष्यों तुम तो पढ़े-लिखे हो। तुम्हारे पास विचार है, विज्ञान है। तुम हमारे घरों में अतिक्रमण क्यों कर रहे हो। हम हैं तो यह प्रकृति है। हमारी वजह से संसार में सुन्दरता बची हुई है। हम न होंगे तो कहाँ से होगी प्रकृति, कहाँ होगा प्रेम।

अभी आपने प्रेम की बात की। इन दिनों मनुष्यों के प्रेम में आपको कोई अन्तर दिखाई देता है?

इन दिनों बहुत सारी चीज़ें लेन-देन और शुभ-लाभ में तब्दील हो रही हैं। स्त्री-पुरुष के बीच के प्रेम में भी बहुत-सी चीज़ें आ गयी हैं। बहुत सारी चीज़ें प्रेम करने को प्रेरित करती हैं। सिनेमा करता है, विज्ञापन करता है। आजकल सिनेमा और विज्ञापन प्रेम को बहुत ही शर्मनाक तरीक़े से दिखाता है। इनमें स्त्री को बहुत गन्दे ढंग से दिखाया जाता है। फिर भी जिनको प्रेम करना है, वे सच्चे मन से प्रेम कर रहे हैं। हमें अपने आप से पूछना चाहिए कि हम अपने आपको क्या दे सकते हैं प्रेम में।

क्या आप सिनेमा देखते हैं?

आजकल तो अख़बारों में फ़िल्मों का विज्ञापन और समीक्षा पढ़कर ही देखने को मन नहीं होता। लेकिन मैंने बचपन में बहुत फ़िल्में देखी हैं। ऐसा लगता था उसमें जीवन का एक अध्याय बाँच रहे हों। गोदान, मदर इंडिया, पूँजी, दो बीघा ज़मीन, नया दौर, देवदास इनमें एक आख्यान होता था। कला में जीवन की अद्भुत दास्तान देखना होता था।

आज के फ़िल्म संगीत...?

पहले बहुत ज़बरदस्त संगीत था। मन में बजने वाला। दिमाग़ को राहत देनेवाला। आजकल बहुत ख़राब हो गया है। आज का संगीत ऊबड़-खाबड़, भब्बड़, दिमाग़ को थका देनेवाला है। शान्ति को नष्ट करने वाला संगीत है। बाज़ार ने फ़िल्म को प्रभावित किया है। समाज कोई निरपेक्ष वस्तु नहीं है, सब एक-दूसरे से गुँथे हुए हैं। प्रदूषण सिर्फ़ पेड़ को ही प्रदूषित नहीं करता।

आपने बुलडोज़र समय की बात की है। क्या है यह बुलडोज़र समय?

दुर्भाग्यपूर्ण रूप से हमारा जो समय है, बहुत ही बुलडोज़र समय, विस्थापित करने वाला, उखाड़ने वाला और बाज़ारू समय हो गया है। आवारा पूँजी का सोर्स हम देख रहे हैं। इसमें जीवन और सब चीज़ों में जो विध्वंस हुआ है, मानवीय मूल्यों का जो ह्रास हुआ है, साहित्य आज भी उसको बचाने की कोशिश में है। किन्तु कुछ चीज़ों, कुछ गलतियाँ, इनके जो कुछ धब्बे, कुछ दाग, कुछ खुर्चनें, साहित्य पर भी पड़ी हैं और न पड़ें यह मुमकिन नहीं है। बाज़ार में से निकल जाओ और दुकान में किसी चीज़ की तरफ़ देखो भी नहीं, यह नामुमकिन है। जैसे जैनेन्द्र जी ने किया था कि वो चीज़ों को देखते थे तो आशीर्वाद देते हुए आगे बढ़ जाते थे कि तुम जहाँ हो वहीं ख़ुशी रहो, वहीं प्रसन्न रहो। 'बाज़ार दर्शन' निबन्ध में।

आज हम बहुत तेज़ी से विकसित हो रहे हैं। क्या आपको नहीं लगता कि इस विकास की एवज़ में हम प्रकृति के ह्रास के रूप में बहुत बड़ा मूल्य चुका रहे हैं?

आजकल नहीं विगत कई दशकों से यह हो रहा है। जब जवाहरलाल नेहरू ने बाँधों को बनाते हुए उनको तीर्थ कहा था। उस समय सुन्दर लाल बहुगुणा ने विरोध किया था, यह तीर्थ नहीं है। ह्रास तो निरन्तर हो रहा है। शुरू से हो रहा है। हमारी धरती, हमारी ज़मीन, हमारे पशुओं के इलाकों, इन सबको नष्ट करके वहाँ पर सीमेंट-कांक्रीट और कारख़ाने ये सब बन रहे हैं। तो इससे हमारी ज़िन्दगी पर जो पकड़ है, उसे खिसकाया जा रहा है। ज़िन्दगी के आधार खिसकाये जा रहे हैं। हम अपनी अस्मिता से विस्थापित किये जा रहे हैं।

तो क्या, ये जो तरक़्क़ी हो रही है। उसे नहीं होना चाहिए?

विकास नहीं होना चाहिए जो सोचेगा वह मनुष्य विरोधी है। तरक़्क़ी ज़रूर हो। तरक़्क़ी ज़मीन और अपने परिवेश के अनुसार होनी चाहिए। प्रश्न यह है कि यह तरक़्क़ी किसके लिए? प्रश्न यह है कि यह देश किसका है? तरक़्क़ी किन लोगों के वास्ते? जहाँ ग्यारह लाख किसान आत्महत्या करते हैं। वहाँ पर कोई तरक़्क़ी मानी जायेगी? मैं अमर्त्य सेन का वो कथन कि "किस विकास पर इतरा रहे हैं आप", बार-बार दोहराता हूँ। वो कौन लोग हैं जो इतरा रहे हैं? मुट्ठीभर लोग जिनको इस विकास का सब लाभ मिल रहा है। और जो करोड़ों लोग हैं वे इस विकास से वंचित हैं। वहीं विकास के पूर्व उनकी जो सम्पदा थी, उससे भी वे वंचित हो गये हैं।

अभी कहीं पढ़ा था कि दुनिया की नब्बे प्रतिशत सम्पत्ति पाँच प्रतिशत लोगों के पास है। बाक़ी दस प्रतिशत पंचानवे प्रतिशत लोगों में वितरित है।

यही विकास तो हमारा आदर्श है। हमारे समाज के हर आदमी का समान विकास आदर्श नहीं है। जब इस देश में बड़ी-बड़ी मशीनें आनी शुरू हुईं तो गाँधी जी ने यह नहीं कहा कि मशीनें मत लाओ। वह चरखा लेकर बैठ गये। उनका कहना था कि चरखा भी तो एक मशीन है, जिससे हमारे लोगों को काम मिलेगा। प्रकृति को भी कोई नुक़सान नहीं होगा। साथ ही लोग भूखों नहीं मरेंगे। लेकिन यह दूसरी तरह का हो गया, जिसने धरती को भी नुक़सान पहुँचाया और लोगों को भी। वैज्ञानिक खोजें भी एक करिश्मा थीं। आहिस्ता-आहिस्ता विज्ञान भगवान बन गया और उसने हमारे हस्त कौशल और कला इन सब छोटी-छोटी चीज़ों से मोहताज़ कर दिया।

हमें हमारे समय में विज्ञान की दशा और दिशा वैसी नहीं है, जैसी होनी चाहिए?

इसकी दिशा जो है, वह मुट्ठीभर लोगों के हितों की ओर उन्मुख हो गयी है। दूसरी बात जो है उसकी सक्रियता है। वह धरती सम्पदा को नष्ट करके ना बने। धरती की सम्पदा को बचायें जितना बचा सकें।

आप अपने लेखन के प्रतिफलन को कैसे महसूस करते हैं?

नहीं, कुछ नहीं हुआ। मेरे पाठक हैं थोड़े बहुत, जो प्रतिक्रिया दे देते हैं उसी की सन्तुष्टि है। कबीर ने जो कुछ लिखा, निराला ने जो कुछ लिखा उसका कुछ नहीं हुआ। नवीन ने लिखा उसका कुछ नहीं हुआ। रघुवीर सहाय ने लिखा उसका कुछ नहीं हुआ। मुक्तिबोध लिखकर चले गये। उनको पढ़ानेवाले यूनिवर्सिटी के अध्यापकों को वो समझ में नहीं आते हैं, तो मैं कहाँ लगता हूँ।

जब आपने लिखना शुरू किया होगा तो कोई सरोकार या स्वप्न रहा होगा?

1952 में लिखना शुरू किया लेकिन उससे पहले बचपन में कविता से जबसे जुड़ा तो सबसे बड़ा सरोकार था देश आज़ाद हो। हम पराजित हैं। सब भेद-भाव मिटे। आज़ाद तो हो गये लेकिन देखो कितनी ग़लत आज़ादी में हम फँस गये। आज़ाद होकर भी हम पराधीन से पराधीन हैं। मनुष्यता, समानता और न्याय तो किसी भी चीज़ का पैमाना ही नहीं है। आज पैमाने हो गये हैं करोड़। 800 या 2000 करोड़ में ये होगा और 4000 करोड़ में वो होगा। क्या होगा इसमें? कितना भ्रष्टाचार होगा? इसको कोई नहीं जानता। सब चीज़ों का पैमाना पूँजी बन गयी है। उनका पैमाना यह नहीं है कि इससे कितने गाँवों में पानी जायेगा।

यानी आँकड़ों का प्रति संसार...

हाँ! अब बस जंजाल है। यह लोगों को बहका रहा है। लोगों को ग़लत दिशा में ले जा रहा है। मीडिया भी इसके लिए रेस्पांसिबल है। और सोशल मीडिया, जिसमें थोबड़े की किताब (फेसबुक के कवि का दिया नाम) है, प्रिंट और विजुअल मीडिया यह सब लोगों को बहका रहे हैं। ग़लत धन्धे में उलझाने में योगदान दे रहे हैं।

मैं इनको बहुत उम्मीद से नहीं देखता। आजकल थोबड़े की किताब (फेसबुक) पर बहुत साहित्य हो रहा है। यह तो उच्चवर्गीय लोगों का खेल है। जैसे प्रदीप मिश्र ने अपनी कविता फेसबुक पर डाल दी। उसको उनके दोस्तों और दोस्तों के दोस्तों ने पसन्द कर दिया। यह आँकड़े की तरह 450 लोग या ऐसा ही कुछ आ गया। प्रदीप मिश्र भी इन सबको पसन्द कर रहे हैं। यह सब सिर्फ़ देखकर होता है। ज़्यादातर पसन्द करने वाला बाँचता भी नहीं है। यह सब सन्दिग्ध मामला है। यह खेल है। साहित्य तो ग्रासरूट पाठकों के लिए होता है। जहाँ पढ़नेवाले के अन्दर इन्सानियत का दरख़्त होता है, जज़्बा होता है, बीज होता है और साहित्य उसके अन्दर संघर्ष करने की ताक़त देता है।

पिछले दिनों भारतीय राजनीति में एक घटना घटी, जिसमें एक पार्टी लगभग उसी तरह से उभरकर आयी जैसे स्वप्न हम सब प्रगतिशील लोग देखते हैं। इस पूरी घटना को आप किस तरह से देखते हैं?

शुरू में तो इससे बहुत उम्मीद हो गयी थी। इससे जुड़े युवाओं से भी बहुत उम्मीद हो गयी थी। बाद में धीरे-धीरे हमें एक-दो महीने में ही ऐसा लगने लगा कि इनके पास बस एक ही मुद्दा है वह है भ्रष्ट राजनीति और भ्रष्टाचार। लेकिन इस भ्रष्ट राजनीति और भ्रष्टाचार को ये डिफाइन कैसे करते हैं, यह समझ में नहीं आया। भ्रष्टाचार इतना महीन और सूक्ष्म है। आजकल जो घोटाले सामने आ रहे, उनको समझना इतना आसान है क्या? अगर कोई इनसे पूछे व्हाट इज़ योर पॉलिटिक्स पार्टनर? तुम्हारी विचारधारा क्या है? तुम्हारी राजनीति क्या है? तो हक्के-बक्के हो जायेंगे। ये सामाजिक न्याय के बारे में कुछ नहीं सोचते हैं। ये समानता के बारे में नहीं सोचते हैं। यह जो अन्यायपूर्ण विकास हुआ है। ग़रीबों और अमीरों के बीच जो खाई बढ़ी है, उसके पाटने के बारे में नहीं सोचते हैं।

भारतीय राजनीति के भविष्य से आपको क्या उम्मीद है?

ऐसी कोई सीधी और साफ़ उम्मीद नज़र नहीं आ रही है। हम लोग ज़िन्दा हैं। बात कर रहे हैं। अच्छे-अच्छे विचार मौजूद हैं। इसी में उम्मीद है।

आपने अपने लेखन के उद्देश्य को प्राप्त कर लिया है या उसको लेकर सन्तुष्ट हैं।

जीवन में लिखने का उद्देश्य पूरा नहीं होता है। जब मन में उपजता है, तब लिखता हूँ। किताबों की संख्या बढ़ाने के लिए नहीं लिखता हूँ। मैं अपने लेखन से बहुत सन्तुष्ट नहीं हूँ।

साहित्य अकादेमी से पुरस्कृत होकर आप कैसा महसूस कर रहे हैं?

पुरस्कार से कोई फ़र्क़ नहीं पड़ा। मिला तो सहज भाव से ले लिया। सबको ख़ुशी हुई। मेरे पाठकों को विशेष रूप से। यह मेरे लिए अच्छी बात थी।

ओम भारती की बातचीत

आपको साहित्य अकादेमी पुरस्कार मिलने से हम सब बहुत ख़ुश हैं। फिर भी एक असन्तोष, एक क्षोभ सब तरफ़ है, यह तो आपको बहुत पहले मिल जाना चाहिए था। इस पुरस्कार को और इससे जुड़े विलम्ब को आप किस तरह देखते हैं?

विलम्ब और अविलम्ब की मैंने कभी कोई चिन्ता नहीं की। विलम्ब और अविलम्ब से मुझे कोई फ़र्क़ नहीं पड़ता। न मिलता पुरस्कार तो भी मेरा कुछ नहीं बनता-बिगड़ता। इसलिए भाई असन्तोष का मेरे लिए प्रश्न ही नहीं बनता, सन्तोष का भी नहीं। बस ख़ुशी इस बात की है कि मेरी आवाज़ को तवज्जो दी गयी, और सबसे बड़ी ख़ुशी यह है कि कविता को। और मुझे चाहने वाले साथी बहुत प्रसन्न हैं, दिल की गहराई से ख़ुश हैं। वही मेरे लिए सबसे बड़ी ख़ुशी की बात है।

आपने लम्बी रचनाएँ बहुत लिखी हैं और वे समकालीन कविता में महत्त्वपूर्ण दर्जा रखती हैं। 'भूखण्ड तप रहा है' मुझे आज भी विचलित करती है। सन् 1982 में छपी थी यह लम्बी कविता। श्रोता समूह को तपा देने वाला इसका पाठ भी आपने ख़ूब किया। यह अकादमी जगत में सराही गयी, तो इसे पाठ्य-पुस्तकों में भी रखा गया। उसका नाट्य-रूपान्तरण भी सफल रहा। ऐसी विस्मयकारी स्वीकृति पानेवाली अपनी लम्बी कविता के सम्बन्ध में कुछ बतायेंगे?

अपनी किसी रचना के बारे में चाहे वह आज लिखी हो या तीन दशक पूर्व, कुछ कह पाना मेरे लिए सम्भव नहीं है, प्रीतिकर भी नहीं है। भूखण्ड के निमित्त से इसमें मैंने बहुत सारा कह दिया। अर्से बाद तो पेन ने चलना शुरू किया था। इस लम्बी कविता में, इसके भूखण्ड में भी तो मनुष्य के पृथ्वी पर रहने-जीने की झंझटें, मुसीबतें, भूख और उसके अस्तित्व के सम्मान के आजू-बाजू का बवण्डर ही तो है। लगभग तीस बरस पहले मई के तपते दिनों में इस कविता को मैंने कह दिया था—"बस, अब नहीं" पाँच साल चला था इसे लिखने का सिलसिला, अपनी बेढंगी गति से, बस में, ट्रेन में, कभी यकायक रात के अधबीच जाग जाने में। और तब जो तप रहा था, आज तड़क-दहक रहा है, भभक रहा है, और जो संस्कार या व्यक्ति कभी उसे पहचानते-बताते-सावधान करते होते थे, आदमी और मीडिया भी शामिल है उनमें, आज वे बाज़ार में बैठ गये नज़र आते हैं।

आपको अपनी कौन-सी कविताएँ ज़्यादा प्रिय हैं? जानते-बूझते हुए कि कितना बेमानी है किसी कवि से यह पूछना, फिर भी पूछता हूँ कि वे कौन-सी तीन कविताएँ हैं जो आपको बेहद अच्छी लगती हैं?

भिन्न-भिन्न समय पर यही प्रश्न मुझसे पूछा जाये, कि मैं किस स्थिति में हूँ। धूप में, छाँह में, रोशनी में, अँधेरे में, बहुतों के बीच या अपने ही एकान्त में, तो हर बार मेरा उत्तर अलग होगा। इस वक़्त मैं अपने आँगन की धूप में मोबाइल पर तुमसे बात कर रहा हूँ सूरज के सामने, तो मैं सबसे पहले 'अनहद' के अंक में छपी उस कविता का नाम लूँगा, तुमने पढ़ी होगी। नहीं, तो फिर अभी आसानी से प्राप्त नहीं हो सकेगी, क्योंकि मैं सूर्य के समक्ष खड़ा हूँ और यह कविता सूर्य के और मेरे सम्बन्धों में है। 28 जनवरी 2010 को लिखी गयी कविता है। मैं सूरज से कह रहा था, उतर आओ मेरे लिए धरती पर, सुबह घूमते-घूमते मैं अक्सर सूरज को ढूँढ़ता और उससे बातें करता था। पौ फटने से पहले ही, सूरज के जागने से पहले ही, यह कविता मुझे बहुत प्रिय है। 'उतर आओ मेरे लिए धरती पर'।

और दूसरी कविता?

यह पहले-दूसरे का क्रम छोड़ो। अभी थोड़ी देर पहले मैं गाँव के बारे में एक मित्र से बात कर रहा था, तो अपनी कविता 'तो गाँव तो नहीं थूक सकता था मेरी हथेली पर' याद आ रही थी। यह थूकना मुहावरे का नहीं है। उसमें यह है कि बचपन में हम जब गाँव से चलते तो मौसी मेरी हथेली पर थोड़ा-सा थूक देती थी, इस गरज से कि ऐसा करने से जाने वाला भूलता नहीं है, उसे ज़िन्दगी भर याद बनी रहती है। और कितनी सच्ची थी यह धारणा, मैं आज भी गाँव को और सबको कहाँ भूल सका।

क्या बात है। भूलने के विरुद्ध यह हमारा लोक भी कैसे टोटके रच लेता है। एक और कविता बतायें।

यह जो आज का समय है, दिल्ली की वह त्रासद और शर्मनाक वारदात। मुझे याद आती है अपनी 'बाई दरद ले' कविता इसमें यह है कि कवि एक दाई की भूमिका भी निभा सकता है। एक दलित स्त्री के प्रसव को लेकर, उसके साथ हुए अनाचार से उपजे अपराधबोध और ऊहापोह को लेकर। उस जनम देने, न देने के बीच अटकी पीड़िता को कहना कि बिना किसी ग्लानि के, नकारात्मक बोध के इस जीवन को आने दो। तो वह कविता है।

कभी-कभी और वक़्त में इससे अन्य प्रिय कविताओं के बारे में पूछूँगा। यह बतायें कि क्या साहित्य के लिए, कविता के लिए, आज के जीवन में स्पेस कम नहीं होती जा रही है, सिकुड़ती नहीं जा रही? और क्या हमारी कविता पर बौद्धिकता और गद्यात्मकता कुछ ज़्यादा ही हावी नहीं हो गयी है?

ये दो अलग प्रश्न हो सकते थे। पहले दूसरा सवाल। निश्चित ही 'स्पेस' घटती-सिकुड़ती जा रही है। जो भी स्पेस दी जा रही है उसका महज़ सज्जात्मक उपयोग होता है।

वैश्वीकरण, बाज़ारवाद, अपसांस्कृतिक विस्फोट आदि कारण हैं। फिर लिखा भी ख़ूब जा रहा है। इतनी पत्रिकाएँ, इतनी किताबें छप रही हैं, एक अति है, जिससे लोग घबराने भी लगे हैं। इधर साठ-सत्तर कविताएँ तैयार, और उधर किताब झोंक दी जाती हैं। अच्छा-बुरा, पैसा देकर, प्रभाव के बल पर छपना चल रहा है। यह सब भी गड़बड़ा देता है। रहा बौद्धिकता का कविता पर हावी होना, तो मैं उसे एक नकारात्मक लक्षण मानता हूँ। वैचारिक द्वन्द्व का अवश्य ही यह समय है और इस उथल-पुथल के बीच तरह-तरह के विचार तरह-तरह की बातें आ ही सकती हैं। गद्य और कविता में थोड़ा ही फ़र्क़ बचा है। फिर गद्य कैसे कविता बन जाता है यह कवि के संवेदनशील तापमान पर, उसकी आँच पर, सोच पर, क्षमता पर निर्भर करता है। कई उपन्यासकारों-कथाकारों का गद्य है, जिसे हम काव्यात्मक कहते हैं। गद्यगीत तो पहले भी रचे जाते रहे हैं। जब गद्यगीत हो सकता है, तो गद्य कविता क्यों नहीं हो सकती है?

आपका पुरस्कृत कविता संकलन बेहिचक कहता है–'पत्थर फेंक रहा हूँ', जबकि इसी दौर की ढेरों कविताएँ यथास्थिति और अन्यायपूर्ण व्यवस्था के शीशे पर कंकड़ मारने से भी कतरायीं। इस आत्ममुग्ध तटस्थता को सराहा भी गया। इस स्थिति पर आप कुछ बोलेंगे?

हमारे युवा कवियों ने और रचनाधर्मियों ने कंकड़ भी नहीं फेंका, यह तो एक अतिकथन है। रही बात आत्ममुग्धता की और तटस्थता की, तो तटस्थता के साथ कविता सम्भव ही नहीं है। जीवन में धँसे स्थितियों से मुठभेड़ किये बिना कविता नाममुकिन है। कविता के लिए हमें कविता से बाहर आना ही पड़ता है, अन्यथा शब्दकोश से खींचे गये शब्दों का कोरा समुच्चय बनकर ही रह जायेगी वह, जिसे विद्वत्जन कह सकते हैं कविता, किन्तु न वह सुनी जायेगी, न वाचिक होगी, और न ही अपने समय में गूँजेगी! रहा प्रश्न मुग्धता का, तो यह वैश्वीकरण की तात्कालिक धुन्ध है, ऐसे धुन्ध में जिसमें जितना बूता है यह उससे इतना ही बचता है, बच सकता है।

अबूतालिब को उद्धृत करते हुए रसूल हमज़ातोव ने लिखा था कि बड़ा मुश्किल धन्धा है कविता रचने का। कविता रचने से ज़्यादा आसान है पहाड़ की चोटी पर चढ़ जाना। एक अर्से से समकालीन कविता के शिखर पर हैं आप, क्या आपको भी कभी ऐसा लगा है?

मैंने कहा है कि कविता तो सचमुच हाँफने और जूझने जैसा काम है। एक सतत् संघर्ष करना पड़ता है अपने आपसे और ज़माने से एक साथ। ये जो रसूल हमज़ातोव ने 'मेरा दागिस्तान' में कहा है, यह बिल्कुल सच है। मेरा दागिस्तान से हमें बहुत कुछ सीखने को मिलता है और ओम भारती, यह कथन सन्त तुकाराम का है। अब चार सौ शताब्दी पहले के कवि तुकाराम, कवि और कई-कई सन्त कवि जिन चीज़ों से जूझ रहे थे, वे आज कई भयावह सम्मोहक रूप में हमें आकर्षित कर रही हैं, तो ऐसे में तो कविता करना निश्चित रूप से अत्यन्त कठिन कर्म है।

कहते हैं कि कविता पानी से घबराती है क्योंकि उसमें आग होती है। आपकी कविताओं में तो वह है ही। आपकी तो किताब ही है–'आग हर चीज़ में बतायी गयी थी'। आज जब हमारा वक़्त पहले से ज़्यादा आग उगल रहा है, हम ठण्डे पड़ चुके हैं तो देवताले जी ऐसे वक़्त में आज के कवि को क्या काम करने चाहिए?

गुमराह करने वाला आशावाद भी यदि कविता पैदा करे तो वह भी ख़राब कविता ही होगी और यह तुमने जो पूछा है ऐसे प्रश्न का उत्तर देना आसान नहीं है। हर कवि को अपने विवेक से सम्मत और पूरे साहस के साथ प्रतिरोध करना ही चाहिए। वह जहाँ है वहीं से। उसे किसी मंच की किसी आमन्त्रण की प्रतीक्षा नहीं करना चाहिए और ऐसे समय में जो नहीं करना चाहिए वह भी कम महत्त्वपूर्ण नहीं है।

'उजरनि बसी है हमारी अँखियानि देखो' हमारी आँखों में उजाड़ बसा है–घनानन्द ने लिखा था यह और आपकी कविता पुस्तक भी है–'उजाड़ में संग्रहालय'। हर लेखक अपने पूर्वजों की उपज है, बोर्खेस ने कहा है शायद। आप अपनी रचना में किन पूर्वजों का प्रभाव स्वीकार करते हैं?

जाने-अनजाने बचपन से पुरखों की जो आवाज़ें मेरे भीतर गूँजी हैं, जो संस्कार उन्होंने दिये हैं, जिनसे मेरा जीवन, विश्व और सृजन-दृष्टि बनी है, उसमें सभी छोटे-बड़े कवि हैं। अपने आसपास का संसार है जिसमें हमारी आवाजाही लगातार होती है। इतने सारे पुरखे और पूर्वज शामिल हुए कि उन सबका नाम गिनाना यहाँ सम्भव नहीं है।

आप अब और आगे की कविता लिखना चाहते होंगे? क्या बता सकेंगे कि आपकी अगली कविता पुस्तक कैसी होगी?

चन्द्रकान्त देवताले सृजन-उत्पादन नहीं करता। वह इस तरह अपने आने वाले ब्राण्डों के बारे में भविष्यवाणी भी नहीं कर सकता है। उसे पता है सन्तों की, तुका, कबीर, बुद्ध, गाँधी, विवेकानन्द, अम्बेडकर की, इन सबकी वाणी और आचरण की आज हम कितनी भयावह रूप से अनदेखी कर रहे हैं। यह वक़्त एक मुक़दमा है या तो गवाही दे दो या गूँगे हो जाओ हमेशा के लिए।

एक बातचीत में तुर्की के नोबेल विजेता उपन्यासकार ओरहान पामुक ने कहा था कि–'पश्चिम ने तुर्कों को उस तरह अपमानित नहीं किया, जिस तरह अरबों और भारतीयों को।' ग़ज़ब है हम भारतीय जो अंग्रेज़ों द्वारा ख़ासा लतियाये जाने के बाद भी उनके और उनकी ज़ुबान के आराधक बने हुए हैं। एक हिन्दी कवि के नाते इस पर आप कुछ कहेंगे?

पामुक ने बहुत सही कहा है। अपनी दासता और औपनिवेशिक मानसिकता का दबाव हम पर अभी तक बना हुआ है और इससे हम सब खिन्न हैं। जस्टिस मार्कण्डेय काटजू जो कुछ भी सच कहते हैं उसे भी विवादास्पद कहकर छापा जाता है। उनके शब्दों के भीतर जो आँच है, जो वेदना है उसे समझने की कोशिश कोई नहीं करता और जो दूसरे करते हैं उसमें कमियाँ, छेद देखते हैं लेकिन अपने किये की तरफ़ ध्यान नहीं देते जिसमें उससे कहीं ज़्यादा कमियाँ और छेद हैं। स्थिति यह है कि इस समय हमारा देश कई-कई टुकड़ों में बँटा हुआ है और सच के बारे में भी सहमतियाँ दिखाई नहीं देतीं।

'कारवाँ' के सम्पादक की बातचीत

विश्व कविता के सन्दर्भ में भारतीय कविता के बारे में क्या सोचते हैं?

इस प्रश्न के कई आयाम हैं, कई डाइमेंशन हैं और सबसे बड़ी बात ये है कि भारतीय कविता को हमें भारतीय कविता के सन्दर्भ में ही सोचना चाहिए। विश्व कविता के सन्दर्भ में सोचना 'विश्व कविता दिवस' के लिए आवश्यक नहीं है। 'विश्व कविता दिवस' वैसा ही है जैसे—'विश्व पिता दिवस', 'विश्व पानी दिवस'। 'विश्व पानी दिवस' के लिए ज़रूरी नहीं है कि दुनिया भर की नदियों के लिए हम परेशान हों।

हमारी चिन्ता यह होनी चाहिए कि हमारा जो अपना विश्व है, उसमें हमारी कविता की क्या स्थिति है। तो प्रश्न यह है कि यदि आज कविता दिवस है तो कम-से-कम मुट्ठीभर लोग जो साहित्य में हैं, खेल में हैं, वे ये प्रसारित करें कि प्रत्येक व्यक्ति को कविता पढ़नी चाहिए। चाहे वे किराने का धन्धा करते हों, चाहे वे राजनेता हों, चाहे कुछ भी हों। कविता सबको पढ़नी चाहिए क्योंकि वो उन्हें मनुष्य बनायेगी और कविता पढ़ना स्वास्थ्य के लिए न तो हानिकारक है और न किसी भी कविता की एक्सपायरी डेट होती है।

इसके विपरीत यह एक ऐसी प्राणवायु है जो हमें निरन्तर मनुष्य की तरह बचाये रखती है। आज हम देखते हैं कि बड़े-बड़े मंचों पर तमाम लोग भाषण देते हैं, देश की चिन्ता करते हैं और किसी के कबीर, तुकाराम, चण्डीदास, निराला, रघुवीर सहाय की पंक्तियाँ मुँह से नहीं निकलती हैं। मैथिलीशरण गुप्त तक की नहीं निकलतीं, सियारामशरण गुप्त की नहीं निकलतीं, नवीन जी की भी नहीं निकलतीं।

इसका कैसा असर होगा? सोचिए ज़रा-सा यह कैसा समाज है, जहाँ कविता के लिए कोई जगह नहीं है। और मैं तो ये कहूँगा कि जिस समाज में नहीं कोई भी जगह कविता की, जिस समाज में ख़त्म होती जा रही जगह कविता की, वह समाज अपनी मनुष्यता से वंचित होता जा रहा है।

भूमण्डलीकरण और बाज़ार के दौर में भारतीय कविता परिदृश्य समकालीन यथार्थ की चुनौतियों को कितना निरूपित करता है?

इसको चुनौती दे रही हैं बहुत सारी कविताएँ। हमारी जो युवा कविता है, बहुत सारे कवि हैं और वो बाज़ारवाद को भिन्न-भिन्न तरीक़े से चुनौती दे रहे हैं। बाज़ार मनुष्य को विज्ञापनों एवं वस्तुओं की रुचियों का दास बना रहा है और बाज़ार ही नहीं विज्ञान के जो उपकरण हैं, साधन हैं, जिसको हमारे सेवक होने चाहिए वही हमारे स्वामी बन गये हैं। मोबाइल हो, कम्प्यूटर हो, वाहन हो या हमारी बादशाहत हो, सम्पन्न मनुष्य होने के प्रतीक बन गये हैं।

जबकि इसमें मनुष्यता का कोई प्रश्न नहीं आता। ये सब हमारे साधन हैं, हमारे सेवक हैं। भूमण्डलीकरण और बाज़ार से हमें सतर्क और सावधान होने की ज़रूरत है। ये हमारी देशीयता और पहचान को हड़प रहा है और ये कविताओं में जगह-जगह है। मतलब ऐसा शीर्षक तो नहीं होगा कि "बाज़ार के विरुद्ध सौ कविताएँ"। वो तो कविता के अन्दर ही आ जाती है। जैनेन्द्र कुमार का एक निबन्ध है 'बाज़ार दर्शन'। तक़रीबन आज से 50-60 वर्ष पुराना होगा वह लेख।

उसमें वो कहते हैं कि—"जब बाज़ार निकलता हूँ, ख़रीद की जो सूची है वो जेब में होती है, सिर्फ़ उतना ही ख़रीद लेता हूँ। बाक़ी चीज़ों को आशीर्वाद देते हुए जाता हूँ कि यथास्थान प्रसन्न रहो, जहाँ हो, ख़ुश रहो।"

आज तो चीज़ें कूद-कूद कर आप पर हमला बोलती हैं और बैग में समा जाती हैं और आपकी जो सूची है आटा, दाल, शक्कर, नमक, गेहूँ, हींग, हल्दी की, इसमें न जाने कौन-कौन से उत्पाद कूदकर आ जाते हैं और ये दब जाते हैं चींटियों जैसे। तो ऐसे में बाज़ारवाद से हमको हर तरह से सतर्क रहना चाहिए! कबीरदास ने कहा है न "साईं इतना दीजिए, जामै कुटुम्ब समाय, मैं भी भूखा न रहूँ साधु न भूखा जाय।" तो आज आदमी का पेट ही नहीं भर रहा है और जो माँगने वाला आता है उसको दुत्कार देता है। जो भी ग़रीब हैं, किसान हैं आत्महत्या कर रहे हैं। पानी सूख रहा है, नदियों का पानी गन्दा हो रहा है। आज बाज़ारवाद ने मनुष्य को वस्तु में, पदार्थ में और हर उत्सव को धन्धे में तब्दील कर दिया है। भावना, करुणा, संवेदना को ओछी चीज़ बता दिया है कि जो जितना दबंग होगा, ठग होगा, चाकूबाज़ होगा उसका उतना बाज़ार और साम्राज्य होगा। ऐसा समय उसके हाथ में आ चुका है। हमको इन सब चीज़ों से बचना है, इन बेड़ियों को तोड़ना है।

एक कवि को किसके प्रति प्रतिबद्ध होना चाहिए?

मैं अपनी कविताओं में अपने सब भेद, अपनी प्रतिबद्धताएँ प्रकट कर चुका हूँ। आप उनको पढ़ें, उनकी आवाज़ सुनें तो सब पता पड़ जायेगा। ठीक है अगर

पूछ ही लिया है तो बता दूँ कि कवि की प्रतिबद्धता अनेकान्त होती है। जब जैसा क्षण होता है उसकी प्रतिबद्धता, उसकी पहचान वैसी ही होती है। सबसे बड़ी बात है कि मानव सत्य जैसा कि चण्डीदास ने कहा है कि "सुनो ए मानुष भाई, सुनो मनुष्यों! सबसे ऊपर मनुष्य सत्य है, उससे ऊपर कुछ नहीं।" उसी सत्य की रक्षा के लिए मनुष्य की गरिमा-महिमा की रक्षा के लिए कविता का, भाषा का उपयोग करता है।

"जो नहीं होते धरती पर पत्थर तोड़ने वाले, अन्न उगाने वाले अपने, मेरी क्या बिसात जो मैं बन जाता आदमी।" तो प्रतिबद्धता इन सबके प्रति होनी चाहिए। पर्यावरण, किसान, मज़दूर जो आत्महत्या कर रहे हैं सबका एक तत्त्व है। सारा तत्त्व ये है कि हमारे समय की, हमारे पर्यावरण, हमारी जातीयता, अस्मिता, अपनी भाषा, अपने शब्द और अपनी मानुष सत्य की रक्षा के लिए प्रतिबद्धता होनी चाहिए। उसका एक पक्ष होना चाहिए कि वो किसके विरुद्ध है, स्पष्ट होना चाहिए। ये नहीं कि वो तटस्थ हो। दिनकर जी ने कहा है–''जो तटस्थ है वह मुर्दा है, समय लिखेगा उसका अपराध'' तो तटस्थता का कोई मतलब नहीं है, पक्षधरता होनी चाहिए। पक्षधरता मानवीय हक़ों की होगी उसमें कोई भी दीवार, हदबन्दियाँ वो चाहे भाषा की हो या मज़हब की हो, जाति या वर्ण व्यवस्था की हो, वह आड़े नहीं आयेंगीं।

कवि गवाही देगा और ये वक़्त सिर्फ़ वक़्त नहीं है, मुक़दमा है या तो गवाही दे दो या गूँगे हो जाओ हमेशा के वास्ते। कवि गवाही दे रहा है, गवाही देते हुए कठघरे में भी वही खड़ा है और वकील की तरह जिरह भी वही कर रहा है और सामने जो न्यायाधीश की कुर्सी है उस पर एक स्याह पत्थर रखा हुआ है। जो न तो देख रहा है, न सुन रहा है, न कुछ कहना चाहता है। ये विकट प्रश्न हैं, विकट परिस्थितियाँ हैं।

और कवि को समग्र मत मानना भाई। सभी प्रश्नों के जवाब नहीं हैं उसके पास। वो ख़ुद प्रश्नों से, चिन्ताओं से बिंधा हुआ है, प्रश्न दर्द है, अभिशप्त है। मैंने कभी कहा था कि कवि होना एक सौगात तो है, कविता हमें बचाती है, हमारी मनुष्यता को बचाती है। यह एक सौगात है किन्तु सौगात के साथ-साथ नैतिक पनिशमेंट है कि आप कवि हो। जो कवि नहीं हैं, वो चिकने खाये-पीये अघाये मदमस्त बाज़ार में घूम रहे लोग हैं और जो कवि हैं, वो ज़ख़्मी आदमी हैं उसके पास धरती के ज़ख़्म हैं, अपने दर्द हैं और भाषा के साथ वह ज़ख़्मों का संवाद करना चाहता है दूसरे मनुष्यों के साथ। कविता को याद करने के लिए आवश्यक नहीं कि विश्व कविता का ही रास्ता देखा जाये।

धन्य-धन्य भाई, बहुत-बहुत बधाई, तुम्हें कविता की याद आयी।

❑❑